FOREWORD
前言

  金融是现代经济的核心,是调节宏观经济的重要杠杆。金融关系到经济发展和社会稳定,具有优化资金配置和调节、反映、监督经济的作用,而金融体系中的期货市场更是被誉为国民经济的"气象预报"。美国著名经济学家、诺贝尔经济学奖获得者米勒说:"真正的市场经济是不能缺少期货市场的经济体系。"我国是世界经济的重要组成部分,发展期货市场是我国市场经济发展的必然选择,对我国市场经济的发展具有重要意义。因此,我们一直在构思编写一本具有通用性的期货投资学习书籍,特别希望能够帮助金融工程专业的学生和期货从业者较系统地完成期货知识的学习。这个想法一提出,立即得到了学院同仁和期货业界人士的肯定与大力支持。

  本书由七章内容构成,可划分为五个版块。一是基础版块,包括"期货投资基础知识"和"期货投资分析理论基础"两章,这部分内容是进行期货投资分析的基本功和必修课,由阮其华、陈海峰编写。二是期货价格分析版块,包括"期货投资基本面分析"和"期货投资技术分析"两章,主要阐述了较为经典和较为常用的期货投资分析工具和方法,由瑞达期货邓群英和莆田市琪盛投资发展有限公司陈永杭、陈海峰编写。三是操作版块,这部分实质上是分析期货投资的三个风险管理与控制的内容,其中不但讨论了管理风险的套利和对冲策略,而且讨论了套期保值对企业的实际意义,由江良和张新军编写。四是期权版块,这部分内容因为国内人士对期权的整体性认识需要进一步深化,所以只是做了一些简单投资策略介绍,由阮其华和张新军编写。五是程序版块,基于国内投资者对程序化交易稳定性的青睐,重点介绍了国内比较流行的文华财经软件系统的编程与运用,由江良和陈志华编写。全书由阮其华统稿、定稿。

  本书的出版得到了应用数学福建省高校重点实验室开放课题(sx201703)和莆田市琪盛投资发展有限公司横向课题(2016AHX19)的经费资助及莆田学院应用型课程(外汇与期货模拟交易)建设项目的大力支持,在此深表感谢!此外,还要对在本书编写和出版过程中给予了大力支持的数学与金融学院同仁江良、张新军,莆田市琪盛投资发展有限公司陈永杭、陈志华、陈海峰,瑞达期货邓群英等表示衷心的感谢!

  由于编者水平有限,书中难免存在错误和疏漏,敬请读者批评指正!

莆田学院数学与金融学院 阮其华
2017 年 10 月 25 日

校企(行业)合作
系列教材

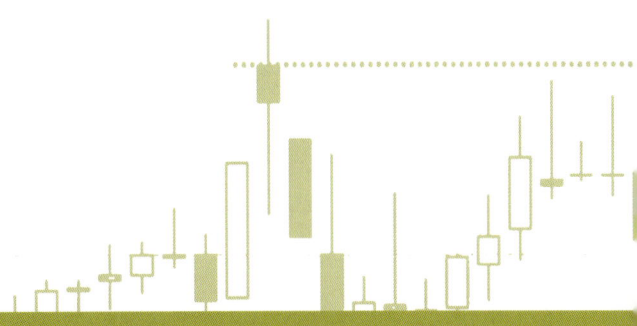

期货投资分析通则

主　编：阮其华
副主编：陈永杭　陈海峰　江　良　张新军
参　编：陈志华　邓群英

厦门大学出版社　国家一级出版社
XIAMEN UNIVERSITY PRESS　全国百佳图书出版单位

图书在版编目(CIP)数据

期货投资分析通则/阮其华主编. —厦门:厦门大学出版社,2017.12
校企(行业)合作系列教材
ISBN 978-7-5615-6819-4

Ⅰ.①期… Ⅱ.①阮… Ⅲ.①期货交易-投资分析 Ⅳ.①F830.9

中国版本图书馆 CIP 数据核字(2017)第 310809 号

出 版 人	蒋东明
责任编辑	陈进才
封面设计	蒋卓群
技术编辑	许克华

出版发行 厦门大学出版社

社　　址	厦门市软件园二期望海路 39 号
邮政编码	361008
总编办	0592-2182177　0592-2181406(传真)
营销中心	0592-2184458　0592-2181365
网　　址	http://www.xmupress.com
邮　　箱	xmupress@126.com
印　　刷	厦门市金凯龙印刷有限公司

开本	787mm×1092mm　1/16
印张	18.75
字数	458 千字
版次	2017 年 12 月第 1 版
印次	2017 年 12 月第 1 次印刷
定价	58.00 元

本书如有印装质量问题请直接寄承印厂调换

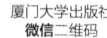
厦门大学出版社
微信二维码

厦门大学出版社
微博二维码

期货专业术语释义

1. 期货交易:期货合约的买卖,它由现货交易衍生而来,是与现货交易对应的交易方式。
2. 期货合约:由期货交易所统一制定的、规定在将来某一特定的时间和地点交割一定数量标的物的标准化合约。
3. 商品期货:标的物为实物商品的期货合约。
4. 金融期货:标的物为金融产品的期货合约。
5. 保证金制度:交易者在买卖期货合约时按合约价值的一定比率缴纳保证金(一般为5%~15%)作为履约保证,即可进行数倍于保证金的交易。
6. 当日无负债结算:也称为"逐日盯市",是指结算部门在每日交易结束后,按当日结算价对交易者结算所有合约的盈亏、交易保证金及手续费、税金等费用,对应收应付的款项实行净额一次划转,相应增加或减少保证金。如果交易者的保证金余额低于规定的标准,则须追加保证金,从而做到"当日无负债"。
7. 交割仓库:经交易所指定的为期货合约履行实物交割的交割地点。
8. 交易单位:也称为"合约规模",是指在期货交易所交易的每手期货合约代表的标的物的数量。
9. 最小变动价位:在期货交易所的公开竞价过程中,对合约每计量单位报价的最小变动数值,在期货交易中,每次报价的最小变动数值必须是最小变动价位的整数倍。
10. 每日价格最大波动限制:期货合约中规定的在一个交易日中的交易价格波动不得高于或者低于的涨跌幅度。
11. 涨停板:当日价格上涨的上限,由期货合约上一交易日的结算价加上允许的最大涨幅构成。
12. 跌停板:当日价格下跌的下限,由期货合约上一交易日的结算价减去允许的最大跌幅构成。
13. 合约交割月份:某种期货合约到期交割的月份。
14. 最后交易日:某种期货合约在合约交割月份中进行交易的最后一个交易日,过了这个期限的未平仓期货合约必须按规定进行实物交割或现金交割。
15. 交割日期:合约标的物所有权进行转移,以实物交割或现金交割方式了结未平仓合约的时间。
16. 持仓限额制度:交易所规定会员或客户可以持有的、按单边计算的某一合约投机头寸的最大数额。
17. 大户报告制度:当交易所会员或客户的某品种合约持仓达到交易所规定的持仓报告标准时,会员或客户应向交易所报告。

18. 强行平仓：按照有关规定对会员或客户的持仓实行平仓的一种强制措施，其目的是控制期货交易风险。强行平仓分为两种情况：一是交易所对会员持仓实行的强行平仓，二是期货公司对其客户持仓实行的强行平仓。

19. 下单：客户在进行每笔交易前向期货公司业务人员下达交易指令，说明拟买卖合约的种类、数量、价格等的行为。

20. 开仓：也称为"建仓"，是指期货交易者新建期货头寸的行为，包括买入开仓和卖出开仓。

21. 持仓：交易者开仓以后手中持有头寸的情形。若交易者买入开仓，则构成了买入（多头）持仓；反之，则形成了卖出（空头）持仓。

22. 平仓：交易者了结持仓的交易行为，了结的方式是针对持仓方向做相反的对冲买卖。

23. 市价指令：按当时市场价格即刻成交的指令。客户在下达这种指令时无须指明具体的价位，而是要求期货公司出市代表以当时市场上可执行的最好价格达成交易。

24. 限价指令：执行时必须按限定价格或更好的价格成交的指令。下达限价指令时，客户必须指明具体的价位。

25. 停止限价指令：当市场价格达到客户预先设定的触发价格时，即变为限价指令予以执行的一种指令。

26. 止损指令：当市场价格达到客户预先设定的触发价格时，即变为市价指令予以执行的一种指令。客户利用止损指令，既可以有效地锁定利润，又可以将可能的损失降至最低限度，还能以相对较小的风险建立新的头寸。

27. 触价指令：在市场价格到达指定价位时，以市价指令予以执行的一种指令。触价指令一般用于开新仓。

28. 限时指令：要求在某一时间段内执行的指令。如果在该时间段内指令未被执行，则自动取消。

29. 交易保证金：会员（客户）在交易所（期货公司）专用结算账户中确保合约履行的资金，是已被合约占用的保证金。

30. 结算价：当天交易结束后，对未平仓合约进行当日交易保证金及当日盈亏结算的基准价。

31. 交割：指期货合约到期时，按照期货交易所的规则和程序，交易双方通过该合约所载标的物所有权的转移，或者按照结算价进行现金差价结算，了结到期未平仓合约的过程。

32. 实物交割：期货合约到期时，根据交易所的规则和程序，交易双方通过该期货合约所载标的物所有权的转移，了结未平仓合约的过程。

33. 现金交割：合约到期时，交易双方按照交易所的规则、程序及其公布的交割结算价进行现金差价结算，了结到期未平仓合约的过程。

34. 基差：某一特定地点某种商品或资产的现货价格与相同商品或资产的某一特定期货合约价格间的价差。

35. 止损：当某一投资出现的亏损达到预定数额时，及时斩仓出局，以避免形成更大的亏损。

36. 程序化交易：所有利用计算机软件程序指定交易策略并实行自动下单的交易行为。

37. 开盘价：又称"开市价"，是指某一期货合约每个交易日开市后的第一笔买卖成交价格。

38.收盘价:某一期货合约在当日交易中的最后一笔成交价格。

39.成交量:开盘后到目前为止某一期货合约的买卖双方达成交易的合约数量。

40.持仓量:到目前为止某一期货合约交易中未平仓的合约数量。

41.双开:表明买卖双方都是入市开仓,一方买入开仓,另一方卖出开仓。

42.双平:表明买卖双方都持有未平仓合约,一方卖出平仓,另一方买入平仓。

43.多换:多头换手的简称,表明在买卖双方中,一方为买入开仓,另一方为卖出平仓,意味着"新的多头换出旧的多头"。

44.空换:空头换手的简称,表明在买卖双方中,一方为卖出开仓,另一方为买入平仓,意味着"新的空头换出旧的空头"。

45.股票指数期货:一种以股票价格指数作为标的物的金融期货合约。

CONTENTS
目 录

第一章　期货投资基础知识 ·· 1

　　第一节　期货市场概述 ·· 1
　　第二节　期货交易必备知识 ··· 9

第二章　期货投资分析理论基础 ······································ 21

　　第一节　经济学基础 ··· 21
　　第二节　金融学基础 ··· 34
　　第三节　概率与数理统计基础 ···································· 50

第三章　期货投资基本面分析 ·· 63

　　第一节　基本面分析内容 ··· 63
　　第二节　基本面分析方法 ··· 70
　　第三节　各品种基本分析简介 ···································· 78

第四章　期货投资技术分析 ·· 86

　　第一节　K线理论 ·· 86
　　第二节　道氏理论 ·· 106
　　第三节　波浪理论 ·· 112
　　第四节　切线理论 ·· 119
　　第五节　形态理论 ·· 127
　　第六节　量价理论 ·· 138
　　第七节　主要技术分析指标 ····································· 139

第五章　期货投资策略与风控 ······································ 150

　　第一节　套期保值交易 ·· 150
　　第二节　套利交易 ·· 158
　　第三节　对冲交易 ·· 172

第六章　期权与期权投资策略 ·················· 179
第一节　期权合约与期权估值················· 179
第二节　期权投资策略 ······················ 188

第七章　程序化交易基础 ······················ 218
第一节　程序化交易基本内容················· 218
第二节　程序化交易编程···················· 226

参考文献 ································· 292

第一章
期货投资基础知识

第一节 期货市场概述

一、期货市场的形成与发展

1833年,芝加哥已成为美国的一个国内外贸易中心,南北战争之后,芝加哥由于其优越的地理位置而发展成为一个交通枢纽。到了19世纪中叶,芝加哥发展成为重要的农产品集散地和加工中心,大量的农产品在芝加哥进行买卖,人们沿袭古老的交易方式,在大街上面对面讨价还价进行交易。这样,价格波动便异常剧烈,在收获季节,农场主都运粮到芝加哥,市场供过于求导致价格暴跌,常常使农场主连运费都收不回来,而到了第二年春天,谷物匮乏,加工商和消费者难以买到谷物,价格飞涨。实践证明需要建立一种有效的市场机制以防止价格的暴涨暴跌,需要建立更多的储运设施。

为了解决这个问题,谷物生产地的经销商应运而生。当地经销商设立了商行,修建起仓库,收购农场主的谷物,等到谷物湿度达到规定标准后再出售运出。当地经销商通过现货远期合约交易的方式收购农场主的谷物,先将谷物储存起来,然后分批上市。当地经销商在贸易实践中存在着两个问题:他需要向银行贷款以便从农场主手中购买谷物储存,在储存过程中要承担着巨大的谷物过冬的价格风险。价格波动有可能使当地经销商无利可图甚至连成本都收不回来。解决这两个问题的最好办法是未买先卖,以远期合约的方式与芝加哥的贸易商和加工商联系,以转移价格风险和获得贷款。这样,现货远期合约交易便成为一种普遍的交易方式。

然而,芝加哥的贸易商和加工商同样也面临着当地经销商所面临的问题。所以,他们只肯按比他们估计的交割时的远期价格还要低的价格支付给当地经销商,以避免交割期的价格下跌的风险。由于芝加哥贸易商和加工商的买价太低,到芝加哥去商谈远期合约的当地经销商为了自身利益不得不去寻找更多的买家,为他们的谷物讨个好价钱。一些非谷物商认为有利可图,就先买进远期合约,到交割期临近时再卖出,从中盈利。这样,购买远期合约的商人渐渐增加,改善了当地经销商的收入,当地经销商支付给农场主的价钱也有所增加。1848年3月13日,第一个近代期货交易所——芝加哥期货交易所(Chicago Board of Trade,CBOT)成立,芝加哥期货交易所成立之初,还不是一个真正现代意义上的期货交易所,只是一个集中进行现货交易和现货中远期合约转让的场所。

在期货交易发展过程中,出现了3次堪称革命的变革,即合约标准化、保证金制度和统一结算。1865年,芝加哥期货交易所实现了合约标准化,推出了第一批标准期货合约。合约标准化包括合约中品质、数量、交货时间、交货地点、付款条件等的标准化。标准化的期货合约反映了最普遍的商业惯例,使得市场参与者能够非常方便地转让期货合约,同时,使生产经营者能够通过对冲平仓来解除自己的履约责任,也使市场制造者能够方便地参与交易,大大提高了期货交易的市场流动性。芝加哥期货交易所在合约标准化的同时,还规定了按合约总价值的10%缴纳交易保证金。

随着期货交易的发展,结算出现了较大的困难。芝加哥期货交易所起初采用的结算方法是环形结算法,但这种结算方法既烦琐又困难。1891年,明尼亚波里谷物交易所成立了第一个结算所,随后,芝加哥交易所也成立了结算所。直到现代结算所的成立,真正意义上的期货交易才算产生,期货市场才算完整地建立起来。因此,现代期货交易的产生和现代期货市场的诞生,是商品经济发展的必然结果,是社会生产力发展和生产社会化的内在要求。

二、我国期货市场发展历程

(一)初创时期(1990年底—1993年)

1990年10月,郑州粮食批发市场成立,以现货为主,首次引入期货交易机制。由于没有明确的行政主管部门,期货市场的配套法律法规严重滞后,期货市场出现了盲目发展的势头,国内各类交易所大量涌现,多达50多家,期货经纪机构达到1 000多家,大多为兼营机构。一些单位和个人对期货市场缺乏基本了解,盲目参与境内外的期货交易,损失严重,造成了国家外汇的流失,境外地下交易层出不穷,期货市场虚假繁荣,引发了一些经济纠纷和社会问题。

(二)规范整顿(1993年底—2000年)

1993年11月,国务院下达《关于制止期货市场盲目发展的通知》。第一阶段:交易所从50余家减为15家,经纪公司从上千家减为330家。第二阶段:交易所从14家(96年关1家)减为3家:上海期货交易所、大连商品交易所、郑州商品交易所,经纪公司从330家减为目前的180余家,交易品种保留12个。1999年,国务院颁布了《期货交易管理暂行条例》以及与之相配套的规范期货交易所、期货经纪公司及其高管人员,这4个管理办法陆续颁布实施,使中国期货市场正式被纳入法制轨道。

(三)规范发展(2001年—至今)

朱镕基总理在2001年第九届人大会议上明确提出,要重点培育和发展要素市场,稳步发展期货市场,正式拉开了期货市场规范发展的序幕。2004年2月1日,国务院颁布了《国务院关于推进资本市场改革开放和稳定发展的若干意见》,提出我国要"稳步发展期货市场","在严格控制风险的前提下,逐步推出为大宗商品生产者和消费者提供发现价格和套期保值功能的商品期货品种"。2004年,期货市场扩容工作取得突破性进展,棉花、燃料油、玉米、黄大豆2号等品种先后上市交易。2006年年初,期货品种又增加了豆油和白糖两大品种,达到14个。

2006年2月,经国务院批准,上海金融衍生品期货交易所获准筹建。2006年4月,沪深300指数被定为首个股指期货标的物。2007年3月16日,中国国务院第489号令,公布了《期货交易管理条例》,新条例自2007年4月15日起施行。新条例最突出的特点是将规范的内容由商品期货扩展到金融期货和期权交易,为中国推出外汇期货和外汇期权以及股指期货和股指期权等金融衍生品奠定了法律基础。

由于在极大程度上放宽了期货市场参与主体的限制,2008年1月,黄金期货在上海期货交易所成功上市,进一步完善了黄金市场体系和价格形成机制,形成现货市场、远期市场与期货市场互相促进、共同发展的局面;有利于金融机构和黄金生产消费企业利用黄金期货管理风险,有利于促进期货市场扩大服务领域,更好地发挥期货市场功能。2010年4月16日,股指期货的推出不仅为市场提供了一个工具,同时也成为投资的另一种途径。随着国家对发展期货市场的政策调整以及期货市场法制建设与监管体系的建立与完善,期货市场全面繁荣发展的阶段已经到来。

三、期货市场的构成

期货市场是一个高度组织化的市场,有着严密的组织结构和交易制度,以此确保期货市场的有效运转。期货市场主要由以下6部分构成:

(一)期货交易所

期货交易所是专门进行标准化期货合约买卖的场所,按照其章程的规定实行自律管理,以其全部财产承担民事责任。在现代市场经济条件下,期货交易所是一种具有高度系统性和严密性、高度组织化和规范化的交易服务组织。其自身并不参与交易活动,不参与期货价格的形成,也不拥有合约标的商品,只为期货交易提供设施和服务。目前,我国经国务院批准设立的期货交易所有4家,分别是大连商品交易所、上海期货交易所、郑州商品交易所和中国金融期货交易所。

(二)期货结算机构

期货结算机构是期货市场的一个重要组成部分。目前,我国期货交易所采用的是作为某一交易所内部机构的结算机构,它直接受控于交易所。结算机构的作用有3个:一是计算期货交易盈亏;二是担保交易履约;三是控制市场风险。

(三)期货经纪公司

期货经纪公司是依法设立的,接受客户委托、按照客户的指令,以自己的名义为客户进行期货交易并收取交易手续费的中介组织机构,其交易结果由客户承担。它有如下职能:根据客户指令代理买卖期货合约,办理结算和交割手续;对客户账户进行管理,控制客户交易风险;为客户提供期货市场信息,进行期货交易咨询,充当客户的交易顾问等。

（四）期货投资者

根据进入期货市场目的的不同，期货市场投资者可以分为两类：套期保值者和投机者（投机者中包括套利者）。

套期保值者是指那些把期货市场当作转移价格风险的场所，利用期货合约作为将来在现货市场上买卖某种标的物（实物商品或者金融商品）的临时替代物，对其现在买进（或已拥有、将拥有）准备以后出售的某种标的物或对将来要买进的某种标的物价格进行保险的个人或企业，商品期货的套期保值者是生产商、加工商、经管商等，金融期货的套期保值者有金融市场的投资者（或债权人）、融资者（或债务人）、进出口商等。

期货投机者是指那些试图正确预测商品价格的未来走势，甘愿利用自己的资金去冒险，不断买进卖出期货合约，以期从价格波动中获取利润的个人或企业。按价格预测方法来区分，期货投机者可分为基本分析派和技术分析派；按投机者每笔交易的持仓时间，可分为一般交易者、当日交易者、"抢帽子"交易者。套利交易者也是投机者，但与纯粹的投机者相比，其投机方式有所区别，纯粹的投机者是指单向头寸拥有者，他们做多，是认为行情看涨；做空，是认为行情看跌。如果判断正确，他们将获得较大的利益；判断失误，则将损失惨重。而套利交易是指交易者针对市场上两个相同或相关资产暂时出现的不合理价差同时进行低买高卖的交易。一般的套利方式包括跨时期套利、期现套利、跨品种套利和跨市场套利。

套期保值者和投机者在期货市场中的作用是不同的。套期保值者是期货市场存在的前提和基础，他们规避了其生产经营过程中的风险，相应转移了附着在这些风险中的收益。而投机者是期货风险的承担者。他们促进了市场流动，保障了期货市场价格发现功能的实现。

（五）期货行业协会

期货行业协会组织是进行期货市场自我管理协调的期货行业联合会，它的成立需经过政府主管部门的审查和批准，并受政府的管理。期货行业协会对期货市场的管理主要表现为以下几个方面：

(1) 负责会员的资格审查和登记工作；
(2) 监管已登记注册会员的经济管理情况；
(3) 协调纠纷，协调会员关系；
(4) 普及期货知识，宣传期货行业协会的作用。

（六）相关服务机构

相关的服务机构包括交割仓库、银行、信息服务公司、介绍经纪商等。

四、期货市场的功能与作用

（一）期货市场的功能

期货市场在稳定与促进市场经济发展方面有以下功能：

1. 规避价格波动风险

期货市场最突出的功能就是为生产经营者提供规避价格风险的手段,即生产经营者通过在期货市场上进行套期保值业务来规避现货交易中价格波动带来的风险,锁定生产经营成本,实现预期利润。也就是说,在期货和现货两个市场进行方向相反的交易,套期估值者风险转移,投机者承担风险,在两个市场之间建立一种盈亏冲抵机制,如图1-1所示。

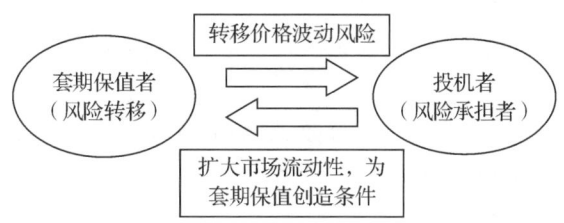

图1-1 期货市场盈亏冲抵机制

2. 发现价格

在市场经济条件下,价格是根据市场供求状况形成的。期货市场上来自四面八方的交易者带来了大量的供求信息,标准化合约的转让又增加了市场流动性,期货市场中形成的价格能真实地反映供求状况,同时又为现货市场提供了价格参考,因此期货市场起到了"发现价格"的作用。价格发现并非期货市场独有,但期货市场发现价格更加有效率。

3. 有利市场供求和价格稳定

首先,期货市场上交易的是在未来一定时间履约的期货合约。它能在一个生产周期开始之前,就使商品的买卖双方根据期货价格预期商品未来的供求状况,指导商品的生产和需求,起到稳定供求的作用。其次,投机者的介入和期货合约的多次转让,使买卖双方应承担的价格风险平均分散到参与交易的众多交易者身上,减少了价格变动的幅度和每个交易者承担的风险。

4. 节约交易成本

期货市场为交易者提供了一个安全、准确、迅速成交的交易场所,提高了交易效率,避免了"三角债"的发生,有助于市场经济的建立和完善。

5. 期货交易

期货交易是一种重要的投资工具,有助于合理利用社会闲置资金。

(二)期货市场的作用

1. 锁定生产成本,实现预期利润

利用期货市场进行套期保值,可以帮助生产经营者规避现货市场的价格风险,达到锁定成本、实现预期利润的目的,如图1-2所示;可以帮助投机者利用差价赚取利润,如图1-3所示;可以避免企业生产活动受到价格波动的干扰,保证生产活动的平稳进行。

2. 有助于生产经营者安排生产经营活动

期货市场具有价格发现功能,生产经营者可根据该功能的特点,利用期货市场的价格信号,调整相关产品的生产计划,避免生产的盲目性。

3. 有助于稳定国民经济

期货品种涉及农产品、金属、能源、金融等行业,而这些行业在国民经济中都有着举足轻

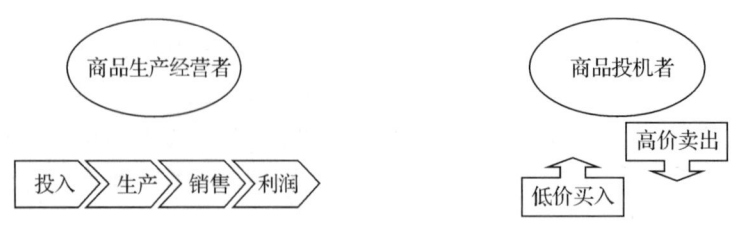

图 1-2　生产经营者实现预期利润　　　图 1-3　投机者赚取利润

重的地位。期货市场为这些行业提供了分散、转移价格风险的工具,可以减轻价格波动对行业发展的不利影响,有助于稳定国民经济。

4. 有助于政府制定宏观政策

期货交易是通过对大量信息进行加工,进而对远期价格进行预测的一种竞争性经济行为。它所形成的未来价格信号能反映多种生产要素在未来一定时期的变化趋势,具有超前性。政府可以依据期货市场的价格信号确定和调整宏观经济政策,引导工商企业调整生产经营规模和方向,使其符合国家宏观调控政策的需要。

5. 有助于现货市场的完善与发展

期货市场功能的正常发挥,有利于形成合理的市场价格体系。期货市场不同交割品级升贴水的确定,有助于确立商品的品质标准,体现优质优价原则,促进生产企业的质量改进。

6. 有助于提升国际价格形成中的话语权

期货价格在国际和国内贸易中发挥了基准价格的作用,期货市场自然成为市场定价中心。在世界经济联系越来越紧密的现在,一些大国的期货市场甚至已经成为全球的定价中心。因此,在经济全球化的背景下,发展中国家应积极建立自己的期货交易所,提升国际价格形成中的话语权地位。

五、国际期货市场投资种类

在期货市场,商品期货是出现最早的产品,包括三大类:农产品期货、金属期货和能源期货。金融期货是后来才出现在期货市场中的,也是期货市场的新宠,包含:外汇期货、利率期货以及股票指数期货。

(一)农产品期货

农产品期货是以谷物(小麦、玉米、大豆等)为大宗商品,也是最早构成期货交易的商品。具体可以分为:粮食类期货,主要有小麦期货、玉米期货、大豆期货、豆粕期货、红豆期货、大米期货等;经济作物类期货,有原糖期货、咖啡期货、可可期货、棕榈油期货、菜籽油期货等,这些被称作"软性商品";畜产品类期货,主要有肉类制品、皮毛制品期货两大类;林产品类期货,主要有木材期货以及天然橡胶期货。

(二)有色金属期货

有色金属是当今世界期货市场中比较成熟的期货品种之一。目前,在国际期货市场上上市进行交易的金属期货品种大约有10种,也就是铜、铝、锌、铅、锡、镍、钯、铂、金和银。这其中包含的贵金属、工业金属或者是非贵重金属期货就不再进行一一分类。

（三）能源期货

能源期货最早开始于1978年,是一种新兴的商品期货,交易也是异常的活跃,其交易量一直呈现快速增长的趋势。目前其交易量已经超过了金属期货,仅次于农产品期货和利率期货,是国际期货市场的重要组成部分。目前,原油是最重要的能源期货品种,其中最重要的原油期货合约,分别是纽约的商业交易所的轻质低硫原油期货合约和伦敦的国际石油交易所的布伦特原油期货合约。

（四）股指期货

股票指数期货,是以股票指数为标的物的期货合约,是目前进入期货中历史最短、发展最快的金融产品,已经成为国际资本市场中最有活力的风险管理工具之一。其交易的实质是:投资者通过指数期货工具将其对整个股票市场价格指数的预期风险转移至期货市场上来,其风险可以通过对股市走势持不同判断的投资者的买卖操作来进行相互抵消。

（五）利率期货

利率期货是指以债券类的证券为标的物的期货合约,可以规避银行利率的波动所引起的证券价格变动的风险。利率期货按照期限可以分为短期的利率期货和长期的利率期货;按照债务的凭证可以分为短期的国库券期货、中长期的国库券期货和欧洲美元定期的存款期货,这种形式的期货主要集中于美国芝加哥期货交易所和芝加哥商业交易所。

（六）外汇期货

外汇期货是指以汇率为标的物的期货合约,用来规避汇率的风险,也是金融期货中出现最早的品种,其主要交易的品种有:美元、欧元、英镑、日元、瑞士法郎等。以世界范围来看,外汇期货的主要市场是美国市场。

六、国内期货投资品种

目前我国共有4家期货交易所——中国金融期货交易所、上海期货交易所、大连商品交易所和郑州商品交易所,4家交易所目前的上市交易品种共52个,基本覆盖了农业、金属、能源、化工、金融等国民经济主要领域。

表1-1　中国期货交易品种一览表(更新时间为2016年12月31日)

交易所	品种及代码	交易单位	乘数	最小变动单位	最小变动价格
中国金融期货交易所	沪深300股指 IF	乘数300	300	0.2指数点	60
	中证500股指 IC	乘数200	200	0.2指数点	40
	上证50股指 IH	乘数300	300	0.2指数点	60
	五年国债 TF	乘数10 000	10 000	0.005	50
	十年国债 TF	乘数10 000	10 000	0.005	50
上海期货交易所	橡胶 RU	10吨/手	10	5元/吨	50
	沪铜 CU	5吨/手	5	10元/吨	50
	白银 AG	15千克/手	15	1元/千克	15
	黄金 AU	1 000克/手	1 000	0.05元/克	50
	螺纹钢 RB	10吨/手	10	1元/吨	10
	沥青 BU	10吨/手	10	2元/吨	20
	沪铝 AL	5吨/手	5	5元/吨	25
	沪锌 ZN	5吨/手	5	5元/吨	25
	沪铅 PB	5吨/手	5	5元/吨	25
	沪镍 NI	10吨/手	10	10元/吨	100
	沪锡 SN	1吨/手	1	10元/吨	10
	燃料油 FU	50吨/手	50	1元/吨	50
	沥青 BU	10吨/手	10	2元/吨	20
	热轧卷板 HC	10吨/手	10	2元/吨	20
	线材 WR	10吨/手	10	1元/吨	10
大连商品交易所	焦炭 J	100吨/手	100	1元/吨	100
	焦煤 JM	60吨/手	60	1元/吨	60
	聚氯乙烯 PVC	5吨/手	5	5元/吨	25
	棕榈 P	10吨/手	10	2元/吨	20
	豆油 Y	10吨/手	10	2元/吨	20
	玉米 C	10吨/手	10	1元/吨	10
	淀粉 CS	10吨/手	10	1元/吨	10
	胶板 BB	500张/手	500	0.05元/张	25
	纤板 FB	500张/手	500	0.05元/张	25
	铁矿石 I	100吨/手	100	0.5元/吨	50
	鸡蛋 JD	5吨/手	10	1元/500千克	10
	大豆一	10吨/手	10	1元/吨	10
	大豆二	10吨/手	10	1元/吨	10
	豆粕 M	10吨/手	10	1元/吨	10
	乙烯 L	5吨/手	5	5元/吨	25
	丙烯 PP	5吨/手	5	1元/吨	5

续表

交易所	品种及代码	交易单位	乘数	最小变动单位	最小变动价格
郑州商品交易所	强麦 WH	20 吨/手	20	1 元/吨	20
	普麦 PM	50 吨/手	50	1 元/吨	50
	白糖 SR	10 吨/手	10	1 元/吨	10
	精对苯二甲酸 PTA	5 吨/手	5	2 元/吨	10
	菜籽油 OI	10 吨/手	10	2 元/吨	20
	早籼稻 RI	20 吨/手	20	1 元/吨	20
	晚籼稻 LR	20 吨/手	20	1 元/吨	20
	甲醇 MA	10 吨/手	10	1 元/吨	10
	玻璃 FG	20 吨/手	20	1 元/吨	20
	油菜籽 RS	10 吨/手	10	1 元/吨	10
	菜籽粕 RM	10 吨/手	10	1 元/吨	10
	动力煤 TC	100 吨/手	100	0.2 元/吨	20
	粳稻 JR	20 吨/手	20	1 元/吨	20
	棉花 CF	5 吨/手	5	5 元/吨	25
	硅铁 SF	5 吨/手	5	2 元/吨	10
	锰硅 SM	5 吨/手	5	2 元/吨	10

第二节 期货交易必备知识

一、期货的标准化合约

在谈论合约时,人们很自然地认为合约就是印得密密麻麻的一纸文书。诚然,期货合约确实涉及大量的文件和文书工作,但是期货合约并非一纸文书。期货合约是通过期货交易所达成的一项具有法律约束力的协议,即同意在将来买卖某种商品的契约。用术语来表达,期货合约指由期货交易所统一制订的、规定在将来某一特定的时间和地点交割一定数量和质量的实物商品或金融商品的标准化合约。期货合约的标准化条款一般包括:

(1)交易数量和单位条款。每种商品的期货合约都规定了统一的、标准化的数量和数量单位,统称"交易单位"。例如,大连商品交易所规定大豆期货合约的交易单位为 10 吨。也就是说,你在大连商品交易所买卖大豆期货合约,起步就得 10 吨,用期货市场的术语表达就是 1 手,这是最小的交易单位。在期货市场,你不可以买入 5 吨或卖出 8 吨大豆。

(2)质量和等级条款。商品期货合约规定了统一的、标准化的质量等级,一般采用国家制定的商品质量等级标准。例如,大连商品交易所大豆期货的交割标准采用国标。

(3)交割地点条款。期货合约为期货交易的实物交割指定了标准化的、统一的实物商品的交割仓库,以保证实物交割的正常进行。大连是我国重要的粮食集散地之一,仓储业非常发达,目前,大连商品交易所的指定交割仓库都设在大连。

(4)交割期条款。商品期货合约对进行实物交割的月份作了规定。刚开始进行商品期货交易时,你最先注意到的是:每种商品有几个不同的合约,每个合约都标示了交割的月份,如2017年5月大豆合约与2017年9月大豆合约。

(5)最小变动价位条款。期货交易时买卖双方约定了一个报价所允许的最小变动幅度,每次报价时价格的变动必须是这个最小变动幅度的整数倍,大连商品交易所大豆期货合约的最小变动价位为1元/吨。也就是说,当你买卖大豆期货时,不可能出现像2188.5元/吨这样的价格。

(6)涨跌停板幅度条款。涨跌停板幅度指交易日期货合约的成交价格不能高于或低于该合约上一交易日结算价的一定幅度。例如,大连商品交易所规定,大豆期货的涨跌停板幅度为上一交易日结算价的3%。

(7)最后交易日条款。期货合约停止买卖的最后截止日期即最后交易日。每种期货合约都有一定的月份限制,到了合约月份的一定日期,就要停止合约的买卖,准备进行实物交割。例如,大连商品交易所规定,大豆期货的最后交易日为合约月份的第10个交易日。

例如:表1-2是鲜鸡蛋期货合约。

表1-2 大连商品交易所鲜鸡蛋期货合约

交易品种	鲜鸡蛋
交易单位	5吨/手(注:交易单位为吨,是报价单位500千克的2倍,所以回测时交易单位用10倍进行标示)
报价单位	元(人民币)/500千克
最小变动价位	1元/500千克
涨跌停板幅度	上一交易结算价的±4%
合约交割月份	1月,2月,3月,4月,5月,6月,9月,10月,11月,12月
交易时间	每周一至周五上午:9:00—10:15 10:30—11:30 下午:1:30—3:00
最后交易日	合约月份第10个交易日(自JD1703合约开始为合约月份倒数第4个交易日)
最后交割日	最后交易日后第3个交易日
交割品级	大连商品交易所鸡蛋交割质量标准
交割地点	大连商品交易所鸡蛋指定交割仓库
最低交易保证金	合约价值的8%
交割方式	实物交割
交易代码	JD
上市日期	2013年11月8日
备注合约交割月份	自JD1703合约开始为1月,2月,3月,4月,5月,6月,7月,8月,9月,10月,11月,12月
备注交割地点	自JD1703合约开始为大连商品交易所鸡蛋指定交割仓库、指定车板交割场所
备注	自2017年7月13日(星期四)结算时起,鸡蛋期货1708合约、1709合约、1710合约涨跌停板幅度和最低交易保证金标准分别调整为7%和10%

二、期货交易的特征

(一)期货的双向交易制度

期货是可以双向交易的,既可以买多也可以卖空。价格上涨时可以低买高卖,价格下跌时可以高卖低买。做多可以赚钱,而做空也可以赚钱,所以说期货无熊市。在熊市中,股市会萧条而期货市场却风光依旧,机会依然存在。

(二)期货是保证金交易制度

保证金制度就是杠杆机制,也是期货投资的魅力所在。期货市场里的交易无须支付全部资金,目前国内期货交易通常只需要支付成交额 5%～15% 的保证金。由于保证金的运用,原本行情被以十余倍放大。我们假设某日铜价格达到涨停板 4%,操作正确,我们的本金收益率将高达 40%(4%÷10%),是股市涨停板的 4 倍。

(三)期货交易的费用低

对期货交易国家不征收印花税等税费,唯一费用就是交易手续费。目前交易所的手续费一般为成交金额的万分之二三,加上经纪公司的附加费用,单边手续费亦不足交易额的千分之一。

(四)"T+0"交易制度

期货是"T+0"的交易,有效提高了资金的使用效率,当天可以多次开仓平仓,反复进行交易,获取差价利润。同时,"T+0"交易制度有利于风险控制,一旦发现走势不妙,能及时平仓止损。

(五)期货是零和市场

期货是零和市场,期货市场本身并不创造利润。在某一时段里,不考虑资金的进出和提取交易费用,期货市场总资金量是不变的,市场参与者的盈利来自另一个交易者的亏损。

(六)期货交易当日无负债结算制度

在当日无负债结算制度下,当每日结算后客户保证金低于公司规定的保证金水平时,期货经纪公司按照期货经纪合同约定的方式通知客户追加保证金;客户不能按时追加保证金的,期货经纪公司应当将该客户部分或全部持仓强行平仓,直至保证金余额能够维持其剩余头寸。

(七)期货市场的操作

期货市场的操作均公开、透明,每天的成交、持仓情况均对外公布,内幕交易少,大户操纵较难。

图 1-4 所示为期货交易特征。

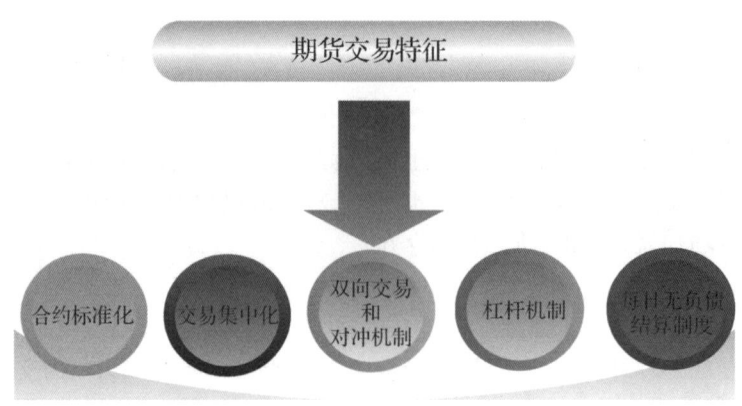

图 1-4　期货交易特征

三、期货交易与股票交易的区别

（一）从交易制度方面来看

(1)股票实行的是"T＋1"交易制度,即当天买入,不能在当天卖出,只能到第二个交易日才能平仓;而期货则是"T＋0"交易制度,当天买入当天就可以卖出,并且可以多次交易。

(2)从操作方向上来看,股票有买才能卖,从而赚取差价,即只能买入开仓;而期货可以双向操作,既可以买入开仓也可以卖出开仓。

(3)股票获利往往来源于股价上涨所带来的价差所得以及公司股票的分红;而期货主要就是来源于对冲平仓后的价差所得。

(4)从交割来看,股票可以长期持有直到上市公司退市清算;而期货有最后的交割日期,要么对冲平仓,要么实物交割。

(5)从设计目的来看,股票交易主要目的是为上市公司进行融资,获得公司发展所需资金;而期货交易主要是为了规避现货交易风险。

(6)从交易金额来看,股票需要全额购买;而期货是以小博大,进行保证金交易。因而股票交易不需要保证金,期货交易需要额外的保证金来抵御风险。

（二）从交易对象来看

(1)股票品种较多,中国沪深就有 3 000 多家上市公司;而期货则为一些有限的品种。

(2)从标的物来看,股票对应的是有价证券;而期货合约对应的是黄金、大豆、玉米等这样的现货商品或股票指数这样的金融产品。

(3)股票价格主要受公司业绩影响;而期货主要是受对应商品的供求关系状况影响。

表 1-3 所示为期货交易与股票交易的主要区别。

表 1-3　期货交易与股票交易区别一览表

项　目	期货交易	股票交易
交易对象	期货合约	股票
交易方式	保证金交易	全额交易（除融资融券外）
买卖顺序	双向交易	只能做多（先买后卖）
交易限制	当日开仓可以当日平仓	开仓后只能第二个交易日才能平仓
结算方式	当日无负债结算	持仓期间无结算
到期日	有合约交割日，不能无限期持有	只要发行股票的上市公司没有摘牌，股票就可以永久持仓下去，既可以短期持有，也可以长期投资
交易时间	除白天交易时段外，还设有晚间交易	只有白天交易时段

四、期货交易与现货交易的区别

现货交易是指买卖双方以实物交割为目的的商品交易方式。按其交割时间不同，可分为即期现货交易和远期现货交易。即期现货交易是现买现卖，钱货两讫，即由拥有商品且准备立即出售的卖方和拥有货币且想立即得到商品的买方直接见面，即时成交。远期现货交易，即现货远期合同交易，是一种"成交在先，交割在后"的方式，即买卖双方先通过签订合同达成交易契约，在未来某一确定时间再进行交割的交易方式。期货交易与现货交易的区别主要有以下几点：

（一）买卖的直接对象不同

现货交易买卖的直接对象是商品本身，有样品，有实物，看货定价。

期货交易买卖的直接对象是期货合约，是买进或卖出多少手或多少张期货合约。

（二）交易的目的不同

现货交易是一手钱、一手货的交易，马上或一定时期内获得或出让商品的所有权，是满足买卖双方需求的直接手段。

期货交易的目的一般不是到期获得实物，套期保值者的目的是通过期货交易转移现货市场的价格风险，投资者的目的是为了从期货市场的价格波动中获得风险利润。

（三）交易方式不同

现货交易一般是一对一谈判签订合同，具体内容由双方商定，签订合同之后不能兑现，就要诉诸法律。

期货交易是以公开、公平竞争的方式进行交易。一对一谈判交易（或称"私下对冲"）被视为违法。

(四)交易场所不同

现货交易一般不受交易时间、地点、对象的限制,交易灵活方便,随机性强,可以在任何场所与对方交易。

期货交易必须在交易所内依照法规进行公开、集中交易,不能进行场外交易。

(五)商品范围不同

现货交易的品种是一切进入流通的商品,而期货交易品种是有限的,主要是农产品、石油、金属商品以及一些初级原材料和金融产品。

(六)结算方式不同

现货交易是货到款清,无论时间多长,都是一次或数次结清。

期货交易实行每日无负债结算制度,必须每日结算盈亏,结算价格是按照成交价加权平均来计算的。

表 1-4 所示为期货交易与现货交易的主要区别。

表 1-4 期货交易与现货交易区别一览表

交易类型	现货交易	期货交易
交易对象	商品实物	期货合约
交易目的	商品与货币的互换	套期保值或投机套利
交易方式	一对一交易	标准化合约
交易场所	不固定	期货交易所
保障制度	经济合同法及结算制度	交易保证金制度等期货交易法规
商品范围	一切商品	有限的商品

五、期货行情分析软件重要功能调用

选择一套分析功能强大、好用的期货行情分析软件是期货投资分析首要任务。目前,国内期货行情软件中"文华财经行情软件"是通用的版本,所以,熟悉软件分析基本功能是做好期货投资分析(特别是第四章中的技术分析)的前提。下面就对使用文华财经行情分析软件前的几个重要功能设置做介绍。

(一)软件下载与安装

登录文华财经官网(http://www.wenhua.com.cn)下载《赢顺行情交易软件》(wh6)并安装。

(二)消除图表 K 线跳空

由于新旧合约更迭,在新合约上市时会出现大幅度跳空缺口,使得图表断档不连续,这样的图表无法使用画线、指标等常规方法进行分析;以指标为基础的程序化也可能因为跳空影响而出现错误的信号,导致错误的指导。

跳空现象不仅出现在新合约上市阶段,由于受到境外夜盘影响,也经常出现在每天的开盘时间,在开盘的关键时刻影响我们对行情的判断。

案例一

图 1-5 为 IF1305 日 K 线图,合约在交割—挂牌(2011.05.20－2012.3.19)期间存在很大跳空,均线大幅度偏离 K 线趋势,均线指标失去了分析指导作用。

图 1-5　交割—挂牌期间的 IF1305 日 K 线图

图 1-6 为 IF1305 日 K 线消除跳空后的效果。在交割—挂牌的无数据期间补充了 IF 加权指数日线数据(白色 K 线部分),消除跳空后图表更连续,指标更平滑,我们即可按惯用的方法做分析了。

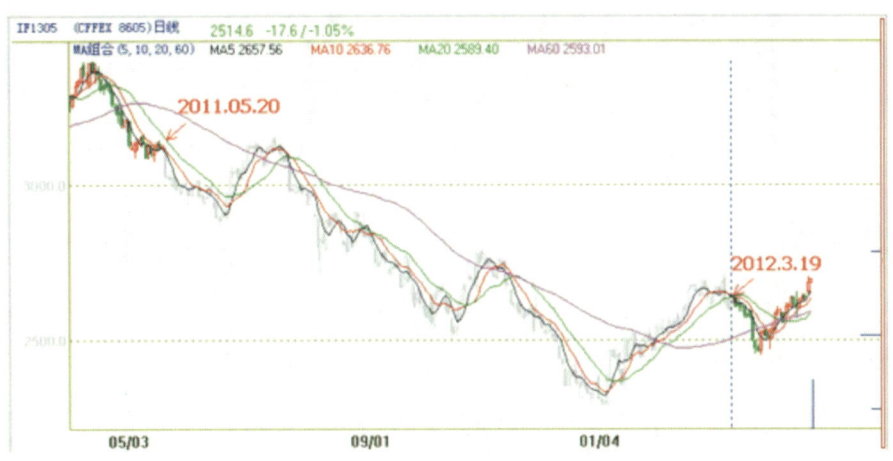

图 1-6　消除跳空后的 IF1305 日 K 线图

案例二

图 1-7 为 IF1305 的 1 分钟 K 线图，在 2013.4.24 日开盘价和前一天的收盘价间存在很大跳空，均线受前一天 K 线数据影响，对开盘的做空趋势反应迟钝。

图 1-7　IF1305 的 1 分钟 K 线图

图 1-8 为消除跳空后的 IF1305 1 分钟 K 线图，消除跳空后均线与前一天趋势保持一致，均线交叉形态彻底形成，做空指令显现，消除跳空后我们得到了更多的信息和机会。

图 1-8　消除跳空后的 IF1305 1 分钟 K 线图

1. 消除跳空原理

原理1:折算历史 K 线数据。

用前一天最后一根 K 线的收盘价－新一天第一根 K 线的开盘价,计算出跳空缺口的差距,在 K 线图中消除该差距。

原理2:插入一段仿真 K 线。

在合约交割至挂牌期间插入文华品种指数的数据。

2. 注意事项

(1)线以下周期采用折算历史 K 线的方式消除跳空。

(2)线及日线以上周期提供折算历史 K 线和插入仿真 K 线两种方式消除跳空。

(3)除跳空机制目前还尚未应用到外盘合约。

3. 调用方法

在 K 线图界面单击鼠标右键→选择"其他"→"消除跳空"。

(三)期货大盘指数的调用

投资者容易了解某一交易品种价格的变化,但对于多种相关品种或某一类品种价格的变化,要逐一了解,既不容易也不胜其烦。如果不了解市场环境,投资者很难把握交易的大方向。而期货大盘指数可以反映某一类品种的整体走势,为投资者的交易提供既直接又有效的分析参考信息。

1. 大盘指数编制原理

文华商品指数(wenhuaCCI),跟踪国内30种上市商品价格综合表现,较全面地涵盖了目前市场上的期货品种。指数由"文华商品"总指数和"有色金属""建材""化工""煤炭""谷物""饲料""油脂""软商品""黑链"九大分类指数,以及30个品种的分支指数构成。指数的实时价格数据,在文华财经行情信息系统中实时发布,给投资者提供一个国内大宗商品价格即时走势的有效参考。

(1)各品种的指数(如橡胶指数)是加权计算的,以各月份的持仓量为权重。计算的结果是价格,单位为元。

(2)文华商品指数以及各行业指数(如有色版块指数),是算数平均计算的,首先对所包含的所有品种进行指数标尺化,然后进行算数平均。计算的结果是标尺化的点数。

(3)标尺的单位为点,最小变动点数为0.01。标尺以1994年9月12日为基准日(现存最早的上市期货品种大豆的开盘日期),基准指数为100点。

案例一

文华商品指数为用户交易提供分析参考信息。图1-9为沪锌1分钟线图,在11点左右处在盘整状态,此时无法预知后市如何。

图1-10为叠加了有色指数 K 线的沪锌1分钟 K 线图,如果能同时观察有色指数,就会发现沪锌在盘整状态时指数已出现下跌趋势,若当时持有多单,就应该小心了。果然,从后面的 K 线走势可以看出沪锌随着大盘出现下跌趋势。如果没有指数,很难做到在把握市场大环境的前提下结合品种进行交易。

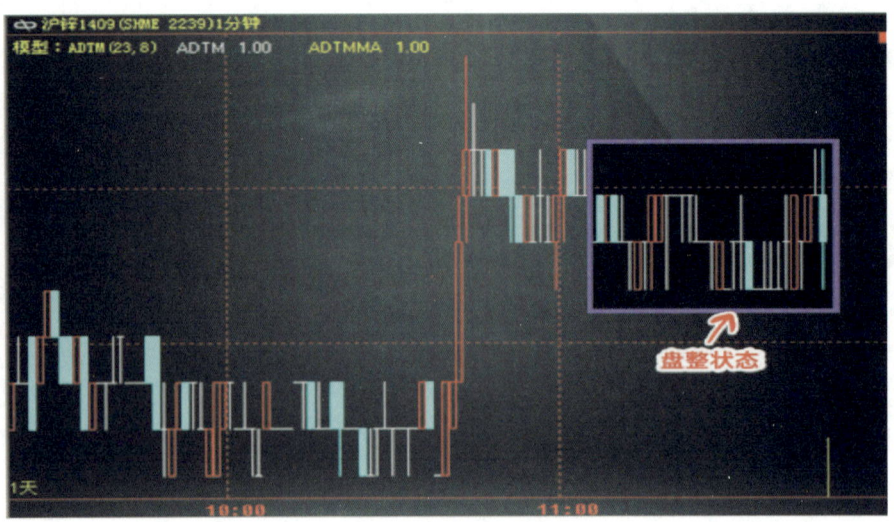

图1-9 沪锌1分钟线图

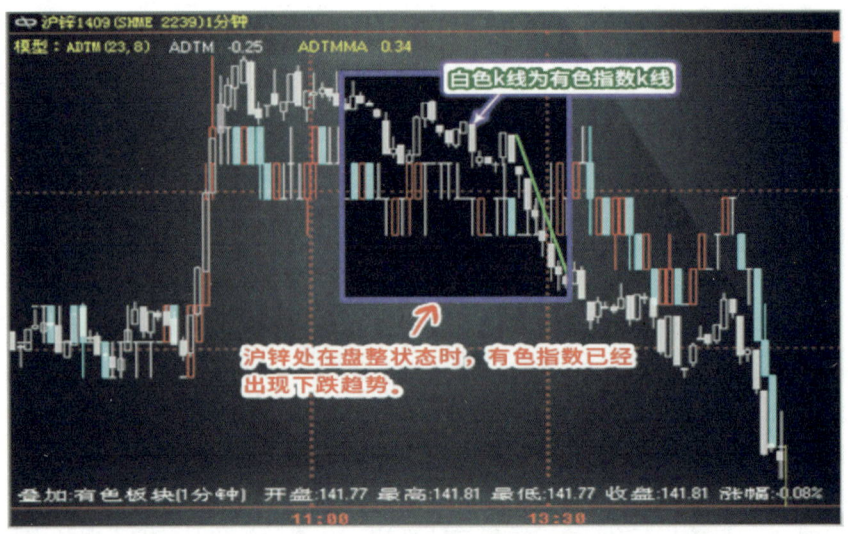

图1-10 沪锌1分钟K线图

案例二

图1-11为一年左右的股指合约K线图,在检测模型合约的长期效果时,无法避免合约的交割－挂牌期的跳空(跳空会影响指标值的连续性)和不活跃期(用户一般不会选择这个时期进行交易),检测效果会失真,显然用具体合约测试模型不具有可靠性。

图1-12为IF加权(指数)合约K线图,图中指数以各月份持仓量为权重加权计算,走势会非常接近主力合约,且具有很好的数据连续性,模型检验结果更具有参考价值。

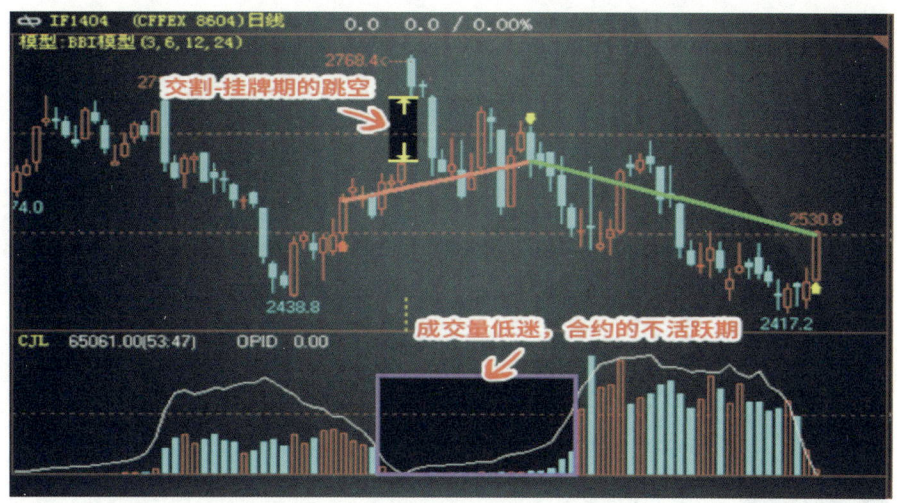

图 1-11 一年左右的股指合约 K 线图

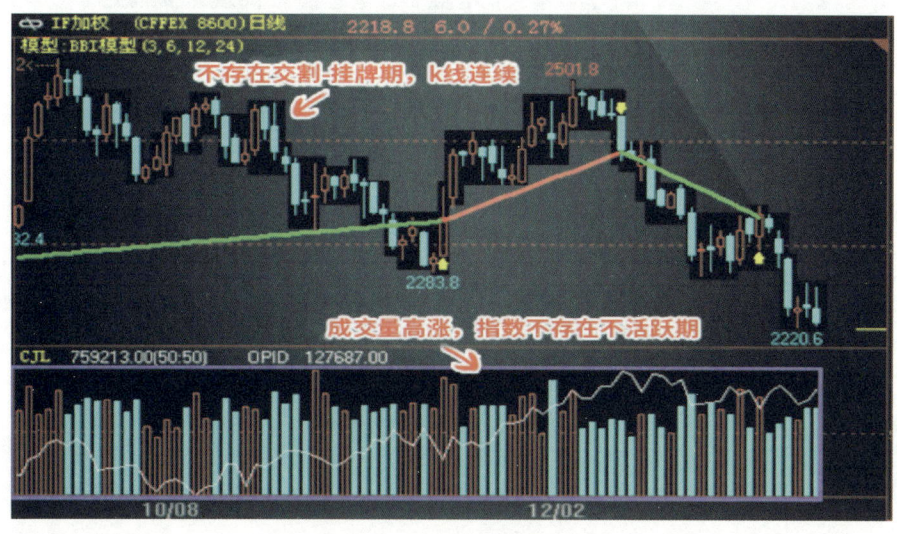

图 1-12 IF 加权合约 K 线图

2. 调用方法

步骤一：单击软件下方书签中的"商品分类指数"，如图 1-13 所示。

步骤二：在软件报价上单击鼠标右键，单击"选入合约"，在弹出窗口中左侧找到"亚洲指数""大连商品""郑州商品""上海金属""上海橡胶"市场，在中间栏目中选择对应指数，单击"选入"按钮，即可显示需要的指数，如图 1-13 所示。

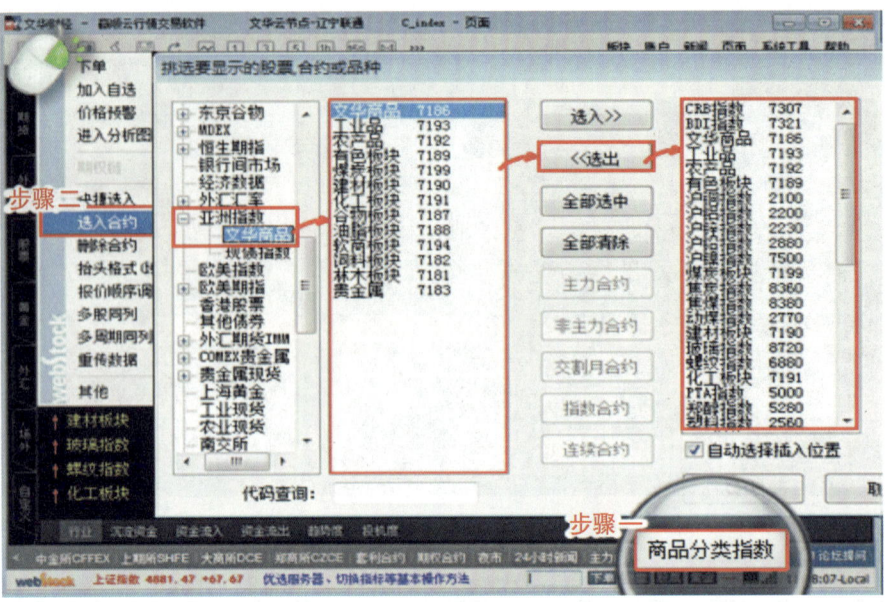

图 1-13 期货大盘指数的调用方法

第二章
期货投资分析理论基础

第一节 经济学基础

微观经济学所研究的资源配置主要是通过市场机制实现的。微观经济行为主体大体上可以分为两类：一类是买者，包括购买消费品的消费者和购买用于生产物品和劳务的劳动、资本及原材料的厂商；另一类是卖者，包括销售其物品和服务的厂商、出售其劳动力的工人以及向厂商出租土地或出售矿产资源的资源所有者。市场是把买卖双方带到一起并便利交换的制度安排，是彼此相互作用以寻求某种交换可能的买卖双方的集合，或者说，买卖双方的相互作用就构成市场。经济学家从市场组织如何影响销售价格和数量的决定出发，将市场分成两大类：一类是竞争性市场，其中，无论买者还是卖者都根据市场决定的价格来决定买或卖；另一类是不完全竞争市场，其中，卖方或买方（或二者）拥有足够的市场势力以影响市场价格，这些拥有市场势力的决策者为其物品或服务寻求索取最好的价格。上述市场概念使经济学家把经济活动划分为各种行业，向一个特定市场供给物品和劳务的所有厂商就构成一个行业。组成一个行业的厂商，所生产的商品和劳务即使不完全相同，也是相似的。每个行业都有交易本行业产品的市场。

一、需求

需求就是在一定的时期，在一既定的价格水平下，消费者愿意并且能够购买的商品数量。

需求显示了在价格升降而其他因素不变的情况下，某个体在某段时间内所愿意买的某货物的数量。在某一价格下，消费者愿意购买的某一货物的总数量称为需求量。

（一）影响需求量的因素

1.商品本身价格

一般而言，商品的价格与需求量呈负相关，即价格越高，需求越少，反之亦然。

2.替代品的价格

所谓替代品是指使用价值相近、可以互相替代来满足人们同一需要的商品，如煤气、电力等。一般来说，相互替代商品之间某一种商品的价格提高，消费者就会把其需求转向可以替代的商品上，从而使替代品的需求增加，被替代品的需求减少；反之亦然。

3. 互补品的价格

所谓互补品是指使用价值上必须互相补充才能满足人们某种需要的商品,比如汽车和汽油、家用电器和电等。在互补商品之间,其中一种商品的价格上升,需求量降低,会引起另一种商品的需求随之降低。

4. 消费者的收入水平

当消费者的收入提高时,商品的需求量就会增加;反之亦然。劣等品除外。

5. 消费者的偏好

当消费者对某种商品的偏好程度增强时,该商品的需求量就会增加;相反偏好程度减弱,需求量就会减少。

6. 消费者的预期(对未来商品的价格以及对自己未来收入的预期)

当消费者预期某种商品的价格即将上升时,就会增加对该商品的现期需求量,因为理性的人会在价格上升之前购买产品;反之,就会减少对该商品的预期需求量。同样的,当消费者预期未来的收入将上升时,将增加对商品的现期需求;反之会减少对商品的现期需求。

7. 消费者规模

当消费者的数量增加时,需求随之增加;反之则少。

将以上决定需求的主要因素综合起来,我们就可以得到一个需求函数,即一定时期内某种物品或劳务的各种可能的购买量与决定这些购买量的因素之间的关系,其公式如下:

$$D = f(P, T, I, P_e, P_t) \tag{2-1}$$

在式(2-1)中,D 是需求函数,P 是商品本身价格,T 是消费者的偏好,I 是消费者的收入水平,P_e 是消费者的预期,P_t 是替代品的价格。

(二)需求曲线

需求曲线是显示价格与需求量关系的曲线,是指其他条件相同时,在每一价格水平上消费者愿意而且能够购买的商品量的曲线。其中需求量是不能被观测的。需求曲线可以以任何形状出现,但符合需求定理的需求曲线总是向右下倾斜的。

需求曲线用曲线方式表示需求关系。需求曲线是需求函数的直观描述,它抓住需求的主要因素,纵轴表示价格 P(自变量),横轴表示产品需求量 Q(因变量),如图 2-1 所示。

需求曲线总是向下的,是指物品的需求数量与价格呈反比关系。价格提高则需求数量减少,价格降低则需求数量增加。

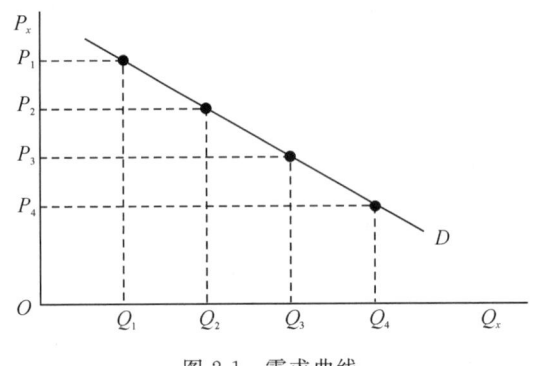

图 2-1 需求曲线

假定商品的价格与需求量的变化具有无限的分割性,把商品价格视为自变量,把需求量作为依变量,则 $D=f(P)$,即为需求函数。

需求函数的扩展形式为:$Q=D(P_m, I, P_0)$。

在公式中,P_m 代表商品的价格,I 代表消费者的收入,P_0 代表其他商品的价格。

(三)需求的变动

我们假定商品本身的价格不变,考察其他因素的变动对需求的影响。

首先是消费者的收入。收入水平肯定会影响消费者将要购买的消费品数量。一般而言,消费者的收入提高时,其购买量会增加;收入下降时,其购买量会减少。

其次是相关物品的价格。例如,百事可乐的价格上升了,一般会导致可口可乐的购买量增加;反过来,如果百事可乐的价格下降了,可口可乐的购买量会减少。因为当两种物品互为非常接近的替代品时,人们总是趋向于用较便宜的物品替代较贵重的物品。

再次是消费者的偏好。偏好是消费者对不同物品和服务合意性的主观感觉。如果消费者确认饮茶更有益于健康,他将增加对茶叶的购买。

最后是预期价格。如果消费者预期下个月空调的价格会上涨,那么本月空调的购买量可能增加。

如果消费者的收入、偏好,相关物品的价格和预期价格都发生了变化或其中任何一个发生了变化,整个需求曲线就会移动。以图 2-2 为例,其中的需求曲线 D 是在消费者偏好、收入水平、相关物品价格以及预期价格等因素保持不变的假定条件下画出的。现在假定消费者的收入普遍提高了,那么,在其他条件不变时,需求曲线 D 会向右移到 D_1 的位置;相反,如果消费者收入普遍下降了,在其他条件不变时,需求曲线 D 会向左移到 D_2 的位置。这意味着在同样的价格水平下,消费者比以前购买的数量增加或减少了。我们把这种由商品价格以外的因素所引起的需求的变动,称为需求水平的变动,它表现为整个需求曲线的移动。一般而言,需求曲线向外移动,标志着需求水平的提高;需求曲线向内移动,标志着需求水平的下降。

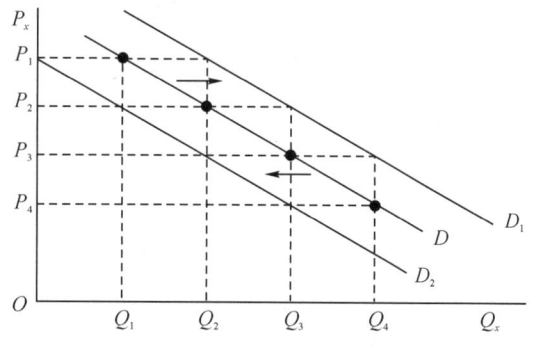

图 2-2 需求曲线的变动

要正确地理解需求概念,必须区分需求量和需求水平。前者是指不同价格水平下消费者愿意并能够购买的消费品的数量;后者是指同一价格水平下消费者愿意并能够购买的消费品的数量。与此相应的,我们必须明确区分两种需求的变动:一种是在其他条件不变时,由商品本身的价格变动所引起的需求变动,我们称之为需求量的变动,它表现为沿着一条既定的需求曲线的移动;另一种是在商品本身的价格保持不变时,由诸如消费者收入、偏好,相关商品价格以及预期价格等因素引起的需求的变动,我们称之为需求水平的变动,它表现为整个需求曲线的移动。

二、供给

供给是指在某一时间内和一定的价格水平下,生产者愿意并可能为市场提供商品或服务的数量。供给是供给欲望和供给能力的统一。市场供给是所有生产者供给的总和。

（一）影响供给量的因素

(1)商品本身价格。在影响某种商品供给的其他因素不变的情况下,该种商品自身的价格和其供给量之间存在正相关关系,即二者呈同方向变动。具体来说,在其他条件不变时,产品价格升高,会增加企业的收益或利润,从而吸引众多企业去生产更多的此类产品,使供给增加;反之,价格下降,收益减少,供给就会减少。但是,在特定时期或对于某种特定商品,情况可能相反。

(2)生产成本。在其他条件不变时,生产产品的成本降低,意味着产品利润增加,会刺激生产扩大,供给增加;反之,如果生产成本上升,供给就会减少。

(3)生产技术。生产技术的进步或革新,往往意味着效率的提高或成本的下降,从而增加企业的利润,进而影响供给。

(4)预期。生产者或销售者的价格预期往往会引起当期供给的变化。

(5)相关产品的价格。相关产品主要是指该种产品的替代品和互补品。其对价格的影响机理,可参考需求相关内容的分析。

(6)其他因素,如生产要素的价格、政府产业政策等。

将以上决定供给的主要因素综合起来,我们就可以得到一个供给函数。所谓供给函数(supply function),指的是一定时期内某种物品或劳务的供给与决定供给的因素之间的关系,其公式如下：

$$S = g(P_m, T, P_f, E, R) \tag{2-2}$$

在式(2-2)中,S 表示产量,P_m 表示商品本身的价格,T 表示技术,P_f 表示生产要素价格,E 表示预期,R 表示雇员与雇主之间的关系。

（二）供给曲线

假定其他条件保持不变,仅仅考察商品本身的价格与供给之间的关系。用横轴表示某商品的供给量,纵轴表示该商品的价格,则坐标中不同的点代表不同价格水平下生产者愿意并能够提供市场的商品量,这些点的轨迹就是供给曲线,如图 2-3 所示。

供给曲线反映的是在其他条件不变的情况下,商品的供给与商品价格之间的关系。它既可以表述为在不同价格水平下生产者愿意并能够提供的商品数量,也可以理解为生产者为提供一定量的商品希望索取的价格,即供给价格。

在一般情况下,当其他条件不变时,商品的价格越高,该商品的供给量越多;而商品的价

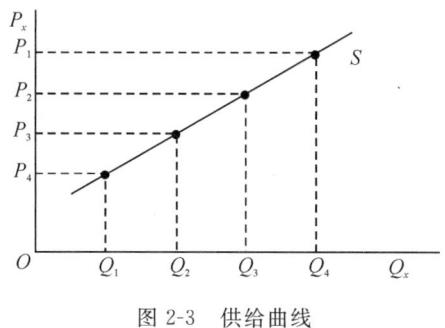

图 2-3 供给曲线

格越低,该商品的供给量越少。我们把供给量与商品价格之间的这种正向变动关系称为供给定理。上述关系表现为供给曲线向右上方倾斜,用数学语言表达,就是供给曲线的斜率为正。

市场价格代表供给者从市场的销售中所得到的收益。由于供给者的收益随着价格的提高而增加,所以,卖者对价格上升的反应是向市场提供更多的商品。价格与供给量之间存在的这种正向关系是以边际成本递增规律为基础的,这可以直接从生产可能性曲线推导出来。

图 2-4(a)表明,当我们沿着生产可能性曲线从 A 点向 E 点移动时,每增加 1 单位物品 X 的生产所必须放弃的 Y 的单位生产是递增的,即 X 的边际成本是递增的。这一信息被转换成图 2-4(b)中的供给曲线。在图 2-4(b)中,纵轴是以为获得每单位 X 而必须放弃的 Y 的数量来表示 X 的价格的,这样,商品 X 的价格也就等于为生产每单位 X 所必须付出的边际成本。

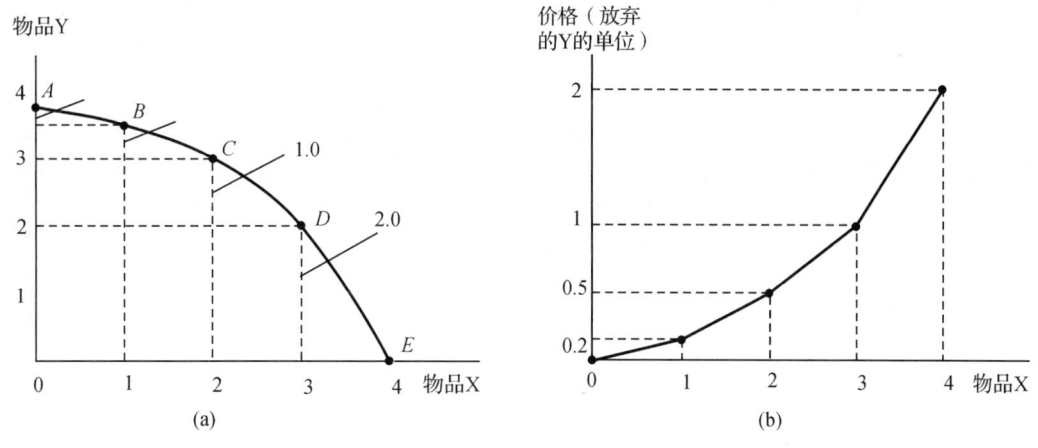

图 2-4 供给曲线的推导

既然边际成本随着产量的扩大而增加,要诱使供给者提供更多的物品,就必须付给他更高的价格。这样,供给曲线就表现出供给量与价格之间的正向关系。供给曲线一般向右上方倾斜。

(三)供给的变动

我们假定商品本身的价格不变,考察其他因素的变动对供给的影响,这些因素主要是技术条件和投入品的供给状况。

如果一项新发明可以使生产者以更低的成本生产商品 X，或者投入品市场价格下降使厂商成本降低，则 X 的供给曲线 S 将会向右移动，比如说变成 S_1。这样，如图 2-5 所示，在新技术采用或投入品价格降低之后，在每一可能的价格下，供给都增加了。相反，如果投入品价格上升或自然条件恶化使厂商必须用更高的成本生产商品 X，则 X 的供给曲线 S 就会向左移动，比如说变成 S_2。这样，在每一可能的价格下，供给都减少了。

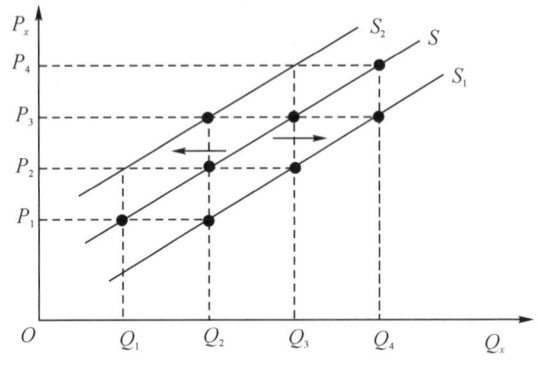

图 2-5 供给曲线的变动

我们把上述由商品价格以外的因素所引起的供给变动称为供给的变动，它表现为整个供给曲线的移动。一般而言，供给曲线向外移动，标志着供给水平的提高；供给曲线向内移动，标志着供给水平的下降。

我们同样要注意区分供给量和供给水平这两个概念。前者是指不同价格水平下生产者愿意并能够提供的消费品的数量，后者是指同一价格水平下生产者愿意并能够提供的消费品的数量。与此相对应，我们必须明确区分两种供给的变动：一种是在其他条件不变时，由商品本身的价格变动所引起的供给变动，我们称之为供给量的变动，它表现为沿着一条既定的供给曲线的移动；另一种是在商品本身的价格保持不变时，由诸如生产技术、要素价格等因素引起的供给的变动，我们称之为供给水平的变动，它表现为整个供给曲线的移动。

三、均衡价格

我们进一步分析供给和需求是如何相互作用的，以确定均衡价格和均衡数量及其变动。

（一）均衡价格的市场机制

买方总是希望以尽可能低的价格购买物品，而卖方则希望以尽可能高的价格出售物品。当我们把需求曲线和供给曲线放在同一平面直角坐标系中考察时会发现，在这两条曲线的交点，如图 2-6 所示，商品的供给量等于商品的需求量，买方的需求价格等于卖方的供给价格，也就是说，供给曲线与需求曲线的交点所对应的价格，是使市场出清或供求达到平衡的价格，即均衡价格。而所谓市场机制就是在自由市场经济中价格不断变动直至市场出清（即直至供给量与需求量相等）的趋势。在供求曲线的交点，既没有短缺，也没有过度供给（剩余），以至于没有使价格进一步变动的压力。

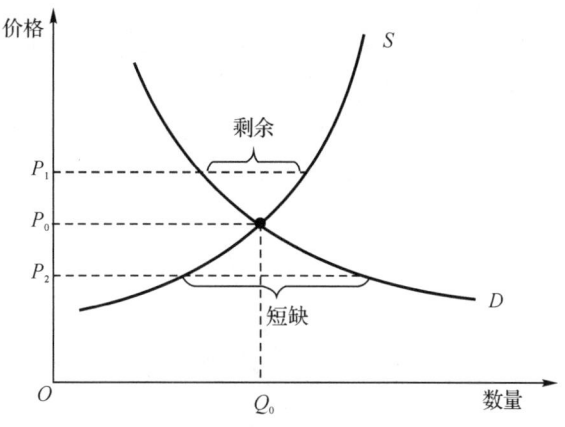

图 2-6 供给曲线和需求曲线

当然,供给和需求并非永远处于均衡,而且当条件突然变化时,某些市场也可能不会迅速出清,但存在着使市场出清的趋势。假定价格最初位于市场出清的水平之上,比如说图 2-6 中的 P_1,这时,生产者愿意生产的数量就会超过消费者愿意购买的数量,从而出现剩余。为了将这部分剩余产品销售掉,生产者之间就会展开竞争,争相降低商品的价格。随着市场价格的下降,需求量会增加,供给量会减少,一直达到均衡价格 P_0 为止。反过来,如果价格最初定在市场出清水平以下,比如说图 2-6 中的 P_2,则按此价格消费者愿意购买的数量会超过生产者愿意生产的数量,从而出现短缺。这时,消费者之间会展开竞争,彼此竞相喊出高价,而生产者则通过提高价格和增加产量做出反应。这样,价格最终会达到均衡价格 P_0。

(二)均衡价格的变动

1.需求曲线的移动对均衡价格的影响

在供给曲线保持不变的情况下,需求曲线右移,会使均衡价格提高,均衡产量增加;需求曲线左移,会使均衡价格下降,均衡产量减少,如图 2-7 所示。

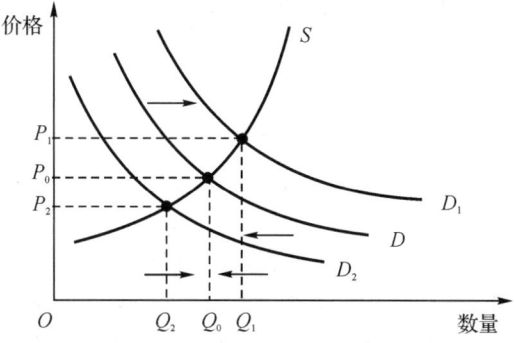

图 2-7 需求曲线的移动对均衡价格的影响

当需求水平由 D 提高到 D_1 时,均衡价格由 P_0 提高到 P_1,均衡产量由 Q_0 增加到 Q_1;相反,当需求水平由 D 下降到 D_2 时,均衡价格由 P_0 下降到 P_2,均衡产量由 Q_0 减少到 Q_2。

2.供给曲线的移动对均衡价格的影响

在需求曲线保持不变的情况下,供给曲线右移,会使均衡价格下降,均衡产量增加;供给曲线左移,会使均衡价格上升,均衡产量减少,如图 2-8 所示。

当供给水平由 S 提高到 S_1 时,均衡价格由 P_0 下降到 P_1,均衡产量由 Q_0 增加到 Q_1;相反,当供给水平由 S 下降到 S_2 时,均衡价格由 P_0 上升到 P_2,均衡产量由 Q_0 减少到 Q_2。

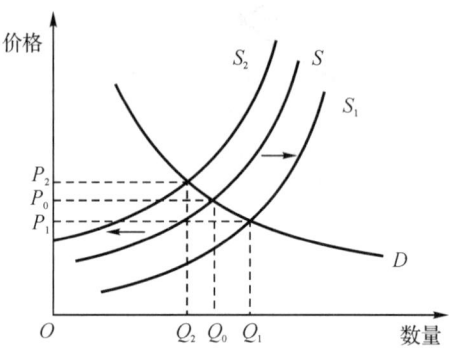

图 2-8 供给曲线的移动对均衡价格的影响

3.供求关系

以上供求两方面的变动效应,可以概括为供求定理:需求水平的变动引起均衡价格与均衡产量同方向的变动;供给水平的变动引起均衡价格反方向的变动,引起均衡产量同方向的变动。无论是供求曲线单独变动还是同时变动,也无论它们是同方向变动,还是反方向变动以及变动幅度是否相同,我们都可以运用供求定理预测均衡结果。

(三)蛛网理论

蛛网模型所考察的是价格波动对下一个周期产量的影响,以及由此而产生的均衡价格和均衡产量的波动。它通常用来分析市场经济中某些产品价格和产量之间的关系,这些产品具有这样的特点:本期产量决定本期价格,而本期价格决定下期产量。若用 P、Q 分别表示价格、产量,D、S 分别表示需求函数、供给函数,t 表示时期,则上述关系可以表述为如下公式:

$$P_t = D(Q_t) \tag{2-3}$$

$$Q_t = S(P_{t-1}) \tag{2-4}$$

根据需求曲线和供给曲线的陡峭程度,蛛网模型通常有三种形式。

1.封闭式

在这种模型中,需求曲线和供给曲线的斜度是一样的,价格从高到低、产量从低到高均按同一幅度不断波动,永远达不到均衡状态,如图 2-9 所示。假定第一年的价格为 P,生产周期为一年,供给对价格的反应滞后一年,第二年的产量为 Q_2,但它只能按当年的价格 P_2 才能全部出售。根据第二年较低的价格,第三年的产量减少到 Q_3,但第三年的价格又与第一年相同。如果其他条件不变,上述循环过程会不断地持续下去。封闭式循环的原因就是生产者和消费者对价格反应一致。

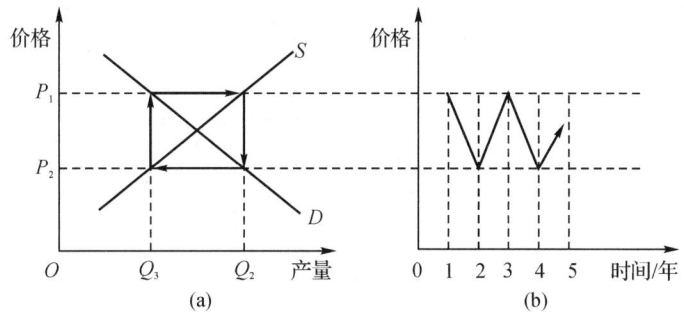

图 2-9 封闭式蛛网模型

2. 收敛式

在这种模型中,供给曲线比需求曲线更为陡峭,价格和产量以越来越小的幅度上下波动,在达到均衡时停止,如图 2-10 所示。收敛式循环的产生原因是生产者对价格的反应程度小于消费者。

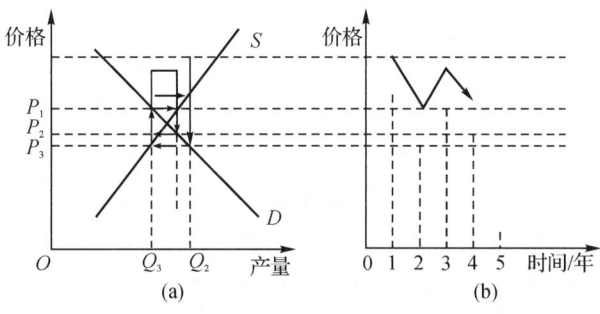

图 2-10 收敛式蛛网模型

3. 发散式

发散式蛛网正好与收敛式蛛网相反,其价格和产量以越来越大的幅度波动,从而离均衡点越来越远,如图 2-11 所示。之所以如此,是因为在这种形式的模型中,需求曲线比供给曲线更陡峭,生产者对价格的反应程度大于消费者。

(四)弹性分析

1. 需求的价格弹性

在现实世界中,各种商品的需求曲线之所以位置不同,形状各异,一个重要的原因就在于不同的商品对诸如价格、收入、预期等变化的反应程度是不同的。弹性是衡量因变量对自变量变化反应程度的指标,是因变量相对变化与自变量相对变化之比。具体来说,弹性表示由 1% 的因变量的变动所引起的自变量百分比的变化。需求弹性包括需求的价格弹性、需求的收入弹性、需求的交叉弹性和需求的预期弹性。

需求的价格弹性表示在一定时期内一种商品的需求量变动对该商品价格变动的反应程度,或者说,表示在一定时期内一种商品的价格变化 1% 所引起的该商品需求量变动的百分比,简称需求弹性。其计算公式为:

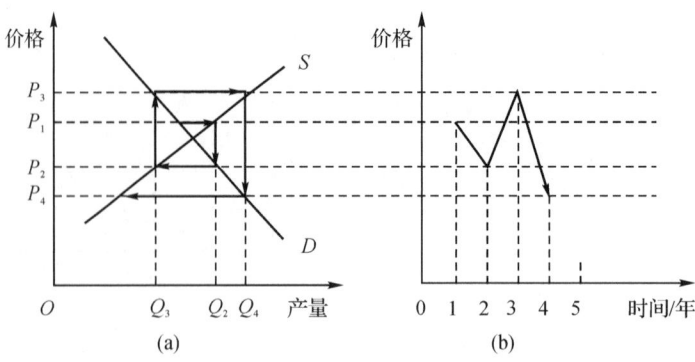

图 2-11 发散式蛛网模型

$$e_d = -\frac{\Delta Q/Q}{\Delta P/P} = -\frac{\Delta Q}{\Delta P} \cdot \frac{P}{Q} \qquad (2-5)$$

通常,商品需求量和价格呈反方向变动,$\frac{\Delta Q}{\Delta P}$ 为负值。为了便于比较,在公式前面加一个负号,则需求价格弹性 e_d 取正值。当某一商品需求量变动的百分比大于价格变动的百分比时,需求弹性大于1,我们称该商品的需求富有弹性,比值越大,则弹性越大。反之,当某一商品需求量变动的百分比小于价格变动的百分比时,需求弹性小于1,我们称该商品的需求缺乏弹性,比值越小,则弹性越小。如果某一商品的需求弹性等于1,即需求量与价格同比例变化,我们称该商品的需求为单位弹性。若某一商品的需求曲线是一条垂直线,表示无论价格如何变化,需求量总是相同的,如图 2-12(a)所示。在这种情况下,我们称该商品的需求完全无弹性,弹性等于0。随着需求曲线越来越平坦,需求弹性变得越来越大。当需求曲线成为一条水平线时,需求弹性接近无穷大,我们称该商品的需求完全富有弹性,如图 2-12(b)所示。

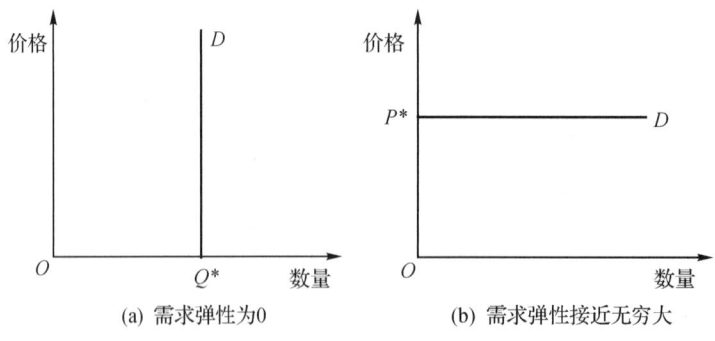

图 2-12 需求曲线的两种特殊情况

需求价格弹性的大小与下列因素有关。

(1)商品的替代品数目和可替代程度。一般而言,如果某种商品的替代品数目很多,则该商品的需求很可能是富有弹性的。因为若该商品价格上涨(或下降),消费者就会减少(或增加)对该商品的购买量,而增加(或减少)对该商品替代品的购买量。因此,把一种商品的范围限定得越窄,它的替代品越多,需求弹性也越大。如某开发商新开发的多层砖混结构商品住宅,它的替代品则包括其他开发商新开发的各种各样的商品住宅(其他结构的多层、低层或高层商品住宅),以及市场上流通的各种商品住宅。但若所指的商品是开发商新开发的商品住宅,其替代品则为市场上流通的其他非新开发的商品住宅,可见前者的需求弹性大于后者。另外,如果某种商品有完全相近的替代品,则该商品的需求可能有完全弹性。例如,某开发商在某地段新开发了商品住宅,而其他多个开发商在该地段也有足够多的新开发的类似商品住宅,则该开发商只能按既定价格卖出他所愿意出售的商品住宅,若他试图提高价格出售其商品住宅,则消费者会选择购买其他开发商新开发的完全替代品。这从另一个角度阐述了房地产估价中的替代原理。

(2)消费者对某种商品的需求程度以及商品在消费者家庭预算中所占的比例。若商品是家庭生活的必需品,如柴、米、油、盐等,则它们的需求弹性通常很小,因为无论这些商品是否涨价,消费者都必须购买,而且它们在家庭开支中所占的比例也不大,它们价格的涨跌对每个家庭需求的影响都很小。相反,若商品为奢侈品,则通常可有可无,因此需求弹性相对较大。同时,商品在消费者家庭预算支出中占的比例也影响到它们的需求弹性。对于那些占家庭支出比例较大的商品,如果它们的价格上涨,则对消费者的生活影响较大,因而需求量必然减少很多,所以它们的需求弹性也较大;反之则需求弹性相对较小。

(3)商品本身用途的多用性。某种商品的用途越多,其需求弹性越大。因为用途越多的商品在其价格发生变化时,会从多种途径影响到对它的需求。

(4)商品的耐用程度。商品越是耐用,需求弹性越小。因为消费者一旦购买了耐用品,即使它们的价格下降,消费者也不会在短期内重新购置。

(5)时间的长短。需求弹性是时间的函数,会随时间的变化而变化。一般而言,时间越长,消费者和厂商越容易找到新的替代品,因而需求也越有弹性。

2.供给的价格弹性

供给的价格弹性衡量一定时期内某种商品的供给量对该商品价格变动的反应程度。用供给量变动百分比除以价格变动百分比得出的计算结果,简称供给弹性。当某一商品供给量变动百分比大于价格变动的百分比时,供给弹性大于1,称该商品的供给富有弹性,比值越大,弹性越大;反之,供给量变动的百分比小于价格变动的百分比时,供给弹性小于1,称该商品的供给缺乏弹性,比值越小,则弹性越小。如果弹性等于1,即供给量与价格同比例变动,则称该商品的供给为单位弹性。若某一商品的供给曲线是一条垂直线,表示无论价格如何变动,供给量总是相同的。在这种情况下,称该商品的供给完全无弹性,弹性等于0。随着供给曲线越来越平坦,供给弹性变得越来越大。当供给曲线成为一条水平线时,供给弹性接近无穷大,称该商品的供给完全富有弹性。

供给价格弹性的大小与下列因素有关。

(1)时间因素。当商品的价格发生变化时,厂商对产量的调整需要一定的时间。短期内,厂商若要根据商品的涨价及时地增加产量,或者根据商品的降价及时地缩减产量,都存在不同程度的困难,相应地,供给弹性比较小。但是长期内,生产规模的扩大与缩小,甚至转产,都是可以实现的,供给量可以对价格变动做出充分的反应,弹性就比较大了。

(2)生产成本随产量变化而变化的情况。如果产量增加只是引起边际成本的轻微的提高,则意味着厂商的供给曲线比较平坦,供给弹性可能比较大;反之,弹性较小。

(3)产品的生产周期的长短。周期短的,厂商可以及时根据市场价格调整产量,弹性较大;反之较小。

(五)政府政策

1.最高限价

市场经济国家的政府经常选择某个特殊的商业活动作为价格管制的目标。1973年,当阿拉伯国家联合确立首次对西方实行石油禁运时,世界石油价格急剧上涨,并且很快波及加油站。面对这场"能源危机",美国政府实行了价格管制,禁止汽油价格上升到一定水平之上。显然,在上例中,如果法定的价格高于市场出清水平,那么,这些法令就不会有任何影响,所以,我们从低于市场出清价格的最高限价(价格上限)的角度来分析政府管制的效应。在图2-13中,这种最高限价用 P_c 来表示,它低于市场出清价格 P^*,是可以合法索取的最高价格。实行最高限价的直接效应就是在 E 点的均衡移到了 A 点的均衡,而按照最高限价 P_c,消费者愿意购买的数量为 Q_d,但生产者愿意供给的数量仅为 Q_s,出现了 $Q_d - Q_s$ 单位的短缺。

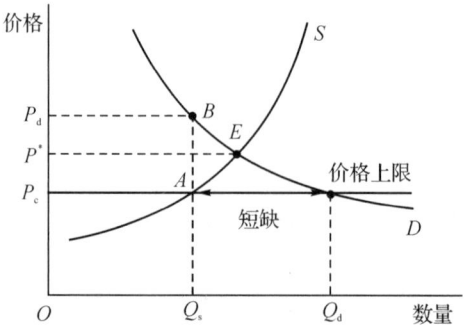

图2-13 最高限价低于市场出清价格的情况

价格管制的第二个效应涉及黑市活动。价格管制很少能够完全实行,有些交易不可避免地以高于法定水平的价格进行。因为供给量低于市场出清水平,黑市价格常常高于市场出清价格,卖者趋向于把供给短缺商品的市场价格抬高。黑市价格也反映了为规避法令而承受的成本增加。

价格管制的第三个效应产生于需求价格上升的趋势,因为供给量人为降低了。在图2-13中,需求曲线上对应于 B 点的需求价格为 P_d。实际价格与最高限价之间的差额,可能代表着消费者花在排队上的时间的价值,或者反映了政府为保证短缺的供给在市民中平等分配而颁发的配给券的内在价值。如果这一效应不能在市场上得以表现,其他经济因素就可能引起供给曲线(和/或需求曲线)逐渐左移,直到最高限价实际反映某种市场的出清均衡为止。

2.最低限价

另一种价格管制形式是制定最低限价(也叫支持价格)。从历史上看,支持价格主要应用在农产品上。为了应对农业收入逐渐下降的趋势,美国的农民经常为获得价格支持而进行院外活动,美国政府有时也会采取一些措施使食品价格人为地维持在较高水平。在图2-14中,这种支持价格用 P_f 来表示,它是允许通行的最低价格,并且假定位于市场出清价格水平之上。支持价格的直接效应正好与最高限价相反,它导致数量为 AB 的剩余,等于

Q_s 与 Q_d 的差额。为了实施支持价格方案,政府必须按法定价格购买剩余产品。纳税人的成本等于 $P_f(Q_s-Q_d)$,即阴影面积 C。除了由纳税人承担的货币成本之外,政府还必须设法处理剩余,这种剩余会年复一年地积累。

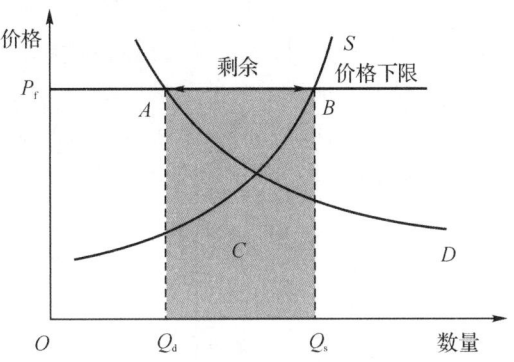

图 2-14 最低限价高于市场出清价格的情况

3.税收

政府可以通过税收政策干预市场,对消费者和生产者产生影响。下面考虑定量税即每一销售单位征收一固定数量的货币,并以向卖者征税为例分析税收政策的影响。

由于不向买者征税,在任何一种既定价格下,商品的需求量不发生变化,所以,需求曲线不变,而对卖者征税相当于增加了销售商品的成本,这就使卖者在每一价格水平下供给的数量少了,供给曲线向左移动。如图 2-15 所示,供给曲线从 S_1 向左移动到 S_2,S_1 与 S_2 之间的垂直距离正好是税收量 l。当市场均衡点从 E 移动到新均衡点 E' 时,商品的均衡价格由 P_0 上升到 P_b,均衡数量由 Q_0 减少到 Q_1,出于市场价格上升,买者支付的价格高于没有税收时的市场价格。卖者得到的价格虽然高于没有税收时的市场价格,但纳税之后实际得到的价格下降。如图 2-15 所示,P_b 是买者支付的含税价格。P_a 是销售者完税后的所得价格,则买者承担的税收是 P_0P_b,卖者承担的税收是 P_0P_a,税收负担被分割。

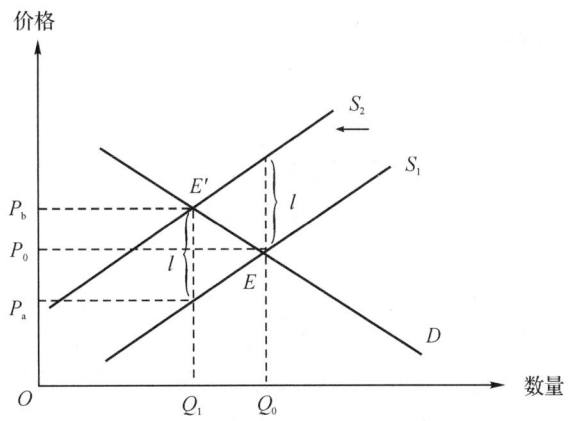

图 2-15 税收对生产者和消费者的影响

对买者征税和对卖者征税是相同的。在这两种情况下,税收在买者支付的价格和卖者得到的价格之间打入了一个楔子,无论税收是向买者征收还是向卖者征收,买者价格与卖者价格之间的楔子是相同的。一旦市场达到新均衡,无论向谁征税,都是买者和卖者分摊税收负担,对买者征税和对卖者征税的唯一差别是谁把钱交给政府。

消费者和生产者各负担多少税收取决于供给和需求的相对弹性。图 2-16 表示供给相对富有弹性而需求较为缺乏弹性市场上的税收。征税后,卖者只承担了一小部分税收负担,而买者支付的价格大幅上升,表示买者承担了大部分税收负担。图 2-17 表示供给较为缺乏弹性而需求相对富有弹性的市场上的税收。征税后,买者支付的价格上升并不多,而卖者得到的价格大幅度下降。因此,卖者承担了大部分税收负担。

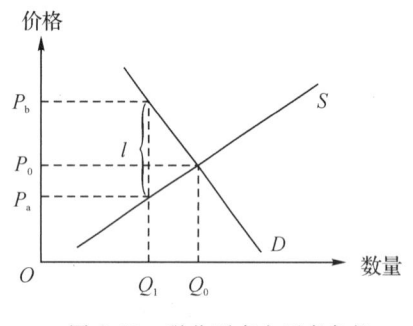
图 2-16 税收更多由买者负担

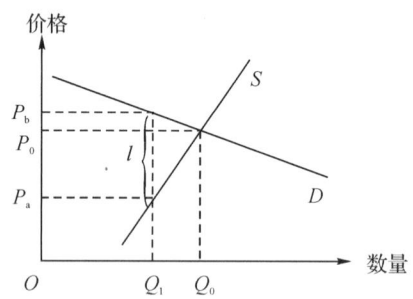
图 2-17 税收更多由卖者负担

可见,税收负担更多地落在缺乏弹性的市场一方身上。税收负担的划分取决于 e_s/e_d,即供给价格弹性与需求价格弹性之比。如果 $e_s/e_d>1$,则消费者将承担大部分税收;如果 $e_s/e_d<1$,则生产者将承担大部分税收;如果 $e_s/e_d=1$,则消费者与生产者平均分担税收。

第二节 金融学基础

一、货币的时间价值

货币的时间价值有两个相关的概念:现在手中持有的货币能够被用于投资,因此未来将会带来更多的收入。我们可以将这笔钱用于投资生产型资产,如生产设备,或者将其用于购买生息资产,如储蓄账户。在上述任意一种情况下,未来我们所能获得资金数量肯定要大于现在。

有几个经济因素能够影响货币现在与未来的价值。例如,通货膨胀,产品与服务的增加将会使得人民币的购买力缩水。又如,如果供暖能源的成本不断增加,则消费者手中用于购买其他产品或服务的货币数量将会减少。如果通货膨胀持续下去而消费者的收入水平并不增加,则消费者的购买力将持续下降。然而,如果工资水平的增长速度快于通货膨胀率,则消费者的实际购买力将会增加。

财务经理很热衷于比较货币现在的价值与未来的价值。企业手中拥有的资金不应当闲置不用,否则将会带来贬值的风险。暂时闲置的资金应当被用来赚取利息或者为企业创造收入。公司还需要制订计划,安排好未来用于开发新技术或购买新设备的投资项目。尽管实际的现金支出可能会发生于未来某个不确定的时间点上,但是财务经理需要从现在开始就做好决策,为将来的资金支出做好准备。

在了解货币的时间价值时,我们可以这样提问:这项投资是否有价值？我是否还可以将同样的资金用于其他的投资项目并获得相应的回报？货币的时间价值取决于不同的用途。例如,某资产管理公司拥有一座位于当地大学附近的公寓建筑。这一建筑的规模要小于该公司拥有的其他公寓建筑,因此,该公司认为这种小规模的物业不能实现成本最优化,打算将其出售。一共有两家买主分别给出了他们的买价。A公司给出的买价是1 300万元,可以立即支付现金。B公司给出的买价是1 500万元,但是条件是必须分期付款:在购买后6个月先支付500万元,然后在年底支付第二笔500万元,18个月到期时最终支付剩下的500万元。如果该公司希望接受较高的买价,则要经过一年半的时间才能够获得最终的支付,这样做值不值得呢？答案取决于该公司能够将A公司用现金方式支付的1 300万元用于其他投资项目。该公司需要考虑的因素包括:利率水平、通货膨胀率、该公司是否可以将这笔资金用于购买另外一座更符合该公司要求的公寓建筑等。

(一)终值

所谓终值(future value,FV)指的是现在的一笔资金未来的价值。终值包括所有的本金再加上累计的利息收入。有时我们也将终值称为到期值。

绝大多数人对利息这个概念很熟悉,借款人之所以支付利息是因为其现在使用了资金,而贷款人之所以能获得利息是因为他承担了贷款的风险。单利指的是利率以年利率的方式表示,而不管贷款的实际期限是否正好为1年。单利的计算公式如下:

$$f = PRT \qquad (2\text{-}6)$$

式(2-6)中,f代表的是获得的利息,P代表的是本金(即借入或贷出的总金额),R代表的是利率(通常是以年利率的形式表示),T代表的是贷款的时间(通常是以年作为单位)。

如果A向B借了5万元,期限为1年,利率为8%,则A应支付的单利为:

$$f = PRT = 50\ 000 \times 8\% \times 1 = 4\ 000(元)$$

当到期时,这笔投资的到期值,也就是A必须偿还的总金额应当等于54 000元,这也就相当于初始的贷款本金额和利息的总和。所谓到期值只不过是终值的另外一种说法。

$$FV = P + f = 50\ 000 + 4\ 000 = 54\ 000(元)$$

如果A仅需要贷款6个月,则

$$f = PRT = 50\ 000 \times 8\% \times 6/12 = 2000(元)$$

在计算过程中,我们要将6个月贷款时间转换为6/12年。如果贷款期为半年的话,则在单利计算模式下,应支付的利息仅为2 000元,或者说是第一个例子中的一半。此时B的到期值为52 000元。

只需使用最简单的计算器就可以快速计算出单利。然而实际上单利贷款非常少见,在绝大多数情况下,贷款人都要求借款人支付复利。在复利计算模式下,每隔一段时间,这段时间产生的利息将会加入本金中,从而导致本金的总量增加。因此,我们需要对利息计算公式进行一定的调整。

现在假设A同样一共贷了5万元,而与上面不同的是,B要求其支付8%的季度复利,贷款期仍然为 1 年。然而在这一年的每个季度内，利率都会被单独计算，同时会被计入本金中去。因此在这一年当中一共要计算 4 次利息。现在我们来看一看这种计息方式会对 A 带来哪些影响。

第一个季度结束时，开始计算利息。
$$f = PRT = 50\,000 \times 8\% \times 3/12 = 1\,000(元)$$

然后将上述利息加入本金中去，这也就意味着当第二季度快要结束时，本金额增加了。则第二季度应支付的利息额为：
$$f = PRT = 51\,000 \times 8\% \times 3/12 = 1\,020(元)$$

在贷款的第二个季度，利息额增加了 20 元。按照这一模式，我们可以计算出每个季度 A 应支付的利息以及最终应支付的贷款本息和为 54 121 元。

我们将所有应支付的利息加入本金中，则最终 A 应当支付的总金额为 54 121 元。这一到期值就相当于初始的本金额加上 4 个季度应支付的利息额。由此可以看出，复利与单利相比，在 1 年的贷款期限内，能够多产生 121 元的利息。这一数值微乎其微，但是如果贷款额为 50 万元或 500 万元，则差别就不容忽视了。

上面我们使用的复利计算方式既烦琐又不精确。在计算第三个季度的利息额时，尽管我们可以很容易地将利率转变为当期值，但是最终还是被追要四舍五入。现在假设利率水平为 8.27% 的日复利，则一共需要计算 365 次利息，这将花费大量的时间，同时还会不可避免地产生因四舍五入而带来的严重误差。我们可以使用很多工具来实现精确的利息计算。为了简便，我们可以使用本章后面的附录 A 中向大家提供的表格。在附录 A 中有两个表格可用于计算投资的终值：复利表 A-1 以及日复利表 A-2。请注意这两个表都给出了投资的终值或到期值，也同时给出了初始的本金额和计算得到的利息额。

不管复利期间有多少个，我们都可以使用复利表计算出复利的终值。表中给出的数值就是投资项目的到期值。因此，在前面的例子中，我们在计算复利时总共计算了 4 次，如果使用复利表，则可以一次完成。但是为了实现这一点，我们需要对原始的公式进行细微的调整。

$$FV = P + I \qquad (2\text{-}7)$$
$$I = PRT \qquad (2\text{-}8)$$

式(2-8)中，$P = 50\,000$ 元，$R = 8\%$，$T = 1$ 年。

现在让我们来看看附录表 A-1，左手边那一列标明的是"期数"。这个"期数"表示的是复利期间的数量。为了计算期数的值，必须将贷款的期限(T)乘以每年复利期间的个数。在本例中，$n = 1(年) \times 4(季度) = 4$。然而，如果我们不打算将利率调整为期间值的话，则实际计算出来的利息额将会被人为地放大 4 倍。贷款人肯定会喜欢这样做，然而借款人肯定不满意。因此，我们必须将利率水平转化为季度利率，即 2%，用 i 表示。

$$FV = P \times TV(n, i) \qquad (2\text{-}9)$$

式(2-9)中，$P = 50\,000$ 元，$R = 8\% \div 4 = 2\%$，$T = 1 \times 4 = 4$。

沿着最左边这一列找到期数的值，然后再在最上面那一行找到 i 的值，在对应的行列交点处你会查到一个数值，或者我们将它称为表格值，然后再将其与本金相乘，就能够求出投资的到期值，这个表格值，也可以称其为因子，同时反映了单利计算公式中的利息与利率两个要素。在计算到期值时，我们不需要将本金与贷款时间及贷款利率相乘，而只需使用这个因子,这是因为复利表中提供的表格值同时反映了利率与时间这两个因素。

$$FV = 50\,000 \times 1.082\,43 \approx 54\,122(元)$$

表格的应用简化了复利的计算过程,尽管仍然存在四舍五入的误差问题,但是最终的结果是一样的。复利表可以用于计算定期支付利息的投资项目的终值。然而,复利表无法进行日复利的计算。因此,我们在附录 A 中还向大家提供了另外一份复利表。

日复利表使用起来很方便。最左边那一列表示的是贷款的天数。最上面那一行给出的则是年利率。在行列的交点处,对应的数值就是前面所谓的因子(或者将其称为表格值),然后将这个数值与本金相乘,就能够求出贷款的到期值。这一表格不需要我们对贷款时间进行调整以反映复利期间,因此也就无须对年利率进行调整。

现在我们假设贷款本金为 50 000 元,日复利利率水平为 8%。

$$FV = P \times TV(T, R) \tag{2-10}$$

式(2-10)中,$P = 50\,000$ 元,$R = 8\%$,$T = 1$ 年。

每日计算一次复利:

$$FV = 50\,000 \times 1.083\,28 = 54\,164(元)$$

既然使用任一个表格都能够帮助我们求出投资的到期值,那么我们可以看看不同的利率计算方式对借款人的利息支出会产生哪些影响。

单利:54 000 元。

季度复利:54 122 元。

日复利:54 164 元。

(二)现值

在某些情况下,我们知道未来要购买某件物品需要花费多少资金,从根本上,我们知道到期值是多少。如果我们从现在开始将资金节省下来,存放于具有生息作用的储蓄账户,则获得的利息收入能够帮助我们支付购买成本。我们知道利率水平以及距离未来资金使用共有多长的时间,我们唯一不知道的,就是现值(present value,PV)或者说现在需要付出的本金是多少,即为了将来有能力购买某件物品,我们现在需要积攒多少资金。

为了将未来的资金数量(到期值)转变为现在的价值,我们可以求助于现值表 A-3。

这张表看起来与复利表十分相似。在现值表中,也有一个标着 n 的列,这代表的是复利期间的数量,利率 i 代表的是复利期间的利率。表中的数值与复利表有所不同,全部是小于 1.0 的值。当我们计算投资项目的现值时,也就是其本金值时,我们知道终值是多少,也就是说我们知道本金与利息之和是多少,则此时就可以使用现值表中的值来求出现值。作为投资者,你肯定不愿意在储蓄账户中投资的钱超过未来能获得的资金量。

当企业知道投资项目的终值(到期值)时,就可以计算出投资项目的现值(或本金值),即为了实现未来的到期值,在一定的回报率水平下,现在必须进行投资的金额。

$$PV = MV \times TV(n, i) \tag{2-11}$$

式(2-11)中,PV 代表的是现在需要投资的本金额,FV 代表的是到期值,n = 年份数 × 一年中复利期间的数量,i = 年利率 ÷ 一年中复利期间的数量。

请注意,表格值又一次将利率与时间期限这两个因素结合起来。

假如 A 学生的父母估计,从现在开始未来 5 年内,为了供 A 学生上大学,他们需要在第一年支付50000元的学费。则他们现在应当在5年期的存款账户上存入多少钱,才能够保证5年之后能够支付得起这笔学费?请注意,每月计算一次复利,利率为6%。

按照式(2-11)进行计算,FV=50 000元,$i=6\% \div 12=0.5\%$,$n=5 \times 12=60$,则
$$PV = FV \times n(n,i) = 50\,000 \times 0.741\,37 = 37\,068.5(元)$$

计算结果为37 068.5元,即A学生的父母现在应该投资的金额,而5年之后,他们能够获得50 000元的回报,也就是说在5年期间,他们一共获得了12 931.5元的利息。为了简便,在本节讨论过程中,我们没有考虑任何税收因素对利息收入的影响。在接下来的章节中,我们再进一步了解税收对投资收入会有哪些作用。

复利表和现值表都假设只存在一次交易,也就是说,人们将一笔特定数额的资金存放到投资账户里,然后一直没有动用过,直到最终的到期日,或者是在未来某一时刻贷款到期。在这种情况下,我们知道投资项目现在的价值,希望能够求出其未来的价值。也有可能我们知道未来支出的金额,因此想从现在开始进行投资(现值),以备将来之需。在这两种情况下,人们都会选择从现在开始进行投资。利息可能是定期支付的,但是投资本身并不是定期进行的。

(三)风险与回报

在任何给定的时点,计算投资的价值时,我们都假设未来的经济环境不会发生变化。因此,很多投资决策都是基于对未来的最佳估计或预测来制定的,然而现实往往与计划背道而驰。我们将此称为不确定性风险。风险有可能是正面的,也有可能是负面的。这个词语并不是说所有的决策都会对投资带来负面的影响。当利率水平下降时,对借款人而言,存在的风险就是可以重新协商贷款并能获得一个更低的利率水平。因此,此时对借款者而言,这个风险是积极的。对贷款者而言,他们获得的利息减少了,因此风险是负面的。风险本身是一个中性的概念。

在承担投资风险的同时,投资者和企业可以获得投资回报作为补偿。政府发行的债券通常被认为是无风险的,因此相对于其他的投资工具,国债的回报率比较低。向一家濒临破产的公司提供贷款风险是很高的,因此投资者要求获得的回报率也非常高。

由于承担的风险程度不同,因此不同的投资项目能给投资者带来的回报率也有所不同。此外,管理层的决策也能带来风险。例如,一家企业可能决定提高财务杠杆率,即提高债务融资与股权融资的比例,如果营业收入减少,则利息支出占企业主营业务收入的比重将会增大,因此企业的净收入将会大幅度下降。对发行有价证券的企业来说,市场环境也会对该企业承担的风险程度造成影响。在高通货膨胀时期,息票利率较低的债券总会遭受贬值的命运,不管发行该债券的企业是否具有实力。单单是利率这一个因素就可以导致债券贬值。

当计算某项资产的预期收益时,投资者应当考虑下列几类风险因素。

1. 流动性风险

这指的是某项资产是否具有以公平的市场价值流通的能力。在正常的银行营业时间内,美国储蓄债券可以在任何一家银行兑换成现金,因此可以说不存在流动性风险。而一家餐馆的所有者可能会发现,他很难将这家餐馆和所有的设备卖掉。尽管在资产负债表上土地与生产设备均以公平的市场价值被计入,但是这并不能保证餐馆的主人可以找到一个合适的买主——这个买主希望同时获得这个餐馆以及所有的设备。即使这个潜在的买主也希

望在同样的地点开一家餐馆,但是这家新餐馆所贩卖的饭菜类型可能有所不同,因此需要投资购买其他的设备,而这将使得餐馆内现有的设备贬值,从而使得其实际价值低于理论上的市场价值。出售资产所花的时间越长,其流动性风险就越高。

2. 商业风险

商业风险指的是企业经营过程中存在的不确定性。这有可能是行业大环境发生变化的结果,也可能是由个别企业自己做出的决策产生的。例如,在经过多年发展之后,个人电脑市场的发展速度已经日趋缓慢。长期以来,拥有个人电脑的用户数量大幅度增加,因此,现在市场上新客户的数量已不同往日了。此外,消费者们更新电脑的速度远远不及市场上新产品的推出速度。因此,为了促进销售,个人电脑制造商一直致力于拼命地降低电脑的价格,而这种行为必然会带来利润的减少。在整个行业范围内,商业风险在逐步加大,但是对该行业内的各个企业而言,风险程度又有所不同,这主要取决于它们能否随着市场环境的变化而变化。在一个相对稳定的行业内,企业制定的战略决策也有可能招致商业风险。对零售商店而言,不延长营业时间的决策将会导致企业的利润下降,从而使市场竞争环境有利于竞争对手。此时,不延长营业时间的决策就会导致企业的商业风险增加。

3. 财务风险

这一风险与企业发行的债务工具有关,当企业的杠杆比例较高时,其风险程度也因此而增加。所谓杠杆比例,指的是企业的负债额与股权资本的比值。在经济处于高速发展阶段时,高杠杆经营的风险尚不明显,然而一旦营业收入有所下降,则利息成本与营业收入之间的比值将会增加。除了利息,企业可能还需要定期偿还本金,而这将减少其流动资金。因此说,企业的杠杆比例越高,企业无法偿还债务的风险也就越大。企业可以通过向银行申请贷款或发放债券的方式来进行债务融资。企业发行的债券都具有一定的期限,借款人必须遵守这一规定,而且在债务契约中也对此进行了详细的规定。对债券发行人而言,在特殊的环境下,其有权将发行的债券赎回。如果发行人发现,可以将成本较高的债券赎回,同时代之以成本较低的贷款或债券,则可以将先前发行的债券赎回。所谓赎回风险,指的就是对债券持有人而言,其持有的债券可能会被发行者在到期之前赎回。在这种情况下,投资人将无法获得预期的收入,尽管本金会被全额偿还,但是投资人无法在不承担多余风险的情况下获得与先前同样高的回报率。

上述这些风险类型均与资产类型或发行有价证券的公司有紧密的联系。从某种程度上说,这些风险类型是广为人知的,能够被有效管理。投资者可以选择购买可赎回的债券,由于事先知道其中的风险,他们将索要较高的息票利率,以对潜在的可赎回风险进行补偿。如果公司的财务风险较高,则在发行债券时就必须设定一个较高的息票利率,才能够补偿投资者们多承担的风险。在每种情况下,所涉及的风险都被认为是可分散性的风险。在一个投资组合当中,资产的类型应该做到分散化,即同时包括高风险和低风险的资产。

其他的风险类型来源于更为广阔的经济变化或社会变化,这些变化将会影响各种各样的企业,并产生所谓的系统性风险或不可分散风险。

4. 市场风险

该风险与整个市场环境的变动有关。多年以来,表面上看上去股票市场好像一直在升值,然而2001年股票市场全面下跌,即使是对一个拥有完善的商业战略且负债额较少的企业而言,其股票的价值也出现了暴跌。与此同时,受到消费者信心不足的影响,债券的价格也遭受了同样的命运。有些分析家称,他们有能力预测市场的变动,然而并不存在一个确定的公式能够准确地判断出市场的下一步举动。

市场一般利率水平的变化将会影响投资项目的价值,这就是所谓的利率风险。当利率水平上升时,市场上现有的债券的价格通常会下跌:对一个按照6.5%利率水平进行发行的债券来说,其价值肯定会低于以8%的利率水平发行的债券,随着利率水平的不断攀升,已发行债券的价值将会越来越小。反言之,如果利率水平下跌,则按照较高利率水平发行的债券将会升值,直到债券被出售,其升值或贬值的部分才会被实现。因此,对债券持有者而言,上面所说的升值或贬值只会导致其持有的投资品的价值在理论上有所上升或有所下降,如果债券持有人一直将债券持有直到到期,则不会遭受任何资本损失。他们的损失只是丧失了将这笔资金用于其他收益更高的投资项目的机会。利率风险同样也会影响股票的价格,当利率水平上涨时,企业的贷款成本将会增加,因此会带来利润减少的效应,从而导致股票价格下跌。如果利率水平下降,则股票价格趋于上涨。利率水平的变化还会影响固定资产的价值,如土地和建筑物。如果利率水平上涨,则企业主将不愿意投资购买新的资产,因此并购的总成本(土地成本与利息)将会增加。为了保证每月的费用支出不超过目标区域,企业所拥有的资产价格必须下降,以此来抵消利率上涨所带来的影响。

5. 通胀风险

通胀风险通常指的是购买力风险。当市场价格的上涨幅度快于企业收入水平或消费者获得的利息的上涨幅度时,则投资的实际价值将会减少。对一家发行固定利率抵押贷款的银行来说,如果利率水平上涨,则它需要向存款者支付更多的利息,而从抵押贷款上获得的利息收入保持不变,因此也将面临通胀风险。20世纪80年代就曾出现类似情况。退休工人可以计算出自己的生活成本,并通过投资的方式来保证获得一定水平的收入。如果产品和服务的价格有所提高,而来自投资的收入水平是固定的,无法随生活成本的变化而变化,则退休工人也将因通胀风险而遭受损失。

通胀风险经常与利率风险紧密相关。在通货膨胀时期,美联储会不断抬高利率水平。通货膨胀会导致产品和服务的价格不断攀升,利率水平不断提高,而股票价格(利润)不断下跌。通货膨胀的速度对整个经济的影响非常巨大,因此我们常将其与利率的计算公式区分开来,我们通常会单独提到利率水平、通货膨胀水平以及实际利率,所谓实际利率就等于市场利率减去通货膨胀率。

6. 政治和监管风险

为了提供公共物品,政府和行政管理部门设定了各种规章制度并征收税款。政治和监管风险指的就是与此相关的风险。如果政府希望刺激经济发展,并通过减税的方式来实现这一目的,则企业的营业成本将随之减少。如果政府部门对进口品征收关税,则产品的销售成本将会增加,这会对企业产生负面影响。多年以来,美国国会开会与总统竞选都在讨论资本利得税的调整问题,这一法案的变化将会影响投资者持有或销售某些种类有价债券的意愿,并将增加发行者的风险。污染控制法案的变化将会影响企业的营业费用,从而反过来影响股东们获得的回报率。对那些从事国际贸易的企业来说,或者是对那些国际债券的投资者而言,他们都面临着汇率风险。不同货币之间的比价时刻在波动。当将收入由一种货币兑换成另一种货币时,常常会导致损失或者得到收益。宝洁公司在世界各地生产和销售产品,其中英国分公司获得的收入可能会与墨西哥分公司获得的收入汇总起来,以帮助位于俄亥俄州辛辛那提的一家工厂扩大规模。俄亥俄州的建筑商希望宝洁公司支付美元,因此公司必须将上述两个分公司的营业收入转换为美元。在本例中,应当将不同货币转换为美元,在其他情况下,可能会要求转换为日元、比索或者是欧元。然而每次在进行兑换时,公司面临的美元与日元或比索或欧元之间的比价各不相同。汇率的不同将给宝洁这样的跨国公司带来严重的影响。对某些小企业而言,如果其最大的客户位于海外,则也会受到汇率风险的影响。上述两个例子都说明了汇率的波动性可导致企业的收入或利润也随之发生波动。

二、期货定价理论

经济学中有个基本定律称为"一价定律",意思是说两份相同的资产在两个市场中报价必然相同,否则一个市场参与者可以进行所谓的无风险套利,即在一个市场中低价买进,同时在另一个市场中高价卖出。

最终,在原来定价低的市场中,对该资产需求的增加使其价格上涨,而在原来定价高的市场中,该资产价格会下跌直至最后两个报价相等。因此,供求力量会产生一个公平而有竞争力的价格以使套利者无从获得无风险利润。

(一)持仓成本定价模型

我们简单介绍一下远期合约和期货价格的持仓成本定价模型。该模型有以下假设:期货和远期合约是相同的;对应的资产是可分的,也就是说股票可以是零股或分数;现金股息是确定的;借入和贷出的资金利率是相同的而且是已知的;卖空现货没有限制,而且马上可以得到对应货款;没有税收和交易成本;现货价格已知;对应现货资产有足够的流动性。

这个期货定价模型是基于这样一个假设:期货合约是一个以后对应现货资产交易的临时替代物。期货合约不是真实的资产而是买卖双方之间的协议,双方同意在以后的某个时间进行现货交易,因此该协议开始的时候没有资金的易手。期货合约的卖方要以后才能交付对应现货并得到现金,因此必须得到补偿来弥补因持有对应现货而放弃的马上到手资金所带来的收益。相反,期货合约的买方要以后才付出现金并交收现货,必须支付使用资金头寸推迟现货支付的费用,因此期货价格必然要高于现货价格以反映这些融资或持仓成本(这个融资成本一般用这段时间的无风险利率表示),则有:

$$期货价格＝现货价格＋融资成本$$

如果对应资产是一个支付现金股息的股票组合,那么购买期货合约的一方因没有马上持有这个股票组合而没有收到股息。相反,合约卖方因持有对应股票组合收到了股息,因而减少了其持仓成本。因此期货价格要向下调整相当于股息的幅度。结果期货价格是净持仓成本即融资成本减去对应资产收益的函数,即有:

$$期货价格＝现货价格＋融资成本－股息收益$$

一般地,当融资成本和股息收益用连续复利表示时,指数期货定价公式为:

$$F=S\exp[(r-q)(T-t)] \qquad (2\text{-}12)$$

式(2-12)中,F 为期货合约在时间 t 的价值;S 为期货合约标的资产在时间 t 的价值;r 为时间 t 连续复利计算的无风险利率(%);q 为股息收益率,以连续复利计(%);T 为期货合约到期时间(年);t 为时间(年)。

考虑一个标准普尔500指数的3个月期货合约。假设用来计算指数的股票股息收益率换算为连续复利每年3%，标普500指数现值为400，连续复利的无风险利率为每年8%。

这里 $r=0.08$，$S=400$，$T-t=0.25$，$q=0.03$，按式(2-12)进行计算，则期货价格 F 为：
$$F=400\exp[(0.05)(0.25)]=405$$

再如，股指期货的期限为9个月，目前股指为3 000，期间的(年)股息收益为2%，无风险连续利率为6%，则该股指期货价格为：
$$F=S\exp[(r-q)(T-t)]=3\,000\exp[(6\%-2\%)\times 3/4]\approx 3\,090$$

若股指期货价格为3 080(小于3 090)，套利者可以通过以下操作获利：卖空构成指数的成分股，买入期指期货，期末可以获取10个指数点的利润。

若股指期货价格为3 100(大于3 090)，套利者可以通过以下操作获利：买入构成指数的成分股，卖出期指期货，期末也可以获取10个指数点的利润。

我们将这个均衡期货价格称为理论期货价格，实际中由于模型假设的条件不能完全满足，因此可能偏离理论价格。但如果将这些因素考虑进去，那么实证分析已经证明实际的期货价格和理论期货价格没有显著差异。

(二)无套利区定价模型

1. 存在交易费用的定价

为了简便起见，我们假定交易费是交易量的某个固定百分比 L，且现货交易产生交易费用，期货交易不产生费用。则期货的无套利区间为：
$$F\in[S(1-L)\exp[(r-q)(T-t)],S(1+L)\exp[(r-q)(T-t)]]$$

假定黄金现货价格 $S=500$ 美元，1年后交割的黄金期货价格为 F 美元，无风险利率为 $r=10\%$。交易费用(L)为5%(黄金买入、卖出操作均需交纳)，如图2-18所示。

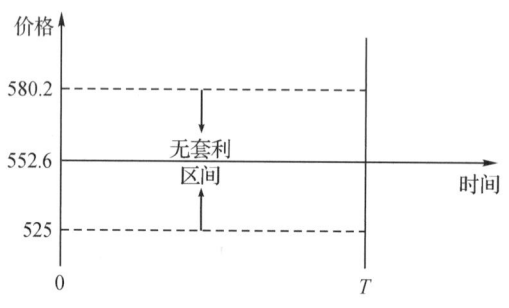

图2-18 无套利区间

若期货价格 $F=590.5>580.2$，则市场参与者可向银行借入 $525\times[500\times(1+0.05)]$ 美元，购买1单位黄金，并卖出对应的1年期该期货合约。则到期时须偿还 $525\times e^{0.1}\approx 580.2$ 美元，并到期执行期货合约得到590.5美元，从而获得套利收入10.3美元。

若期货价格 $F=515<525$，则市场参与者卖空1单位黄金，并买入对应的1年期该期货合约。则期末持有现金 $500\times(1+0.05)\times e^{0.1}\approx 525$ 美元，并到期执行期货合约，付出515美元，从而获得套利收入10美元。

我们可发现当 $F\in[525,580.2]$ 美元的区间时，不存在套利机会。

2. 借贷资金的无风险税率有差异的定价

假设投资者借入资金的无风险利率为 r_B，借出的为 r_A，一般情况下 $r_A < r_B$。同样存在交易费用为交易量的某个固定百分比 L，且现货交易产生交易费用，期货交易不产生交易费用，则期货价格的无套利区间为：

$$F \in [S(1-L)\exp[(r_A-q)(T-t)], S(1+L)\exp[(r_B-q)(T-t)]]$$

还是以上题为例，假设 $r_A=8\%$，$r_B=12\%$，则 F 的无套利区间为 [514.6, 592] 美元。

若期货价格 $F=600>592$，则投资者可向银行借入 $525 \times [500 \times (1+0.05)]$ 美元，购买 1 单位黄金，并卖出对应的 1 年期该期货合约。则到期时须偿还 $525 \times e^{0.12} \approx 592$ 美元，并到期执行期货合约得到 600 美元，从而获得套利收入 8 美元。

若期货价格 $F=504.6<514.6$，则投资者可以卖空 1 单位黄金，并买入对应的 1 年期该期货合约。则期末持有现金 $500 \times (1+0.05)e^{0.08} \approx 514.6$ 美元，并到期执行期货合约，付出 504.6 美元，从而获得套利收入 10 美元。

同理，可发现当 $F \in [514.6, 592]$ 美元的区间时，不存在套利机会。

3. 对买空资产有限制的定价

假设存在交易费用为交易量的某个固定百分比 L，且现货交易产生交易费用，期货交易不产生交易费用；投资者借入资金的无风险利率为 r_B，借出的为 r_A，一般情况下 $r_A < r_B$；卖空资产时，保证金 K 是卖空量的一个固定比例，则可以验证期货价格的无套利区间为：

$$F \in [S(1-L)(1-K)\exp[(r_A-q)(T-t)], S(1+L)(1-K)\exp[(r_B-q)(T-t)]]$$

三、有效市场理论

有效市场理论又称有效市场假说。该理论是现代资本市场理论体系的一个重要基石，许多现代金融投资理论，如资本资产定价模型、套利定价理论等都是建立在有效市场理论的基础之上。有效市场理论认为金融资产的价格能够反映市场上所有可以获得的信息，投资者不可能利用任何已知信息获得额外收益。

(一) 有效市场理论及其分类

1. 有效市场理论的前提条件及主要内容

与其他金融理论一样，有效市场理论要在现实中实现，必须有以下几个前提条件作为保证：一是证券交易无障碍，即不存在交易成本、税收等；二是信息公开的有效性和信息从公开到接收的有效性；三是所有投资者都是追求个人效用最大化的理性人；四是投资者只是证券价格的接收者，证券价格不受个别投资者行为的影响。上述条件成立时，市场能够达到有效性，但是，很容易发现实现这些前提条件会存在一些现实约束。值得庆幸的是，虽然这些现实约束会影响市场的有效性程度，但是有效市场理论的最终结论不会因此而改变，所以在下文的分析中，我们将忽略这些约束条件，假设市场能够很好地满足这些前提条件。在这些前提条件下，有效市场理论的主要内容包括：

(1) 信息以随机的、独立的方式进入市场，面对刚公布的新信息，价格调整通常独立进行。证券价格的变动是市场对各种信息做出的反映，因此价格的每次变动也是独立的，与前一次价格变化没有联系。

(2)市场存在着众多追求利润最大化的投资者,他们各自独立地对证券价格进行分析和评价,不会受到他人评估结果的影响。

(3)投资者面对新信息,能够迅速、准确地调整价格,反映新信息对价格产生的影响。由于投资者能够迅速、准确地调整价格,市场对新信息的反应速度足够快,没人能够利用新信息在市场获得超额利润。

2.市场有效性的衡量标准

市场效率是用于衡量作为社会稀缺资源的资本能否流入可以对之有效利用的公司的标准,通常将市场效率分为内部市场效率和外部市场效率两种。内部市场效率指证券市场的交易效率,表现为资产持有者在需要资金时,能够迅速地、以接近资产内在价值的价格大量买卖该种资产。外部市场效率指证券市场的资金分配效率,即证券价格对信息的反映,包括速度和信息集两方面内容。通常讨论的市场效率指外部效率,下面将具体阐述外部市场效率。

首先从速度角度衡量市场有效性。假设市场上出现一条与某公司相关的新信息,要衡量市场效率,必须关注投资者能够以多快的速度发现该信息,并做出买入或卖出的投资举动;同时,市场需要多久才能将证券价格调整到适当水平,以反映新信息。简而言之,衡量市场有效性的标准是从投资者了解新信息到证券价格完全反映新信息的时间间隔。如果证券价格能够迅速地对所有相关信息做出准确调整,则市场是有效的,而且调整速度越快,有效性越强。反之,则市场有效性较差。

应该注意的是,并不是说市场能对新信息迅速做出反应,就认为市场是有效市场。面对新信息,市场会有三种表现。一是反应过度,表现为:当市场出现利好消息,证券价格迅速上升,但上升幅度会超过适当范围,在随后的时间里,证券价格才逐步回落到合适的位置。反应过度代表的是非有效市场,因为它不能恰当地体现新信息对价格的影响;虽然它能够迅速地对新信息做出反应,但最终的结果需要经历一段时间才能形成,证券价格调整的时间间隔实际上很长。第二种表现是反应不足。与反应过度相反,在反应不足情况下,证券价格在新信息刚出现时就变动,但需要一段时间才会上升到完全体现利好消息,或下降到完全体现利空消息的水平,这当然也不是有效市场。第三种表现就是适度反应,只有在这种情况下,市场才能恰当而且及时地反映新信息,市场才是有效市场。

接着从信息集角度衡量市场有效性。如果市场是有效率的,投资者应该无法获得超额利润,也就是说,他们所期望获得的超额收益将被他们在投资过程中花费的成本抵消,如信息的收集费用。不同的信息集,由于获取渠道不同,花费的成本自然存在差异,而且信息集的范围越大,成本就越高。法玛曾经将信息集分为历史信息、公开信息和内幕信息三种,当证券价格所反映的信息集由历史信息、公开信息扩大到内幕信息时,信息集包含的范围逐步扩大,成本也达到最大,此时对应的市场有效性也就最高。

3.有效市场的分类

按照市场有效性的衡量标准,信息集范围的不同代表不同程度的市场效率,法玛在1970年曾经根据信息集合的差别,将市场有效性分为弱有效、半强有效和强有效三种。到1991年,法玛按照研究方法的不同重新对市场效率进行分类,由于原有的分类方法被广泛运用,所以本章仍将以原有的信息集分类法为依据进行讨论。

(1)弱有效。弱有效市场是指证券价格已经反映了从市场交易数据中可以得到的全部信息,即所有的历史信息,如证券的价格、收益率、交易量等。既然价格已经反映了所有的历史信息,过去的市场交易数据对将来的证券价格预测就没有任何作用,因此,按照历史信息得出的交易规律进行证券买卖,将无法获得超额利润。在弱有效市场上,证券价格随机波动,每次价格的上升或下降与前一次价格变动没有联系,对下一次的价格变动也没有影响。

(2)半强有效。半强有效市场认为证券价格除了反映历史信息外,还包含市场上所有其他的公开信息,如公司的盈利预测、股息分配方案、财务报表等。与弱有效相比,半强有效对市场效率的要求更高,不仅所有关于证券价格的历史信息对估计证券的未来价格变动没有作用,而且所有其他公开信息也对价格预测没有用处。半强有效市场中,投资者依据新公布的信息进行操作是无法获得超额利润的,因为,证券价格已经对这些新的公开信息迅速做出调整,证券价格会及时反映出这些新的公开信息。

(3)强有效。强有效市场在三种有效市场中对信息集的要求最为严格,它要求所有有用的信息都在证券价格中得到反映。强有效市场认为证券价格不仅仅包括历史信息和公开信息,还有内幕信息。所谓内幕信息指的是公司内部人员掌握的、公司还没有公开的信息,如公司未来的发展计划、高级管理人员的变动安排。强有效市场假设任何投资者都不可能持续地获得超额利润,这只可能是一种理想状态。目前,世界上没有哪一个国家的资本市场可以有效地杜绝公司内部人员在关键信息被公布前,利用这些信息进行买卖以获利的情况发生。事实上,各国都借助立法禁止内幕人员利用职权谋利,如美国1934年通过的《证券交易法》第10b-5条就限制公司管理层、董事、主要股东等的市场交易行为。

从三种有效市场的定义来看,证券价格总是反映一定的信息,信息集合的不同构成了不同的有效市场。从弱有效、半强有效到强有效,对信息集合的要求越来越严格,价格反映的信息范围逐步扩大。可以说,证券价格反映的信息越广泛,反映的速度越迅速,市场效率就越高,最终将达到强有效市场。

(二)有效市场理论的应用

1. 技术分析

技术分析是以证券市场的历史信息为基础,对证券价格的变化周期和预测模式进行分析,凭借图表和指标解释证券市场的未来发展趋势。技术分析认为证券价格、交易量等过去的活动可以帮助预测证券价格的未来走势,投资者能从价格变化中得到超额利润。技术分析的成立以三个假设为前提:首先,市场行为包含所有的信息。技术分析假定影响证券价格的所有信息都已经反映在价格中,投资者没有必要对这些信息再进行研究,应该集中于寻找价格变化的规律。其次,价格会按过去持续存在的趋势运行一段时间。技术分析专家认为,不可能每个人都能立即获得新信息,新信息通常是由信息灵通的专业投资者向一般投资者扩散,这个传播过程需要一定的时间,因此,证券价格的变动趋势会持续一段时间。最后,历史会重复。证券价格由市场供求关系决定,但人们的行为、心理对供求关系有一定的影响,从而能够间接决定证券价格。遇到相同情况时,由于人们可能做出相同或相似的行为,证券价格的变动就可能会重演。所以,技术分析专家希望通过不断对比分析,找到某些历史的相似点,利用过去已知的结果为未来的预测提供参考。

有了三大假设,技术分析获得了自己的理论基础,但是,技术分析与有效市场理论,特别是弱有效市场理论是直接矛盾的。技术分析希望通过对历史信息的分析,预测将来的价格发展趋势;而弱有效市场理论认为所有的历史信息已经在价格中反映,价格只能随机变动,每次的价格上升或下降与前次价格变动没有联系,对下次价格变动也没有影响。过去的信息已经被众多专家分析过,他们根据分析的结果采取投资行动,从而确保证券价格处于反映所有过去信息的水平。因此,仅仅依靠过去信息是无法找到偏离自身内在价值的证券的,也就是说,在弱有效市场成立的条件下,技术分析无效。

2. 基本面分析

基本面分析就是利用公司的盈利前景、未来利率的预期以及公司风险的评估来确定证券的内在价值,然后将内在价值与市场价格比较,发现内在价值与市场价格不一致的证券,通过买入价值低估证券或卖出价值高估证券获利。一般而言,基本面分析包括宏观经济分析、行业分析和公司分析。基本面分析专家相信,在任何时候,每个证券都有各自的内在价值,通过分析收益率、风险程度等因素可以判断某一证券的内在价值。如果证券的市场价格与内在价值的差额大到足以弥补交易成本,投资者就可以通过买入或卖出证券获取利润。同时,专家还认为市场价格和内在价值不符只是短期现象,因为投资者的行为会减少这种差距,使证券价格向内在价值回归。

如果依据有效市场理论,基本面分析就是失败的。如果一个市场是有效的,特别是半强有效,则证券价格将包括所有的公开信息,如公司的盈利前景、未来利率的预期以及公司的风险程度。证券价格与内在价值不符的现象将很难发生,因为投资者的投资行为将使证券价格时刻与价值保持一致,任何细微的偏差都会因为投资者的买入或卖出行为立即消失。假设某证券的价格在某时刻高于内在价值,如果市场有效,投资者会立刻观察到这一现象,并马上进行卖出活动。由于投资者的出售,该证券的价格会立刻下降,当价格降到与内在价值一致时,投资者将停止出售,证券价格达到稳定。如果市场是有效的,这个价格调整过程会在瞬间完成,则基本面分析无效,投资者无法通过买卖证券获取超额收益。

3. 投资组合管理

如果市场是有效的,证券价格将反映所有信息,投资者无法获得超额利润,那为什么投资者不随便选一些股票而仍然理智地构造各自的投资组合?应该说,即使是在强有效市场中,理性的投资组合管理也是必要的。

现代投资组合理论是以风险—收益理论为基础,解释市场中的投资行为。组合理论中的一条基本原则就是分散风险,通过构造恰当的组合,将证券的非系统风险抵消,只保留无法分散的系统风险。在有效市场中,每一种证券的总风险中都含有各自独有的非系统风险,这种风险可以通过构造投资组合来分散。因此,即使是有效市场,也需要投资者根据自身对风险的承受能力构建投资组合,从而减少非系统风险。此外,投资者构建投资组合也是出于对税收负担的考虑。就高税赋阶层而言,尽管免税证券的税前利润有限,但他们仍然倾向于购买这些证券,以获得较高的税后收益;同时,免税证券由于收益低,尽管可以免除税收,但是免税证券对低税赋阶层的吸引力仍然较低。因此,这两类投资者在选择各自的资产组合时,就需要把税收因素考虑进去,而不是仅仅分析税前收益的多少。

由此,可以得到一个结论:即便在有效市场中,投资组合管理也是必要的,因为投资者的需求会由于各自风险承受能力、税赋的差别而不一样。

(三)有效市场理论的检验

1. 弱有效市场的检验

弱有效市场认为证券价格包括所有历史信息,不同时期的证券价格表现为随机游动,不存在相关性。对弱有效市场检验的方法有两种:一是检验不同时期证券价格之间是否存在相关性;二是设计某种投资策略,将其收益与简单的购入持有政策所获收益进行比较。经常使用的检验方法有自相关检验、游程检验和过滤法则检验,它们的检验目的都是要验证证券价格的时间序列是否存在规律性;如果市场满足弱有效,技术分析方法无效,证券价格的时间序列无规律可言,价格变动呈现随机行为。

(1)自相关检验。序列的自相关检验用于衡量不同时期序列前后数据之间的相关性,如果序列是独立的,则前后数据间的相关系数为零或者接近零。在弱有效市场中,新信息以随机、独立的方式进入市场,所以弱有效市场认为证券在不同时期的收益应该相互独立,即对证券收益序列进行相关性分析,如果不存在相关性,弱有效市场理论成立;反之则不成立。

一些经济学家对几个相对较短时期,如1天、4天、9天的证券收益相关性进行分析,结果表明这些时期的证券收益相关性并不显著。这些检验中最著名的研究由法玛主持,他以1957年底至1962年9月26日道·琼斯工业平均指数包含的30种股票每日价格的变化为数据来源,分别选择1天、2天直至10天的10个时间间隔。在对分析结果进行必要调整后,研究显示30种股票在相连日子之间的价格变化的系列相关性很小,相隔两三天的股价之间的系列相关性也很小,所以股票价格序列的相关性不显著,市场弱有效成立。

(2)游程检验。游程检验主要分析序列的价格变化情况,其中游程是指若干个具有相同方向的价格变动,如一系列的价格上涨或价格下跌。证券价格的变动只有三个方向:价格上升、价格不变和价格下降。相应的游程有三种:正走势、零走势和负走势。正走势和负走势可以分别用"+"和"-"表示,这样可以用一系列的加减号表示一个证券价格变动序列。当两个加号或减号连在一起时,一个游程就产生了,更多的加号或减号代表游程继续下去。当价格变动方向改变,正负符号也会相应改变,从而一个游程结束,新的游程开始。

为了检验市场的弱有效性,需要把证券价格序列的游程个数与随机序列的游程个数期望值进行比较,如果两者之间没有显著差别,说明证券价格序列是随机序列,市场弱有效性成立。目前已经进行的证券价格游程检验证明,给定的证券价格序列的实际游程个数总是在随机价格序列的游程个数期望值范围内变化,因此,市场是弱有效的。

(3)过滤法则检验。过滤法则检验是指只有在某个证券的价格变化突破事先设置的百分比数时,投资者才会调整手中的证券持有量,买入或者卖出证券,否则将保持投资组合的原有比例不变。具体来说,如果投资者为某种证券价格变化设定的比例为 x,当证券价格在目前基础上上升的比例突破 x 时,投资者就认为证券价格会继续上涨,因此他增加该证券的持有量;如果证券价格下跌的幅度超过 x,他就会出售手中已持有的证券;如果证券价格变动的幅度低于 x,则投资者不会调整该种证券的持有量。这种交易方式被称为 x 过滤,其中 x 被称为滤嘴,范围从 0.5% 到 50% 不等,由投资者根据各自喜好选择确定。

过滤法则检验的目的不是检测利用该法则能否获利,而是比较利用这种方法所获得的利润是否大于简单的买入持有政策下所获得的利润。如果证券价格之间确实存在一定的相关性,则过滤法则指导下的投资行为可以获取更高的收益;如果证券价格随机变化,则根据过滤法则进行的投资将不会比简单的买入持有政策更有效,即市场弱有效成立。过滤法则检验中最有说服力的实验由法玛和布卢姆进行。他们分析了1958年初至1962年9月道·琼斯工业平均指数的30种股票的每天收盘价。分析中的滤嘴取值为0.5%至50%之间的24种不同数值,得到的结论是:在不考虑交易费用的情况下,滤嘴取值很小时(如0.5%、1%和1.5%),过滤法则的收益率高于简单的买入持有政策。但是,利用过滤法则交易,滤嘴越小,可能进行的买卖交易次数增加,对应的交易费用也会增加,这抵消了一部分收益。因此,考虑交易费用之后,过滤法则并不能带来比简单的买入持有政策更高的收益,市场弱有效仍然成立。

以上分析表明,自相关检验、游程检验和过滤法则检验得到的结论都是一致的,世界上主要的证券市场已经达到弱有效。

2. 半强有效市场的检验

半强有效市场认为证券价格反映所有的公开信息,因此,对半强有效市场的检验可以从测试某一重大事件公布后投资者是否能够得到超额收益开始,这就是通常所说的事件研究。事件研究主要是计算证券的超额收益,以测试某一时间披露的信息是否会影响其他时间的收益。超额收益就是实际收益超过正常收益的部分,其中正常收益是指公司没有发布任何特殊消息时的收益。通常情况下,只要计算出超额收益就可以进行事件研究,但是信息泄露会影响超额收益的代表性。信息泄露指有关信息在正式向公众公布之前被透露给少数投资者。如果泄露的信息是好消息,由于少数知情者的投资行为,股价在信息正式公布前就会上涨,此时,只计算信息公布日的超额收益很难准确代表信息公布对股价的总体影响。为了较好地表示事件的影响,需要使用所有超额收益的简单加总,即累积超额收益,它代表了在市场对新信息做出反应的整个期间内某公司股票的总变动情况。

事件研究的理论基础是:如果证券市场达到半强有效,在信息公开披露日,累积超额收益应该有显著变化;信息公开披露日后,累积超额收益不再变化或变动很小。目前已经进行过的实证研究主要有公司盈利公布、巨额交易、股票分割等。

(1)公司盈利公布的影响:在公布公司盈利信息之前,市场会根据公司当前的经营业绩对盈利做出预测,等到公司公布实际盈利信息时,由于现实与预测总存在一定的差距,因此,公司的股票价格可能会发生变动。如果市场是半强有效,股票价格在盈利信息公布后不会发生较大的变动,因为价格在盈利信息公布时已经进行了充分的调整。1968年,美国的保尔和布朗以1957年到1965年间在纽约证券交易所上市的261家公司为研究对象,将公司实际盈利情况与投资者预期情况比较后,把所有公司分成好消息组和坏消息组两部分,前者包括实际盈利高于投资者预期值的公司,后者则指实际盈利低于预期的公司。对每一组股票盈利信息公布前12个月和公布后6个月的复利年收益(compound annual return, CAR)检测表明,好消息组的股票价格在信息公布前已经上升,坏消息组的股票价格在信息公布前已经开始下降。信息公布后,股票价格虽然有调整,但数额相当小,根本无法补偿交易成本,因此,投资者在盈利信息公布后的投资活动不能产生超额收益。这一检测证明市场预测到公司盈利的变动,股票价格可以及时地根据新公布的信息进行调整,市场半强有效。

(2)巨额交易的影响:巨额交易的发生意味着证券市场上将有重要事件发生,因此股票价格通常会变动。从事件研究的角度看,如果市场达到半强有效,巨额交易发生后,累积超额收益率应该不会有较大的变动。美国经济学家迈伦·斯科尔斯曾经对美国的巨额股票交易进行分析,通过计算累积超额收益率研究这些巨额交易对股票价格的影响。结果表明:在巨额交易发生的前后10天内,累积超额收益率会下降,但下降的幅度与股票的交易额无关,只与股票的出售者有关。当公司管理者、投资银行或者共同基金出售股票时,累积超额收益率下降的程度最大。原因可能是这三类投资者对公司的经营情况最为了解,他们大额出售股票将向一般投资者传递公司业绩不佳的信息,从而引起其他投资者的抛售行为。根据上述分析可以知道,美国证券市场的股票价格确实可以反映公开信息,半强有效市场假设成立。

(3)股票分割的影响:股票分割行为只是增加了公司的现有股票数额,通常不会影响股东的实际财富,但许多投资者认为,随着股票的分割,公司的股利发放额也会增加。这种股利发放额的变化暗示公司管理层相信,公司未来将有更高的收益水平,即公司长期盈利能力会提高。因此,如果市场半强有效,股票价格应该在股票分割时上升,以反映投资者的这种合理预期;在发生股票分割后,价格就不应该再有显著的变化,因为股票的分割实际上没有增加公司的价值。

1969年,法玛、费雪、詹森和罗尔进行了FFJR(Fisher, Fama, Jensen, Roll)检验,分析股票分割对股票价格的影响。FFJR检验的数据来自1927年至1959年纽约证券交易所的上市股票,所有股票在进行分割前已经上市1年或更久,他们选取的样本包括此期间的940次股票分割。在分析了股票分割前后20个月的累积超额收益率后,他们发现股票分割前累积超额收益率开始上涨,但是分割后累积超额收益率变动不大。这个结果表明:市场的股票价格对股票分割能够做出正确的调整,投资者不能利用股票分割信息获得超额收益。

当前,事件研究已经成为检验市场有效性的一个主要工具,这种研究侧重于分析累积超额收益如何对重要的经济信息进行反映。上述三个实证研究的结果都支持半强有效市场假设,可以说世界上一些较成熟的证券市场能够符合半强有效假设。

3.强有效市场的检验

强有效市场假设认为证券价格充分反映了包括内幕信息在内的所有信息,这意味着任何投资者都不能凭借内幕信息获取超额收益。因此,对强有效市场的检验主要看投资者基于内幕信息进行的交易可否获得超额收益。研究人员已经分析过公司内部人士、专业证券商的投资业绩,以检测他们的投资活动能否获得超额收益。

(1)公司内部人士:公司的董事、监事、高级管理人员和持股比例在10%以上的股东。由于身份特殊,内部人士可以很容易地获得一些普通投资者不知道的、对公司股票价格有重要影响的信息。

1974年,杰夫以美国证券交易委员会的报告为资料来源,对1962年至1968年间发生的美国公司内部人员股票交易进行分析。通过计算内部人士交易后得到的累积超额收益率,杰夫发现,即使考虑交易成本,公司内部人士仍然可以获得超额利润。此外,很多的研究也对公司内部人士的投资活动进行分析,结果表明,公司内部人士可以利用内幕信息获利。因此,对公司内部人士而言,市场并没有达到强有效。出于控制内幕交易的目的,《美国证券交易法》规定,公司内部人士必须向美国证券交易委员会报告各自基于内幕消息的投资行为。

(2)专业证券商:具有丰富的经验和独占的信息渠道,由此很容易判断他们将会从这些信息中获取超额收益,实证分析的结果也支持这一观点。20世纪70年代,美国证券交易委员会曾进行的一项调查显示：专业证券商的资本收益率高于正常水平，这与强有效市场的假设相违背。当然，证券市场发展到今天，包括美国在内的许多国家已经对专业证券商的投资活动设定了一些限制，如降低专业证券商的收费标准，使他们的资本收益率有所下降。但是，总的来说，专业证券商由于地位优势，较普通投资者更容易获取超额收益。作为有效市场理论中要求最严格的强有效市场假设，无论是从对公司内部人士还是从对专业证券商收益率的检验中，都不能获得支持其成立的证据，市场目前无法达到强有效。因此，在对证券市场监管比较完善的国家，都凭借立法限制内部人员和专家根据内幕信息从事证券交易，以保证证券市场的公平。

第三节 概率与数理统计基础

一、概率基础

（一）事件与概率

1. 事件

我们经常会发现许多事情在一定的条件下必然会发生。例如，在没有外力作用的条件下，做匀速直线运动的物体必然继续做匀速直线运动；又如，在海边生活时，水加热到100℃时必然会沸腾；等等。这种在一定条件下必然会发生的事情称为"必然事件"。那种在一定条件下必然不会发生的事情就称为"不可能事件"。例如，在不受外力作用的条件下，做匀速直线运动的物体改变其匀速直线运动状态是不可能的。

必然事件和不可能事件虽然形式相反，但是两者的实质是相同的。必然事件的反面就是不可能事件，而不可能事件的反面就是必然事件。所以我们称这种现象为"决定性现象"，它广泛地存在于自然现象和社会现象中。

但是，在自然现象和社会现象中还广泛存在着与决定性现象有着本质区别的另一类现象。例如，用同一仪器多次测量同一物体的质量，所得结果彼此总是略有差异，这是由诸如测量仪器受大气影响、观察者生理上或心理上的变化等偶然因素引起的。同样地，同一门炮向同一目标发射多发同种炮弹，弹落点也不一样，因为炮弹制造时种种偶然因素对炮弹质量有影响，此外，炮筒位置的误差、天气条件的微小变化等都影响弹落点。再如，从某生产线上用同一种工艺生产出来的灯泡的寿命也有差异。总之，所举这些现象的一个共同的特点是：在基本条件不变的情况下，一系列试验或观察会得到不同的结果。换句话说，就个别的试验或观察而言，它会时而出现这种结果，时而出现那种结果，呈现出一种偶然性，这种现象称为"随机现象"。对于随机现象，通常关心的是在试验或观察中某个结果是否出现，这些结果称为"随机事件"，简称事件。例如，过马路交叉口时可能遇上各种颜色的交通指挥灯，这是一个随机现象，而"遇到红灯"则是一个随机事件。我们用 A,B,C 等大写拉丁字母表示随机事件。

2. 频率的稳定性

人们经过长期的实践发现,虽然个别随机事件在某次试验或观察中可以出现也可以不出现,但在大量试验中它呈现出明显的规律性,这种现象称为"频率稳定性"。

对于随机事件 A,若在 N 次试验中出现了 n 次,则

$$F_N(A) = \frac{n}{N} \tag{2-13}$$

$F_N(A)$ 为随机事件 A 在 N 次试验中出现的频率。

下面是几个关于频率稳定性的著名例子。援引这类例子是因为它们不但具有一定的权威性,而且都是可以反复验证的。

在掷一枚硬币时,既可能出现正面,也可能出现反面,预先做出确定的判断是不可能的。但是假如硬币质地均匀,直观上出现正面与出现反面的机会应该相等,即在大量试验中出现正面的频率应接近于 50%。为了验证这点,历史上曾有不少人做过这个试验,其结果如表 2-1 所示。

表 2-1　掷硬币实验结果

试验者	掷硬币次数	出现正面次数	频率
蒲丰	4 040	2 048	0.506 9
皮尔逊	12 000	6 019	0.501 6
皮尔逊	24 000	12 012	0.500 5

又如,在英语中某些字母出现的频率远远高于另外一些字母。在进行了更深入的研究之后,人们还发现各个字母被使用的频率相当稳定。例如,表 2-2 就是一份英文字母使用频率的统计表,其他各种文字也都有着类似的规律。

表 2-2　英文字母使用频率统计表

字母	空格	E	T	O	A	N	I	R	S
频率	0.2	0.105	0.072	0.065 4	0.063	0.059	0.055	0.054	0.052
字母	H	D	L	C	F	U	M	P	Y
频率	0.047	0.035	0.029	0.023	0.022 5	0.022 5	0.021	0.017 5	0.012
字母	W	G	B	V	K	X	J	Q	Z
频率	0.012	0.011	0.010 5	0.008	0.003	0.002	0.001	0.001	0.001

上述种种事实表明,随机现象有其偶然性的一面,也有其必然性的一面。这种必然性表现为大量试验中随机事件出现的频率的稳定性,即一个随机事件出现的频率常在某个固定的常数附近摆动,这种规律性我们称为"统计规律性"。频率的稳定性说明随机事件发生的可能性大小是一种随机事件本身固有的、不随人们意志改变而改变的客观属性,因此可以对它进行度量。

3. 概率

对于一个随机事件 A,用一个数 $P(A)$ 来表示该事件发生的可能性大小,这个数 $P(A)$ 就称为随机事件 A 的概率。因此,概率度量了随机事件发生的可能性的大小。

既然概率 $P(A)$ 度量了随机事件 A 发生的可能性大小,可以预料,在 N 次重复试验中,若 $P(A)$ 较大,则频率 $F_N(A)=n/N$ 也较大;反之,若 $P(A)$ 很小,则 $F_N(A)$ 也很小,而且概率 $P(A)$ 应与频率有许多相似的性质。以下我们先对频率的性质进行一番考察。

首先,频率具有非负性:
$$F_N(A) \geqslant 0$$

其次,对于必然发生的事件,在 N 次试验中应出现 N 次,若以 Ω 记必然事件,则应有:
$$F_N(\Omega)=1$$

还有,若 A 及 B 是两个不会同时发生的随机事件,以 $A+B$ 表示 A 或 B 至少出现其一这个事件,则应有:
$$F_N(A+B)=F_N(A)+F_N(B)$$

这个性质称为频率的可加性。

根据上述频率稳定性的讨论,似乎可以提出这样的猜想,即当 N 足够大时,$F_N(A)$ 与 $P(A)$ 应充分接近。这一点有很大的启发性,在历史上它一直是概率论研究的一个重大课题。后面我们将会看到,在一般的条件下,这个结论的确成立,但同时还须对问题的提法进一步明确化。

(二)古典概型

在讨论一般随机现象之前,我们先讨论一类最简单的随机现象。这种随机现象具有下列两个特征:

(1)在试验中它的全部可能结果只有有限个,譬如为 n 个,记为 $E_1,E_2,\cdots,E_n$,而且这些事件是两两互不相容的。

(2)事件 $E_1,E_2,\cdots,E_n$ 的发生或出现是等可能的,即它们发生的概率都一样。

这类随机现象在概率论发展初期即被注意,许多最初的概率论结果也是对它做出的,一般把这类随机现象的数学模型称为"古典概型"。古典概型在概率论中占有相当重要的地位,一方面,由于它简单,对它的讨论有助于直观地理解概率论的许多基本概念,因此,我们常从讨论古典概型开始引入新的概念;另一方面,古典概型概率的计算在产品质量抽样检查等实际问题以及理论物理的研究中都有重要应用。

显然,古典概型是有限样本空间的一种特例,可以选 $\Omega=\{E_1,E_2,\cdots,E_n\}$ 作为样本空间,而且此时应有
$$P(E_1)=P(E_2)=\cdots=P(E_n)=\frac{1}{n}$$

所以在古典概型中,事件 A 的概率是一个分数,其分母是样本点的总数 n,而分子是事件 A 中所包含的样本点的个数 m,由于 $E_{i_1},E_{i_2},\cdots,E_{i_m}$ 的出现必导致 A 的出现,即它们的出现对 A 的出现"有利",因此习惯上常称 $E_{i_1},E_{i_2},\cdots,E_{i_m}$ 是 A 的"有利场合",这样
$$P(A)=\frac{m}{n}=\frac{A\text{ 的有利场合的数目}}{\text{样本点总数}}$$

古典概型有着多方面应用,产品抽样检查就是其中之一。

产品抽样检查的技术,在各个生产部门中被广泛采用。许多大工厂产量很高,每天生产的产品数以万计,对这些产品的质量进行全面的逐件检验通常是不可能的或是不经济的;另

外,在有些情况下,产品的检验方法带有破坏性(如电灯泡寿命检验和棉纱强度试验),这样,最适宜的检验方法是采用抽样检查,即从产品中随机地抽出若干件来检查,并根据检查结果来判断整批产品的质量。

关于产品的质量,可以有多种多样的衡量标准,如可能要考虑产品的某种形状或尺寸,或把产品分成若干等级。我们先考虑最简单的情形,即把产品分成合格品(好品)与次品(废品)两个类型的情形。

假如产品的好坏从外形上看不出来,而且我们又是随机抽样,那么任何一件产品被抽到的可能性都一样,这正是古典概型。

有一个口袋,内装 a 个黑球,b 个白球,它们除颜色不同外,外形完全一样(以后若非特别声明,均做此假定)。这样一来,当我们从袋子中任意摸出一球时,这 $a+b$ 只球中的任意一只被摸到的可能性都一样。

若把黑球作为废品,白球作为合格品,则这个摸球模型就可以描述产品抽样。假如产品分为更多等级,如一等品、二等品、三等品、等外品等,则可用装有多种颜色的球的口袋的摸球模型来描述。

这种模型化的方法能使问题更清楚,更容易看出其随机性本质而不致为个别情况下的具体属性所蒙蔽。不仅如此,这种抽象化的模型带有普遍性,它还可以描述许多别的具体问题,从而有着多方面应用,如种水稻地块的调查、某种疾病的抽查等都能用这个模型。

(三)几何概型

在古典概型中利用等可能性的概念,可以成功地计算出某一类问题的概率;不过,古典概型要求可能场合的总数必须有限,因此历史上有不少人企图把这种做法推广到有无限多结果而又有某种等可能性的场合。这类问题一般可以通过几何方法来求解。

先从几个简单的例子开始。

[例1] 某人午觉醒来,发觉表停了,他打开收音机,想听电台报时,求他等待的时间短于 10 分钟的概率。

[例2] 如果在一个 5 万平方公里的海域里有表面积达 40 平方公里的大陆架储藏着石油,假如在这海域里随意选定一点钻探,则钻到石油的概率是多少?

[例3] 在 400 毫升自来水中有一个大肠杆菌,今从中随机取出 2 毫升水样放到显微镜下观察,求发现大肠杆菌的概率。

一种相当自然的答案是认为例 1 所求的概率等于 1/6,例 2 中钻到石油的概率等于 8/10 000,而例 3 所求的概率等于 1/200。在求这些概率时,我们事实上利用了几何的方法,并假定了某种等可能性。

在例 1 中,因为电台每小时报时一次,我们自然认为这个人打开收音机时处于两次报时之间,如 13:00—14:00,而且取各点的可能性一样,要遇到等待时间短于 10 分钟,只有当他打开收音机的时间正好处于 13:50 至 14:00 之间才有可能,相应的概率是 10/60=1/6。

在例 2 中,由于选点的随机性,可以认为该海域中各点被选中的可能性是一样的,因而自然认为所求概率等于储油海域的面积与整个海域面积之比,即等于 40/50 000。

同样地,例 3 中由于取水样的随机性,所求概率等于水样的体积与总体积之比,即 2/400。

总之,在这类问题中,试验的可能结果是某区域 a 中的一个点。这个区域可以是一维的,也可以是二维的,还可以是三维的,甚至可以是 n 维的,这时不管是可能结果全体或是我们所感兴趣的结果都是无限的。因而等可能性是通过下列方式来赋予意义的:落在某区域 g 的概率与区域 g 的测度(长度、面积、体积等)成正比并且与其位置及形状无关。

因此,若以 A_g 记"在区域 Ω 中随机地取一点,而该点落在区域 g 中"这一事件,则其概率定义为

$$P(A_g) = \frac{g \text{ 的测度}}{\Omega \text{ 的测度}} \tag{2-14}$$

据此定义,则上述诸例之解是明显的。下面再举一个例子。

[例 4] (会面问题)两人相约 7 点到 8 点在某地会面,先到者等候另一人 20 分钟,过时就可离去,试求这两人能会面的概率。

解:以 x,y 分别表示两人到达时刻,则会面的充分必要条件为

$$|x-y| \leqslant 20$$

这是一个几何概率问题,可能的结果全体是边长为 60 的正方形里的点,能会面的点的区域用阴影标出(图 2-19),则所求概率为

$$P = \frac{60^2 - 40^2}{60^2} = \frac{5}{9}$$

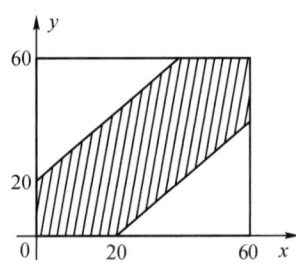

图 2-19 例 4 会面概率

二、数理统计基础

(一)数字特征与特征函数

1. 平均值

有甲、乙两个射手,他们的射击技术如表 2-3 和表 2-4 所示。

表 2-3 甲射手射击技术

击中环数	8	9	10
概 率	0.3	0.1	0.6

表 2-4 乙射手射击技术

击中环数	8	9	10
概 率	0.2	0.5	0.3

试问哪一个射手技术较好?

这个问题的答案不是一眼看得出的。这说明分布列虽然完整地描述了随机变量,但是

却不能"集中"地反映出它的变化情况。因此,我们有必要找出一些量来更集中、更概括地描述随机变量,这些量多是某种平均值。

求平均值是大家都很熟悉的一种运算。例如,某公司有 n 个职工,他们的工资分别为 $x_1, x_2, \cdots, x_n$,则这个公司的平均工资为

$$\bar{x} = \frac{x_1 + x_2 + \cdots + x_n}{n} \tag{2-15}$$

2. 数学期望

①离散型:如果随机变量只取得有限个值或无穷能按一定次序一一列出,其值域为一个或若干个有限或无限区间,这样的随机变量称为离散型随机变量。

离散型随机变量的一切可能的取值 x_i 与对应的概率 p_i 乘积之和称为该离散型随机变量的数学期望,记为 $E(x)$。它是简单算术平均的一种推广,类似加权平均。

公式:设 $X_1, X_2, X_3, \cdots, X_n$ 为这离散型随机变量,$p(X_1), p(X_2), p(X_3), \cdots, p(X_n)$ 为这几个数据的概率函数。在随机出现的几个数据中 $p(X_1), p(X_2), p(X_3), \cdots, p(X_n)$ 概率函数就理解为数据 $X_1, X_2, X_3, \cdots, X_n$ 出现的频率 $f(X_i)$,则:

$E(X) = X_1 \times p(X_1) + X_2 \times p(X_2) + \cdots + X_n \times p(X_n) = X_1 \times f(X_1) + X_2 \times f(X_2) + \cdots + X_n \times f(X_n)$

$$E(X) = \sum_{i}^{n} x_i p_i \tag{2-16}$$

例如,某城市有 10 万个家庭,没有孩子的家庭有 1000 个,有一个孩子的家庭有 9 万个,有两个孩子的家庭有 6000 个,有 3 个孩子的家庭有 3000 个。则此城市中任一个家庭中孩子的数目是一个随机变量,记为 X。它可取值 0,1,2,3。其中取 0 的概率为 0.01,取 1 的概率为 0.9,取 2 的概率为 0.06,取 3 的概率为 0.03。

它的数学期望 $0 \times 0.01 + 1 \times 0.9 + 2 \times 0.06 + 3 \times 0.03$ 等于 1.11,即此城市一个家庭平均有小孩 1.11 个。

用数学式子表示为 $E(X) = 1.11$。

②连续型:设连续性随机变量 X 的概率密度函数为 $f(x)$,若积分绝对收敛,则称积分的值

$$\int_{-\infty}^{\infty} x f(x) \mathrm{d}x \tag{2-17}$$

为随机变量的数学期望,记为 $E(X)$:

$$E(X) = \int_{-\infty}^{\infty} x f(x) \mathrm{d}x \tag{2-18}$$

若随机变量 X 的分布函数 $F(x)$ 可表示成一个非负可积函数 $f(x)$ 的积分,则称 X 为连续性随机变量,$f(x)$ 称为 X 的概率密度函数(分布密度函数)。

数学期望 $E(X)$ 完全由随机变量 X 的概率分布所确定。若 X 服从某一分布,也称 $E(X)$ 是这一分布的数学期望。

离散型随机变量与连续型随机变量都是由随机变量取值范围(取值)确定。变量取值只能取离散型的自然数,就是离散型随机变量。比如,一次掷 20 个硬币,k 个硬币正面朝上,k 是随机变量。k 的取值只能是自然数 $0, 1, 2, \cdots, 20$,因而 k 是离散型随机变量。

如果变量可以在某个区间内取任一实数,即变量的取值可以是连续的,这随机变量就称为连续型随机变量。比如,公共汽车每15分钟一班,某人在站台等车时间 x 是个随机变量,x 的取值范围是 $[0,15]$,它是一个区间,从理论上说在这个区间内可取任一实数,因而称这随机变量是连续型随机变量。

3.方差

在统计描述中,方差用来计算每一个变量(观察值)与总体均数之间的差异。为避免出现离均差总和为零,离均差平方和受样本含量的影响,统计学采用平均离均差平方和来描述变量的变异程度。总体方差计算公式:

$$\sigma^2 = \sum(X-\mu)^2/N \tag{2-19}$$

式(2-19)中,σ^2 为总体方差,X 为变量,μ 为总体均值,N 为总体例数。

①在概率分布中,设 X 是一个离散型随机变量,若 $E\{[X-E(X)]^2\}$ 存在,则称 $E\{[X-E(X)]^2\}$ 为 X 的方差,记为 $D(X)$、$Var(X)$ 或 DX,其中 $E(X)$ 是 X 的期望值,X 是变量值,公式中的 E 是期望值,意为"变量值与其期望值之差的平方和"的期望值。离散型随机变量方差计算公式:

$$D(X) = E\{[X-E(X)]^2\} = E(X^2) - [E(X)]^2 \tag{2-20}$$

$D(X) = E\{[X-E(X)]^2\}$ 称为变量 X 的方差,而

$$\sigma = \sqrt{D(x)} \tag{2-21}$$

称为标准差(或均方差),它与 X 有相同的量纲。标准差是用来衡量一组数据的离散程度的统计量。

②对于连续型随机变量 X,若其定义域为 (a,b),概率密度函数为 $f(x)$,连续型随机变量 X 方差计算公式:

$$D(X) = \int_a^b (x-\mu)^2 f(x)dx \tag{2-22}$$

方差刻画了随机变量的取值对其数学期望的离散程度(标准差、方差越大,离散程度越大)。若 X 的取值比较集中,则方差 $D(X)$ 较小,若 X 的取值比较分散,则方差 $D(X)$ 较大。因此,$D(X)$ 是刻画 X 取值分散程度的一个量,它是衡量取值分散程度的一个尺度。

(二)相关关系与回归分析

1.变量之间的相关关系

两个变量之间的关系可能是确定的关系(如函数关系)或非确定性关系。当自变量取值一定时,因变量也确定,则为确定关系;当自变量取值一定时,因变量带有随机性,这种变量之间的关系称为相关关系。相关关系是一种非确定性关系,如长方体的高与体积之间的关系就是确定的函数关系,而人的身高与体重的关系、学生的数学成绩好坏与物理成绩好坏的关系等都是相关关系。

注意:两个变量之间的相关关系又可分为线性相关和非线性相关,如果所有的样本点都落在某一函数曲线的附近,则变量之间具有相关关系(不确定性的关系),如果所有样本点都落在某一直线附近,那么变量之间具有线性相关关系,相关关系只说明两个变量在数量上的关系,不表明他们之间的因果关系,也可能是一种伴随关系。

2.散点图

在考虑两个量的关系时,为了对变量之间的关系有一个大致的了解,人们常将变量所对应的点描出来,这些点就组成了变量之间的一个图,通常称这种图为变量之间的散点图。

②从散点图上可以看出,如果变量之间存在着某种关系,这些点会有一个集中的大致趋势,这种趋势通常可以用一条光滑的曲线来近似,这种近似的过程称为曲线拟合。

③对于相关关系的两个变量,如果一个变量的值由小变大时,另一个变量的值也由小变大,这种相关称为正相关,正相关时散点图的点散布在从左下角到右上角的区域内。

如果一个变量的值由小变大时,另一个变量的值由大变小,这种相关称为负相关,负相关时散点图的点散布在从左上角到右下角的区域。

注意:画散点图的关键是以成对的一组数据,分别为此点的横、纵坐标,在平面直角坐标系中把其找出来,其横纵坐标的单位长度的选取可以不同,应考虑数据分布的特征,散点图只是形象的描述点的分布,如果点的分布大致呈一种集中趋势,则可以初步判断两个变量具有相关关系,如果散点图中数据大致分布在一条直线附近,则表示的关系是线性相关,如果两个变量统计数据的散点图呈现如图 2-20 所示的情况,则两个变量之间不具备相关关系,如学生的身高和学生的英语成绩就没有相关关系。

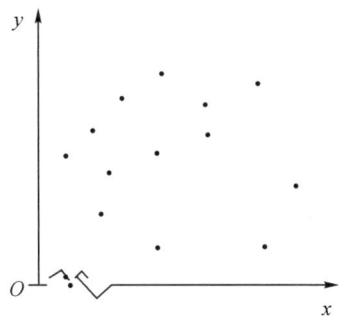

图 2-20 不具备相关关系的散点图

3.回归直线

如果散点图中点的分布从整体上看大致在一条直线附近,我们就称这两个变量之间具有线性相关关系,这条直线叫作回归直线。

如果能够求出这条回归直线的方程(简称回归方程),那么我们就可以比较清楚地了解对应两个变量之间的相关性,就像平均数可以作为一个变量的数据的代表一样,这条直线也可以作为两个变量之间具有相关关系的代表。

一般地,设 x 与 y 是具有相关关系的两个变量,且相应 n 组观测值的 n 个点(x_i,y_i) $(i=1,2,\cdots,n)$大致分布在一条直线的附近,求在整体上与这 n 个点最接近的一条直线,设此直线方程为 $\hat{y}=bx+a$,这里的 y 在上方加上"^"是为了区分实际值 y,表示当 x 取值 x 时,y 相应的观察值 y,而直线上对应于 x_i 的纵坐标是 $\hat{y}=bx+a$。

4.回归系数公式及相关问题

最小二乘法:求回归直线的关键是如何用数学的方法刻画从整体上看,各点与此直线的距离最小,假设我们已经得到两个具有线性相关关系的变量的一组数据。

经得到两个具有线性相关关系的变量的一组数据:$(x_1,y_1),(x_2,y_2),\cdots,(x_n,y_n)$,当自变量 x 取 $x_i(i=1,2,\cdots,n)$时,可以得到 $\hat{y}=bx_i+a(i=1,2,\cdots,n)$,它与实际收集到的 y_i 之间的偏差是 $y_i-\hat{y}=y_i-(bx_i+a)(i=1,2,\cdots,n)$,这样用 n 个偏差的和来刻画"各点与此直线的整体偏差"是比较合适的。总的偏差为 $\sum_{i=1}^{n}(y_i-\hat{y}_i)$,偏差有正有负,易抵消,所以采用绝对值 $\sum_{i=1}^{n}|y_i-\hat{y}_i|$,由于带有绝对值号不方便,所以换成平方。

$$Q=\sum_{i=1}^{n}(y_i-\hat{y}_i)=(y_1-bx_1-a)+(y_2-bx_2-a)+\ldots+(y_n-bx_n-a) \quad (2\text{-}23)$$

现在的问题就归结为:当 a,b 取什么值时 Q 最小,即点到直线 $\hat{y}=bx+a$ 的整体距离最小?

$$b=\frac{\sum_{i=1}^{n}(x_i-\bar{x})(y_i-\bar{y})}{\sum_{i=1}^{n}(x_i-\bar{x})^2}=\frac{\sum_{i=1}^{n}x_iy_i-n\bar{x}\bar{y}}{\sum_{i=1}^{n}x_i^2-n\bar{x}^2} \quad (2\text{-}24)$$

这种通过求式(2-23)的最小值而得到 $\hat{y}=bx+a$ 回归直线的方法,即得到样本数据的点到回归直线的距离的平方和最小值的方法叫作最小二乘法。

5. 回归直线方程的求法

①先判断变量是否线性相关。

②若线性相关,利用公式计算出 a,b。

③利用回归方程对生活实际问题进行分析与预测。

注意:线性回归直线方程中,x 的系数是 b,常数项是 a,与直线的斜截式不大一样;如果散点图中的点分布从整体上看不在任何一条直线附近,这时求出的线性回归方程实用价值不大。

附录 A 货币的时间价值表

表 A-1 复　利

期数	1%	2%	3%	4%	5%	6%	7%	8%	9%	10%
1	1.0100	1.0200	1.0300	1.0400	1.0500	1.0600	1.0700	1.0800	1.0900	1.1000
2	1.0201	1.0404	1.0609	1.0816	1.1025	1.1236	1.1449	1.1664	1.1881	1.2100
3	1.0303	1.0612	1.0927	1.1249	1.1576	1.1910	1.2250	1.2597	1.2950	1.3310
4	1.0406	1.0824	1.1255	1.1699	1.2155	1.2625	1.3108	1.3605	1.4116	1.4641
5	1.0510	1.1041	1.1593	1.2167	1.2763	1.3382	1.4026	1.4693	1.5386	1.6105
6	1.0615	1.1262	1.1941	1.2653	1.3401	1.4185	1.5007	1.5869	1.6771	1.7716
7	1.0721	1.1487	1.2299	1.3159	1.4071	1.5036	1.6058	1.7138	1.8280	1.9487
8	1.0829	1.1717	1.2668	1.3686	1.4775	1.5938	1.7182	1.8509	1.9926	2.1436
9	1.0937	1.1951	1.3048	1.4233	1.5513	1.6895	1.8385	1.9990	2.1719	2.3579
10	1.1046	1.2190	1.3439	1.4802	1.6289	1.7908	1.9672	2.1589	2.3674	2.5937
11	1.1157	1.2434	1.3842	1.5395	1.7103	1.8983	2.1049	2.3316	2.5804	2.8531
12	1.1268	1.2682	1.4258	1.6010	1.7959	2.0122	2.2522	2.5182	2.8127	3.1384
13	1.1381	1.2936	1.4685	1.6651	1.8856	2.1329	2.4098	2.7196	3.0658	3.4523
14	1.1495	1.3195	1.5126	1.7317	1.9799	2.2609	2.5785	2.9372	3.3417	3.7975
15	1.1610	1.3459	1.5580	1.8009	2.0789	2.3966	2.7590	3.1722	3.6425	4.1772
16	1.1726	1.3728	1.6047	1.8730	2.1829	2.5404	2.9522	3.4259	3.9703	4.5950
17	1.1843	1.4002	1.6528	1.9479	2.2920	2.6928	3.1588	3.7000	4.3276	5.0545
18	1.1961	1.4282	1.7024	2.0258	2.4066	2.8543	3.3799	3.9960	4.7171	5.5599
19	1.2081	1.4568	1.7535	2.1068	2.5270	3.0256	3.6165	4.3157	5.1417	6.1159
20	1.2202	1.4859	1.8061	2.1911	2.6533	3.2071	3.8697	4.6610	5.6044	6.7275
21	1.2324	1.5157	1.8603	2.2788	2.7860	3.3996	4.1406	5.0338	6.1088	7.4002
22	1.2447	1.5460	1.9161	2.3699	2.9253	3.6035	4.4304	5.4365	6.6586	8.1403
23	1.2572	1.5769	1.9736	2.4647	3.0715	3.8197	4.7405	5.8715	7.2579	8.9543
24	1.2697	1.6084	2.0328	2.5633	3.2251	4.0489	5.0724	6.3412	7.9111	9.8497
25	1.2824	1.6406	2.0938	2.6658	3.3864	4.2919	5.4274	6.8485	8.6231	10.8347
26	1.2953	1.6734	2.1566	2.7725	3.5557	4.5494	5.8074	7.3964	9.3992	11.9182
27	1.3082	1.7069	2.2213	2.8834	3.7335	4.8223	6.2139	7.9881	10.2451	13.1100
28	1.3213	1.7410	2.2879	2.9987	3.9201	5.1117	6.6488	8.6271	11.1671	14.4210
29	1.3345	1.7758	2.3566	3.1187	4.1161	5.4184	7.1143	9.3173	12.1722	15.8631
30	1.3478	1.8114	2.4273	3.2434	4.3219	5.7435	7.6123	10.0627	13.2677	17.4494

续表

期数	11%	12%	13%	14%	15%	16%	17%	18%	19%	20%
1	1.1100	1.1200	1.1300	1.1400	1.1500	1.1600	1.1700	1.1800	1.1900	1.2000
2	1.2321	1.2544	1.2769	1.2996	1.3225	1.3456	1.3689	1.3924	1.4161	1.4400
3	1.3676	1.4049	1.4429	1.4815	1.5209	1.5609	1.6016	1.6430	1.6852	1.7280
4	1.5181	1.5735	1.6305	1.6890	1.7490	1.8106	1.8739	1.9388	2.0053	2.0736
5	1.6851	1.7623	1.8424	1.9254	2.0114	2.1003	2.1924	2.2878	2.3864	2.4883
6	1.8704	1.9738	2.0820	2.1950	2.3131	2.4364	2.5652	2.6996	2.8398	2.9860
7	2.0762	2.2107	2.3526	2.5023	2.6600	2.8262	3.0012	3.1855	3.3793	3.5832
8	2.3045	2.4760	2.6584	2.8526	3.0590	3.2784	3.5115	3.7589	4.0214	4.2998
9	2.5580	2.7731	3.0040	3.2519	3.5179	3.8030	4.1084	4.4355	4.7854	5.1598
10	2.8394	3.1058	3.3946	3.7072	4.0456	4.4114	4.8068	5.2338	5.6947	6.1917
11	3.1518	3.4786	3.8359	4.2262	4.6524	5.1173	5.6240	6.1759	6.7767	7.4301
12	3.4985	3.8960	4.3345	4.8179	5.3503	5.9360	6.5801	7.2876	8.0642	8.9161
13	3.8833	4.3635	4.8980	5.4924	6.1528	6.8858	7.6987	8.5994	9.5964	10.6993
14	4.3104	4.8871	5.5348	6.2613	7.0757	7.9875	9.0075	10.1472	11.4198	12.8392
15	4.7846	5.4736	6.2543	7.1379	8.1371	9.2655	10.5387	11.9737	13.5895	15.4070
16	5.3109	6.1304	7.0673	8.1372	9.3576	10.7480	12.3303	14.1290	16.1715	18.4884
17	5.8951	6.8660	7.9861	9.2765	10.7613	12.4677	14.4265	16.6722	19.2441	22.1861
18	6.5436	7.6900	9.0243	10.5752	12.3755	14.4625	16.8790	19.6733	22.9005	26.6233
19	7.2633	8.6128	10.1974	12.0557	14.2318	16.7765	19.7484	23.2144	27.2516	31.9480
20	8.0623	9.6463	11.5231	13.7435	16.3665	19.4608	23.1056	27.3930	32.4294	38.3376
21	8.9492	10.8038	13.0211	15.6676	18.8215	22.5745	27.0336	32.3238	38.5910	46.0051
22	9.9336	12.1003	14.7138	17.8610	21.6447	26.1864	31.6293	38.1421	45.9233	55.2061
23	11.0263	13.5523	16.6266	20.3616	24.8915	30.3762	37.0062	45.0076	54.6487	66.2474
24	12.2392	15.1786	18.7881	23.2122	28.6252	35.2364	43.2973	53.1090	65.0320	79.4968
25	13.5855	17.0001	21.2305	26.4619	32.9190	40.8742	50.6578	62.6686	77.3881	95.3962
26	15.0799	19.0401	23.9905	30.1666	37.8568	47.4141	59.2697	73.9490	92.0918	114.4755
27	16.7387	21.3249	27.1093	34.3899	43.5353	55.0004	69.3455	87.2598	109.5893	137.3706
28	18.5799	23.8839	30.6335	39.2045	50.0656	63.8004	81.1342	102.9666	130.4112	164.8447
29	20.6237	26.7499	34.6158	44.6931	57.5755	74.0085	94.9271	121.5005	155.1893	197.8136
30	22.8923	29.9599	39.1159	50.9502	66.2118	85.8499	111.0647	143.3706	184.6753	237.3763

表 A-2 日复利

公式：$FV = PV(1 + i/365)^{\text{number of days}}$

时间	2.0%	4.0%	5.0%	5.5%	6.0%	6.5%	7.0%	7.5%	8.0%	8.5%	9.0%	10.0%	12.0%	15.0%	18.0%	21.0%
1 day	1.00005	1.00011	1.00014	1.00015	1.00016	1.00018	1.00019	1.00021	1.00022	1.00023	1.00025	1.00027	1.00033	1.00041	1.00049	1.00058
2 days	1.00011	1.00022	1.00027	1.00030	1.00033	1.00036	1.00038	1.00041	1.00044	1.00047	1.00049	1.00055	1.00066	1.00082	1.00099	1.00115
3 days	1.00016	1.00033	1.00041	1.00045	1.00049	1.00053	1.00058	1.00062	1.00066	1.00070	1.00074	1.00082	1.00099	1.00123	1.00148	1.00173
4 days	1.00022	1.00044	1.00055	1.00060	1.00066	1.00071	1.00077	1.00082	1.00088	1.00093	1.00099	1.00110	1.00132	1.00164	1.00197	1.00230
5 days	1.00027	1.00055	1.00069	1.00075	1.00082	1.00089	1.00096	1.00103	1.00110	1.00116	1.00123	1.00137	1.00164	1.00206	1.00247	1.00288
6 days	1.00033	1.00066	1.00082	1.00090	1.00099	1.00107	1.00115	1.00123	1.00132	1.00140	1.00148	1.00164	1.00197	1.00247	1.00296	1.00346
1 week	1.00038	1.00077	1.00096	1.00106	1.00115	1.00125	1.00134	1.00144	1.00154	1.00163	1.00173	1.00192	1.00230	1.00288	1.00346	1.00403
2 weeks	1.00077	1.00154	1.00192	1.00211	1.00230	1.00250	1.00269	1.00288	1.00307	1.00327	1.00346	1.00384	1.00461	1.00577	1.00693	1.00808
3 weeks	1.00115	1.00230	1.00288	1.00317	1.00346	1.00375	1.00404	1.00432	1.00461	1.00490	1.00519	1.00577	1.00693	1.00867	1.01041	1.01215
1 month	1.00167	1.00334	1.00418	1.00459	1.00501	1.00543	1.00585	1.00627	1.00669	1.00711	1.00753	1.00837	1.01005	1.01258	1.01511	1.01765
2 months	1.00334	1.00668	1.00837	1.00921	1.01005	1.01089	1.01173	1.01258	1.01342	1.01427	1.01511	1.01680	1.02020	1.02531	1.03045	1.03561
3 months	1.00501	1.01005	1.01258	1.01384	1.01511	1.01638	1.01765	1.01892	1.02020	1.02147	1.02275	1.02531	1.03045	1.03820	1.04602	1.05389
4 months	1.00669	1.01342	1.01681	1.01850	1.02020	1.02190	1.02360	1.02531	1.02702	1.02874	1.03045	1.03389	1.04080	1.05126	1.06182	1.07249
5 months	1.00837	1.01681	1.02105	1.02318	1.02531	1.02745	1.02959	1.03174	1.03389	1.03605	1.03821	1.04254	1.05126	1.06448	1.07786	1.09141
6 months	1.01005	1.02020	1.02531	1.02768	1.03045	1.03303	1.03562	1.03821	1.04081	1.04341	1.04602	1.05126	1.06183	1.07787	1.09415	1.11068
9 months	1.01511	1.03045	1.03821	1.04211	1.04602	1.04995	1.05390	1.05786	1.06183	1.06582	1.06982	1.07787	1.09416	1.11905	1.14450	1.17053
1 year	1.02020	1.04081	1.05127	1.05654	1.06183	1.06715	1.07250	1.07788	1.08328	1.08871	1.09416	1.10516	1.12747	1.16180	1.19716	1.23360
2 years	1.04081	1.08328	1.10516	1.11627	1.12749	1.13882	1.15026	1.16182	1.17349	1.18528	1.19719	1.22137	1.27120	1.34978	1.43320	1.52178
3 years	1.06183	1.12749	1.16182	1.17938	1.19720	1.21529	1.23365	1.25229	1.27122	1.29042	1.30992	1.34980	1.43324	1.56817	1.71578	1.87727
4 years	1.08328	1.17350	1.22139	1.24606	1.27122	1.29690	1.32309	1.34982	1.37708	1.40489	1.43327	1.49174	1.61595	1.82194	2.05407	2.31581
5 years	1.10517	1.22139	1.28400	1.31650	1.34982	1.38399	1.41902	1.45494	1.49176	1.52951	1.56823	1.64861	1.82194	2.11667	2.45906	2.85679
10 years	1.22140	1.49179	1.64866	1.73318	1.82203	1.91543	2.01362	2.11684	2.22535	2.33942	2.45933	2.71791	3.31946	4.48031	6.04696	8.16124
15 years	1.34985	1.82206	2.11710	2.28174	2.45942	2.65094	2.85736	3.07986	3.31968	3.57817	3.85678	4.48333	6.04786	9.48335	14.86983	23.31494
20 years	1.49181	2.22554	2.71810	3.00392	3.31979	3.66887	4.05466	4.48100	4.95216	5.47286	6.04831	7.38703	11.01883	20.07316	36.56577	56.80584
25 years	1.64870	2.71813	3.49004	3.95467	4.48114	5.07768	5.75364	6.51956	7.38744	8.37083	9.48510	12.17832	20.07564	42.48834	89.91734	190.27879
30 years	1.82209	3.31990	4.48123	5.20833	6.04875	7.02747	8.16453	9.48554	11.02028	12.80330	14.87478	20.07729	36.57659	89.93396	221.11190	543.58624

表 A-3　复利现值系数表

复利现值系数表（P/F表）

n	1%	2%	3%	4%	5%	6%	8%	10%	12%	14%	15%	16%	18%
1	0.99	0.98	0.97	0.961	0.952	0.943	0.925	0.909	0.892	0.877	0.869	0.862	0.847
2	0.98	0.961	0.942	0.924	0.907	0.889	0.857	0.826	0.797	0.769	0.756	0.743	0.718
3	0.97	0.942	0.915	0.888	0.863	0.839	0.793	0.751	0.711	0.674	0.657	0.64	0.608
4	0.96	0.923	0.888	0.854	0.822	0.792	0.735	0.683	0.635	0.592	0.571	0.552	0.515
5	0.951	0.905	0.862	0.821	0.784	0.747	0.68	0.62	0.567	0.519	0.497	0.476	0.437
6	0.942	0.887	0.837	0.79	0.746	0.704	0.63	0.564	0.506	0.455	0.432	0.41	0.37
7	0.932	0.87	0.813	0.759	0.71	0.665	0.583	0.513	0.452	0.399	0.375	0.353	0.313
8	0.923	0.853	0.789	0.73	0.676	0.627	0.54	0.466	0.403	0.35	0.326	0.305	0.266
9	0.914	0.836	0.766	0.702	0.644	0.591	0.5	0.424	0.36	0.307	0.284	0.262	0.225
10	0.905	0.82	0.744	0.675	0.613	0.558	0.463	0.385	0.321	0.269	0.247	0.226	0.191
11	0.896	0.804	0.722	0.649	0.584	0.526	0.428	0.35	0.287	0.236	0.214	0.195	0.161
12	0.887	0.788	0.701	0.624	0.556	0.496	0.397	0.318	0.256	0.207	0.186	0.168	0.137
13	0.878	0.773	0.68	0.6	0.53	0.468	0.367	0.289	0.229	0.182	0.162	0.145	0.116
14	0.869	0.757	0.661	0.577	0.505	0.442	0.34	0.263	0.204	0.159	0.141	0.125	0.098
15	0.861	0.743	0.641	0.555	0.481	0.417	0.315	0.239	0.182	0.14	0.122	0.107	0.083
16	0.852	0.728	0.623	0.533	0.458	0.393	0.291	0.217	0.163	0.122	0.106	0.093	0.07
17	0.844	0.714	0.605	0.513	0.436	0.371	0.27	0.197	0.145	0.107	0.092	0.08	0.059
18	0.836	0.7	0.587	0.493	0.415	0.35	0.25	0.179	0.13	0.094	0.08	0.069	0.05
19	0.827	0.686	0.57	0.474	0.395	0.33	0.231	0.163	0.116	0.082	0.07	0.059	0.043
20	0.819	0.672	0.553	0.456	0.376	0.311	0.214	0.148	0.103	0.072	0.061	0.051	0.036

第三章
期货投资基本面分析

第一节 基本面分析内容

期货市场有两种主要分析方法:基本面分析和技术分析。基本面分析集中考察导致价格涨落或持平的供求关系;技术分析观察价格和交易量数据,从而判断这些数据的未来走势。技术分析还可进一步分为两个主要类型。

①量化分析:使用各种类型的数据属性来帮助估计商品超买、超卖的限度。

②图表分析:使用线条和图形来辨别货币汇率构成中的显著趋势和模式。

基本面分析和技术分析最明显的一点区别是,基本面分析研究市场运动的成因,而技术分析研究市场运动的图表结果(我们看盘看的就是现象)。

对不同的交易品种进行基本面分析涉及各自的基本分析理论。

对股指期货进行基本面分析,主要运用宏观经济学等理论。

对外汇期货,则需要购买力评价、利率评价、国际收支模式、资产市场模式等理论。

对农产品期货进行基本面分析最直接有效的方法是从供需两个方面进行调查,同时涉及农学和气象学方面的知识。

一、期货交易基本面分析的价值

投资者每天都在接触基本面方面的信息和各种研究报告,每天也有不少专家在分析市场的供求关系以及宏观经济环境,但投资者的交易结果并没有因此而有大的改观,为什么呢?因为投资者并不知道如何利用基本面的分析。其实,就普通投资者来讲,基本面分析有哪些特征和作用他们都不甚明了,他们大多数要么盲从,要么拒绝基本面的分析,这样做的话,基本面对他们来讲自然毫无意义。

我们该如何定位基本面在交易中的作用呢?

基本面的分析一般都含有大量的数据和图表,并且好的报告里的数据不仅全面,而且相当准确,大部分都是研究人员自己搜集整理的,有的甚至是自己去行业或"田间地头"考察而来的。研究员通过大量数据和图表的分析会得出结论:市场未来上涨还是下跌的可能性,即他们通过大量数据和图表的分析来预测市场的未来。这样写出来的报告肯定是具有价值的,而且也会得到行业专家或学者的认可,自然也会得到大部分投资者的认可。其实,我们认可的不仅仅是这份报告,更多的是认可这种分析研究的方法与精神。所以,很多投资者自然会用这种分析思考的方法进行交易,但他们很快就会发现这样做在交易中似乎困难重重,市场的走势经常与他们得到的基本面分析背道而驰,并且也与很多专家的分析背道而驰!这真的令人困惑!为什么呢?因为他们不清楚,研究报告可能会得到专家学者的认可,但能否得到市场的认可则难以确定,而市场才是唯一的裁判!

很多人通过基本面的分析来预测市场的未来,他们总是认为通过研究基本面的情况可以得出市场未来的方向,他们误以为基本面分析的作用是预测市场的未来,他们误以为掌握了大量的基本面资料就可以掌握未来。这是一个根本性的错误。这样的研究人员,其一生都将生活在痛苦之中,因为他们在做永远也不可能实现的事——预测未来。也许在某次行情中他们做得很出色,这样的例子也很多,但永远不会有人或机构可以稳定连续地通过基本面的分析一直对市场做出正确的判断,否则,国际市场上那些大型的投资基金就不会做双向交易。你应该知道,国外大型投资基金的研究力量比我们国内任何一家公司的都要强大,若它们能够通过基本面的分析知道市场未来方向的话,做单边交易的利润不是远远高于做双向交易的利润?基金经理可不是傻子。但是,这样讲并不是说基本面的分析就没有作用了,而是说基本面分析的功能不是预测市场,它的作用更多的是告诉我们市场价格波动的原因,使我们更清楚地认识和了解市场,不至于因为对基本面情况一无所知而对市场价格的涨跌感到迷茫和恐惧。基本面分析不具有预测市场未来方向的功能,它的这个功能是我们获利的欲望强加给它的。

基本面分析主要的作用是使投资者更清楚地认识和了解市场目前的状况,使我们能够更好地跟上市场运行的步伐,制定出适应市场的交易策略,并根据新的情况调整我们的交易计划,而不是预测市场的未来。在交易中,我们必须以价格为依据、以市场为中心而进行交易,不能以基本面数据为依据、以自己的判断为中心来进行交易,因为我们所掌握的基本面数据肯定不是全面、及时的,所以我们必须通过市场价格来检验我们的分析是否正确。基本面分析就好像是全面了解一个人的家庭背景、工作情况、年龄、社会关系等,通过这些可判断这个人未来的发展方向、前景和空间。而技术分析则是和市场交朋友,它不管这个朋友的贫富贱贵,只要脾气相投就是好朋友。若你真能和市场交上朋友,则你就能理解市场的交易信号。技术分析就是通过读懂市场信号来交易的。

基本面和技术面分析的作用其实都是为了使投资者更好地了解市场,使投资者更好地跟上市场前进的步伐,并因此制定出适应目前市场情况的交易策略,而不是预测市场的未来。所以本质上基本面分析与技术分析是完全一样的,它们都不具有预测市场的功能,其本质都是使投资者通过了解市场来更有效地跟踪市场。

下面以农产品为例说明基本面分析要素。

二、农产品基本面分析要素

(一)供给

商品供求状况的变化与价格的变动是互相影响、互相制约的。商品价格与供给成反比,供给增加,价格下降;供给减少,价格上升。商品价格与需求成正比,需求增加,价格上升;需求减少,价格下降。在其他因素不变的条件下,供给和需求的任何变化,都可能影响商品价格,一方面,商品价格的变化受供给和需求变动的影响;另一方面,商品价格的变化又反过来对供给和需求产生影响。价格上升,供给增加,需求减少;价格下降,供给减少,需求增加。这种供求与价格互相影响、互为因果的关系,使商品供求分析更加复杂化,不仅要考虑供求变动对价格的影响,还要考虑价格变化对供求的反作用。

1. 期初存量

期初存量,指上年或上季积存下来可供社会继续消费的商品实物量。

2. 本期产量

本期产量,指本年或本季的商品生产量。它是市场商品供给量的主体,其影响因素也甚为复杂。从短期看,它主要受生产能力、资源、自然条件、生产成本及政府政策的影响。不同商品生产量的影响因素可能相差很大,必须对具体商品生产量的影响因素进行具体的分析,才能较为准确地把握其可能的变动。

3. 本期进口量

本期进口量,指对国内生产量的补充,通常会随着国内市场供求平衡状况的变化而变化。同时,进口量还会因受到国际国内市场价格差、汇率、国家进出口政策以及国际政治因素的影响而变化。我国自1995年开始,已从一个大豆出口国变成一个净进口国,进口量的大小直接影响大连大豆期价的变动。进口数据可以从每月海关的统计数据中获得,进口预测数据的主要来源有:美国农业部周四发布的《每周出口销售报告》及有关机构对南美大豆出口装运情况的报告。进口预测数据对大连大豆期价的影响较大,但由于存在贸易商在国际市场卖回去或转运他国等情况,进口预测数据很难反映真实的进口数量。

(二)需求

1. 国内消费量

国内消费量主要受消费者的收入水平或购买能力、消费者人数、消费结构变化、商品新用途发现、替代品的价格及获取的方便程度等因素的影响,这些因素变化对期货商品需求及价格的影响往往大于对现货市场的影响。具体分析大豆的情况:大豆的食用消费相对稳定,对价格的影响较弱;大豆的压榨需求变化较大,对价格的影响较大;大豆压榨后,豆油、豆粕产品的市场需求变化不定,影响因素较多;豆油作为一种植物油,受菜籽油、棉籽油、棕榈油、花生油、葵花籽油等其他植物油供求因素的影响。大豆压榨后的主要副产品(80%以上)是豆粕。豆粕是饲料中的主要配料之一,与饲养业的景气状况密切相关。豆粕的需求情况对大豆期价的影响很大。

2. 国际市场需求

大豆主要进口国及地区:欧盟、日本、中国、东南亚国家和地区。欧盟、日本的大豆进口量相对稳定,而中国、东南亚国家的大豆进口量变化较大。稳定的进口量虽然量值大但对国际市场价格影响甚小,不稳定的进口量虽然量值小,但对国际市场价格影响很大。例如,中国与东南亚国家在1995年、1996年对大豆需求的迅速增长导致芝加哥大豆期价的上涨。美国农业部在每月上、中旬发布《世界农产品供求预演》,对主要进口国的需求情况做分析并进行预测。美国农业部还在每月中旬发布《油籽:世界市场与贸易》作为上一报告的分报告,内容更为专业、详细,包括菜籽、棉籽、花生、葵花籽等。

3. 出口量

出口量是指本国生产和加工的商品销往国外市场的数量,它是影响国内需求总量的重要因素之一。分析其变化应综合考虑影响出口的各种因素的变化情况,如国际、国内市场供求状况,内销和外销价格比,本国出口政策和进口国进口政策变化,关税和汇率变化等。例如,我国是玉米出口国之一,玉米出口量是影响玉米期货价格的重要因素。

4. 期末结存量

期末结存量具有双重作用,一方面,它是商品需求的组成部分,是正常的社会再生产的必要条件;另一方面,它又在一定程度上具有平衡短期供求的作用。当本期商品供不应求时,期末结存将会减少;反之就会增加。因此,分析本期期末结存量的实际变动情况,即可从商品实物运动的角度看出本期商品的供求状况及其对下期商品供求状况和价格的影响。以大豆为例,美国农业部在每月发布的《世界农产品供求预测》中公布各国大豆的库存情况,主要生产国美国、巴西、阿根廷的库存情况对芝加哥大豆期价的中长期走势产生影响,并存在很大的相关性。国内大豆库存情况没有权威的报告,因为国内农户规模小,存粮情况难以精确统计。

(三) 经济周期

商品价格波动通常与经济波动周期紧密相关,期货价格也不例外。经济周期一般由复苏、繁荣、衰退和萧条4个阶段构成。复苏阶段开始时是前一周期的最低点,产出和价格均处于最低水平。随着经济的复苏、生产的恢复和需求的增长,价格也开始逐步回升。繁荣阶段是经济周期的高峰阶段,由于投资需求和消费需求的不断扩张超过了产出的增长,刺激价格迅速上涨到较高水平。衰退阶段出现在经济周期高峰过去后,经济开始出现滑坡,由于需求的萎缩,供给大大超过需求,价格迅速下跌。萧条阶段是经济周期的谷底,供给和需求均处于较低水平,价格停止下跌,处于低水平。在整个经济周期演化过程中,价格波动略滞后于经济波动。

由于期货市场是与国际市场紧密相连的开放市场,因此,期货市场价格波动不仅受国内经济波动周期的影响,而且受世界经济的景气状况影响。

例如,在20世纪60年代以前,西方国家经济周期的特点是产出和价格的同向大幅波动。而70年代初期,西方国家先后进入所谓的"滞涨"时期,经济大幅度衰退,价格却仍然猛烈上涨,经济的停滞与严重的通货膨胀并存。而80年代至90年代的经济波动幅度大大缩小,并且价格总水平只涨不跌,衰退期和萧条期下降的只是价格上涨速度而非价格的绝对水平。当然,这种只涨不跌是指价格总水平而非所有的具体商品价格,具体商品价格仍然是有升有降。进入90年代中期以后,一些新兴市场经济国家,如韩国、东南亚国家等,受到金融危机的冲击,导致一些商品的国际市场价格大幅下滑。但是,全球经济并没有陷入全面的危机之中,欧美国家经济持续向好。因此,认真观测和分析经济周期的阶段和特点,对正确地把握期货市场价格走势具有重要意义。

处于经济周期的哪个阶段可通过主要经济指标值的高低来判断,如国内生产总值(gross domestic product, GDP)增长率、失业率、价格指数、汇率等。这些都是期货交易者应密切关注的。

(四) 政治因素

政治因素主要指国际国内政治局势、国际性政治事件的爆发及由此引起的国际关系格局的变化、各种国际性经贸组织的建立及有关商品协议的达成、政府对经济干预所采取的各种政策和措施等。这些因素将会引起期货市场价格的波动。如1980年1月4日,美国为警告苏联入侵阿富汗,决定向苏联禁运粮食1 700万吨,引起芝加哥交易所闭市两天,到9日开市后又出现多次跌停板。在分析政治因素对期货价格的影响时,应注意不同的商品所受影响程度是不同的,如国际局势紧张对战略性物资价格的影响就比对其他商品的影响大。

(五) 国家政策

1. 农业政策的影响

在国际上,大豆主产国农业政策对大豆期货价格影响很大。例如,1996年,美国国会批准新的《1996年联邦农业完善与改革法》,使1997年美国农场主播种大豆的面积猛增10%,从而导致大豆的国际市场价格大幅走低。有些时候,各国政府为了自身利益和政治需要,而制定或采取一些政策、措施,这会对商品期货价格产生不同程度的影响,如美国和欧洲经济共同体国家都规定了对农产品生产的保护性措施。

国内农业政策的变化也会对农产品期货价格产生影响,如1998年粮改政策,对主要农产品稻米、玉米、小麦等实行价格保护政策,大豆不在保护之列,大豆价格随市场供需的变化而变动,为大豆期货交易提供了广阔的舞台。农产品价格保护政策也会影响农民的种植行为。1999年国家农业调查队的种植意向调查显示,玉米种植面积增加120万公顷(1公顷=10 000平方米),而豆类作物减少110万公顷。种植面积减少,商品供应量减少,农产品价格会有所上涨。

2. 贸易政策的影响

贸易政策将直接影响商品的可供应量,对商品未来的价格影响特别大。例如,中国加入世界贸易组织(World Trade Organization,WTO),以及1999年5月朱镕基总理访美期间与美国政府签订《中美农业贸易协议》等都对大连大豆期货价格产生影响。自1999年7月起,国家对进口豆粕征收增值税,国内豆粕价格从1 350元/吨的低谷,猛涨至1 850元/吨。这一政策也带动国内大豆价格上涨,大连大豆2000年5月合约价格从1 850元/吨上涨到2 200元/吨。又如,1999年11月10日开始,中美贸易代表团在北京举行关于中国加入世界贸易组织的谈判,消息一出,大连大豆期价猛跌一周,2000年5月大豆合约价格从2 240元/吨下跌至2 060元/吨。

3. 食品政策的影响

欧盟是世界大豆的主要进口地区,其食品政策的变化对世界大豆市场会产生较大影响。现在,一些欧盟国家,如德国,对"基因改良型"大豆的进口特别关注,这些国家的绿色和平组织认为,"基因改良型"大豆对人类健康有害,要求政府限制这类大豆进口。这一食品政策的实施,会对世界大豆市场产生影响。

(六) 自然因素

自然条件因素主要是气候条件、地理变化、自然灾害等。期货交易所上市的粮食、金属、能源等商品,其生产和消费与自然条件因素密切相关。有时,自然因素的变化会对运输和仓储造成影响,从而间接影响生产和消费。

三、基本面分析的一般逻辑

做交易的大多喜欢说"顺势而为",看着K线图如有神助般指点江山,什么时候买,什么时候卖,买多少,怎么卖……但,终究是什么决定了趋势?是什么左右了不同品种波动的幅度?是什么影响了资金的驱动?答案是:基本面!

如果没有基本面分析的支撑,技术分析只能算是个未然函数。当然交易是一个系统,不仅仅是基本面和技术面的问题,还有资金管理、风控措施等综合考验,但基本面分析是非常非常重要的!

最有效也是最快速的学习基本面分析的方式就是:多看研报。关键看思路,看分析方法,忽视结论。看得多了自然一通百通,形成自己的方法论。

其实,无论是什么风格的交易,最重要的就是逻辑。基本面有它的逻辑,技术面有它的理由,找到市场主要矛盾的逻辑关系,就相当于找到了市场利润的来源。基本面分析有7种交易逻辑案例。

（一）基本面逻辑1

利用产能、供需缺口:装置检修、意外等带来短期的减产等可造成短期供需的缺口,依据平衡表可具体量化缺口,并依托平衡表来进行市场的多空操作。此逻辑需要对品种的基本面有比较透彻的了解,如生产方的检修时间、生产规模、市场库存,还包括下游消费等,如果找到了这种逻辑,可在合适的时间点,按照推理逻辑的方向,在此基础上进行顺势操作。

（二）基本面逻辑2

品种的市场化带来供需的大变局。例如大豆,也就是我们食用的大豆,非油榨豆,它是非市场化的,也就是大豆不像其他可贸易的品种,一价定律或者说国外产品的价格会影响到国内产品的价格。国内主要依靠补贴和收储价格来影响大豆的市场价格,如果国家停止收储,停止补贴,那么支撑大豆价格的逻辑将会不复存在,依据这一逻辑做空,将会收益丰厚。

（三）基本面逻辑3

利用大环境下,高利润行业必然会被市场抹平的逻辑。比如聚丙烯,这一品种产业的上下游基本被几家大供应商垄断,但是在市场的需求没有持续改善的情况下,这些高利润的行业,市场必然会抹平它的高利润。如果在恰当的时机,对品种进行一个做空的选择,这个逻辑运用的道理就是利用在大环境不好的情况下,高利润的行业必将被市场抹平的逻辑来进行市场操作,这一原理的最初思想来源于期货仓单派张相公。

（四）基本面逻辑4

依据行业上下游,同类产品的横向、纵向的比较得到的结论进行未来价格的一个推理,如玉米现在的价格是1 800元/吨,淀粉糖和白糖的价格显而易见,白糖的价格在2 400

元/吨附近,白糖多头的逻辑是一个限制进口的逻辑,国外糖的价格比国内糖价格低了将近1 000元,其中的利润是非常大的,这也是为什么有这么多走私糖的原因,比走私毒品的利润还高。所以白糖在未来,一旦市场被放开的话,将会是一个多头崩溃的行情,至于这个过程需要等待多久,是个未知数,但会是一个必然的过程和逻辑。

(五)基本面逻辑5

利用期货现在之基差以及期限回归的原理来进行价格的修复,如最近的铁矿石1601,7月份到9月份期间,市场炒作的就是一个大幅度贴水行情的逻辑,现货价格贴近490元/吨,而期货价格还徘徊在370元/吨附近,铁矿基本面供需只是一个弱平衡,因此多头充分利用这个理由进行期货市场价格的一个修复,如果你找到并能够利用市场的这个逻辑,或者说你的逻辑和主力的逻辑一致,那么,主力是你的抬轿者。

(六)基本面逻辑6

利用仓单。期货的基本功能原本就是套期保值,空头卖货,多头接货。例如,多头在市场上做多,那么如果价格上升,进入交割月,在低价位的期货单,可以去仓位交割实体货物,一去一来,相当于你以一个较低的价位买到了实际的货物,当然接货的一般是贸易商。如果你手上有实际的货物,如果你预期未来价格会下跌,那么你可以在市场上做空,如果现货价格下跌,你依然可以通过交割获利。当然,市场上的交易者可不这么想,但是仓单为市场交易者带来一个心理的预期,比如我们通过交易所查到有大量仓位申请,那么对多头来说心理上是一个不利于多头的预期,说明贸易商对未来市场价格不是很看好,故申请仓单。当然如果空头没有实际的货物可交,就有可能被多头借此机会抬拉价格,过去的BB胶合板就是一个典型的利用胶合板规则上的缺陷,市场认为空头没法交货,被多头连续逼仓而展开了一大波行情。当然,现在市场的逻辑其实更多的是依据大的宏观经济面来进行,而不是个别品种的行情,宏观经济的大趋势,大矛盾左右着商品的走势。

(七)基本面逻辑7

根据对宏观经济数据的判断来进行一个大方向的交易,此交易方法,一般只适用于大机构、大资金。一个很简单的例子,不知道有没有人注意或者反思,为什么焦煤、焦炭等价格一直不断下跌,连个像样的反弹都没有,连续两年多都是如此。在宏观数据中有一项生产者物价指数,大家可以去查一下这个指标背后的意义,它的走势基本上和市场上的焦煤、焦炭的走势是一致的,它是工业生产出厂价的一个指数。到目前为止,这个PPI已经连续41个月下跌,而过去经济的发展我们依托的就是工业。在过去的工业结构中,煤炭、石油、铁矿等黑三金在工业结构中的比例非常大,大概占据18%。因此,只要这个工业结构没有出现明显的变化,在PPI指数没有明显改善的情况下,我们可以预判焦炭、焦煤等黑色产业不会有起色。当然,如果工业结构出现变化,这个逻辑需要重新判断,如何依托数据来进行大宗商品的交易是一个很大的话题,如何运用宏观数据,从纷繁的宏观数据中挖掘大宗商品的交易机会和逻辑将会是一个非常具有价值的方向,因为包括大宗商品在内的很多品种的供需都和宏观大环境息息相关,甚至可以说在某一时间段,左右大宗商品供需的主要关注点,不在库存,不在上下游消费,而在于宏观基本面,宏观大势成了大宗商品交易的主要矛盾,甚至你得知道未来的通缩及未来的通缩会持续多久,你得懂得从国家公布的数据中甄别其中的重要信息,等等,当然这些都是依托对宏观数据的观察研究。

第二节 基本面分析方法

哪些商品是符合基本面的呢?我认为:农产品、油脂、软商品(棉花、咖啡、白糖)、黑色金属产业链、煤焦钢产业链,都符合基本面研究。要按照完全竞争的供需先做大判断。而对化工品,厂商可以串谋形成价格联盟,就不能完全用供需来判断。要结合供给弹性和需求弹性,以及生产者结构来分析。金属中的铜作为基本金属,可以将之分为一部分金融属性,一部分商品属性。贵金属,如金、银,全部属于金融属性。要看央行的货币政策和外汇汇率。股指,基本就是 GDP 和货币的叠加,而国债、期货则完全以货币政策论。

一、供需分析

供需分析是基本面分析的核心,这在第二章的经济学理论基础中已经详细讲过,如图 3-1 所示。

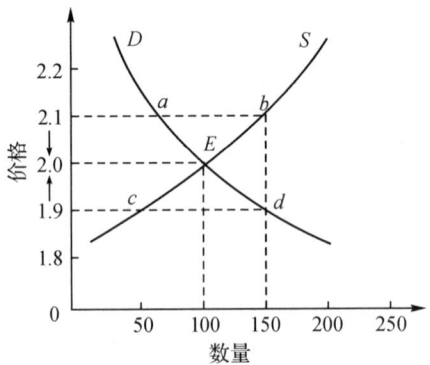

图 3-1 供给曲线和需求曲线

两条曲线的交点 E,对应的 2.0 就是供需平衡时的价格。如果供大于求,价格将沿着需求曲线朝右下移动,在 d 点平衡,价格就是 1.9;如果供小于求,价格就沿着需求曲线朝左上移动,在 a 点平衡,价格就是 2.1;如果需求暴增,供给不变,价格就沿着供给需求朝右上移动,在 b 点平衡,价格就是 2.1;如果需求大降,供给不变,价格就沿着供给曲线朝左下移动,在 c 点平衡,价格就是 1.9。

供给与需求的不同弹性及其表现与例子见表 3-1。

表 3-1　弹性表

弹性	曲线	表现	例子
供给无弹性	垂直的供给曲线	无论价格如何变,供给量不变	铁矿石、玻璃、劳动力市场
供给弹性小	陡峭的供给曲线	价格即使变动很大,供给量变动也不大	螺纹钢、农产品、橡胶、油脂、软商品
供给弹性大	30°的供给曲线	价格稍微变动一点,供给量大变	菜粕、豆粕、化工品
供给单位弹性	45°的供给曲线		理想的学术状况
需求无弹性	垂直的需求曲线	无论价格如何变,需求量不变	大米、小麦、食品、必需品
需求弹性小	陡峭的需求曲线	价格即使变动很大,需求量变动也不大	棉花、农产品、油脂、原油
需求弹性大	30°或者低于30°的需求曲线	价格稍微变动一点,需求量大变	所有必需品之外的商品
需求完全弹性	横直的需求曲线	价格一变动,需求量就消失	奢侈品
需求单位弹性	45°的需求曲线		理想的学术状况

这么多商品期货市场,每个商品都有一条供给曲线,也有一条需求曲线,仔细研究一下它们的供给端和需求端,看看它们属于哪一种情况。

此外还要考虑交叉价格弹性,如豆粕和菜粕,存在替代关系,属于替代品,那么当豆粕价格高时,养殖业可以买来菜粕替代,两者之间的价格比例一旦失衡,就存在回归的动力。

此外还要考虑互补品,比如钢厂买了焦炭就必须买铁矿石,否则无法炼铁。同理,养殖业买了豆粕就必须养猪,猪肉的供应可能加大,降低消费价格指数(consumer price index, CPI)。这些逻辑都是简单的常识,运用正常的经济逻辑、投资逻辑、商业逻辑即可。

供需失衡一般都是供给曲线或者需求曲线中单方面移动造成价格变动。如果供给曲线和需求曲线同时移动,则需要制定"供需平衡表",重新考量供需达到平衡时的价格。

供需的逻辑是如何与操作对应的呢?容易出现大行情的情况有如下两类。

第一类情况

①需求暴增,供应下降,没有库存——单边重仓做多,浮盈加仓。
②需求暴增,供应下降,有库存——单边重仓做多。
③需求暴增,供应不变,无库存——单边做多。
④需求暴增,供应不变,有库存——波段做多。

第二类情况

①供应暴增,需求下降,有库存——单边重仓做空,浮盈加仓。

②供应暴增,需求下降,无库存——单边重仓做空。
③供应暴增,需求不变,有库存——单边重仓做空,浮盈加仓。
④供应暴增,需求不变,无库存——单边做空。

含预期的供需分析与对应的操作

①本期供需严重失衡,供大于求,且预计下期供应进一步增大或者消费缩减——单边做空,长期持有,浮盈加仓,且初始头寸不平仓,直到预计再下一期供需将会恢复平衡才平仓。

②本期供需严重失衡,供大于求,但预计下期供应减少或者消费增加——单边做空,浮盈加仓,本期末平仓。

③本期供需严重失衡,供小于求,且预计下期消费大增或者供应减少——单边做多,浮盈加仓,长期持有,初始头寸不平仓,直到预计再下一期供需将会恢复平衡才平仓。

④本期供需严重失衡,供小于求,且预计下期消费不变或者供应增加——单边做多,浮盈加仓,本期末平仓。

⑤本期供需严重失衡,但预计下期供需会恢复平衡——只单边做多或做空,不浮盈加仓。

二、宏观分析与经济周期

美国有百家对冲基金公司,管理资产少的有几百亿美元,多的有上千亿美元,其中大约50%的资金是做"宏观交易"的。宏观交易资金容量无限大,利润空间相当大,确定性极高,是所有对冲基金王冠上的明珠。但是美国人也好,亚洲人也好,真正懂宏观交易的人不多。美国每家对冲基金都有保密协议,核心的合伙人拥有很大的权益,对冲基金的核心竞争力就是自己的投资研究能力。他们100%不会把自己真实的研究成果、逻辑推演、数据基础告诉别人,顶多在媒体上含含糊糊吃喝几句似是而非的观点,误导别国的低水平金融机构和投资者。很多国际大行的分析师专门干这种事,甚至误导别国的政府,真是无所不用其极!

做宏观研究应该如何入手?如何判断?在这里给出两个简易的模型。一个模型用于研究判断宏观,可以指导"宏观属性"强的交易商品,如黄金、白银、美元、日元、欧元、国债、股指;另外一个模型用于研究判断经济周期,用于指导"周期属性"强的商品,如铜等大部分工业品。

(一)宏观模型

如果将全球看作一个国家,一个央行(美联储)。则有以下几种情况:

(1)美联储量化宽松或者降息,美国经济整体向好,无加息预期(2009—2012年)。
①买进美股,买进别国国债。
②买进与美国利率负相关的资产,如香港楼市,买进成熟经济体的股指。
③抛空美元以及美元平行资产。

(2)美联储处于量化宽松或者降息,美国经济整体向好,但是有加息预期(2014—2016年)。
①停止买进美股,买进他国股指(欧洲、亚洲)。
②买进美元,卖空美国股指!

③卖空原油、布伦特原油期货,卖出黄金、白银、铜、农产品等绝大多数大宗商品。
④抛空与美国利率负相关的资产,如香港楼市、小国国债。
(3)美联储处于加息周期,美国经济表现优秀,无降息或者宽松预期。
①买进美元,买进美债。
②买进部分成长股,不操作股指。
③大宗商品分化,金融属性去除,回归商品属性。
(4)美联储处于加息周期,美国经济表现良好,但是有降息或者量化宽松的预期。
①买进美股,不操作美债。
②买进黄金、铜、白银。
③买进农产品,农产品有可能出现牛市。
④抛空美元。

(二)周期模型

由图3-2可知,2014年年底中国处于衰退2期,美国处于复苏2期。

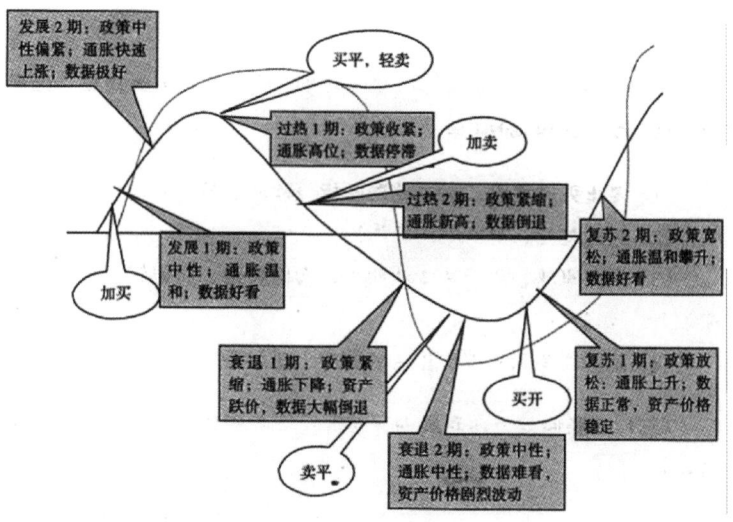

图3-2 周期模型

注:浅色的为宏观经济,深色的为股指,适用于普适性研究。

中国经济周期是独立的,可以用复杂钟表模型解释,如图3-3所示。

中国的经济周期是独特的,必然按照这个规律走下去。可以通过研究这个周期图的"时间差",预测经济的高点和低点。

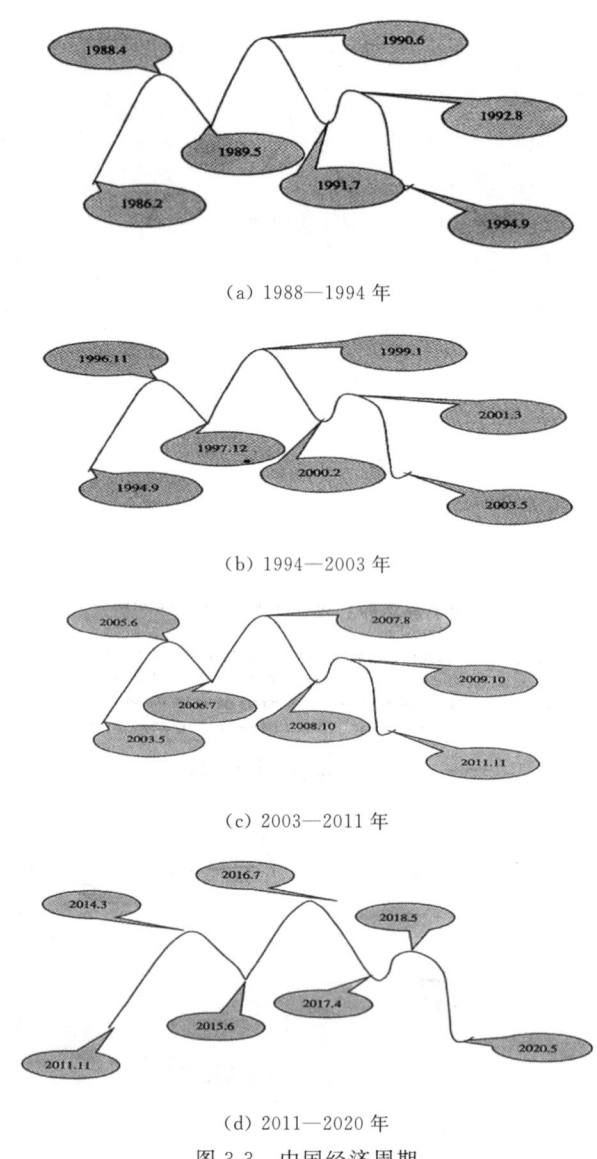

(a) 1988—1994 年

(b) 1994—2003 年

(c) 2003—2011 年

(d) 2011—2020 年

图 3-3　中国经济周期

三、基本面分析步骤

(一)收集和处理数据

搜集和处理相关统计数据是进行基本面分析的基础。基本面分析所需要的数据,大多来自期货市场之外,不仅获取困难,而且存在无法全面掌握的问题。同时,基本面的相应变化,可能导致历史数据失去意义,必须挖掘新的有效数据。因此,针对基本面情况,在熟悉期货品种背景的基础上,搜集和处理相关数据尤为重要。

1. 熟悉品种背景

从事基本面分析,熟悉品种背景是第一步。熟悉品种背景的过程其实是学习的过程,这一过程从阅读大量的相关背景资料及文献开始。这些背景资料及文献,既可以在相关的书籍中获取,也可以在交易所的品种介绍汇编中找到。上述资料的优点是介绍比较系统,缺点在于缺乏动态跟踪且分析深度有限,对影响因素的分析往往比较简单。针对这一缺陷,分析者可以通过其他资料进行弥补,如相关研究机构的研究报告、专业资讯公司的资讯信息。通过认真搜集积累,研究者可以比较深入、系统地了解和分析与品种有关的背景知识,从而达到下列目的:对市场关注的各种影响因素有比较直观的认识;了解市场对这些因素变动的反应模式;如何获得这些因素的变动数据等。

2. 搜集统计数据

熟悉品种背景之后,更进一步的要求是搜集数据。数据是基本面分析最基本的元素,对基本面分析来说,如果离开了数据,一切都无从谈起。

基本面分析所需的数据,我们可以从特定的政府部门、非营利研究机构、营利性研究机构等组织获取。比如,国内发布农产品供求信息的机构主要是农业部信息中心和国家粮油信息中心,其中,农业部市场与经济信息司严格按照《农业部经济信息发布日历》规定的时间发布农产品市场信息,主要农产品市场预警信息按月度发布。对于未列入日历但社会广泛关注的农产品质量安全、动物疫情、植物病虫害、农业灾情等问题,根据需要不定期发布相关信息。作为全球最大的农产品生产国和出口国,美国农业部发布的信息是期货市场最受关注的,包括供给、需求、价格、趋势、发展等最新情况的数据。

对很多市场来说,除了一般性的资料外,还需要查询专业的资料来源。譬如,虽然美国农业部提供许多糖的重要数据,但德国的统计分析机构 F. O. Licht 是市场公认的主要糖资料供应机构;关于天然橡胶与合成橡胶的统计,全球公认的权威数据则来自位于新加坡的国际橡胶研究组织。

值得注意的是,目前各大机构,包括中国国家统计局、美国农业部、国际能源机构等,都形成了信息发布公示制度。这一制度一方面有利于分析人士及时掌握数据,另一方面为期货市场形成预期效应创造了条件。每逢重大数据公布之前,期货市场总是暗潮汹涌,对数据利空利多的不同预期彼此展开拉锯。

3. 辨析及处理数据

如果对来源不同的统计数据进行比较,有时会发现矛盾之处。不同的统计组织,其原始数据来源有差别,导致这种情况的原因在于:统计口径或统计方法的不同。另外,即使运用先进的统计手段和方法,也仍有可能出错。譬如,2003—2004 年,大豆价格暴涨之后又暴跌,国内油脂加工商损失惨重,引发了市场的激烈辩论,辩论的主题就是"美国农业部报告误导中国投资者",实际上就是质疑美国农业部以前发布的报告的准确性。因此,对分析者来说,仅知道有哪些数据还不行,还必须清楚地了解这些统计数据的含义及由来。

由于基本面分析涉及的时间周期较长,价格有自然上涨趋势,因此在涉及分析商品的长期价格时,应该剔除通货膨胀对价格的影响。在预测价格时,我们可以将所有的当时价格除以生产者物价指数(PPI),这样做的可取之处就是屏蔽了物价水平的影响,更容易看出商品本身供求关系对商品价格的影响,有助于提高对商品价格评估的合理性。例如,2000 年 11 月美国生产者物价指数数值为 140,2008 年 11 月达到了 172.10,这意味着 8 年间生产者物价水平上升了22.93%。假如某商品的供求关系当时是稳定的,而2008年11月份前后的供求情况与当时也差不多,即使价格上涨了22.93%,从物价水平来讲也是合理的。

当然,是否需要对商品价格进行调整与采用什么样的分析模式及分析目的有关。譬如,在一些分析模式中,已经将价格水平(通货膨胀或通货紧缩)作为影响因素之一纳入,就无须再对历史价格进行调整。再如,在预测某期货品种的季节性高点和低点时,尽管可能会涉及长达几十年的数据,但也未必需要对价格数据进行调整,因为这里关注的是价格的相对变动幅度。

(二)建立和完善模型

基本面分析所需的数据经过有效整理后,就可以运用相应模型来分析预测价格水平和变化趋势。模型是否能够达到解释和预测价格变化的目的,在很大程度上取决于模型是否有效构建了核心变量与价格之间的逻辑关系。

1.建立模型的目的

从逻辑上讲,由于价格变化是在各种因素的共同影响下发生的,如果能够将各种因素影响价格的机制及结果搞清楚并用数量关系表达出来,就可以在预知这些因素变动的前提下,预测价格的变动。显然,要达到这个目的,首要任务就是确立各种因素与价格之间的变动关系。建立模型实际上就是要解决这个问题,旨在通过模型来预测未来价格。

在现实世界中,影响价格的因素有很多,有些因素是可以量化的,有些因素是无法量化的。期望将所有因素都包含在一个模型中是不现实的,这是因为,有些无法量化的因素无法纳入模型,而且不同因素对价格影响的大小不同。如果模型中将那些影响轻微的因素也全部纳入,则势必导致模型臃肿复杂。因此,有必要简化这些关系,剔除那些次要因素,而将主要因素纳入模型。

2.解释模型和预测模型

模型反映了影响因素与价格之间的关系。假如 x、y、z 为三个不同的影响因素,P 为价格,$P=f(x,y,z)$ 是反映各影响因素与价格之间关系的函数。显然,这就是一个模型。从影响因素与价格之间的时间角度看,模型可以分为两类:解释模型和预测模型,两者具有本质上的区别。

解释模型试图说明历史价格对历史供求力量的响应。在解释模型中,影响因素和价格的时间几乎是同步发生的。譬如,我们观察到某商品某年的价格大涨,并且分析得出影响价格上涨的一系列因素。如果将这些变量的变动值代入模型中,完全符合。这就是一个典型的解释模型。因为其很好地解释了自变量的变动如何引起因变量的变动。

一个能够解释价格的模型不一定是一个能够进行有效预测的模型。因为如果不能提前知道影响因素将如何变化以及往哪一个方向变化,仍旧无法预测价格。譬如,交易者在进行铜期货交易的某个阶段,观察到美元指数的变动是铜价变动的最重要原因。如果能正确地预测美元指数的涨跌,则自然就可以比较正确地预测铜价涨跌。但是,要正确预测美元指数涨跌又谈何容易。因此,只有当解释模型中的因素预测相对较容易时,利用解释模型来进行价格预测才具备一定的可行性。

另外,实际建立的模型有可能是混合模型,即其中的一部分自变量与价格之间具有同步关系,而另一部分自变量具有提前关系。

3. 建立模型的过程及注意事项

建立模型是一个循序渐进的过程,也是不断探索的过程。例如,要建立"大豆价格预测模型",首先是将大豆价格与大豆产量联系起来考虑。这实际上就是一个模型,但比较粗糙和简单。然后考察这个简单模型的有效性。当察觉到其中有不少异常情况(即用该简单模型无法解释的情况)时,进一步寻求产生这些异常情况的可能原因。考察的结果是在模型中增加一个新的影响因素(如引入玉米产量),这实际上意味着模型已经更新。最后对前后两个模型进行对比分析,看看新模型是否优于原来的模型。如果新模型的解释能力还不如原来的模型,那就意味着这种改进是无效的,需要另外考虑其他途径;如果新模型的解释能力明显优于原来的模型,那就意味着这种改进是有效的。

在上述过程中有两个值得注意的地方。第一,对建立模型者而言,即使模型不能解释过去某段时间内的价格变化,也有积极的意义。因为它意味着模型可能有考虑不周的地方,如可能遗漏了比较重要的影响因素,这将有助于建模者提高模型质量。然而,在某些情况下,过去所发生的不寻常价格变化仅仅是受孤立事件的影响(如价格管制、出口禁运等)所致。在这种情况下,如果将其纳入模型中,就会破坏模型的有效性。将这些异常数据剔除可能反而是更好的处理方式。当然,在剔除数据之前,必须确认异常现象的确是孤立事件而不是基本影响因素所致。

第二个值得注意的地方是,必须分清实际数据与在此之前的估计值之间的差别。例如,在查找历史数据时,发现某一农作物的年度实际产量很高,与其对应的价格应该偏低,但实际上当年的价格偏高。通过查询此前的预测报告发现,当时的产量估计值并不高,由于实际产量必须在收获期结束之后一段时间才被市场得知,此前交易者的交易依据只能是当时的估计值。因此,实际上与当时的价格相匹配的是预估值,而非实际值。这说明在模型中如果采用过去的估计值而不用实际数据,拟合效果可能会更佳。因此,在模型构建与验证时,观察预期的统计数据是否可以改善模型效果是必要的。

(三)检验和修正模型

建立后的模型是否能够有效解释或预测价格,需要通过引入具体的变量数值进行检验,在此基础上,可对模型做进一步的调整和优化。

1. 模型的检验

在应用模型进行预测时,首先要做的是输入自变量的具体数值。混合模型中具有提前量性质的自变量数值比较容易确定。但对同步性质的自变量数值,必须根据现有的资料进行估计。譬如,对农产品价格预测来说,下一年的产量显然是重要因素。在无法提前得知确切数量之前,只能根据种植意愿、历史收成、气候条件等资料进行预测。由于这种推测会有一定的误差,因此给这些变量设置一个合理的数值区间是比较合理的做法。

在模型中代入相应的数值后,可以得出相应的预测价格,如果输入的自变量数值本身具有一定的区间,则所得预测结果也将是区间形式。如果在模型构造中已经对历史价格用价格水平调整过,则应该再对预测价格进行反向调整,将其换算成预测期的价格。

2. 模型的修正

在模型检验中产生一定的预测误差很正常,有些模型即使在应用初期预测效果较好,但随着时间的推移,预测效果会变差。这就需要应用者仔细甄别出错的原因。在模型应用的过程中,导致预测误差的原因有很多,归纳起来大致有以下4方面的原因。

(1)输入数据的准确度不能满足要求。预测模型要求自变量数据具有提前量,但实际中运用的模型往往是混合模型,即模型中既有提前性质的自变量数据,也有同步发生的自变量数据。对那些同步发生的自变量数据,必须进行估计,估计的准确度自然会影响预测的准确度。即使是那些具有提前量性质的自变量数据,也有数据准确度问题。譬如,关于我国国产大豆的数量,由于国内在统计组织、统计方法上都存在着较大的差别,即使在收割完毕后,有关部门的统计数据也不是那么准确,因此就经常可以见到存在数量之争的分析报告,其中一个争论的焦点就是究竟有多少没有作为统计对象的"黑地"。

(2)预测误差也可能是来自模型中函数形式的选择。变量之间的关系,有可能是线性的,也有可能是非线性的,如果将非线性关系简化成线性关系再进行处理,误差也会因此产生。

(3)市场发生重大变化,原先认为并不重要的因素突然起作用了,而这一因素并没有纳入原来的模型中。例如,某市场过去的长期走势原本可以由一组变量给予充分解释,据此建立的预测模型也一直很有效,但后来突然出现了一个模型中没有考虑到的新因素,该因素严重影响了价格,导致原来的模型再也无法准确预测。再如,在通货膨胀比较严重期间,储存保值心理被触发后,对各种商品的需求加大了,那些易于储存的商品(如基本金属)更是供不应求。在这期间,不同市场之间呈现出高度而异常的互动关系,许多市场的价格都远超过基本面所反映的应有价值。对任何特定市场所进行的基本面分析,如果没有考虑整体多头氛围对价格的潜在影响,预测价格必定会被严重低估。反之,当发生比较严重的通货紧缩时,实际利率偏高对存货心理的抑制作用被放大,如果在模型中没有考虑这种潜在影响,任何市场的预测价格都必然会被高估。

(4)恶性投机与操纵也是容易被遗漏的因素。尽管这些因素一旦发生作用对期货价格的影响极大,但还是难以被纳入模型中,即使勉强纳入,也难以估计。例如,1979—1980年在美国白银期货市场上发生的操纵事件,尽管从基本面上判断,价格早已远远偏离基本面,但这不仅在事前无法预期,即使在事中也无法给出正确的评估。

针对上述种种情况,有必要对模型进行调整,改进模型预测效果,尤其是当新的重要因素出现后,更应如此。

第三节 各品种基本分析简介

一、铜

铜,号称"铜博士",是商品之王、金属之王。交易时间古老,交易金额巨大,流动性极其充沛,周期性强且和经济周期同步。看懂铜,就看清楚了世界经济周期。目前,铜的金融属性占60%,商品属性占40%,再加上很多中国人利用铜进行抵押融资赚取利差,铜的金融属性进一步增强,工业品属性进一步减弱。铜基本上算是一种周期品,做铜,就是做经济周期。

2014年,铜处于结构性大熊市中,牛熊转折点到2016年。图3-4中,2015年,随着南美洲的诸多铜矿产能进一步释放,铜价进一步受压,处于空头趋势中。

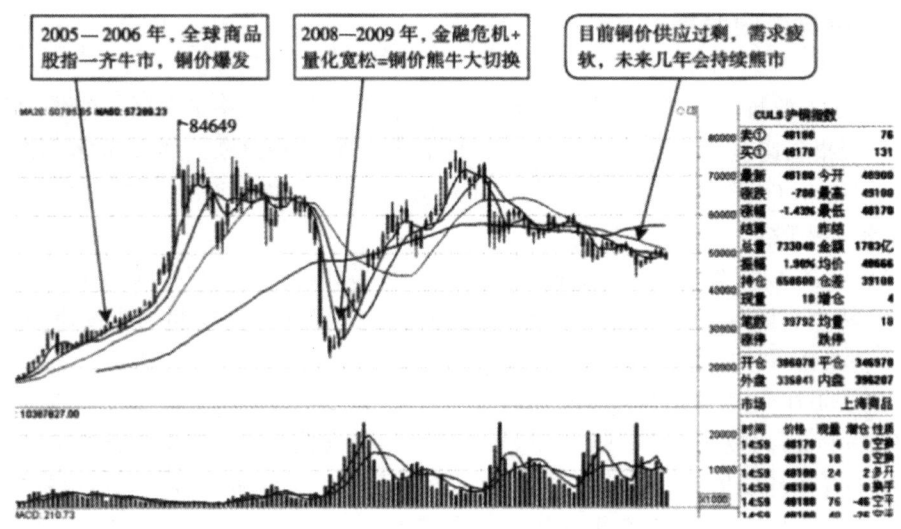

图 3-4　铜指数月线

二、黄金

黄金,美联储主席说他看不懂。黄金经过几百年的金融洗礼,到目前,已经彻底沦为投机品,并且成为美联储货币政策的风向标。我们可以把全球看作一个国家,只有一个央行(美联储),这样大家比较容易理解。新兴市场(巴西、印度、中国、俄罗斯)可以看作特区,欧洲可以看作老工业基地。

做黄金的逻辑就是:美元跌黄金就涨,美元涨黄金就跌。而做美元的逻辑就是:量化宽松美元就跌,经济(股指)就涨;量化紧缩美元就涨,经济(股指)就跌。

图 3-5 中,2009—2012 年年底,美联储持续推动量化宽松,美元弱势,黄金大涨。2012—2014 年,美股连续大涨五六年,持续高位,美联储退出量化宽松并且有了加息预期。美元逐步强势,黄金熊市持续。未来黄金仍然会持续大跌,美元会持续大涨。

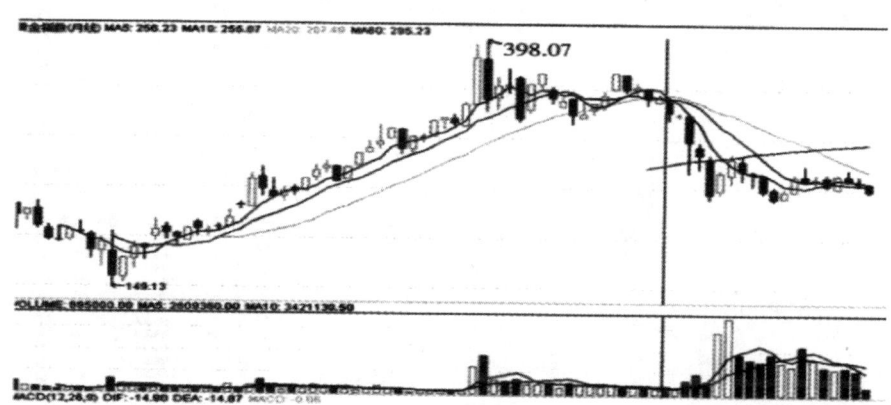

图 3-5　黄金指数月线

三、股指与中国股指

一般情况下的封闭经济体或者成熟经济体中,股指一般和汇率呈现反向关系,当一国汇率贬值时,股指急速上升。当一国央行加息,货币升值时,股指急跌。其实,股指说白了是做"经济前景"或者"GDP预期",经济前景好,企业盈利上升,股指就连续上升。货币宽松是推动经济前景的手段。

在脆弱经济体(过度依赖外资、外贸、外债)中,货币和股指都受控于成熟经济体(主要是美国,以及特指美国的几十大对冲基金),这些脆弱国家或地区主要指新兴经济体,如南美洲、亚洲、非洲、欧洲的小国。

2012年11月,以索罗斯为代表的美国对冲基金,大卫·艾因霍恩的绿光资本、丹尼尔·勒布的ThirdPoint以及凯尔·巴斯的海曼资本重仓出击安倍交易。这里的背景是,为了缓解债务压力,日本首相安倍晋三推行激进政策,压低日元汇率,希望通过日元贬值挽救颓败的日本经济。索罗斯和他的伙伴吃准这一点,同时做空日元,做多日经225指数期货(图3-6和图3-7)。两个市场大赚,总利润达几百亿美元。这就是金融玩家的风采,比投资股票精彩多了。

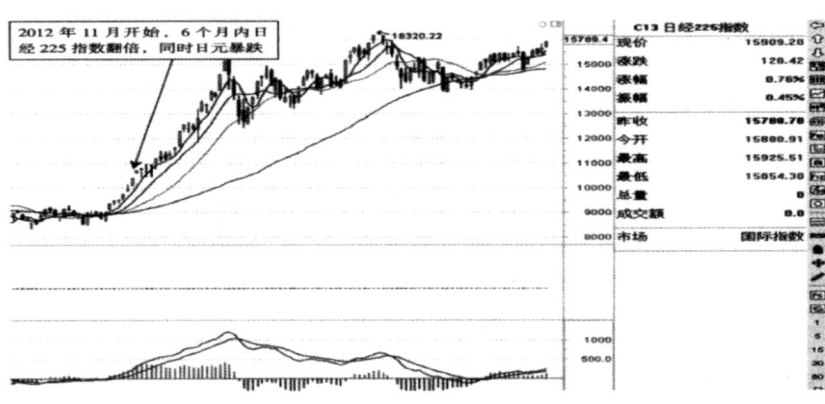

图3-6 日经255指数月线

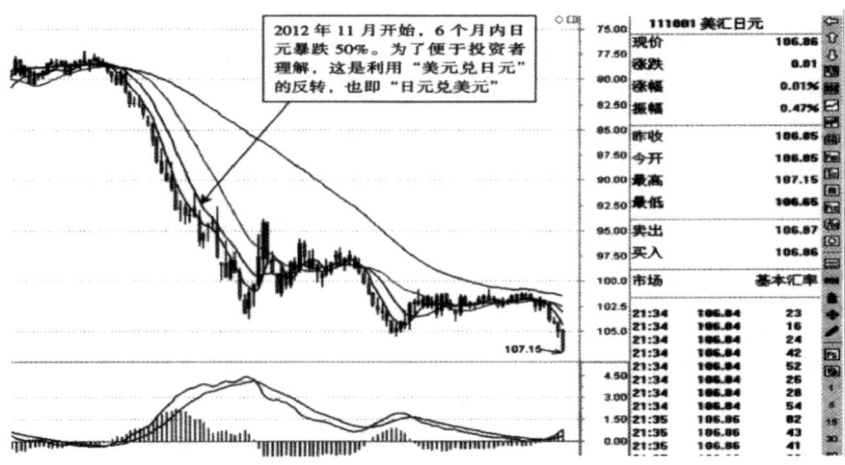

图3-7 日元指数月线

中国股指是一个极其典型的独立运行的周期性标的,中国股指周期性循环,经久不衰,大概是中国历史文化的因素。所以,掌握了中国股指的周期规律,按照周期操作,就可以盈利。

四、锌(铅)

锌(铅)都是工业金属,在工业上有很多用途,同时自然界储量不大,开采起来主要是复合矿。所以可以按照基本的商品属性来操作。不过这些小金属交易量小,流动性不高,难以产生大行情(图3-8)。

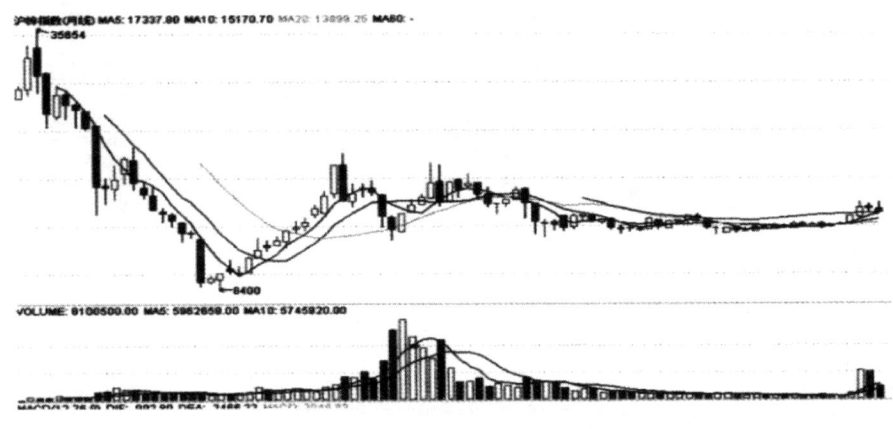

图3-8 锌指数月线

五、大豆(玉米)

大豆的投机性和周期性都很强,一般三五年一个周期;而一般价格每年都有涨有跌(图3-9)。南美洲各国和美国大豆产量大的年份,价格跌,反之大涨。这主要看供应,需求是基本不变的。

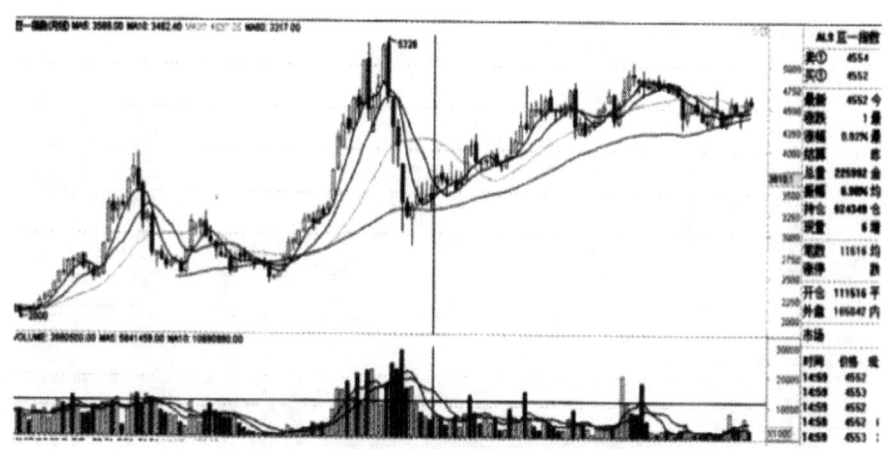

图3-9 大豆指数月线

六、豆粕（菜粕）

豆粕和菜粕互相具有一定的替代性，需求端主要是养殖业，即养猪、养鸡、养鱼的饲料；供应端主要是压榨行业，压榨厂压榨大豆，生产出豆油和豆粕。因此大豆位于产业上游，压榨厂是中间变量，养殖业处于下游。需要考虑上、中、下游的行业景气度和利润来综合分析其趋势（图3-10）。

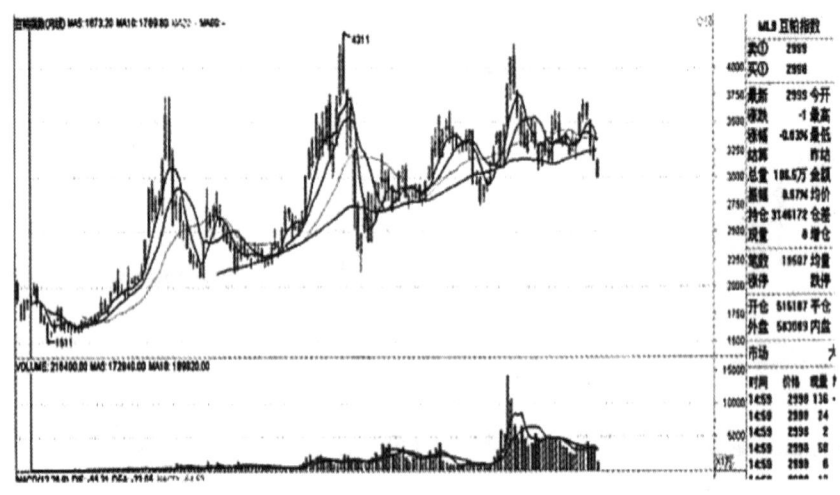

图3-10　豆粕指数月线

七、豆油（棕榈油、菜油）

油脂的供应逐渐加大，因为大豆的产量大，棕榈产量更大，出油率高；消费基本疲弱不振，人口老龄化影响全球，甚至连新兴市场——中国都出现了老龄化的问题，吃不了那么多油（图3-11）。

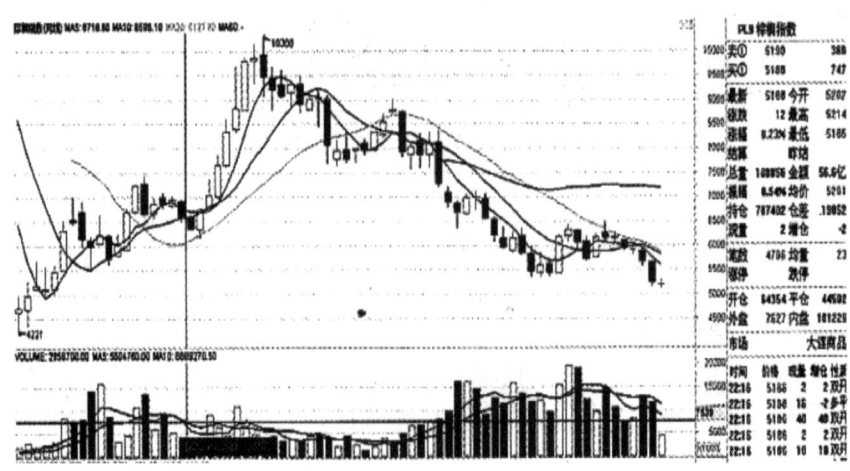

图3-11　棕榈油指数月线

八、铁矿石(螺纹钢、焦炭、焦煤)

铁矿石统称黑色系,需求端是地产和基建,供应端是矿山。当需求迅速消失的时刻(中国地产崩盘,外国压根没有房地产这个行业,房地产和电一样是公共必需品),供应却在加大(铁矿石成本仅 30 美元,供应量几十亿吨),价格自然"雪崩"(这就是图 3-12 中 2014 年铁矿石的情况)。黑色系都属于临近工业品,往往同涨同跌,操作就做快的,空间大的。

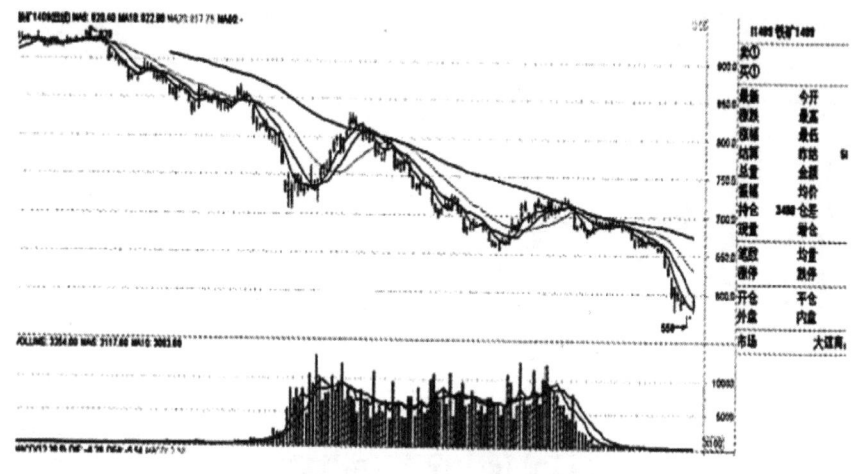

图 3-12 铁矿石指数月线

九、橡胶

橡胶的供应弹性和需求弹性都很大,而且,从绝对数量来说,供应量和需求量都很大。工业的各个部门都需要橡胶,如轮胎、医学用品、合成化学品。橡胶树长成之后每年都可以生产,因此供应周期很长。橡胶市场的参与主体广泛,涨起来没有顶,跌起来没有底;容易有大行情,而且容易有大趋势行情(图 3-13)。

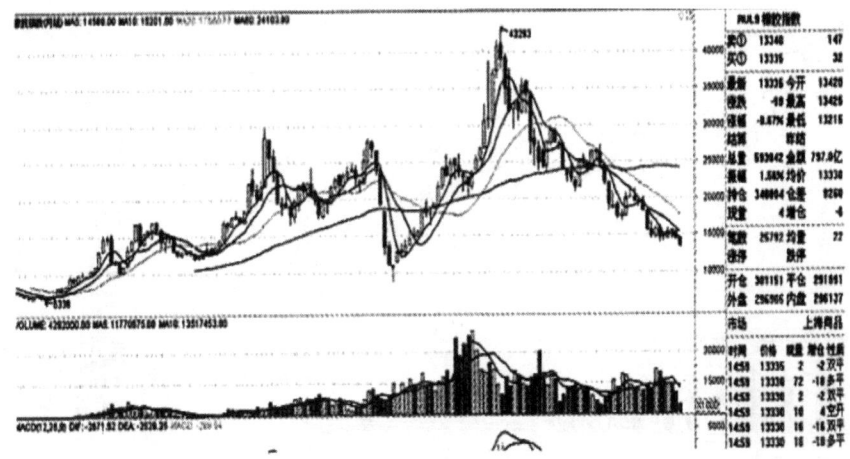

图 3-13 橡胶指数月线

十、PTA、乙烯、丙烯

化工品的原料都是石油。上游的厂商要么是垄断,要么是寡头,厂商多的也可以联合起来限产保价,而且需求相对固定,甚至具备一定的刚性。除了精对苯二甲酸(pure terephthalic acid,PTA)生产无门槛、产量可以扩大外,其他的化工品产能能否顺利实现都会出问题。PTA可以走出趋势性大行情,其他的比较难,如乙烯(图3-14)。

另外,煤化工近几年兴起,市场投放了较多的装置和产能,预期未来产量过大,有望将丙烯的价格拉下来。

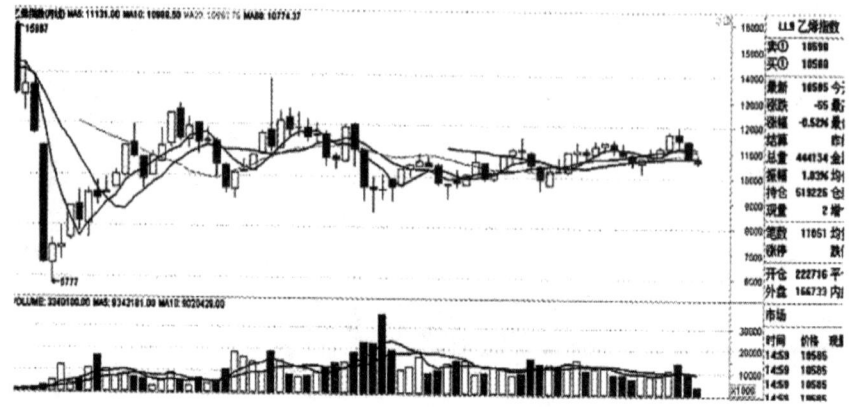

图 3-14 乙烯指数月线

十一、玻璃

前两年,中国的玻璃产业新上了很多生产线,这些生产线一旦开工就要连续生产,不能停工,因为重置的成本要几千万元,厂商不愿意承担这个成本。所以玻璃产量一路上行,而需求随着地产的消退一路下行,完美诠释了基本面供需决定价格的原理(图3-15)。

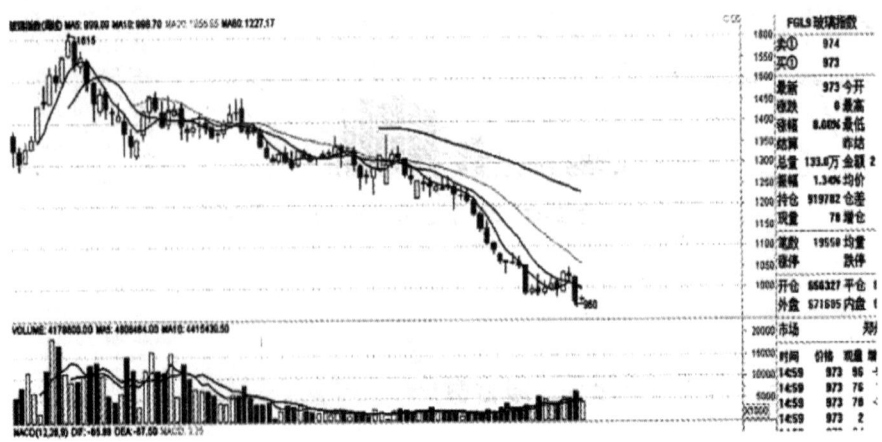

图 3-15 玻璃指数月线

十二、鸡蛋

鸡蛋是做多 CPI 的最佳标的,这是它的金融属性。同时,作为商品,鸡蛋属必需品,消费稳定,而且稳中有涨。供应量有季节性和一定的断档期,如补栏量不足、祖代鸡数量不足,必导致鸡蛋的产量下滑。图 3-16 中,2014 年,人们对货币放松的预期加上蛋鸡补栏量不足,上半年鸡蛋走出了一轮上涨行情,随着预期落空和补栏鸡数量上升,加上多头平仓,鸡蛋进入调整期。

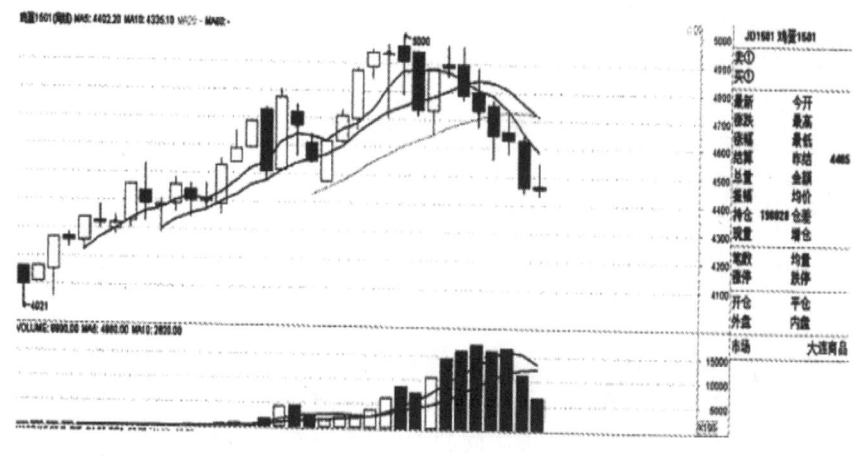

图 3-16　鸡蛋指数月线

十三、国债

国债期货主要对利率进行交易,利率上升,国债期货的价格就下跌;利率下降,国债期货的价格就上升(图 3-17)。而利率主要由央行的货币政策决定。所以,国债期货实质就是金融市场资金流动性的反映。目前,国债期货的参与者以机构为主,未来随着利率市场化的进行,国债必将是金融期货中的王者。

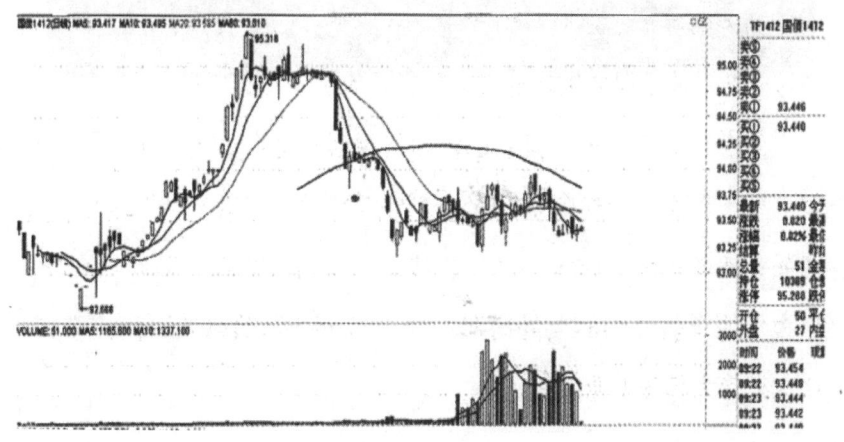

图 3-17　国债指数月线

第四章
期货投资技术分析

第一节　K线理论

K线即阴阳蜡烛图,又称为蜡烛线、日本线、阴阳线、棒线及红黑线。K线就是指将各种行情每日、每周、每月的开盘价、收盘价、最高价和最低价等涨跌变化状况,用图形的方式表现出来。K线最上方的一条细线称为上影线,中间的一条粗线为实体,下面的一条细线为下影线。当收盘价高于开盘价,也就是行情走势呈上升趋势时,我们称这种情况下的K线为阳线,中部的实体以空白或红色表示。这时,上影线的长度表示最高价和收盘价之间的价差,实体的长度代表收盘价与开盘价之间的价差,下影线的长度则代表开盘价和最低价之间的差距,如图4-1所示。

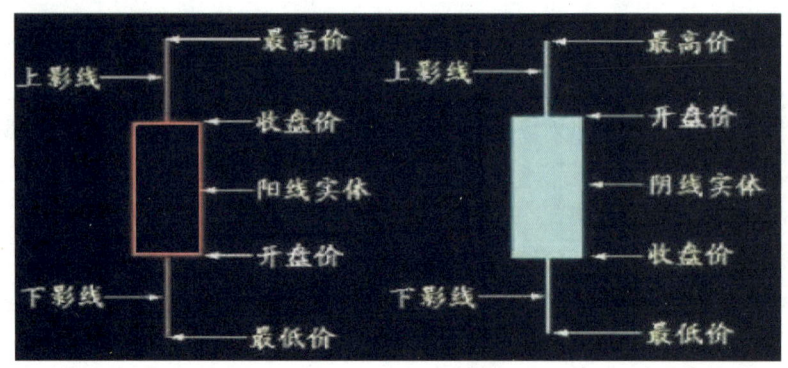

图4-1　K线的组成

市场参与者的心理、供求平衡以及买卖强弱都反映在一根K线或一组K线之中,K线图最早源于日本德川幕府时代,被当时日本米市的商人用来记录米市的行情与价格波动,后因其细腻独到的标绘方式而被引入股市、期货以及外汇市场。由于用这种方法绘制出来的图表形状颇似一根根蜡烛,加上这些蜡烛有黑白之分,因而也叫阴阳线图表。通过K线图,我们能够把每日或某一周期的市况表现完全记录下来。行情经过一段时间的变动之后,在图上即形成一种特殊区域或形态,不同的形态显示出不同的意义。我们可以从这些形态的变化中摸索出一些有规律的东西出来。K线图形态可分为反转形态、整理形态、缺口、趋向线等。

K线从时间上分为日K线、周K线、月K线、年K线,还能按照一日内交易时间分成若干等分,如5分钟K线、15分钟K线、30分钟K线、60分钟K线等。这些K线各有不同的作用。周K线、月K线、年K线反映的是市场价格中长期趋势。5分钟K线、15分钟K线、30分钟K线、60分钟K线反映的是市场价格超短期趋势。

K线所包含的信息是极为丰富的。以单根K线而言,一般上影线和阴线的实体表示市场价格的下压力量,下影线和阳线的实体表示市场价格的上升力量;上影线和阴线实体比较长就说明市场价格的下跌动能比较大,下影线和阳线实体较长则说明市场价格的扬升动力比较强。如果将多根K线按不同规则组合在一起,又会形成不同的K线组合。这样的K线形态所包含的信息就更丰富。例如,在涨势中出现"乌云盖顶"就说明可能升势已尽,多头就应尽早离场;在跌势中出现"曙光初现"K线组合,说明市场价格可能见底回升,可逢低建多仓头寸。

本节中所述K线、K线组合共75种,分为三大类。第一类为上升形态和见底形态,即这种K线或K线组合出现,表示市场价格即将上涨或是已经见底。第二类为下跌形态和滞涨形态,即当这种K线或K线组合出现,表示市场价格要下跌或上涨已经遇到强大阻力,短期内走势会转弱。第三类既是上升形态,又是下跌形态,即这种K线、K线组合在某种场合出现,表示市场价格要上涨,而在另一种场合出现,则表示市场价格要下跌。

一、上升形态和见底形态的K线及K线组合

图4-2 早晨十字星

(一)早晨十字星

图形特征(图4-2):

(1)出现在下跌途中。

(2)由3根K线组成。第一根是阴线,第二根是十字线,第三根是阳线。第三根K线实体深入第一根K线实体之内。

技术含义:见底信号,后市看涨。

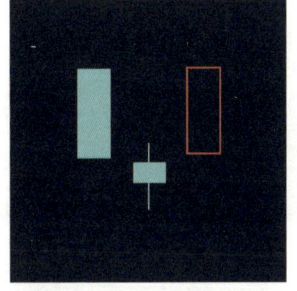

图4-3 早晨之星

(二)早晨之星

图形特征(图4-3):

和早晨十字星相似,区别在于早晨十字星的第二根K线是十字线,而早晨之星的第二根是小阴线或者小阳线。

技术含义:见底信号,后市看涨。

注:信号不如早晨十字星强。

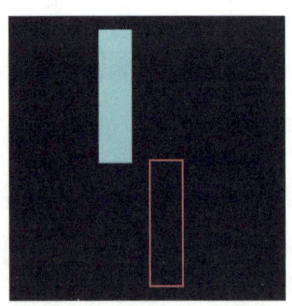

图 4-4　好友反攻

(三)好友反攻

图形特征(图 4-4)：

(1)出现在下跌行情中。

(2)由一阴一阳 2 根 K 线组成。

(3)先是一根大阴线,接着是跳低开盘,结果收了一根中阳线或大阳线,并且收在前一根 K 线收盘价相同或者相近的地方。

技术含义:见底信号,后市看涨。

注:转势信号不如曙光初现强。

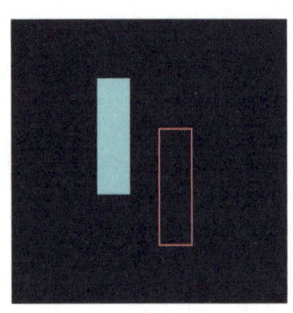

图 4-5　曙光初现

(四)曙光初现

图形特征(图 4-5)：

(1)出现在下跌途中。

(2)由一阴一阳 2 根 K 线组成。

(3)先是一根大阴线或中阴线,接着出现一根大阳线或中阳线,阳线的实体深入阴线的二分之一以上处。

技术含义:见底信号,后市看涨。

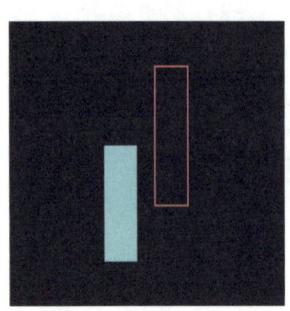

图 4-6　旭日东升

(五)旭日东升

图形特征(图 4-6)：

(1)出现在下跌途中。

(2)由一阴一阳 2 根 K 线组成。

(3)先是一根大阴线或中阴线,接着出现一根高开的大阳线或中阳线,阳线的收盘价已高于前一根阴线的开盘价。

技术含义:见底信号,后市看涨。

注:见底信号,强于曙光初现;阳线实体高出阴线实体部分越多,转势信号越强。

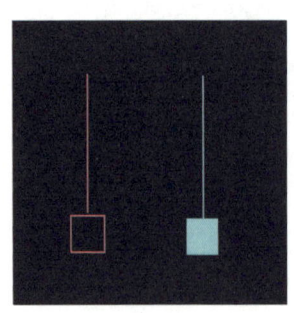

图 4-7　倒转锤头

(六)倒转锤头

图形特征(图 4-7)：

(1)出现在下跌途中。

(2)阳线(或阴线)实体很小,上影线大于或等于实体的两倍。

(3)一般无下影线,少数会略有一点下影线。

技术含义:见底信号,后市看涨。

注:实体与上影线比例越悬殊,信号越有参考价值。如果倒转锤头线与早晨之星同时出现,见底信号则更加可靠。

(七)锤头线

图形特征(图 4-8)：

(1)出现在下跌途中。

(2)阳线(或阴线)实体很小,下影线大于或等于实体的两倍。

(3)一般无上影线,少数会略有一点上影线。

技术含义：见底信号,后市看涨。

注：锤头实体与下影线比例越悬殊,越有参考价值。如果锤头线与早晨之星同时出现,见底信号就更加可靠。

图 4-8　锤头线

(八)平底

图形特征(图 4-9)：

(1)在下跌趋势中出现。

(2)由 2 根或 2 根以上的 K 线组成。

(3)最低价处在同一水平位置上。

技术含义：见底信号,后市看涨。

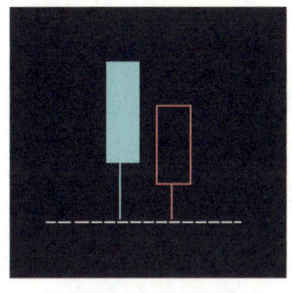

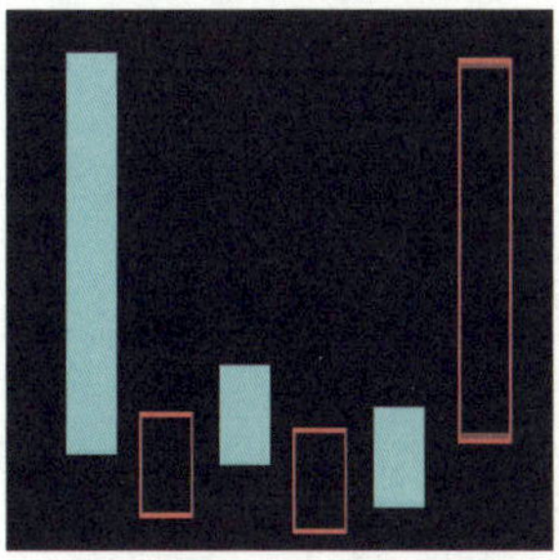

图 4-9　平底

(九)塔形底

图形特征(图 4-10)：

(1)在下跌趋势中出现。

(2)先是一根大阴线或中阴线,后为一连串的小阴线、小阳线,最后出现一根大阳线或中阳线。

技术含义：见底信号,后市看涨。

图 4-10　塔形底

(十)圆底

图形特征(图 4-11)：

(1)在下跌趋势中出现。

(2)K 线以小阴线、小阳线形成一个圆弧底,最后以向上跳空缺口来确认圆底形态成立。

技术含义：见底信号,后市看涨。

注：与技术图形的圆底的特征有一定区别,技术图形圆底见后面的趋势分析技术说明。

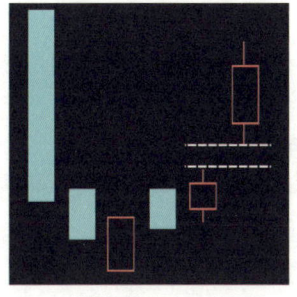

图 4-11　圆底

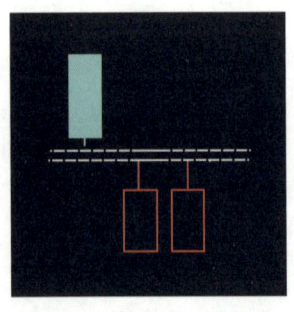

图 4-12　低位并排阳线

(十一)低位并排阳线

图形特征(图 4-12)：

(1)在下跌趋势中出现。

(2)由 2 根阳线组成。

(3)第一根阳线跳空低开,其收盘时在前一根 K 线下方留下一个缺口,后面一根阳线与第一根阳线并肩而立。

技术含义:见底信号,后市看涨。

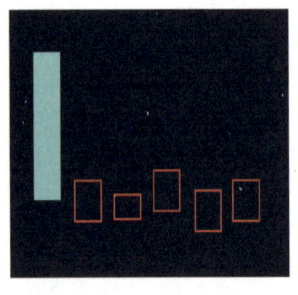

图 4-13　低档五阳线

(十二)低档五阳线

图形特征(图 4-13)：

(1)在下跌行情中出现。

(2)连续拉出 5 根阳线,多为小阳线。

技术含义:见底信号,后市看涨。

注:低档五阳线不一定是 5 根,有时也可能是 6 根或 7 根阳线。

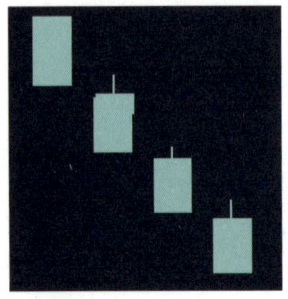

图 4-14　连续跳空三阴线

(十三)连续跳空三阴线

图形特征(图 4-14)：

(1)在下跌行情中出现。

(2)连续出现 3 根向下跳空低开的阴线。

技术含义:见底信号,后市看涨。

注:如在市场价格已有大幅下挫的情况下出现,见底可能性更大。

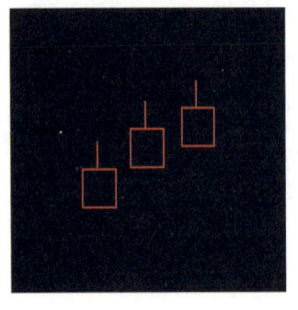

图 4-15　红三兵

(十四)红三兵

图形特征(图 4-15)：

(1)出现在上涨行情初期。

(2)由 3 根连续创新高的小阳线组成。

技术含义:买进信号,后市看涨。

注:当 3 根小阳线收于最高或接近最高点时,称为 3 个白武士,3 个白武士的作用要强于普通的红三兵,应引起足够的重视。

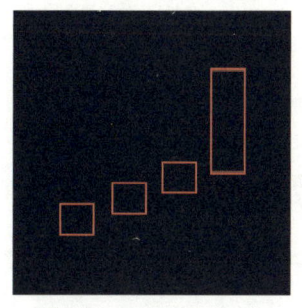

图 4-16　徐缓上升形

(十五)徐缓上升形

图形特征(图 4-16)：

(1)多数出现在涨势初期。

(2)先连续出现几根小阳线,然后才拉出中大阳线。

技术含义:买进信号,后市看涨。

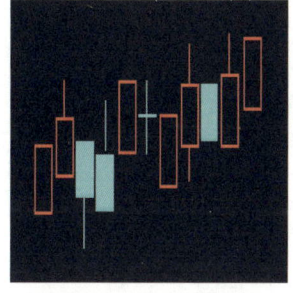

图 4-17　冉冉上升形

(十六)冉冉上升形

图形特征(图 4-17)：

(1)在盘整后期出现。

(2)由若干根小 K 线组成(一般不少于 8 根),其中以小阳线居多,中间也可以夹着小阴线、十字线。

(3)整个 K 线排列呈略微向上倾斜状。

技术含义:买进信号,后市看涨。

注:该 K 线组合犹如冉冉升起的旭日,升幅虽然不大,但它往往是大涨的前兆,如成交量能同步放大,这种可能性就越大。

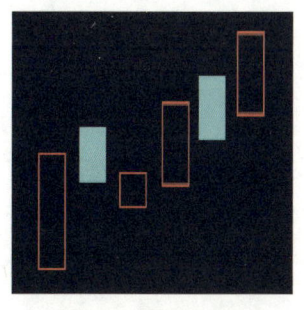

图 4-18　稳步上涨形

(十七)稳步上涨形

图形特征(图 4-18)：

(1)出现在上涨行情中。

(2)众多阳线中夹着小阴线,整个 K 线排列呈向上倾斜状。

技术含义:买进信号,后市看涨。

注:后面的阳线对插入的阴线覆盖的速度越快、越有力,上升的潜力就越大。

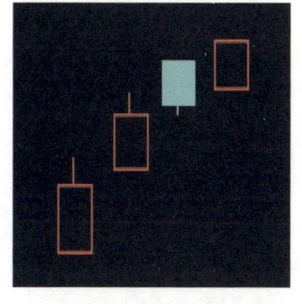

图 4-19　上升抵抗形

(十八)上升抵抗形

图形特征(图 4-19)：

(1)在上涨途中出现。

(2)由若干根 K 线组成。

(3)连续跳高开盘,即使中间收出阴线,但收价也要比前一根 K 线的收盘价高。

技术含义:买进信号,后市看涨。

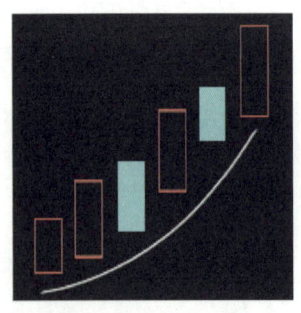

图 4-20　弧形线

(十九)弧形线

图形特征(图 4-20)：

(1)出现在涨势初期。

(2)由若干根 K 线组成。

(3)K 线走势是一条向上的抛物线。

技术含义：买进信号，后市看涨。

注：一旦弧形线为市场认可，上涨周期就很长。

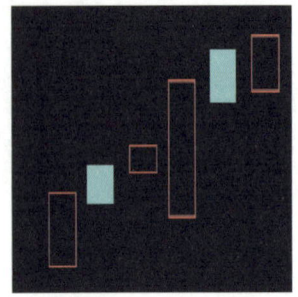

图 4-21　下探上涨形

(二十)下探上涨形

图形特征(图 4-21)：

在上涨途中，突然跳低开盘，后以涨势盘收出一根大阳线。

技术含义：买进信号，后市看涨。

注：多数空方刻意打压，一般后市将有较大升势。

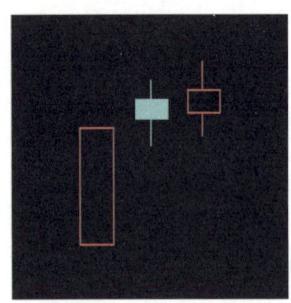

图 4-22　上涨两颗星

(二十一)上涨两颗星

图形特征(图 4-22)：

(1)在涨势初期、中期内出现。

(2)由一大二小 3 根 K 线组成。

(3)在上涨时先出现一根大阳线或中阳线，随后就在这根阳线的上方出现 2 根小 K 线，既可以是小十字线，也可以是实体很小的阳线、阴线。

技术含义：继续看涨。

注：在少数情况下会在一根大阳线上方出现 3 根小 K 线，这时就称为上涨三颗星，上涨三颗星技术含义与上涨两颗星相同。

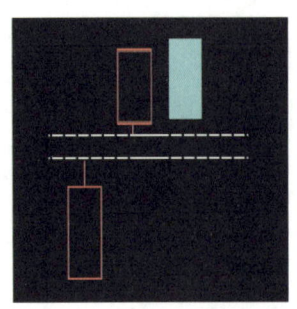

图 4-23　跳空上扬形

(二十二)跳空上扬形

图形特征(图 4-23)：

(1)出现在涨势中。

(2)由 2 根一阳一阴的 K 线组成。

(3)先是拉出一根跳空上扬的阳线，留下一个缺口，然后出现一根低收的阴线，但它收在前一根阳线缺口上方附近。

技术含义：继续看涨。

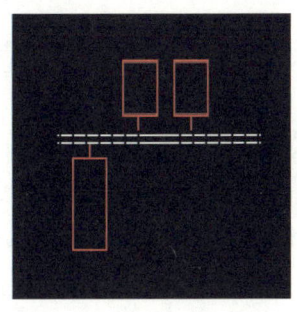

图 4-24 高位并排阳线

(二十三)高位并排阳线

图形特征(图 4-24)：

(1)出现在涨势中。

(2)由 2 根 K 线组成。

(3)第一根阳线跳空向上,其收盘时在前一根 K 线上方留下一个缺口。第二根阳线与之并排,开盘价与第一根阳线的开盘价基本相同。

技术含义:继续看涨。

注:这个向上跳空的缺口对日后趋势起支撑作用,但如果发现后市跌破这个缺口,走势就会转弱。

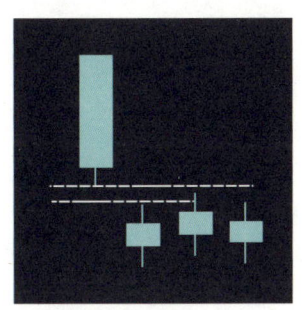

图 4-25 跳空下跌三颗星

(二十四)跳空下跌三颗星

图形特征(图 4-25)：

(1)出现在连续下跌途中。

(2)由 3 根小阴线组成。

(3)3 根小阴线与上面一根 K 线有一个明显的空白区域,即通常所说的缺口。

技术含义:见底信号。

注:如果在 3 根小阴线后出现一根大阳线,上涨的可能性就更大。

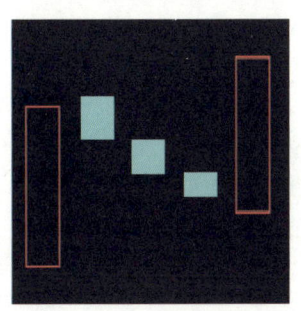

图 4-26 上升三部曲

(二十五)上升三部曲

图形特征(图 4-26)：

(1)出现在上涨途中。

(2)由大小不等的 5 根 K 线组成。

(3)先拉出一根大阳线或中阳线,接着连续出现 3 根小阴线,但都没有跌破前面阳线的开盘价,随后出现一根大阳线或中阳线,其趋势有点类似英文字母"N"。

技术含义:继续看涨。

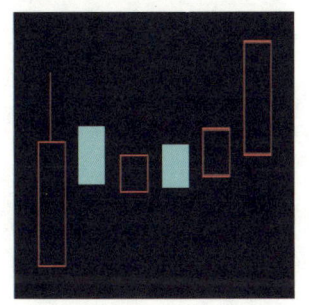

图 4-27 多方尖兵

(二十六)多方尖兵

图形特征(图 4-27)：

(1)出现在上涨行情中。

(2)由若干根 K 线组成。

(3)在拉出一根大阳线或中阳线时,留下了一根较长的上影线,然后回落,不久又涨至上影线的上方。

技术含义:继续看涨。

注:走势图上出现这种 K 线形态,实际上是多方发动全面进攻的一次试盘。

图 4-28　两阳夹一阴

(二十七)两阳夹一阴

图形特征(图 4-28)：

(1)既可出现在涨势中,也可出现在跌势中。

(2)由 2 根较长的阳线和一根较短的阴线组成,阴线夹在阳线之中。

技术含义：在涨势中出现,继续看涨;在跌势中出现,是见底信号。

二、下跌形态和滞涨形态的 K 线和 K 线组合

图 4-29　黄昏十字星

(一)黄昏十字星

图形特征(图 4-29)：

(1)出现在涨势中。

(2)由 3 根 K 线组成。第一根是阳线,第二根是十字线,第三根是阴线。第三根 K 线实体深入第一根 K 线实体之内。

技术含义：见顶信号,后市看跌。

图 4-30　黄昏之星

(二)黄昏之星

图形特征(图 4-30)：

和黄昏十字星类似,区别在于黄昏十字星第二根 K 线是十字线,而黄昏之星第二根 K 线是小阴线或小阳线。

技术含义：见顶信号,后市看跌。

注:信号不如黄昏十字星强。

图 4-31　淡友反攻

(三)淡友反攻

图形特征(图 4-31)：

(1)出现在涨势中。

(2)由一阳一阴 2 根 K 线组成。

(3)先是出现一根大阳线,接着跳高开盘,结果拉出一根中阴线或大阴线,收在前一根 K 线收盘价相同或相近的位置上。

技术含义：见顶信号,后市看跌。

注:转势信号不如乌云盖顶强。

图 4-32　乌云盖顶

(四)乌云盖顶

图形特征(图 4-32)：

(1)出现在涨势中。

(2)由一根中阳线或大阳线和一根中阴线或大阴线组成。

(3)阴线已深入阳线实体的二分之一以下处。

技术含义：见顶信号，后市看跌。

注：阴线深入阳线实体部分越多，转势信号越强。

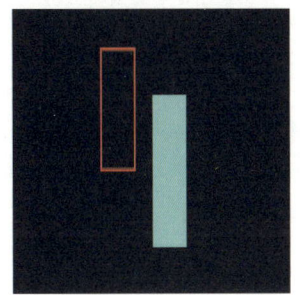

图 4-33　倾盆大雨

(五)倾盆大雨

图形特征(图 4-33)：

(1)出现在涨势中。

(2)由一阳一阴 2 根 K 线组成。

(3)先是一根大阳线或中阳线，接着出现一根低开的大阴线或中阴线，阴线的收盘价已低于前一根阳线的开盘价。

技术含义：见顶信号，后市看跌。

注：见顶信号强于乌云盖顶。阴线实体低于阳线实体部分越多，转势信号越强。

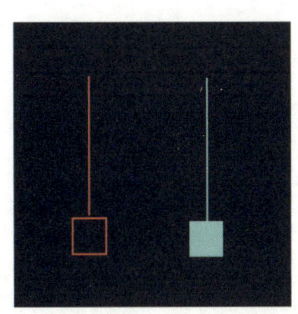

图 4-34　射击之星

(六)射击之星

图形特征(图 4-34)：

(1)出现在涨势中。

(2)阳线(亦可是阴线)实体很小，上影线大于或等于实体的两倍。

(3)一般无下影线，少数会略有一点下影线。

技术含义：见顶信号，后市看跌。

注：实体与上影线比例越悬殊，信号越有参考价值。如果射击之星与黄昏之星同时出现，见顶信号就更加可靠。

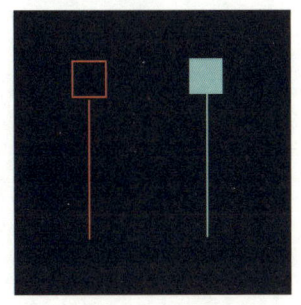

图 4-35　吊颈线

(七)吊颈线

图形特征(图 4-35)：

(1)出现在涨势中。

(2)阳线(亦可是阴线)实体很小，下影线大于或等于实体的两倍。

(3)一般无上影线，少数会略有一点上影线。

技术含义：见顶信号，后市看跌。

注：实体与下影线比例越悬殊，越有参考价值。如果吊颈线与黄昏之星同时出现，见顶信号就更加可靠。

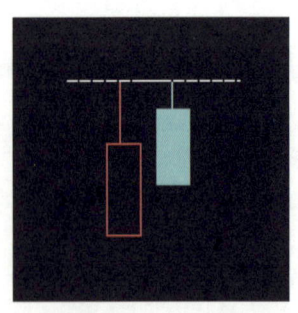

图 4-36 平顶

(八)平顶

图形特征(图 4-36)：

(1)在上涨趋势中出现。

(2)由 2 根或 2 根以上的 K 线组成。

(3)最高价处在同一水平位置上。

技术含义：见顶信号，后市看跌。

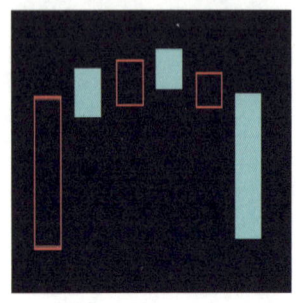

图 4-37 塔形顶

(九)塔形顶

图形特征(图 4-37)：

(1)出现在涨势中。

(2)先是一根大阳线或中阳线，后为一连串的小阳线、小阴线，最后出现一根大阴线或中阴线。

技术含义：见顶信号，后市看跌。

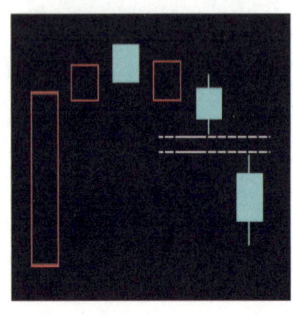

图 4-38 圆顶

(十)圆顶

图形特征(图 4-38)：

(1)出现在上涨趋势中。

(2)K 线形成一个圆弧顶。

(3)圆弧内的 K 线多为小阳线、小阴线，最后以向下跳空缺口来确认圆顶形态成立。

技术含义：见顶信号，后市看跌。

注：与趋势技术分析有一定区别，将在趋势技术学习中做进一步阐述。

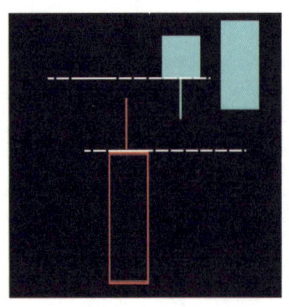

图 4-39 双飞乌鸦

(十一)双飞乌鸦

图形特征(图 4-39)：

(1)出现在上涨趋势中。

(2)由 2 根一大一小阴线组成。

(3)第一根阴线的收盘价高于前一根阳线的收盘价，且第二根阴线完全包容了第一根阴线。

技术含义：见顶信号，后市看跌。

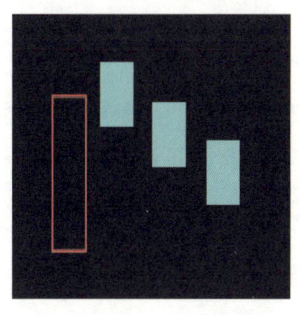

图 4-40 三只乌鸦

(十二)三只乌鸦

图形特征(图 4-40):

(1)出现在上涨趋势中。

(2)由 3 根阴线组成,阴线多为大阴线或中阴线。

(3)每次均以跳高开盘,最后以下跌收盘。

技术含义:见顶信号,后市看跌。

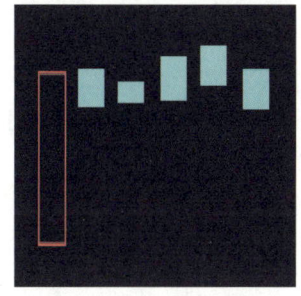

图 4-41 高档五阴线

(十三)高档五阴线

图形特征(图 4-41):

(1)出现在上涨趋势中。

(2)由 5 根阴线组成,但多为小阴线。

(3)先是拉出一根较有力度的阳线,接着连续出现多根并排阴线。

注:高档五阴线不一定都是 5 根阴线,有时也可能是 6 根或 7 根。

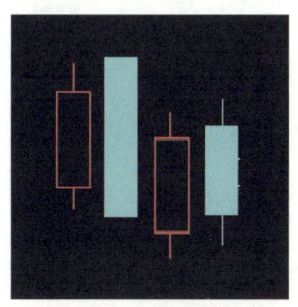

图 4-42 下降覆盖线

(十四)下降覆盖线

图形特征(图 4-42):

(1)出现在上涨趋势中。

(2)由 4 根 K 线组成。前 2 根 K 线构成一个穿头破脚形态,第三根 K 线是一根中阳线或小阳线,但阳线的实体通常比前一根阴线要短,之后又出现一根中阴线或小阴线,阴线实体深入前一根阳线实体中。

技术含义:见顶信号,后市看跌。

注:见顶信号强于穿头破脚。

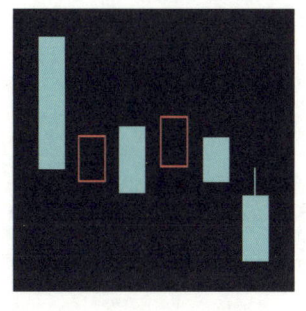

图 4-43 低档盘旋形

(十五)低档盘旋形

图形特征(图 4-43):

(1)出现在下跌途中。

(2)由若干根小阴线、小阳线组成。

(3)先是小阴线、小阳线的横盘,后来出现一根跳空向下的阴线。

技术含义:卖出信号,后市看跌。

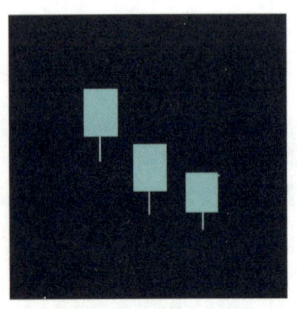

图 4-44　黑三兵

(十六)黑三兵

图形特征(图 4-44)：

(1)既可出现在涨势中,又可出现在跌势中。

(2)由 3 根小阴线组成,最低价一根比一根低。

技术含义:卖出信号,后市看跌。

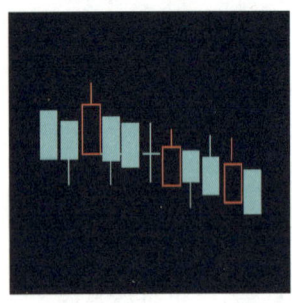

图 4-45　绵绵阴跌形

(十七)绵绵阴跌形

图形特征(图 4-45)：

(1)在盘整后期出现。

(2)由若干根小 K 线组成(一般不少于 8 根),其中以小阴线居多,中间也可夹着一些小阳线、十字线。

(3)整个 K 线排列呈略微向下倾斜状。

技术含义:卖出信号,后市看跌。

注:绵绵阴跌,跌幅虽不大,但犹如黄梅天的阴雨下个不停,从而延长了下跌的时间且拓展了下跌空间,可能就此长期走弱了。因此,对绵绵阴跌走势的图形,应及早做出停损离场的决断。

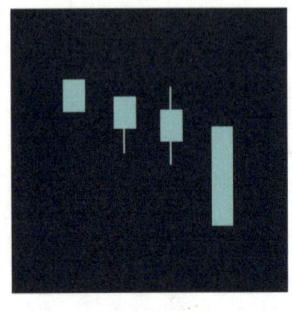

图 4-46　徐缓下跌形

(十八)徐缓下跌形

图形特征(图 4-46)：

(1)多数出现在跌势初期。

(2)先接连出现几根小阴线,然后拉出中大阴线。

技术含义:卖出信号,后市看跌。

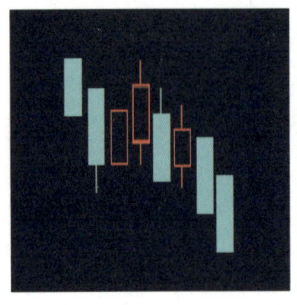

图 4-47　下跌不止形

(十九)下跌不止形

图形特征(图 4-47)：

(1)出现在下跌途中。

(2)众多阴线中夹着较少的小阳线,整个 K 线排列呈向下倾斜状。

技术含义:卖出信号,后市看跌。

图 4-48　下降抵抗形

(二十)下降抵抗形

图形特征(图 4-48):

(1)出现在下跌途中。

(2)由若干根阴线和阳线组成,但阴线明显多于阳线。

(3)连续跳低开盘,即使中间收出阳线,收盘价也比前一根 K 线的收盘价低。

技术含义:卖出信号,后市看跌。

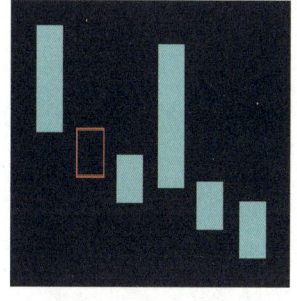

图 4-49　高开出逃形

(二十一)高开出逃形

图形特征(图 4-49):

突然跳高开盘,然后一路下跌,最后收出一根大阴线。

技术含义:卖出信号,后市看跌。

注:多数为多头拉高出货所致,一般后市将有一段较大跌势。

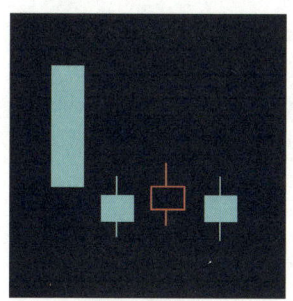

图 4-50　下跌三颗星

(二十二)下跌三颗星

图形特征(图 4-50):

(1)在下跌行情初期、中期出现。

(2)由一大三小 4 根 K 线组成。

(3)在下跌时,先出现一根大阴线或中阴线,随后就在这根阴线的下方出现了 3 根小 K 线(既可以是小十字线,也可以是实体很小的阳线、阴线)。

技术含义:卖出信号,后市看跌。

注:在下跌途中出现下跌三颗星,表明市场买卖意愿不强,市场将以盘跌为主。

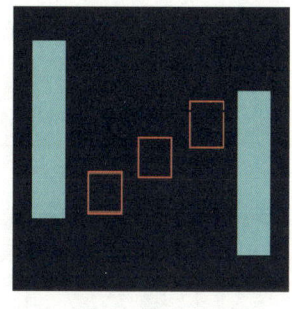

图 4-51　下降三部曲

(二十三)下降三部曲

图形特征(图 4-51):

(1)出现在下降趋势中。

(2)由 5 根大小不等的 K 线组成。

(3)先出现一根大阴线或中阴线,接着出现 3 根向上爬升的小阳线,但这 3 根小阳线都没有冲破第一根阳线的开盘价,最后一根大阴线或中阴线又一下子全部或者大部分吞吃了前面的 3 根小阳线。

技术含义:卖出信号,后市看跌。

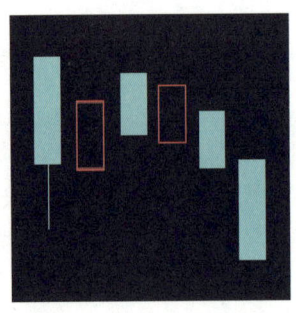

图 4-52 空方尖兵

(二十四)空方尖兵

图形特征(图 4-52)：

(1)出现在下跌行情中。

(2)由若干根 K 线组成。

(3)在拉出一根中阴线或大阴线时,留下了一根较长的下影线,然后反弹,但不久后又跌至下影线下方。

技术含义:卖出信号,后市看跌。

注:走势图上出现这种 K 线形态,实际上是空方向多方进行全面扫荡的一次试盘。

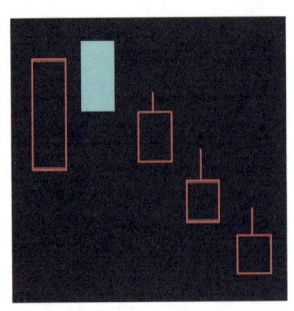

图 4-53 倒三阳

(二十五)倒三阳

图形特征(图 4-53)：

(1)出现在下跌初期。

(2)由 3 根阳线组成。

(3)每日都是低开高走,第一根 K 线以跌势收盘,后 2 根 K 线的收盘价低于或接近前一天的阳线开盘价,因此虽然连收了 3 根阳线,但图形上类似连续 3 根阴线的跌势。

技术含义:卖出信号,后市看跌。

注:出现这种 K 线图下跌概率较大,多方要趁早果断斩仓离场。

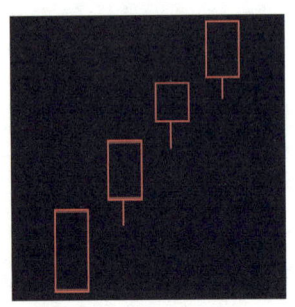

图 4-54 连续跳空三阳线

(二十六)连续跳空三阳线

图形特征(图 4-54)：

(1)出现在上涨行情中。

(2)连续出现 3 根向上跳空高开的阳线。

技术含义:滞涨信号,后市看跌。

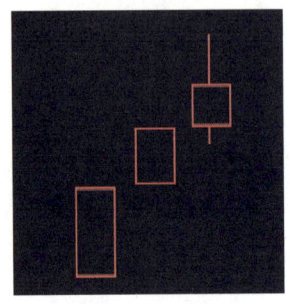

图 4-55 升势受阻

(二十七)升势受阻

图形特征(图 4-55)：

(1)出现在涨势中。

(2)由 3 根阳线组成。

(3)3 根阳线实体越来越小,最后一根阳线的上影线很长。

技术含义:卖出信号,后市看跌。

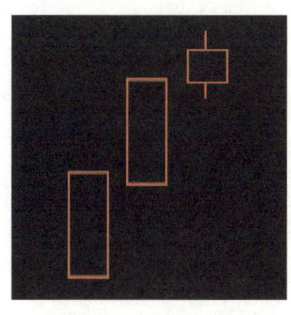

图 4-56　升势停顿

(二十八) 升势停顿

图形特征(图 4-56)：

(1)出现在涨势中。

(2)由 3 根阳线组成。

(3)上升时先拉出 2 根大阳线或中阳线，第三根阳线实体很小，反映升势可能停顿。

技术含义：滞涨信号，后市看跌。

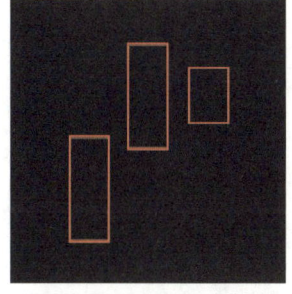

图 4-57　阳线跛脚形

(二十九) 阳线跛脚形

图形特征(图 4-57)：

(1)出现在涨势中。

(2)由 3 根以上(含 3 根)的阳线组成。

(3)最后 2 根阳线都是低开，且最后一根阳线收盘价比前面阳线收盘价要低。

技术含义：卖出信号，后市看跌。

图 4-58　两阴夹一阳

(三十) 两阴夹一阳

图形特征(图 4-58)：

(1)既可出现在涨势中，也可出现在跌势中。

(2)由 2 根较长的阴线和一根较短的阳线组成，阳线夹在阴线之中。

技术含义：在涨势中出现，是见顶信号；在跌势中出现，则继续看跌。

三、既是上升形态又是下跌形态的 K 线和 K 线组合

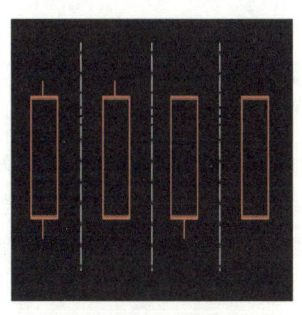

图 4-59　大阳线

(一) 大阳线

图形特征(图 4-59)：

(1)可出现在任何情况中。

(2)阳线实体较长，可略带上、下影线。

技术含义：在上涨刚开始时，出现大阳线则后市看涨；在上涨途中出现大阳线，继续看涨；在连续加速上涨行情中出现大阳线，是见顶信号。在连续下跌的行情中出现大阳线，有见底回升的意义。

注：阳线实体越长，信号越可靠。

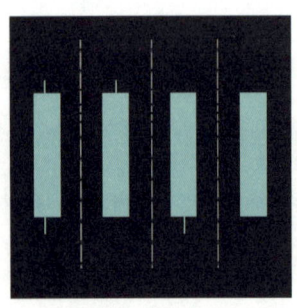

图 4-60　大阴线

(二)大阴线

图形特征(图 4-60):

(1)可出现在任何情况中。

(2)阴线实体较长,可略带上、下影线。

技术含义:在涨势中出现大阴线,是见顶信号;在下跌刚开始时出现大阴线,后市看跌;在下跌途中出现大阴线,继续看跌;在连续加速下跌行情中出现大阴线,有空头陷阱之嫌疑。

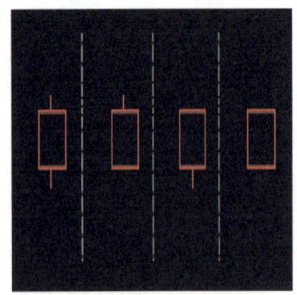

图 4-61　小阳线

(三)小阳线

图形特征(图 4-61):

(1)在盘整行情中出现较多,也可在上涨或下跌行情中出现。

(2)K线实体很小,可略带上、下影线。

技术含义:说明行情不明朗,多空双方小心接触,但多方略占上风。

注:对单根小阳线研判意义不大,应结合其他 K 线形态一起研判。

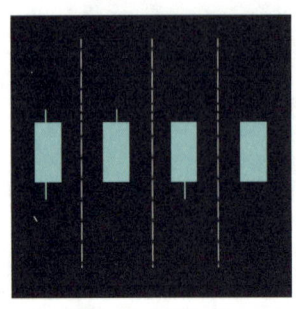

图 4-62　小阴线

(四)小阴线

图形特征(图 4-62):

(1)在盘整行情中出现较多,也可在下跌或上涨行情中出现。

(2)K 线实体很小,可略带上、下影线。

技术含义:说明行情不明朗,多空双方小心接触,但空方略占上风。

注:对单根小阴线研判意义不大,应结合其他 K 线形态一起研判。

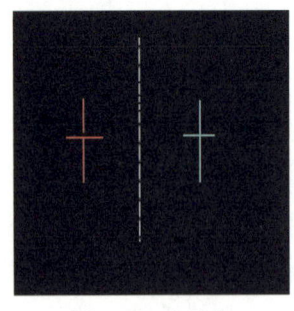

图 4-63　十字线

(五)十字线

图形特征(图 4-63):

(1)既可出现在涨势中,也可出现在跌势中。

(2)开盘价、收盘价相同,成为"一"字,但上、下影线较短。

技术含义:在上涨趋势末端出现,是见顶信号;在下跌趋势末端出现,是见底信号。在上涨途中出现,继续看涨;在下跌途中出现,继续看跌。

注:信号可靠性不强,应结合其他 K 线一起研判。

(六)长十字线

图形特征(图 4-64)：

(1)既可出现在涨势中,也可出现在跌势中。

(2)开盘价、收盘价相同,成为"一"字,但最高价与最低价拉得很开,因此上、下影线都很长。

技术含义:在上涨趋势末端出现,是见顶信号;在下跌趋势末端出现,是见底信号。在上涨途中出现,继续看涨;在下跌途中出现,继续看跌。

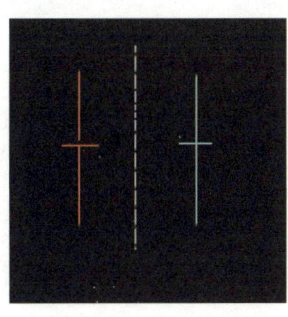

图 4-64　长十字线

注:虽然长十字线的技术含义与一般的十字线意义相同,但其信号可靠程度要比后者高。因此,投资者可将它作为"逃顶"与"抄底"的重要参考指标。

(七)螺旋桨

图形特征(图 4-65)：

(1)既可出现在涨势中,也可出现在跌势中。

(2)开盘价、收盘价相近,K 线实体(可阳可阴)很小,但最高价与最低价拉得很开,因此上、下影线都很长。

技术含义:在涨势中出现,后市看涨;在跌势中出现,继续看跌;在连续加速下跌行情中出现,有见底回升的意义。

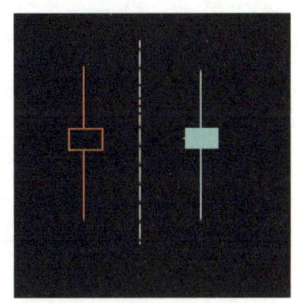

图 4-65　螺旋桨

注:转势信号比长十字星更强。

(八)一字线

图形特征(图 4-66)：

(1)既可出现在涨势中,也可出现在跌势中。

(2)开盘价、收盘价、最高价、最低价几乎相同而成为"一"字。

技术含义:在上涨趋势中出现,是买进信号;在下跌趋势中出现,是卖出信号。

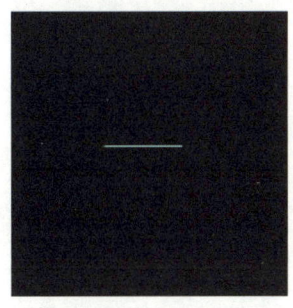

图 4-66　一字线

注:在 24 小时交易且无涨跌停板限制的汇市与金市 60 分钟以上周期图形中几乎见不到。

(九)T 字线

图形特征(图 4-67)：

开盘价、收盘价、最高价粘连在一起,成为"一"字,但最低价与之有相当距离,因而在 K 线上留下一条下影线,构成"T"字状图形。

技术含义:在上涨趋势末端出现,是卖出信号;在下跌趋势末端出现,是买进信号。在上涨途中出现,继续看涨;在下跌途中出现,继续看跌。

图 4-67　T 字线

注:T 字线下影线越长,力度越大,信号越可靠。

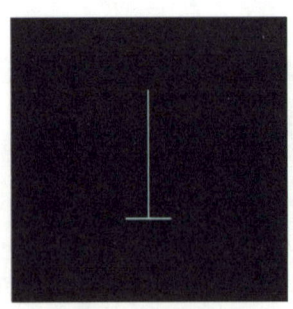

图 4-68 倒 T 字线

(十)倒 T 字线

图形特征(图 4-68):

开盘价、收盘价、最低价粘连在一起,成为"一"字,但最高价与之有相当距离,因而在 K 线上留下一条上影线,构成倒"T"字状图形。

技术含义:在上涨趋势末端出现,是卖出信号;在下跌趋势末端出现,是买进信号。在上涨途中出现,继续看涨;在下跌途中出现,继续看跌。

注:倒 T 字线上影线越长,力度越大,信号越可靠。在上升趋势中出现的倒 T 字线,称为上档倒 T 字线,又称下跌转折线。

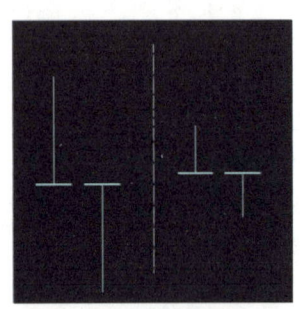

图 4-69 搓揉线

(十一)搓揉线

图形特征(图 4-69):

(1)多数出现在涨势中。

(2)由一正一反两根 T 字线组成。

技术含义:在上涨途中出现,继续看涨;在上涨末端出现,是见顶信号。

注:在上涨途中出现的搓揉线以小 T 字线居多;在上涨末端出现的搓揉线以大 T 字线居多。

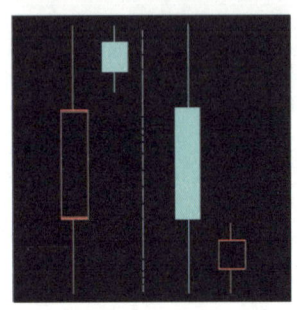

图 4-70 尽头线

(十二)尽头线

图形特征(图 4-70):

(1)既可出现在涨势中,也可出现在跌势中。

(2)由 2 根一大一小 K 线组成。

(3)出现在涨势中,第一根 K 线为大阳线或中阳线,并留有一根上影线,第二根为小十字线或小阳线、小阴线,依附在第一根的上影线之内。

(4)出现在跌势中,第一根 K 线为大阴线或中阴线,并留有一根下影线,第二根 K 线为小十字线或小阳线、小阴线,依附在第一根 K 线的下影线之内。

技术含义:出现在涨势中,是见顶信号;出现在跌势中,是见底信号。

注:尽头线的上影线或下影线的右方,带着的 K 线越小(如小十字星),则信号越强。

(十三)穿头破脚

图形特征(图4-71):

(1)既可出现在涨势中,也可出现在跌势中。

(2)由大小不等,阴阳相反的2根K线组成。

(3)在上涨趋势中出现,前一根为阳线,后一根为阴线,后者将前者全部包容在内(不包括上、下影线)。

(4)在下跌趋势中出现,前一根为阴线。

技术含义:2根K线的长短越悬殊,或一根长的K线包容前面的K线越多,信号的参考价值就越大。

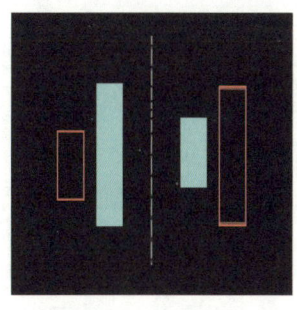

图4-71 穿头破脚

(十四)身怀六甲

图形特征(图4-72):

(1)既可出现在涨势中,也可出现在跌势中。

(2)由大小不等的2根K线组成,2根K线可一阴一阳,亦可同是两阳或两阴。

(3)第一根K线实体要能完全包容第二根K线实体。

(4)第二根可以是小阴线、小阳线,亦可以是十字线。

技术含义:出现在涨势中,是卖出信号;出现在跌势中,是买进信号。

注:若第二根K线为十字线,俗称"十字胎",在身怀六甲中,十字胎是力度最大的K线形态之一。

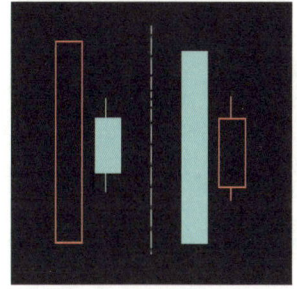

图4-72 身怀六甲

(十五)镊子线

图形特征(图4-73):

(1)既可出现在涨势中,也可出现在跌势中。

(2)由3根两大一小的K线组成。

(3)3根K线的最高价几乎处在同一水平位置上(从图上看,就像有人拿着镊子夹着一块小东西)。

技术含义:在上涨时出现为头部信号;在下跌时出现为底部信号。

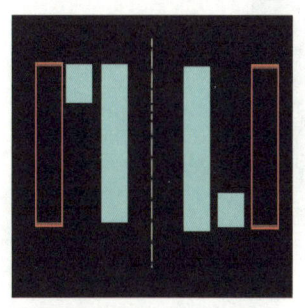

图4-73 镊子线

(十六)上档盘旋形

图形特征(图4-74):

(1)出现在上涨途中。

(2)由若干根或十几根K线组成。

(3)在上涨时拉出一根较有力的阳线后,就出现了阴阳交错、上下波动范围很小的横盘走势。

技术含义:上档盘旋时间在5~14天内,多数看涨,超过14天则多数看跌。

注:盘旋时间太久,说明多方上攻愿望不强,因而跌的可能性很大。

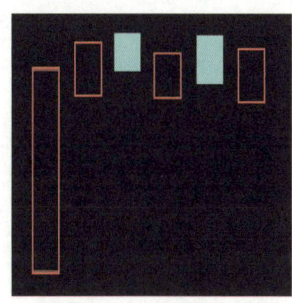

图4-74 上档盘旋形

图 4-75　下跌三连阴

(十七)下跌三连阴

图形特征(图 4-75)：

(1)出现在跌势中。

(2)由 3 根阴线组成,阴线多为大阴线或中阴线。

(3)每根阴线都以最低价或次低价报收,最后一根阴线往往是大阴线。

技术含义：在下跌初期出现,继续看跌;在下跌后期出现,是见底信号。

注：在连续阴跌不止的情况下,特别是在已有较大跌幅后出现三连阴,表明空方力量已经用尽。

(十八)加速线

图形特征：

(1)出现在上涨途中。

(2)上涨时出现加速线,表现为开始缓慢爬升,后来攀升速度越来越快,接着连续拉出中阳线或大阳线,如图 4-76(a)所示。

(3)下跌时出现加速线,表现为开始缓慢下跌,后来下跌速度越来越快,接着连续拉出中阴线或大阴线,如图 4-76(b)所示。

注：在上涨时出现为头部信号;在下跌时出现为底部信号。

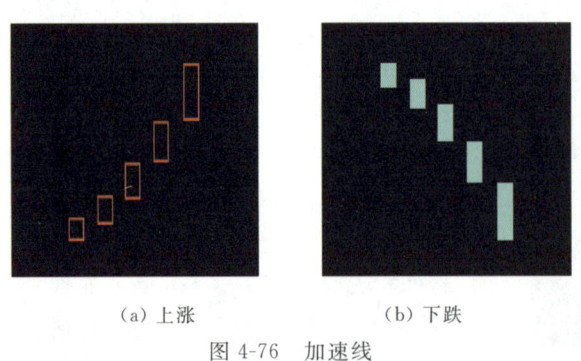

(a) 上涨　　　　　(b) 下跌

图 4-76　加速线

第二节　道氏理论

道氏理论在 20 世纪 30 年代达到巅峰。那时《华尔街日报》以道氏理论为依据每日撰写股市评论。1929 年 10 月 23 日,《华尔街日报》刊登《浪潮转向》一文,正确地指出"多头市场"已经结束,"空头市场"的时代即将来临。这篇文章是以道氏理论为基础提出的预测。紧接这一预测之后,果然发生了可怕的股市崩盘,于是道氏理论名噪一时。

道氏理论最早用于股票市场,以此判断股市的升跌及经济的兴衰。其后他的继承人威廉姆·彼得·汉密尔顿再将著名的道氏理论发扬光大,作为推测投资市场走势的一种工具。

道氏理论提出一个目前成为现代金融理论之公理的命题，即：任何一个股票所伴随的总风险包括系统性与非系统性风险。其中，系统性风险是指那些会影响全部股票的一般性经济因素，而非系统性风险是指可能只会影响某一公司而对其他公司毫无影响或几乎没有影响的因素。由于道氏理论反映了投资市场受益与风险的一般客观规律，近年来越来越多的人将该理论用于投资市场上，已经在成熟的金融市场上经过验证的结果表明，道氏理论对价格走势的预测是有效的。

一、道氏理论三大假设

道氏理论包含了极其重要的三大假设，与人们平常所看到的技术分析理论的三大假设有相似的地方，不过，在这里，道氏理论更侧重于对市场含义的理解。

假设1 人为操作——指数或证券每天、每星期的波动可能受到人为操作，次级折返走势也可能受到这方面有限的影响，如常见的调整走势，但主要趋势不会受到人为的操作。也许有人会说，庄家能操作证券的主要趋势。就短期而言，他如果不操作，这种适合操作的证券也会受到他人的操作；就长期而言，公司基本面的变化不断创造出适合操作证券的条件。总的来说，公司的主要趋势仍然无法被人为操作，只是证券换了不同的机构投资者和不同的操作条件而已。

假设2 市场指数会反映每一条信息——每一位对金融事务有所了解的市场人士，他所有的希望、失望与知识，都会反映在"上证指数"与"深圳指数"或其他指数每天的收盘价波动中，因此，市场指数永远会适当地预期未来事件的影响。如果发生火灾、地震、战争等灾难，市场指数也会迅速地加以评估。在市场中，人们每天对诸如财经政策、扩容、领导人讲话、机构违规、创业板等层出不穷的题材不断加以评估和判断，并不断将自己的心理因素反映到市场的决策中。因此，对大多数人来说，市场总是看起来难以把握和理解。

假设3 道氏理论是客观化的分析理论——成功利用它协助投机或投资行为，需要深入研究，并客观判断。当主观使用它时，就会不断犯错，不断亏损。市场中95%的投资者运用的是主观化操作，这95%的投资者绝大多数属于"七赔二平一赚"中的那"七赔"人士。

二、道氏理论五个"定理"

（一）定理1——道氏的三种走势（短期、中期、长期趋势）

股票指数与任何市场都有三种趋势：短期趋势，持续数天至数个星期；中期趋势，持续数个星期至数个月；长期趋势，持续数个月至数年。任何市场中，这三种趋势必然同时存在，彼此的方向可能相反。

长期趋势最为重要，也最容易被辨认、归类与了解。它是投资者主要的考虑因素，对投机者来说较为次要。中期与短期趋势都从属于长期趋势，唯有明白它们在长期趋势中的位置，才可以充分了解它们，并从中获利。

中期趋势对投资者来说较为次要，但却是投机者的主要考虑因素。它与长期趋势的方向可能相同，也可能相反。如果中期趋势严重背离长期趋势，则被视为次级的折返走势或修正。必须谨慎评估次级折返走势,不可将其误认为长期趋势的改变。

短期趋势最难预测,唯有交易者才会随时考虑它。投机者与投资者仅在少数情况下,才会关心短期趋势:在短期趋势中寻找适当的买进或卖出时机,以追求最大的获利,或尽可能减少损失。

将价格走势归类为三种趋势,并不是一种学术上的游戏。投资者如果了解这三种趋势,可以专注于长期趋势,也可以运用逆向的中期与短期趋势提升获利。运用的方式有许多种。第一,如果长期趋势是向上,他可在次级的折返走势中卖空股票,并在修正走势的转折点附近,以空头头寸的获利追加多头头寸的规模。第二,上述操作中,他也可以购买卖权选择权或销售买权选择权。第三,由于他知道这只是次级的折返走势,而不是长期趋势的改变,所以他可以在有信心的情况下,度过这段修正走势。最后,他也可以利用短期趋势决定买、卖的价位,提高投资的获利能力。上述策略也适用于投机者,但他不会在次级折返走势中持有反向头寸,他的操作目标是顺着中期趋势的方向建立头寸。投机者可以利用短期趋势的发展,观察中期趋势的变化征兆。他的心态虽然不同于投资者,但辨识趋势变化的基本原则相当类似。

(二)定理 2——主要走势(空头或多头市场)

主要走势代表整体的基本趋势,通常称为多头或空头市场,持续时间可能在一年以内,也可能是数年之久。能否正确判断主要走势的方向,是投机行为成功与否最重要的因素。没有任何已知的方法可以预测主要走势的持续期限。

了解长期趋势(主要趋势)是成功投机或投资的最起码条件。一位投机者如果对长期趋势有信心,只要在进场时机上有适当的判断,便可以赚取相当不错的利润。有关主要趋势的幅度大小与期限长度,虽然没有明确的预测方法,但可以利用历史上的价格走势资料,以统计方法归纳主要趋势与次级的折返走势。雷亚将道琼斯指数历史上的所有价格走势,根据类型、幅度大小与期间长短分别归类,他当时仅有 30 年的资料可供运用。非常令人惊讶的是,他当时归类的结果与目前 1992 年的资料,两者之间几乎没有什么差异。例如,次级折返走势的幅度与期间,不论是就多头与空头市场的资料进行分别或是综合归类,目前正态分布的情况几乎与雷亚当时的资料完全相同;唯一的差别在于资料点的多寡。

这个现象确实值得注意,因为它告诉我们,虽然近半个世纪以来的科技与知识有了突破性的发展,但驱动市场价格走势的心理性因素基本上仍相同。这对专业投机者具有重大的意义:目前面临的价格走势、幅度与期间都非常可能落在历史对应资料平均数的有限范围内。如果某个价格走势超出对应的平均数水准,介入该走势的统计风险便与日俱增。若经过适当的权衡与应用,这项评估风险的知识,可以显著提高未来价格预测在统计上的精确性。

(三)定理 3——主要的空头市场(包含三个主要的阶段)

主要的空头市场是长期向下的走势,其间夹杂着重要的反弹。它来自于各种不利的经济因素,唯有股票价格充分反映了可能出现的最糟情况后,这种走势才会结束。空头市场会历经三个主要的阶段:第一阶段,市场参与者不再期待股票可以维持过度膨胀的价格;第二阶段,卖压是反映经济状况与企业盈余的衰退;第三阶段,来自健全股票的失望性卖压,不论价值如何，许多人急于求现至少一部分的股票。这项定义有几个层面需要理清。"重要的反弹"（次级的修正走势）是空头市场的特色，但不论是"工业指数"，或是"运输指数"，都绝对不会穿越多头市场的顶部，两项指数也不会同时穿越前一个中期走势的高点。"不利的经济因素"是指（几乎毫无例外）政府行为的结果：干预性的立法、非常严格的税务与贸易政策、不负责任的货币或（与）财政政策以及重要战争。

空头行情末期，市场对进一步的利空消息与悲观论调已经产生了免疫力。然而，在严重挫折之后，股价也似乎丧失了反弹的能力，种种征兆都显示，市场已经达到均衡的状态。投机活动不活跃，卖出行为也不会再压低股价，但买盘的力道显然不足以推升价格，市场笼罩在悲观的气氛中，股息被取消，某些大型企业会出现财务困难。基于上述原因，股价会呈现狭幅盘整的走势。一旦这种狭幅走势明确向上突破，市场指数将出现一波比一波高的上升走势，其中夹杂的跌势都未跌破前一波跌势的低点。这个时候明确显示应该建立多头的投机性头寸。

（四）定理4——主要的多头市场（也有三个主要的阶段）

主要的多头市场是一种整体性的上涨走势，其中夹杂次级的折返走势，平均的持续期间长于两年。在此期间，由于经济情况好转与投机活动转盛，所以投资性与投机性的需求增加，并因此推高股票价格。多头市场有三个阶段：第一阶段，人们对未来的景气恢复信心；第二阶段，股票对已知的公司盈余改善产生反应；第三阶段，投机热潮转炽而股价明显膨胀——这阶段的股价上涨是基于期待与希望。

这项定义也需要理清。多头市场的特色是所有主要指数都持续联袂走高，拉回走势不会跌破前一个次级折返走势的低点，然后再继续上涨而创新高价。在次级的折返走势中，指数不会同时跌破先前的重要低点。主要多头市场的重要特质如下：

(1) 由前一个空头市场的低点起算，主要多头市场的价格涨幅平均为77.5%。

(2) 主要多头市场的期间长度平均数为2年又4个月（2.33年）。历史上的所有多头市场，有75%的期间长度超过657天（1.8年），67%介于1.8年与4.1年之间。

(3) 多头市场的开始，以及空头市场最后一波的次级折返走势，两者之间几乎无法区别，唯有等待时间确认。

(4) 多头市场中的次级折返走势，跌势通常较先前与随后的涨势剧烈。另外，折返走势开始的成交量通常相当大，但低点的成交量则偏低。

(5) 多头市场的确认日，是两种指数都向上突破空头市场前一个修正走势的高点，并持续向上挺升的日子。

（五）定理5——次级折返走势

次级折返走势，也称"修正走势"是多头市场中重要的下跌走势，或空头市场中重要的上涨走势，持续的时间通常在三个星期至数个月之间；此期间内折返的幅度为前一次级折返走势结束之后主要走势幅度的33%至66%。次级折返走势经常被误认为是主要走势的改变，因为多头市场的初期走势，显然可能仅是空头市场的次级折返走势，相反的情况则会发生在多头市场出现顶部后。

次级折返走势是一种重要的中期走势，它是逆于主要趋势的重大折返走势。判断何者是逆于主要趋势的"重要"中期走势,这是"道氏理论"中最微妙与困难的一环;对信用高度扩张的投机者来说,任何的误判都可能造成严重的财务后果。

判断中期趋势是否为修正走势时,需要观察成交量的关系、修正走势之历史或然率的统计资料、市场参与者的普遍态度、各个企业的财务状况和整体状况、"联邦准备理事会"的政策以及其他许多因素。走势在归类上确实有些主观成分,但判断的精确性却关系重大。一个走势,究竟属于次级折返走势,或是主要趋势的结束,经常很难,甚至无法判断。

三、道氏理论分析原则

（一）相互验证的原则

两种指数必须相互验证——这是道氏原则中最有争议也是最难以统一的地方,然而它已经通过时间的考验。任何仔细研究过市场记录的人士都不会忽视这一原则所起到的"作用"。而那些在实际操作中将这一原则弃之不顾的交易者终归是要后悔的。这就意味着,市场趋势中不是一种指数就可以单独产生有效信号。以图4-77(本图为假想日图,表明了一个指数与其他道氏信号相互印证失败)中虚拟的情况为例,在图4-77我们假定一轮熊市已持续数月,然后由a到b,是一个次等反弹,工业指数(伴随着铁路指数)上涨至b,然而在其下一个跌势中,工业指数只跌至c,高于a,随之弹升至d,高于b。

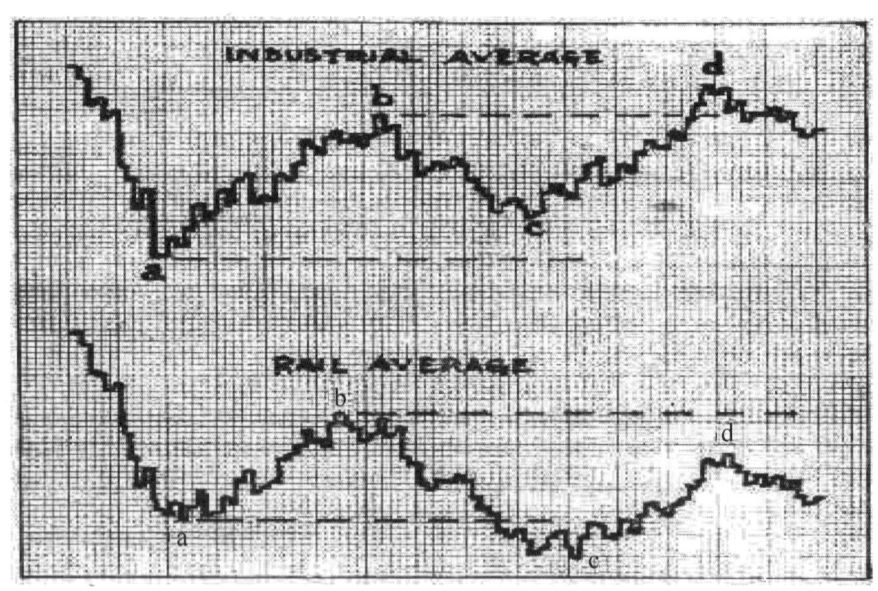

图4-77 道氏理论相互验证原则

从这一点看,工业指数已经显示出趋势由跌至涨的"信号"。但我们再看一下这一时期的铁路指数,首先由b至c,低于a,随后由c涨至d。至此,铁路指数与工业指数未能相互验证,因而主要的趋势就仍认为是下跌的。如果铁路指数涨至高于b点的位置,我们就得到一个趋势转升的明确信号了,然而,就是在这样一个过程中,由于工业指数不会持续单独上扬,或迟或早总会再次为铁路指数阻碍,机会还是存在的,因此,对于这一情况我们充其量只能认为主要趋势的方向还未定型。

上文阐述的不过是相互验证原则和应用的很多方式之一。同样我们看看 c 点,工业指数并未与铁路指数的持续下跌形成相互验证——但这种情况只有在一个现行趋势的持续或加强时才会出现。两种指数没有必要同一天确定。一般说来,二者常常会一同达到一个新的高点(或低点),在持续了几天、几周或一到两个月的停滞状态之后会存在大量情况,一个交易者必须在错综复杂的情况下保持耐心,等待市场自己显示出明显趋势。

(二)交易量要跟随趋势

人们谈起这一点,总是以一种庄严肃穆的口气,但听起来又那么令人难以理解,其实这一口头表达形式的意思就是主要趋势中价格上涨,那么交易活动也就随之活跃。一轮牛市中,当价格上涨时交易量随之增长。而在一轮熊市中,价格跌落,当其反弹时,交易量也增长。从小范围讲,这一原则也适用于次等趋势,尤其是一轮熊市中的次等趋势中,当交易行为可能在短暂弹升中显示上升趋势,或在短暂回撤中显示下降趋势。但这一原则也存在例外,而且仅根据几天内的交易情况,更不用说单一交易时间段,来判断都是不够的,只有一段时间内全面相关的交易情况才有助于我们做出有效的判断。进一步讲,而言,在道氏理论中,市场趋势的结论性标志是在对价格运动的最终分析中产生的。交易量只是提供一些相关的信息,有助于分析一些令人困惑的市场行情。

(三)"直线"可以代替次等趋势

道氏理论术语中,一条直线就是两种指数或其中的一种做横向运动,像其在图表上显示出的那样,这一横向运动持续两到三周,有时甚至持续数月之久,在这一期间,价格波动幅度大约在5%或更低一些。一条直线的形成表明了买卖双方的力量大体平衡,当然,最终,或者一个价格范围内已没有人售出,那些需要购入的买方只得提高出价以吸引卖方;或者那些急于脱手的卖方在一个价格范围内找不到买方,只得降低售价以吸引买方。因而,价格涨过现存"直线"的上限就是涨势的标志,相反,跌破下限就是跌势标志。总的说来,在这一期间,直线越长,价格波动范围越小,则最后突破时的可能性也越大。

直线经常出现,以至于道氏理论的追随者们认为它们的出现是必需的,它们可能出现在一个重要的底部或顶部,以分别表示出货或建仓阶段,但作为现行主要趋势进程中的间歇,其出现较为频繁。在这种情况下,直线取代了一般的次级波浪。当一指数要经历一个典型的次等回调时,在另一指数上形成的可能就是一条直线。值得一提的是,一条直线以外的运动不论是涨还是跌,都会紧跟着同一方向上一个更为深入的运动,而不只是跟随因新的波浪冲破先前基本趋势运动形成的限制而产生的"信号"。在实际突破发生之前,并不能确定价格将向哪个方向突破。对"直线"一般给定的5%限度完全是经验之谈;其中存在一些更大幅度的横向运动,这些横向运动由于其界限紧凑明确因而被看作是真正的直线。

(四)仅使用收市价

道氏理论并不注重任何一个交易日收市前出现的最高峰和最低点,而只考虑收市价,即一个交易日成交股票最后一段时间售出价格的平均值。我们已经在有关图表制作一章中讨论过收市价的心理重要性,在此不再赘述。这是又一条经历了时间考验的道氏原则。其作用如下:假设一轮基本上升趋势中的中等趋势在某日上午11点达到顶点,此时工业指数,比方说是152.45,然后又回跌到150.70报收,那么前半日152.45这一高点就忽略不计。如果下一个交易日收市价高于150.70行情就仍看涨。相反,如果下一个上涨阶段使价格在某一天当中达到一个高点,如152.60,但这一天收市时价格却低于150.70,那么牛市趋势是否持续就很难判定了。

近年来,市场研究人士对一个指数突破前一限度(顶点或底部数字)以标志(或确认或加强)一轮售出趋势的范围存在很多观点。查尔斯·道和威廉姆·彼得·汉密尔顿显然是把收市价上任何的突破,哪怕是0.01的突破都当作有效标志。而一些现代分析家已开始使用整点(1.00)。我们认为原有观点存在一个最大争议,即历史记录表明,在实际结果中很少或几乎没有证据支持任何上述的修正。

(五)只有当反转信号明确显示出来,才意味着一轮趋势的结束

这一原则可能比其他道氏原则更招致非议。但如果对其理解正确,这一原则同样也是建立在实际检验基础上的,也的确具有可行性。对过去急躁的交易者来说,这无疑是一个警告,告诫交易者不要过快地改变立场而撞到枪口上。当然这并不是说当趋势改变的信号已出现时还要做不必要的拖延,而是说明了一种经验,那就是与那些过早买入(或卖出)的交易者相比,更有耐心的交易者总是能抓住机会,他们只有等到自己有足够把握时才会采取行动。这些机会无法以数字表示,如2比1或3比2;事实上它们总在不断变化。牛市不会永远上涨而熊市也迟早会跌至最低点,当一轮新的基本趋势首先被两种指数的变化表现出来时,不论近期有任何回调或间歇,其持续发展的可能性都是最大的。但随着这一轮基本趋势的发展,其继续延伸的可能性就越来越小。因而每次接续的牛市再度确认(一个指数新的中等高点为另一指数一个新的中等高点所确认),都相应地具有更少的分量。当一轮牛市延展数月之后,买入新的股票而能保证获利的前景都比这一轮牛市的初期更低或更不乐观,道氏理论的第十二条要点告诉我们:"持有你的头寸,直到出现相反的指令。"

这一要点的一个必然结果就是,趋势中的一个反转在这一轮趋势被确认后随时可能发生。这就告诫道氏理论的投资者,只要他有任何一点头寸,他就应该随时关注市场,同时也对"道氏理论的缺陷"进行了探讨。

第三节 波浪理论

如果说道氏理论告诉人们何谓大海,那么波浪理论就指导你如何在大海上冲浪。

波浪理论是技术分析大师拉尔夫·纳尔逊·艾略特发明的一种分析工具,与其他追随趋势的技术方法不同,波浪理论可以在趋势确立之时预测趋势何时结束,是一种现存最好的预测工具。

美国证券分析家艾略特以道琼斯工业平均指数作为研究工具,发现不断变化的股价结构性形态反映了自然和谐之美。根据这一发现,他提出了一套相关的市场分析理论,精炼出市场的13种形态(或称为波)。在市场上这些形态重复出现,但是出现的时间间隔及幅度大

小并不一定具有再现性。尔后他又发现了这些呈结构性形态可以连接起来形成同样形态的更大图形。因此,他提出了一系列权威性的演绎法则用来解释市场的行为,并特别强调波动原理的预测价值,这就是久负盛名的艾略特波段理论,又称波浪理论。

波浪理论是一种具有特殊价值的工具,具体表现在其普遍性及精确性。所谓的普遍性,是指我们可在许多有关人类活动的领域中运用到它,且许多时候能获得令人难以置信的效果;所谓的精确性,是指在确认以及预测走势的变化上,其准确性令人叹为观止,这是其他分析方法所难以望其项背的。当时,准确地说,在美股见底之前的半个小时,艾略特就预言,在未来的几十年将会出现一个大多头市场。他的这个预言,与仍然弥漫着"熊气"的市场表现截然相反。那时大部分人都不敢想象道琼斯工业平均指数会超越它在1929年所创下的最高点(386点)。但是,事实证明波浪理论是对的!

一、波浪理论基础

艾略特指出股市呈一定的基本韵律和形态,5个上升波和3个下降波构成了8个波的完整循环。3个下降波作为前5个上升波之调整,图4-78表示5个代表上升方向的推进波和3个调整波。所以"五升三降"是波浪理论的基础。

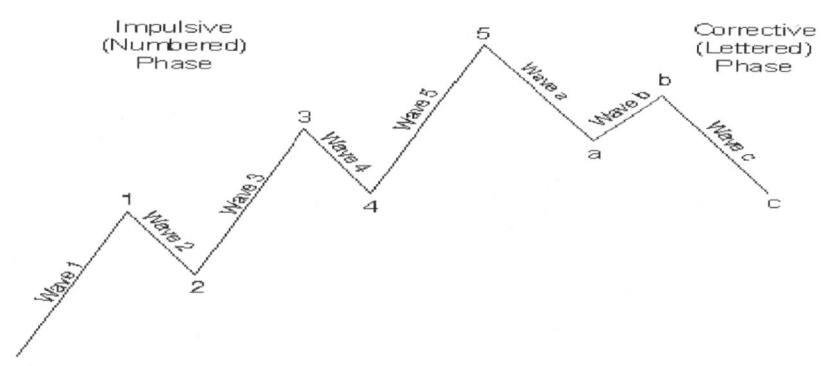

图 4-78 波浪理论"五升三降"

波动原理有3个重要概念:波的形态、波幅比率、持续时间。其中最重要的是形态。波有2个基本形态:推进波"5—3—5—3—5"和调整波"5—3—5"。

这里我们要讨论一下本书中的一些用语。首先,5波是指一个由图4-78中"1""2""3""4""5"5个波构成的波浪,3波是指一个由"a""b""c"3个波构成的波浪。当我们说推进波为"5—3—5—3—5"形态时就是指推进波可以由5个子波构成,这5个子波又分别由5波、3波、5波、3波、5波构成,如图4-79所示。

波(1)、(3)、(5)叫作推进波(或方向波),推进波的基本形态如图4-79中[1]所示,系5—3—5—3—5形态。波(2)、(4)叫作调整波,波(2)调整波(1)、波(4)调整波(3),波(1)、(2)、(3)、(4)、(5)构成的5波由波(a)、(b)、(c)构成的3波调整。调整波的基本形态如图4-79中[2]所示,系5—3—5形态。一个完整的循环由8波组成,其中包括两种类别的波,即数字波或5波,以及字母波或3波。

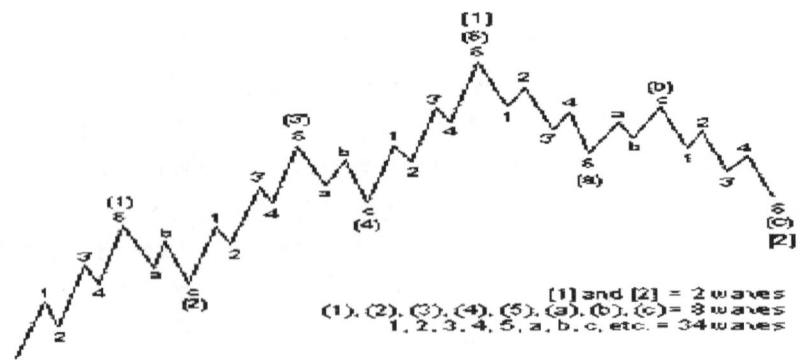

图 4-79 "5—3—5—3—5"形态

接着开始另一个相似的循环,亦由 5 个上升波和 3 个下降波组成。随后又延伸出 5 个上升波,这样完成了一个更大的上升 5 波,并且接着发生一个更大的 3 波向下调整前面发生的上升 5 波。每个数字波和字母波本身都是一个波,并且共同构成更大一级的波。

图 4-79 表示同一级的两个波可以分成次一级的 8 个小波,而这 8 个小波又可以同样方式分出更次一级的 34 个小波。也就是说,波动理论中认为任何一级的任何一个波均可分为次一级的波,反过来也构成上一级的波。因此,可以说图 4-79 表示两个波或 8 个波或 34 个波,只不过特指某一级而已。

各等级波浪的进一步划分调整波(a)、(b)、(c)之形态,如图 4-79 所示的波[2],系 5—3—5 形态。波(1)与(2)始终与[1]、[2]的形态相同,仅是大小程度不同而已。

图 4-80 更进一步明确了波的形态与波的等级之间的关系,它表示一个完整的股市循环可以按表 4-1 细分波浪。

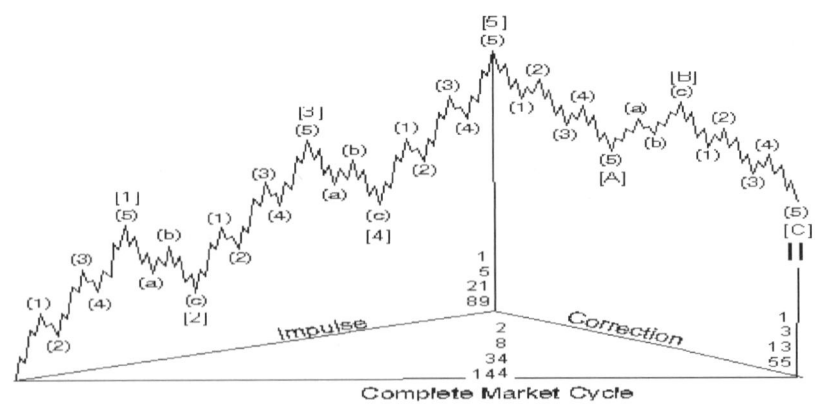

图 4-80 波的形态与波的等级之间的关系

表 4-1　股市循环波浪细分表

循环级别	牛市	熊市	完整循环
循环波	1	1	2
基本波	5	3	8
中型波	21	13	34
小型波	89	55	144

波浪理论的 4 个基本特点：

(1)股价指数的上升和下跌将会交替进行。

(2)推动浪和调整浪是价格波动两个最基本形态，而推动浪(即与大市走向一致的波浪)可以再分割成 5 个小浪，一般用第 1 浪、第 2 浪、第 3 浪、第 4 浪、第 5 浪来表示，调整浪也可以划分成 3 个小浪，通常用 a 浪、b 浪、c 浪表示。

(3)在上述 8 个波浪(五上三落)完毕之后，一个循环即告完成，走势将进入下一个八波浪循环。

(4)时间的长短不会改变波浪的形态，因为市场仍会依照其基本形态发展。波浪可以拉长，也可以缩短，但其基本形态永恒不变。

总之，波浪理论可以用一句话来概括，即"八浪循环"。

二、波浪的形态

1. 数浪的原则

形态是波浪理论的基础，正确的数浪方法是波浪理论的分析前提。最基本的数浪规则有以下几条：

①第 3 浪永远不可能是 1～5 浪中最短的一浪。

②第 4 浪的浪底不能低于第 1 浪的浪顶(倾斜三角形例外)。

③交替原则：在几乎所有波浪的运行中，其波浪的形态可以说是维持着交替出现的形式。

市场不会以同样的方式演变：后一次顶、底部的形成方式绝不会与上一次一样。如果第二浪以简单形态出现，那么第四浪倾向于以复杂形态出现，反之亦然(第四浪以复杂形态出现的概率很高，它通常会在低一个级别的第四小浪范围内完成其调整走势)。

④延长规则：1 浪、3 浪、5 浪中只有一浪延长，其他两浪长度和运行时间相似。

2. 延长浪原则

①预测推动浪运行长度，如第 3 浪延伸，那么第 5 浪和第 1 浪的长度和运行时间可能相似。

②当第 1 浪与第 3 浪都是简单的升浪，则第 5 浪可能是一个延伸浪，特别是当成交量急剧增加时。

③在成熟的股市，延伸浪经常会出现在第 3 浪；而在新兴股市(或期货市场)，5 浪往往延伸。

④5浪延伸可能出现双回撤形态。第一次回撤至延长浪的起点后价格再次上升,至延长浪的顶点并越过顶点继续上升,第二次回撤至延长浪的起点后价格再次上升,至延长浪的顶点并越过顶点后开始下跌。

3.各波浪的特性

(1)第1浪:

①几乎半数以上的第1浪是属于营造底部形态的一种,第1浪是循环的开始,空头市场跌势未尽,买方力量并不强大,加上空头继续存在卖压,因此,在这类第1浪上升之后出现第2浪调整回落时,其回档的幅度往往很深。

②另外半数的第1浪,出现在长期盘整完成之后,在这类第1浪中,其行情上升幅度较大,一般第1浪的涨幅通常是5浪中最短的。

③形成过程中市场资金充裕,但经济仍处于不景气,成交量及市场宽度出现明显的增加。

(2)第2浪:第2浪是下跌浪,由于投资者误以为熊市尚未结束,其调整下跌的幅度相当大,几乎吃掉第1浪的升幅,当价格在此浪中跌至接近底部(第1浪起点)时,市场出现惜售心理,抛售压力逐渐衰竭,成交量也逐渐缩小,第2浪调整才会宣告结束,在此浪中经常出现转向形态,如头肩底、双底等。

(3)第3浪:第3浪往往是最大、最有爆发力(价格往往跳空)的上升浪,这段行情持续的时间与幅度经常是最长的,投资者信心恢复,成交量大幅上升,常出现传统图表中的突破讯号,这段行情走势非常激烈,一些图形上的关卡,非常轻易地被穿破,尤其在突破第1浪的高点时是最强烈的买进信号,此外,由于涨势激烈,第3浪经常出现"延长浪"的现象。

(4)第4浪:第4浪是行情大幅涨升后的调整,通常以较复杂的形态出现,经常出现"倾斜三角形"的走势,但第4浪的底部不会低于第1浪的顶点。形成过程中高价股往往小幅回落,而低价股则大幅上蹿下跳。

(5)第5浪:在股市中第5浪的涨势通常小于第3浪,且经常出现失败的情况,广泛性和力度稍弱,但市场情绪相当乐观,常常可以听到某些分析师的"豪言壮语",宣称人人赚钱。市场上原来的领头羊现在已退居二线。

(6)A浪:是下跌的开始,但投资者大多认为上升行情尚未逆转,仅为一个暂时的回档现象。实际上,A浪的下跌,在第5浪中通常已有警告信号,如成交量与价格走势背离、技术指标背离等,但由于此时市场仍较为乐观,A浪有时可出现平台调整。

(7)B浪:是对A浪的反弹,但是成交量不大。一般而言是多头的逃命线,但由于大多数投资者误以为其是另一波段的涨势,因而B浪常形成"多头陷阱",许多投资者在此惨遭套牢。B浪在技术上很少是强劲的,在B浪中活跃的股票数量有限,但绩优股却十分抗跌。

(8)C浪:是一段破坏力较强的下跌浪,跌势较为强劲,跌幅大,持续的时间较长,而且出现全面性下跌。

上述的波浪特性,只是建议性的,并不意味着必然如此。波浪特性有时会误导投资者,以至贻误战机。因此在实际分析工作中,一定要以浪形为准。

4.推动浪的各种形态

艾略特波浪理论中,波浪的形态(5-3)决定了其性质是推动浪还是修正浪。但每一个浪的形态并不完全一样。在现实情况中,推动浪会因基本面的不同而出现一些变异形态。

变异形态主要有"失败的第5浪""倾斜三角形"等。

(1)失败的第5浪:第5浪未能突破第3浪的顶部,第5浪失败意味市场可能出现大逆转。

"失败的第5浪"出现的原因:

①基本面突然发生重大变化;

②第3浪过分扬升。

(2)倾斜三角形:较少见,出现于快速上升或赶底的走势中意味着消耗性上升或下跌反转后回到形态起点"3—3—3—3—3"的5浪结构。

5.调整浪的各种形态

调整浪比较难辨识和划分,其变化相当复杂,形态种类比推动浪要多得多。

(1)锯齿型:三浪运行,以 A—B—C 标识。可以细分为更小一级的"5—3—5"的形式。当一个锯齿形态未能达到正常的目标时,市场会出现连续两个(至多3个)锯齿形态,即所谓的双重锯齿型或三重锯齿型。

(2)平台型:"3—3—5",以 A—B—C 标识。平台型对先前推动浪的拉回力度经常小于锯齿型,经常出现在强劲的市场趋势中,一般在延伸浪后出现。而且,市场走势愈强,平台整理的时间就愈短。不规则平台形 C 跌破 A 或无法到达 A。

(3)三角形态:唯一以五浪运行的修正浪,即"3—3—3—3—3"。艾略特认为,三角形态只会出现在第4浪或B浪中。第2浪形成三角形态的机会甚少。股票市场中,当三角形态结束之后运行的推动浪经常会出现"飙升"的情形。其上升目标大概就是三角形态最宽部分的距离。

(4)双重三或三重三形态。

(5)调整浪的变异形态:

①强势三角形形态:市场坚挺时,b浪突破a浪的起始点,后市多空难以判断。

②前置三角形5—3—5—3—5变异的锯齿形:b浪并未爬升到a浪的起始点水平便已结束,而随后的c浪也未跌破a浪的终点;

③非常态顶部:如果第5浪出现延伸,发生且终止在一个更大规模的第5浪之内,那么即将到来的调整浪,如不以一个相当异常的小扩张平台形态作为前导(a浪)其中的c浪将会显得非常长。

三、菲波纳契数列

(一)菲波纳契数列

菲波纳契数列是13世纪的数学家里奥纳多菲波纳契发现的一组数列,最初用于兔子繁殖问题的解答。这组神奇的数字是1、1、2、3、5、8、13、21、34……这组数字间有许多有趣的联系。

(1)任意相邻两数字之和等于其后的那个数字,如3+5=8,5+8=13等。

(2)除了最初4个数字外,任一数和相邻的后一数之比都接近0.618。越往后,其比越接近0.618,如:3÷5=0.6,8÷13=0.615,21÷34=0.618等。

(3)任一数和相邻的前一数之比都趋向于1.618。有趣的是1.618的倒数正是0.618。间隔一个数字相邻的两个数字的比值趋向于2.618或其倒数0.382,如:

13÷8=1.625,21÷13=1.615,34÷21=1.619,34÷13=2.618 等。

(4)除1、2外,任何数列中的数字乘以4再加任一个数列中的数字可得另一个菲波纳契数列中的数,如:

3×4=12,12+1=13;5×4=20,20+1=21,等等。

(5)前相邻数字之和再加1等于最后一个加数后隔一的菲波纳契数字,如:

1+1+2+3+5+8=20,20+1=21;1+1+2+3+5+8+13=33,33+1=34,等等。

(6)交替原则,任何数列中的数字的平方等于其相邻两个数字的乘积减1或加1,如:

3×3=2×5-1,5×5=3×8+1,8×8=5×13-1,13×13=8×21+1,等等。

(二)菲波纳契数列在波浪理论中的应用

1.浪形结构及级数符合菲波纳契数列

浪形结构,各个级别浪的数目与菲波纳契数列有关。在波浪理论中,上升行情(牛市)可以由一个上升浪代表,亦可以划分为5个小浪,或者进一步划分为21个次级浪,甚至还可以继续细分出长至89个的细浪,对于空头市况(熊市)阶段,则可以由一个大的下跌浪代表,同样对一个大的下跌浪可以将其划分为3个次级波段。或者可以进一步地再划分出13个低一级的波浪,甚至最后可看到55个细浪。一个完整的升跌循环,可以划分为2,8,34或144个波浪。在此不难发现,上面出现的数字,包括1,2,3,5,8,13,21,34,55,89及144,全部属于菲波纳契神奇数字系列。

2.浪的比率符合菲波纳契数列

(1)推动浪的比率关系:

①各浪长度呈菲波纳契比率关系,如1.618倍,2.618倍,0.618倍,0.382倍。

②第3浪最小目标涨幅=(1浪涨幅×1.618)+2浪底。

③由1浪涨幅测算出5浪上涨目标区域A的公式:

5浪最低理论高度=1浪底点+1浪涨幅×2×1.618;

5浪最高理论高度=1浪顶点+1浪涨幅×2×1.618。

④由1浪至3浪测算出5浪上涨目标区域B的公式:

5浪最低理论高度=3浪顶+(3浪顶点-1浪底点)×0.382;

5浪最高理论高度=3浪顶+(3浪顶点-1浪底点)×0.618;

5浪=3浪或3浪×0.618。

⑤2浪为整个推动浪的黄金分割位0.618;

5浪=1浪或成0.618倍;

5浪=1至3浪×1.618。

(2)调整浪的比例关系:

①如果调整浪以"3-3-5"平坦型回落,C浪幅度通常是A浪幅度的1.618倍。如果调整浪以"5-3-5"曲折型回落,则C浪幅度通常等于A浪幅度。

②在收缩三角形内,每个浪的升跌幅度与其他浪的比例,以黄金分割率的比例维系,通常为0.618。

(3)调整浪对推动浪的回吐比调整浪对推动浪的回吐幅度是推动浪的菲波纳契百分比,常见的有:0.236(0.618×0.382)、0.382、0.5、0.618。另外,1/1、1/3、2/3的比例也常见到。区分:

①强势的回档多为0.382及0.236,4浪多见;

②弱势市场的回档可达0.618、2/3及1/1,2浪、b浪多见。

3.浪的运行时间符合菲波纳契数列(敏感日期,时间之窗)

在日线图上,分析者从重要的转折点出发,向后数到第13、21、34、55,或者89个交易日,未来的顶或底就可能出现在这些"菲波纳契日期"上。分析者可因此发现未来市场转折点的时间之窗。

在周线图、月线图,甚至年线图上,本技术依然管用。在周线图上,市场出现转折的日期可能为上一个重要顶(底)部的第8、13、21周。

在菲波纳契数列的运用上,理想的情形是波浪形态、比率分析、时间目标三个方面互相验证。比如说,波浪分析表明第5浪已经完成,并且5浪已经走满了从1浪底到3浪顶的距离的1.618倍,同时,从本趋势起点(前一个低谷)至今,正好为13周,从前一高峰到现在正好为34周。那么,就可确定市场重要的顶部即将出现。

第四节 切线理论

K线图是研究技术分析最基本也是最重要的工具,利用连续的K线图可以观察潮汐、趋势变化,更可以借由短线走势测知当时多空方向的力道。利用K线图的种种组合变化并加以分析,泛称"图形分析"。其中形态学是重要的图形分析技巧之一,为了分析形态的完成度与突破形态的力道,必须辅以趋势线与缺口的技巧。

一、趋势线

趋势线是利用走势波动中两个及两个以上的谷底,或是两个及两个以上的峰顶所取出的连线,属于顺势交易的技巧,同时得随走势的变化进行修正,以符合实际走势的最佳化。在画线时,如果是针对上涨的走势进行分析,画出来的趋势线大部分是利用谷底连线,反之亦然。虽然在上涨过程中,有时也会选择峰顶的连线观察,但该线条并非用在趋势转折的分析,而是用于判断走势的原始力道能否延续或增强。

虽然形态的完成与否是利用收盘价进行确认,但在实际走势中的K线高低价位,仍然代表压力或支撑,所以在取趋势线时,除了至少要有两个关键点外,还以切过K线图的上下影线或是实体边缘为佳,但是不宜切进K线的实体内部,尤其是在画上升趋势线时,如果谷底的那笔是黑K线,切过收盘价的效果会比切过最低价或下影线还要好。

再则,当股价走势呈现相对较密集的震荡时,如果所画的趋势线能够穿越的上下影线越多,其可靠度会越佳。但无论如何,请注意趋势线可以切过实体边缘,但不要切过实体的原则。而突破或跌破趋势线要以收盘价作为有效突破或有效跌破的确认,特别是该条趋势线趋近于水平走势时。

在画上升趋势线时，以能将标示 A、C、E 这三个谷底都切过为最佳，因此在画线时宜就当时走势进行最佳化调整，以便能够恰当地掌握当时实际走势。而在分析趋势是否有机会产生转折时，通常取 A、C、E 三点画上升趋势线，不取 B、D、F 画线，如图 4-81 所示。

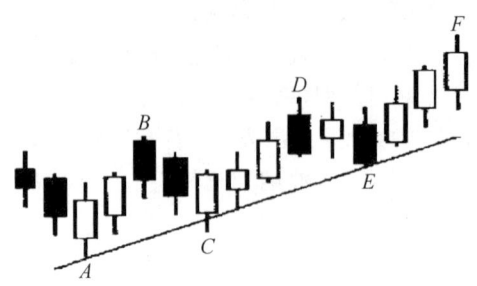

图 4-81　上升趋势线的画法

在画下降趋势线时，以能将标示 A、C、E 这三个峰顶都切过为最佳，因此在画线时，最好就当时走势进行最佳化调整，以便能够恰当地掌握当时实际走势。而在分析趋势是否有机会产生转折时，通常取 A、C、E 三点画下降趋势线，不取 B、D、F 画线，如图 4-82 所示。

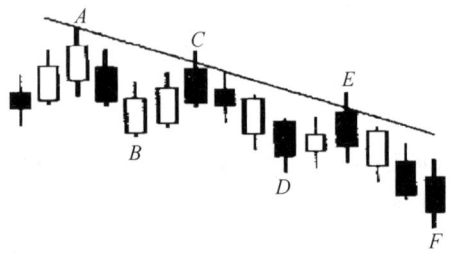

图 4-82　下降趋势线的画法

有时股价的走势属于横向整理，因此画出来的趋势线通常先以水平颈线表示，并以切过上、下影线最多者为参考。图中 A、E 是最低点，C 的下影线略微穿过水平颈线无妨，类似这样的取线既然都已经切过下影线，就不必进行修正，不要求一定要切过实体边缘，除非移动颈线后可以经过更多谷底的影线，如图 4-83 所示。

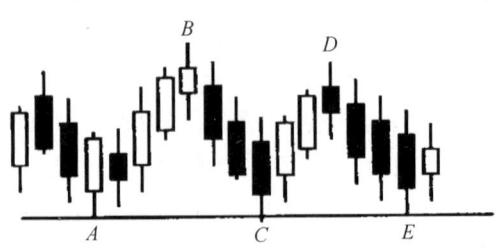

图 4-83　水平颈线的画法

趋势线的角度通常决定了当时走势的强弱。当所画出的上升趋势线角度较为平缓时，那么相对的涨势较为平缓，同时也不容易被跌破，如图 4-84 所示；而上升角度较陡的趋势线,其相对的涨势会比较强势,但也容易被跌破,如图 4-85 所示。前者虽然不容易被跌破,但跌破后往往是重要走势的转折,且后续不容易再创新高点;后者虽然容易被跌破,但跌破后往往只是走势结束进入盘整,后续仍有机会再创高点或是进行趋势线修正。因此,趋势线的角度力道,没有绝对的分析,只有相对的分析。

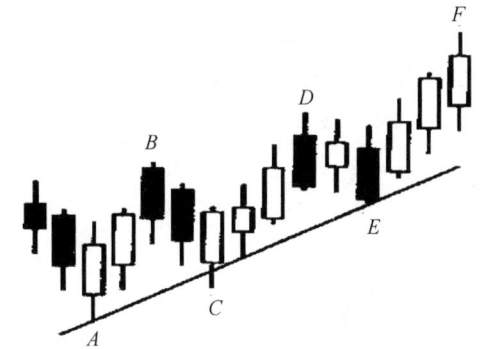
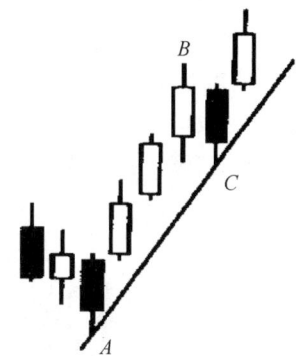

图 4-84　较平缓的上升趋势线　　　图 4-85　较陡的上升趋势线

二、支撑与压力

所谓支撑,是当股价出现正反转走势时,取其正反转的最低点所画出的水平颈线。此支撑线无论在空头下跌过程中或是多头上涨过程中,都可以取用,不过在空头下跌过程中取出的支撑线,又称为"空头关卡"。

所谓压力,是当股价出现负反转走势时,取其负反转的最高点所画出的水平颈线。此压力线无论在空头下跌过程中或是多头上涨过程中,都可以取用,然而在多头上涨过程中取出的压力线,又称为"多头关卡"。

如图 4-86 所示,当中长红棒线突破颈线,且收盘价收在颈线之上时,该笔 K 线即为关键 K 线,利用标示 B 的低点取一条水平线观察,未破该价位便判断股价为真突破。股价走势维持真突破的技术现象代表的意义是:利用当时走势进行某一个合理的目标值预估将会被完成。

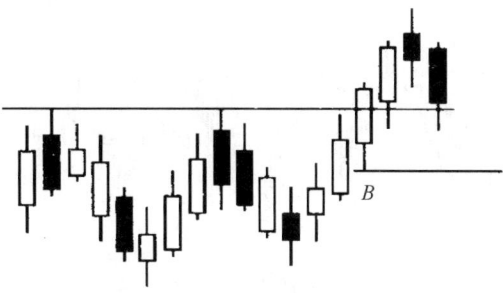

图 4-86　真突破

真假突破与真假跌破：突破与跌破的行为，不在于价位突破或跌破多少百分比，或是突破或跌破几天，而在于关键价位的分析。因此所谓的真突破，必须针对压力或是关卡进行多头表态，也就是以明显的多头走势（如中长红的 K 棒）站上颈线，且当笔 K 线的收盘价必须收在颈线之上，而当笔 K 线的低点即观察点，未来股价没有跌破该低点，并满足某一个测量幅度时，就是真突破，反之则是假突破。

如图 4-87 所示，利用相同观念思考可得：当中长黑棒线跌破颈线，且收盘价收在颈线之下时，该笔 K 线就是关键 K 线，利用标示 A 的高点取一条水平线观察，未过该价位便判断股价为真跌破。股价走势维持真跌破的技术现象代表的意义是：利用当时走势进行某一个合理的目标值预估将会被完成。

图 4-87　真跌破

三、压力与支撑的转换

在支撑线与压力线的运用上，有所谓的"支撑压力交换律"，也就是当压力被突破后，该趋势线将转换成支撑线；同理，当支撑线被跌破之后，该趋势线将转换成压力线。在这种交换律的运用上，只单纯思考趋势线的支撑与压力的变化，而不用考虑 K 线高低点的压力与支撑的意义。

如图 4-88(a) 所示，当股价上涨时取其谷底画出一条上升趋势线，在上升趋势线被跌破后，根据股价的惯性，有机会反弹回测原始的上升趋势线。请注意：原始的上升趋势线本来代表的是支撑，但在被跌破后将转变为压力，同时有机会反弹回测，不代表一定会回测。而股价惯性反弹的极限通常被定位在该条趋势线，即在反弹触及后，应该规划走势容易进入止涨，除非再针对该趋势线呈现真突破信号。图 4-88(b) 是相同道理，反过来使用即可。

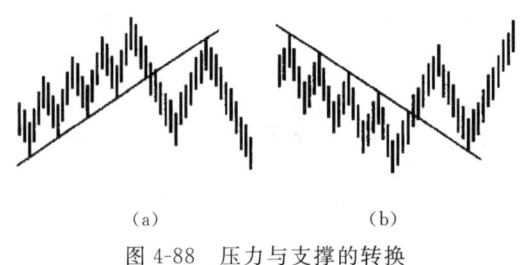

(a)　　　　　　(b)

图 4-88　压力与支撑的转换

如图 4-89 所示，股价跌破上升趋势线后，股价进行惯性的反弹回测，但屡次触及该趋势

线后股价均随即压回,那么这条趋势线就被称为"中心趋势线",这条趋势线的意义在于:

(1)如果股价针对该趋势线呈现真突破,则理应出现强势的多头行情。

(2)如果无法呈现真突破,又结束惯性反弹走势,则容易出现主跌段。

空方走势的分析只要将上述原则倒过来运用即可。其缺点是这样的波动不容易出现在实际走势中。

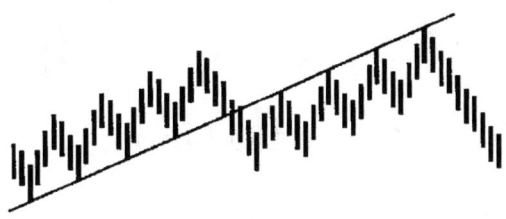

图 4-89　中心趋势线

图 4-90 描述的是多头支撑区形成的情形。当股价经过盘整震荡后先呈现真突破的信号,接着进行回测的动作,测试支撑结束后再进行多头攻击走势,那么该支撑区将被定位成主力逢低进货区,属于未来股价上涨结束后进行波段回调时的重要观察区域。

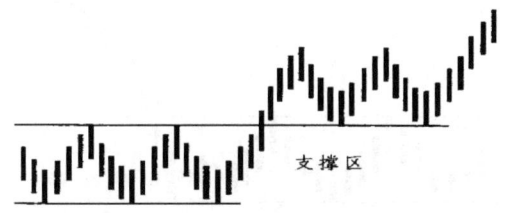

图 4-90　多头支撑区形成

图 4-91 描述的是空头压力区形成的情形。当股价经过盘整震荡后先呈现真跌破的信号,接着进行回测的动作,测试压力结束后再进行空头攻击走势,那么该压力区将被定位成主力逢高出货区,属于未来股价下跌结束后,进行波段反弹时的重要观察区域。

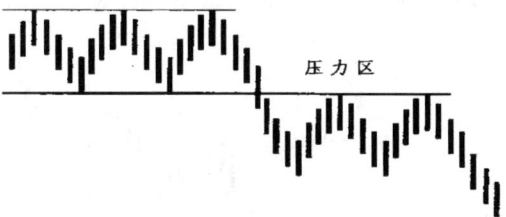

图 4-91　空头压区形成

图 4-92 描述的是空头密集交易区形成的情形。当股价经过盘整震荡后呈现真跌破的信号,但是没有进行回测的动作,股价便直接出现暴跌的走势,那么该压力区将被定位成主力最后出货区或是多头反弹逃命区,属于未来股价下跌结束后,进行波段反弹时的重要观察区域。

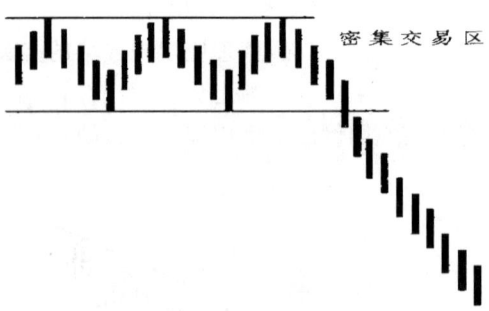

图 4-92　空头密集交易区形成

图 4-93 中描述的是多头密集交易区形成的情形。当股价经过盘整震荡后呈现真突破的信号,但是没有进行回测的动作,股价便直接出现暴涨的走势,那么该支撑区将被定位成主力最后进货区或是空头回档逃命区,属于未来股价上涨结束后,进行波段回调时的重要观察区域。

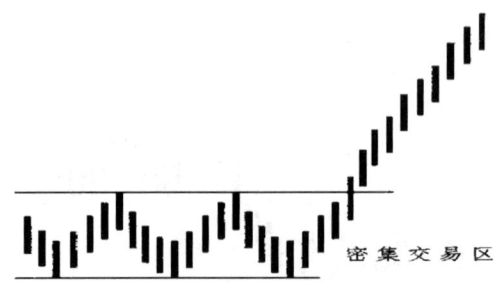

图 4-93　多头密集交易区形成

图 4-94 是对上面几个图形的延伸说明:股价经过盘整震荡后,先呈现真突破的信号,让第一个盘整区间形成主力逢低进货区,接着进行回测的动作;回测过程中又再度出现另一个盘整震荡区域,接着再出现多头攻击信号为主攻段,那么完成回测动作但未将第一个支撑区间破坏的第二个整理区间,便是所谓的主力最后进货区或是空头回档逃命区。

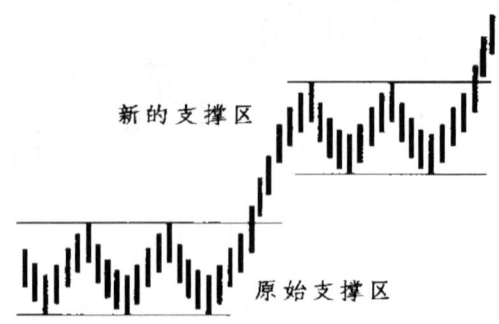

图 4-94　主力最后进货区形成

四、轨道线

所谓轨道线,是由趋势线所变化出来,即在上涨走势中,如果先利用谷底决定上升趋势线(此为支撑),再取平行线切过股价波动的上缘(此为压力),那么这两条线合称"上升轨道";在下跌趋势中,如果先利用峰顶决定下降趋势线(此为压力),再取平行线切过股价波动的下缘(此为支撑),那么这两条线合称"下降轨道"。

在一个理想的股价波动过程中,股价应该维持在特定轨道内前进,无论当时轨道是往右上方还是往右下方倾斜,积极型的投资人都可以在轨道中以低买高卖的动作进行操作,直到轨道线形被破坏为止。

可以这样操作的原因在于轨道线具有支撑与压力的特性,通常接近或是穿越轨道线的上缘,容易产生调节卖压,属于压力参考;接近或是穿越轨道线的下缘,容易产生低接买盘,属于支撑参考。因此,在尚未破坏轨道走势以前,可以利用轨道线的观念,进行下一个落点的预估。

除了以轨道线预估落点外,也可以根据数学观念计算推演实际的参考数据,常用的方法有加减计算与比例计算。加减法是利用近期两个邻近的转折高低点与前一波谷底,如图4-95中所标示的 B、C、A,即可以推算出标示 D 的数据,公式为 $D=B+C-A$。比例法公式为:$D=B\times C\div A$。

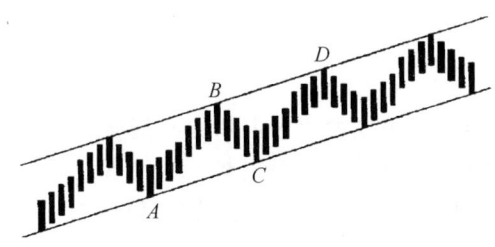

图 4-95　利用轨道线计算数据

当股价原本沿着平缓的上升轨道前进时,忽然突破轨道线的上缘,代表当时多方的买盘力道强劲,股价将有机会转换波动的轨道,进入一个角度较陡的轨道线,如图4-96所示。然而在实际运用轨道线上,股价并不会很标准地触及轨道线上缘或是下缘。如果在上涨过程中,股价碰触轨道线上缘被压回是正常情形,那么上涨时无法碰触到轨道线的上缘,就可以定位成多头相对弱势。相反地,在空头趋势也可以套用这样的观念(图4-97)。

如果我们利用轨道线观察股价上涨与下跌的循环过程,将会发现整个循环是由不同角度的轨道所串联起来,图4-98代表股价波动时轨道转换的基本模型。当股价下跌一段时间后,正常情况下,波动会逐渐走平,接着出现突破走势,股价进入缓涨的轨道内,再从缓涨的轨道转换成急涨的轨道,而在买进力道消逝后,股价再进入缓涨并接着走平,随即进入下一个循环。

因此,我们可以观察当时轨道的角度,估计趋势强弱程度,同时根据真假突破或真假跌破分析轨道是否出现转换。

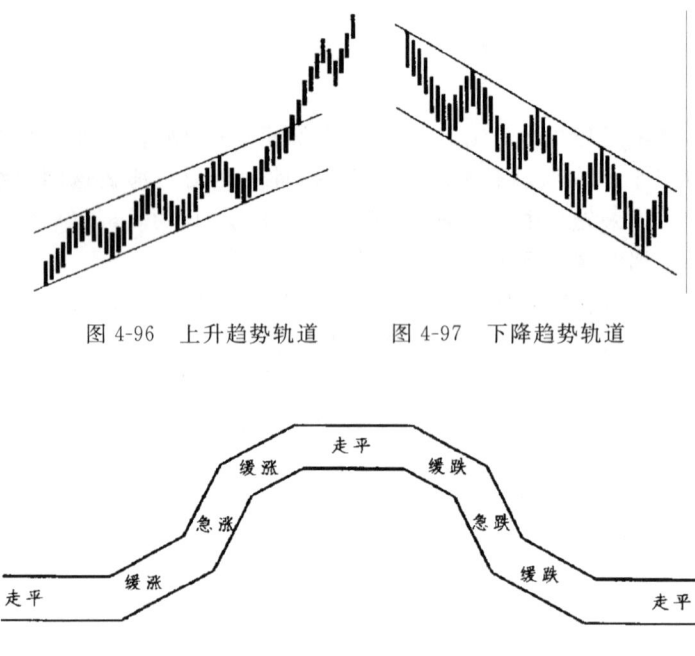

图 4-96　上升趋势轨道　　图 4-97　下降趋势轨道

图 4-98　轨道转换的基本模型

五、速阻线

速阻线，又称速度阻挡线，是由埃德森·古尔德所创立的一种画线分析工具，其画法请参考图 4-99。当某一个波段的上涨或是下跌走势告一段落之后，先利用该走势的最高和最低点取出一条原始中心线，如图 4-99 所示为上涨结构，故称为"原始上升中心线"。

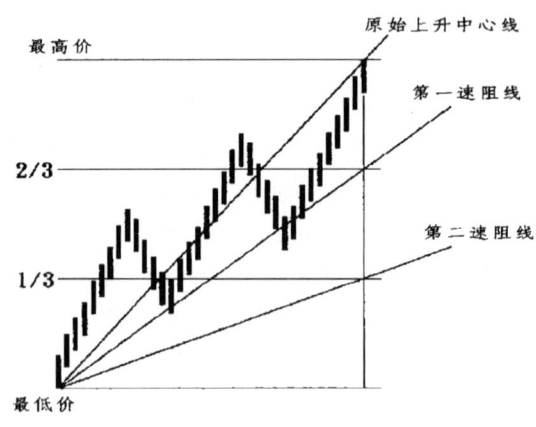

图 4-99　速阻线画法

接着从最高价画一条垂直线，到最低价的水平延伸线为止，同时将这条垂直线（即最高价和最低价之间的价差）切割成三等分，再将最低价与 2/3 的位置连接形成第一速阻线，将最低价与1/3的位置连接形成第二速阻线。这两条线分别具有压力与支撑的用法,当股价还没有跌破第一速阻线时,股价仍有机会创高,在股价创高之后,线条必须重取,如果股价走势跌破第一速阻线,则视为确定进入针对上一波涨势的修正,此时速阻线成为压力。

假设没有跌破第二速阻线以前,股价可以发动另一个波段攻击,同时被视为同一个层级内。万一第二速阻线被跌破,股价必须经过一段整理修正,才会再发动另一个层级的涨势,同时在此时必须取出空头走势中参考使用的速阻线。虽然在跌破多方第一速阻线后就可以取空方趋势的速阻线,但并非绝对必要,这是与多方第二速阻线被跌破之后的最大不同之处。

在绘制速阻线时,除了可以将垂直距离利用三分法切割外,也可以使用黄金分割率进行切割,在大格局轮廓的分析上,差异并不会很大。

第五节 形态理论

一、反转形态

本节以底部反转形态为例进行说明,头部形态与底部形态在辨识上有互为倒影的关系,不再另述。

在股价走势图处于空头走势过程中出现向下停滞的走势,并进入所谓的整理过程,而如果整理过程形成正反转低点垫高,即所谓"低点不破前低"的条件,则暗示股价进入较小层级的多头走势。此时出现的"底部形态"就是空转多讯号的前兆,多头若可以依赖形态的力道加以适度发挥,便可以确认趋势形成反转,否则底部形态也只是一个次级反弹波动而已。

因此,我们可以这样定位:在一个中期下跌的趋势中,如果想要扭转其原趋势,必须经过所谓的"打底"。在实务经验中,虽然底部形态大小有异或是周期不同,但是经过统计归纳,容易被辨识者有:V形反转、双重底、三重底、头肩底、碟形底与盘坚式的复合型底部。

(一)V形反转

走势的特点:V形反转的一般形态如图4-100所示。它又被称为"单脚反转""单脚跳",是底部形态中走势相对强劲者,但也是最不容易切入的走势。通常本形态发生在明显的下

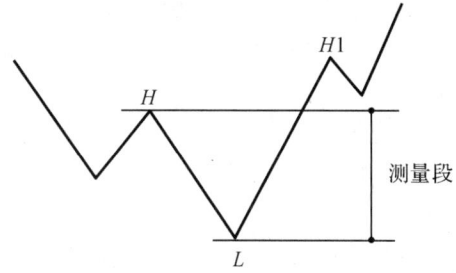

图4-100 V形反转

跌走势之后,即 K 线出现连续的日落下跌,接着以明确的多头 K 线呈现止跌(标示 L 处),紧接着再以连续的日出线形突破开始下跌的负反转高点(标示 H 处),此即完成 V 形反转。

确认 V 形反转形态的要点:

(1)突破标示 H 的水平颈线时必须呈现真突破讯号。

(2)若走势上涨到标示 H1 的位置止涨压回(这段走势不一定会发生),被归类为短线洗盘,其低点大部分不会与经过 H 的颈线发生重叠的现象。

(二)双重底

走势的特点:由于双重底走势的形状与英文字母"W"相似,故又被称为"W 底",如图 4-101 所示。本形态为底部形态之王,因为它最容易被辨识,但也最容易被误判。

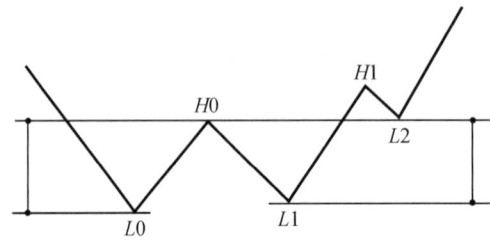

图 4-101 双重底

双重底形态的形成,是股价下跌到某一个价格水准之后(标示 L0),股价开始进行短线反弹并止涨于标示 H0 的位置;股价接着压回测试前波低点附近的支撑,但是并没有再度创下新低点,形成标示 L1 的谷底,即维持 L1≥L0 的状态;最后再从 L1 开始上涨,并突破经过 H0 的水平颈线,至此,双重底的形态才算初步完成。

因为双重底的顶点只有一个,因此水平颈线经过 H0 高点的那一条,通常没有修正必要。如果在突破颈线之后,且尚未满足目标之前,先出现止涨压回,即标示 H1 至 L2 这段的走势,通常将其称为"回测""后抽",亦可以视为"短线洗盘"。但无论如何,L2 的讯号不得破坏真突破的技术现象。而本形态在出现后,不一定会造成整个走势扭转,也可能只是短期反弹或是引起中期反弹波动而已。

(三)三重底

走势的特点:如图 4-102 所示,所谓的三重底就是比双重底多一只脚。股价走势发生的背景与双重底几乎相同,只是从标示 L1 开始上涨后,遭逢标示 H0 的水平颈线时,只是以上影线穿越、价格相等或是攻击失败形成黑 K 线,同时止涨拉回修正,却又没有跌破第二只脚的谷底,因此形成了第三只脚。

就形态而言,其谷底应该呈现 L2≥L1,且 L1≥L0 的现象。然而如果因为标示 H1 的止涨点有可能曾经在盘中穿越经过 H0 高点的水平颈线,因此怀疑是三重底形态时,可以针对标示 H0 和 H1 的实际情形进行颈线调整。

调整颈线时,颈线略有倾斜是可以接受的,但强烈建议尽量取水平颈线观察,调整时的重点在于可以同时切过形成两个高点的 K 线实体上缘或是上影线的端点。

三重底的形态常常被进行形态分析者定位为三角形,就像复合式双重底中所述,严格来说，三角形属于整理形态，而不属于底部反转形态。

此外，三重底也如同双重底一般，需要针对颈线以明显的多头攻击作为突破讯号，在攻击后，未满足基本目标以前，部分走势会有回测颈线的现象，同时这三只脚的间距也会有大致相等的特性。

本形态不宜与复合式双重底混淆，两者之间的差异在于三重底的颈线就只有一条，而复合式双重底的颈线因针对不同形态进行绘制，所以会呈现明显的、在不同位置的两条颈线。

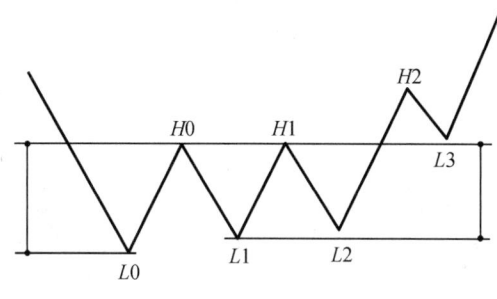

图 4-102　三重底

（四）头肩底

走势的特点：如图 4-103 所示，在一个激烈的下跌走势或是较长周期的空头市场修正末端，因为价位过低，持股者开始出现惜售现象，如此一来，会使筹码逐渐稳定，此时若出现抢跌深反弹的买盘进驻，股价便会呈现跌深反弹的走势，此即标示 $L0$ 至 $H0$ 的波段，称为"左肩"。当股价反弹告一段落，抢短线的买盘出场，使股价再度回复下跌走势，且创下新低点，即标示 $L1$ 的位置时，股价随后再度出现上涨走势，这段涨势将相对明显，且幅度也较 $L0$ 至 $H0$ 这段为大，通常会上涨靠近或是超过标示 $H0$ 位置止涨形成 $H1$ 的高点，而标示 $L1$ 的这个谷底便称为"头"。从标示 $H1$ 高点开始下跌的走势，其幅度将不会大于前一段上涨，即下跌的终点 $L2$ 不会跌破 $L1$ 的谷底，此处称为"右肩"。

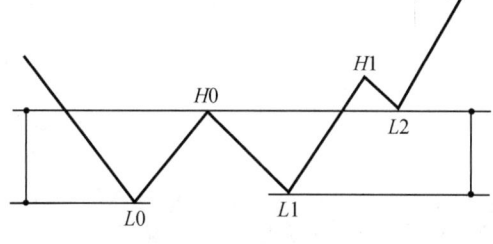

图 4-103　头肩底

通常标准的形态会使 $L2$ 的低点与 $L0$ 的低点呈现对称的情形，即时间对称或是价位对称，同时会出现指标讯号暗示 $L2$ 的支撑成立，最后再以多头攻击的 K 线突破颈线作为形态完成的确认。

因为颈线经过标示 $H0$ 和 $H1$ 两个高点，所以可以接受颈线走势略为倾斜，也就是可以根据实际走势进行修正，其原则是切过的上影线越多，颈线将越可靠，但是颈线不得切过两个止涨高点附近的 K 线实体之内。

当取出来的颈线如图 4-104 所示向右下方倾斜时,代表当时市场买气仍弱,未来被估计的涨升幅度较小;而取出来的颈线若是如图 4-105 所示向右上方倾斜,代表当时市场买气已经逐渐转强,未来被估计的涨升幅度较大。但请注意,此形态突破颈线的那笔 K 线低点,往往在回测时被测试甚至跌破,后续的走势有的形成上涨失败,有的则持续上涨,因此遇到颈线向右上方倾斜时,对潮汐与波浪的定位,需要更加严谨,以避免操作时进退失据。

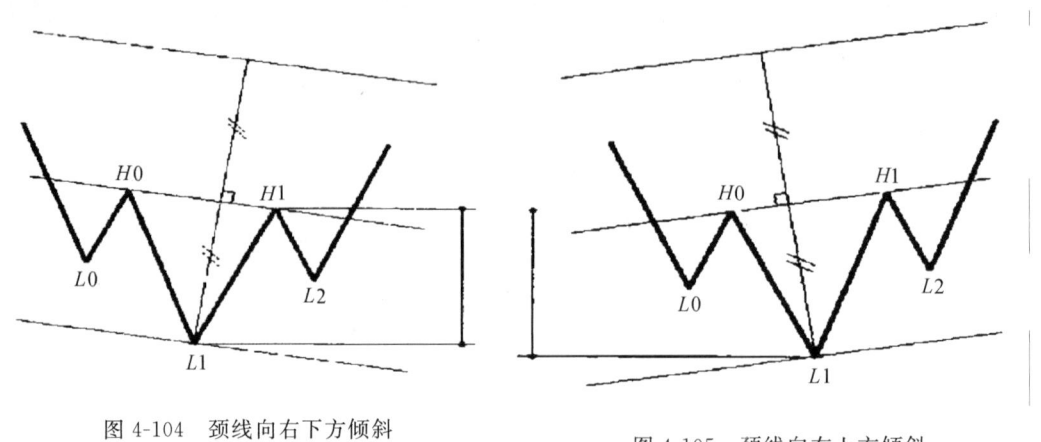

图 4-104　颈线向右下方倾斜　　　　图 4-105　颈线向右上方倾斜

（五）碟形底

走势的特点:碟形底又称为"圆弧底"、"潜伏型底部",是比较特殊的底部形态,如图 4-106 所示。其形成的原因是:经过长期或是较为明显的下跌修正之后,多空双方的争斗趋于平缓,股价波动逐渐进入"盘跌走势",接着因为成交量萎缩,股价上下震荡幅度减缓,渐渐地由盘跌走势转变为"盘坚走势"。从盘跌到盘坚的这段过程,短线操作者将不容易撷取操作利润,同时波动的谷底看起来类似碟形或圆弧形。

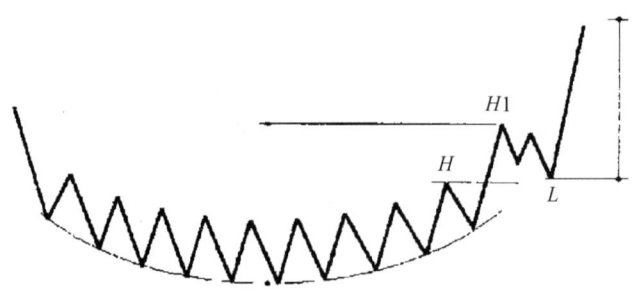

图 4-106　碟形底

在形态的末端,多空拉锯后,多方逐渐占上风,股价出现明显上涨,脱离原本的盘坚牛皮走势,在突破最后一个盘坚高点(标示 H)或是开始盘跌下跌的高点时,会迫使第一批空单抢补,当冲刺的力道结束便形成 $H1$ 的止涨高点,股价从此处开始回测。而 $H1$ 至 L 这段走势属于小波段洗盘的段落,俗称"杯形带把"。

(六)盘坚式的复合型底部

走势的特点:本形态在所有技术分析的文献中从未被提及,但在实际走势中却常常看见它的身影,事实上,它是相当重要的形态之一,投资人不宜忽略,如图4-107所示。

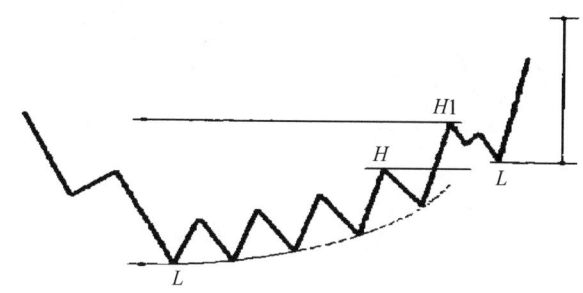

图4-107　盘坚式的复合型底部

当股价出现明显下跌走势之后,没有出现传统的底部讯号,反而以盘坚模式一路向上,形成盘坚进货的走势,并在突破最后一个盘坚高点,或是某个下跌的起点之后,脱离盘坚的走势,形成止涨回测突破的颈线位置,标示H1至L的这段为洗盘走势,也可以称为"杯形带把",从线图来看,其与碟形底的差异在于左半边的走势不同,因此也可以称为"半圆弧底"。

二、整理形态

明显、强而有力的趋势不可能永远维持不变,总是会遭受获利回吐的买卖力道,或是遭逢支撑、压力等反方向的阻力而使原本的趋势进入停滞。在这个过程中,供给与需求所造成的买卖力道反复争斗,假使与原本趋势相反方向的力道在争斗过程中获得胜利,那么这个过程所形成的形态,称为"反转形态";如果是与原本趋势相同方向的力道在争斗过程中获得胜利,则这个过程所形成的形态,称为"整理形态"。又因为出现整理形态之后,走势将沿着原方向前进,因此整理形态又称为"中继形态"或是"趋势休息站"。

一般而言,整理形态的讨论会比反转形态稍微复杂,因为在整理过程中,尚未完成的整理形态与尚未完成的反转形态,其波动模型与成交量等指标的变化,有极为雷同之处,往往会使投资人误判整理形态是底部形态而太早投入,结果走势持续重挫造成做多的损失。为了避免这种困扰,应严谨地定义形态模型,等待确认讯号出现再进场操作,同时善用测量法则恰如其分地定位相对位置,可以提高形态分析的准确率,降低操作风险。

在定义方面,本节改变传统做了一些调整。例如,原本三角形上升与下降的命名是以形态中产生的趋势线所决定,然而当讨论到旗形的整理形态时,上升或是下降旗形的命名,却是以原始走势决定。这种混淆的情形,本节决定将其统一,所有整理形态一律以该形态的走向(趋势)命名,而不以原始趋势命名,这样的好处是:除了方便使用者分辨与学习外,也可以破译其他更多变化的旗形整理形态。

(一)水平箱形

走势的特点:如图4-108和图4-109所示,水平箱形一般称为"箱形"或是"矩形",也可以称为"水平旗形",意思是属于走平的一面旗子。本形态是指在某一段时间内,利用趋势线的切法,可以取出上下两条水平颈线包覆住当时的整理走势,此时便可以将其走势定位成水平箱形的整理形态。

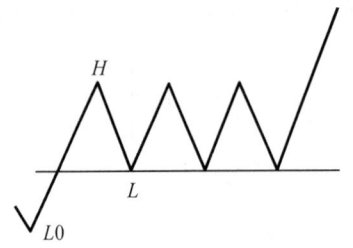
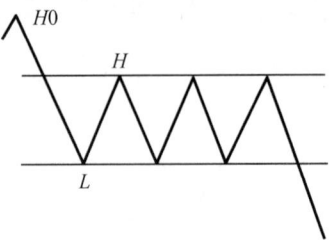

图 4-108 涨升过程中的水平箱形　　图 4-109 下跌过程中的水平箱形

本形态又称为"整理形态之母",原因并非它经常出现或非常重要,而是因为刚开始假设任何整理走势时(包含反转形态),都是以水平箱形为基础,然后再根据实际走势调整为其他形态。有些人认为形态学属于事后诸葛的讨论,有部分是源自这个观念没有被完整建立。

取水平趋势线时,每一条至少要切过两个关键点,而且越多越好。请注意取线时以切过上下影线且未切过实体为原则,当有实体穿越原始画好的趋势线时,则该线需要被调整,那么实际走势在股价波动的过程中,就能借调整的作用而渐渐被分辨出来。

形成水平箱形的原因:当时两个分属多空的集团,可能是市场派与公司派,或是投资大众的自然组合,代表多方的集团,希望在一定的价格附近买进,以坚守多方气势;而代表空方的集团,却希望将某段股价维持在某个范围内起伏。经过多空双方缠斗,一方失败后针对整理区间进行突破,此时就代表完成此形态。本形态可以出现在多头与空头行进间的整理走势中,只是不得视为反转形态。

(二)上升旗形

走势的特点:如图 4-110 和图 4-111 所示,当行情经过一段时间的上涨或是下跌之后,股价走势进入整理阶段,由于多空双方呈现拉锯式博弈,但是多方略占上风,致使走势图以盘坚向上的方式震荡,取其高对高、低对低的切线,形状类似一个向右上方走势的平行四边形,因为外形又似迎风飘扬的旗子一般,故称为"上升旗形",本形态又属于水平箱形的变化形态。

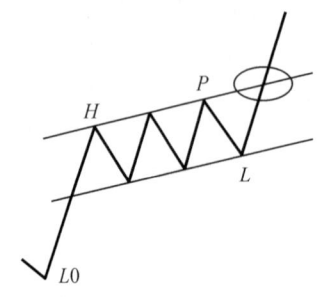
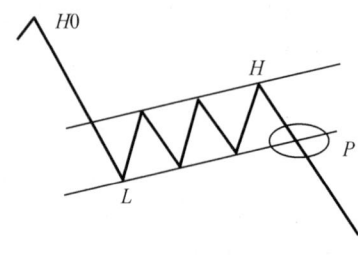

图 4-110 涨升过程中的上升旗形　　图 4-111 下跌过程中的上升旗形

上升旗形的走势可以出现在多头与空头过程中,除了可以属于中继形态外,在多头涨升过程中也可以当成多转空的转折形态,此部分的说明将在反转旗形中再探讨。

(三)下降旗形

走势的特点:如图 4-112 和图 4-113 所示,当行情经过一段时间的上涨或是下跌之后,股价走势进入整理阶段,由于多空双方呈现拉锯战,但是空方略占上风致使走势图以盘跌向下的方式震荡,取其高对高、低对低的切线,形状类似一个向右下方走势的平行四边形,因为外形又似迎风飘扬的旗子一般,故称为"下降旗形",本形态又属于水平箱形的变化形态。

下降旗形的走势可以出现在多头与空头过程中,除了可以属于中继形态外,在空头下跌过程中也可以当成空转多的转折形态,这部分的说明将在反转旗形中再探讨。

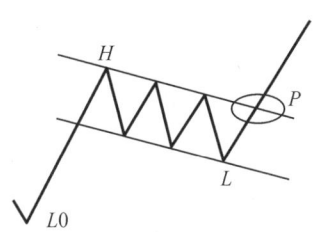
图 4-112 涨升过程中的下降旗形

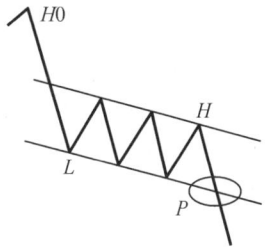
图 4-113 下跌过程中的下降旗形

(四)反转旗形

走势的特点:如图 4-114 和图 4-115 所示,当行情经过一段长时间的上涨或是下跌之后,股价走势可能进入最终阶段,并呈现多空双方的拉锯战,在多头走势的末端,以多方较强的盘坚模式逐渐攻坚,形成上升旗形的形态,最后跌破上升趋势线,走势出现反转;或是在空头走势的末端,以空方较强的盘跌模式不断创低,形成下降旗形的形态,最后突破下降趋势线,走势出现反转,此时就可以称此旗形为"反转旗形"。

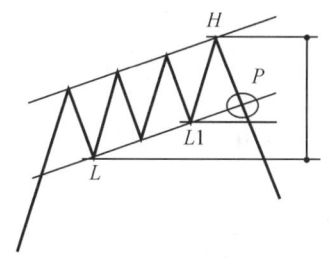
图 4-114 多头走势中的反转旗形

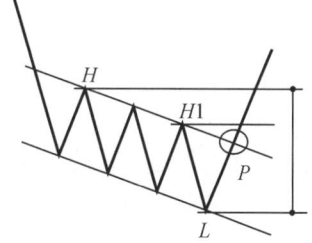
图 4-115 空头走势中的反转旗形

(五)对称收敛三角形

走势的特点:如图 4-116 和图 4-117 所示,对称收敛三角形一般称为"收敛三角形""对称三角形",或是简称为"三角形"。当股价走势进入整理时,股价震荡的幅度逐渐减小,形成高点越来越低、低点越来越高的走势,利用高点与高点、低点与低点所连接起来的切线,形成角度大约相等的上下两条趋势线,其延长线交会于线图的右侧,而两条趋势线的夹角为锐角,所以也有人称之为"锐角三角形"。

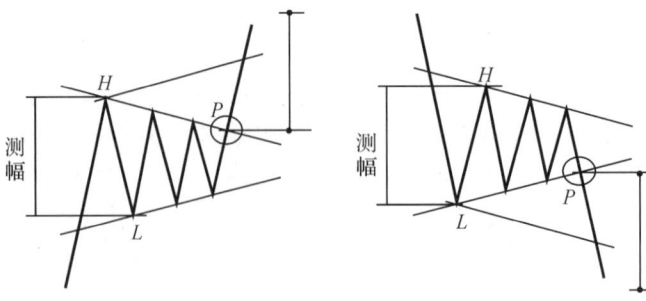

图 4-116　涨升过程中的对称收敛三角形　　图 4-117　下跌过程中的对称收敛三角形

根据波浪理论的描述,标准的走势是每个段落与前一个段落的比例约为 0.618,但在形态的探讨上只要符合收敛走势即可。而有部分技术分析人士宣称:当走势呈现三角形整理时,股价若在距离两条趋势线交会尖端大约三分之二到四分之三处突破或跌破,其力道的反应会较为明显,若超过这样的距离才突破或跌破,其效用将会大减;或者说,盘整到趋势线的交会处将会产生走势的变化。然而就实际操作经验得知,无论是三角形或是楔形,突破、跌破的时间并无定论,所以请投资人参考即可,不必将这样的说法列为必要条件。

至于形成三角形的原因,大多是股价走势在明显的上涨之后,市场的价格与成交量的波动力道减缓,使股价走势形成一个横向运动。在横向整理过程中,无论是属于多方或是空方操作的投资人,进场的意愿不足且采取观望态度,导致走势波幅逐渐缩小,成交量也随着走势呈现萎缩。当价格与量能沉淀到一定程度之后,只要有稍微放大的力道介入,便会破坏整理过程中的平衡,并使走势出现剧烈变化,这也是技术面中所谓的"推挤现象"。而本形态可以出现在多头与空头行进间的整理走势中,只是不得被视为反转形态。出现类似三角形的反转形态,请以三重顶(底)或是其他复合式的头部(底部)进行分析。

(六)上升收敛三角形

走势的特点:如图 4-118 和图 4-119 所示,本形态属于对称收敛三角形的变化形态,一般称为"上升三角形"。其走势的分析重点与对称收敛三角形无异,主要的差异是利用走势所画出的趋势线有所不同:无论在多头或是空头走势中,其上限为水平趋势线,其下限为往右上方倾斜的趋势线,而两条趋势线的夹角为锐角,所以有人称之为"直角三角形"。不宜将本形态当成反转形态,若在空转多时出现类似走势,请以三重底进行规划。

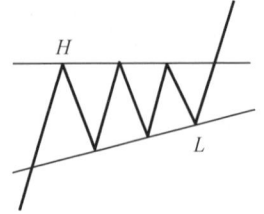　　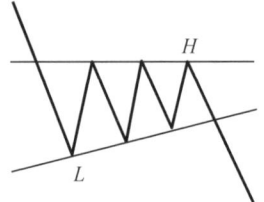

图 4-118　涨升过程中的上升收敛三角形　　图 4-119　下跌过程中的上升收敛三角形

（七）下降收敛三角形

走势的特点：如图 4-120 和图 4-121 所示，本形态属于对称收敛三角形的变化形态，一般称为"下降三角形"。其走势的分析重点与对称收敛三角形无异，主要的差异是利用走势所画出的趋势线有所不同：无论在多头或是空头走势中，其下限为水平趋势线，其上限为往右下方倾斜的趋势线，而两条趋势线的夹角为锐角，所以有人称之为"直角三角形"。不宜将本形态当成反转形态，若在多转空时出现类似走势，请以三重顶进行规划。

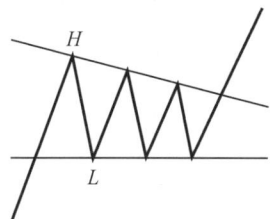 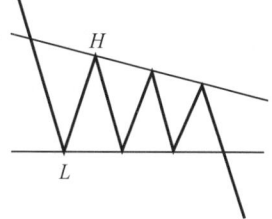

图 4-120　涨升过程中的下降收敛三角形　　图 4-121　下跌过程中的下降收敛三角形

（八）收敛下降楔形

走势的特点：如图 4-122 和图 4-123 所示，当行情经过一段时间的上涨或是下跌之后，股价走势进入整理阶段。由于多空双方呈现拉锯战，越靠近整理末端，走势震荡幅度越小，但是却仍维持盘跌向下的方式震荡。若取其高对高、低对低的切线，将会形成上下限都向右下方倾斜的趋势线，且两条趋势线往右下方逐渐靠拢闭合，属于收敛的三角形态。但因为两条趋势线同方向，故称为"收敛下降楔形"，简称"下降楔形"，本形态又属于下降旗形的变化形态。

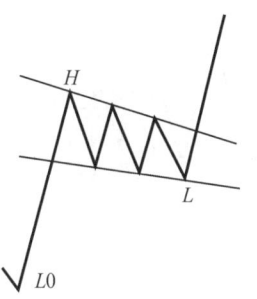 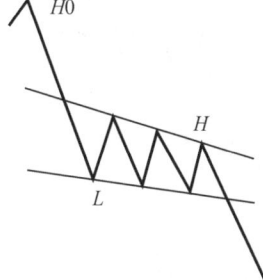

图 4-122　涨升过程中的收敛下降楔形　　图 4-123　下跌过程中的收敛下降楔形

下降楔形的走势可以出现在多头与空头过程中，除了可以属于中继形态外，在空头下跌过程中也可以作为空转多的转折形态，此部分的说明将在反转楔形中再探讨。

（九）收敛上升楔形

走势的特点：如图 4-124 和图 4-125 所示，当行情经过一段时间上涨或是下跌之后，股价走势进入整理阶段。由于多空双方呈现拉锯战，越靠近整理末端，走势震荡幅度越小，但却仍维持盘坚向上的方式震荡。若取其高对高、低对低的切线,将会形成上下限都向右上方倾斜的趋势线,且两条趋势线往右上方逐渐靠拢闭合,属于收敛的三角形态。但因为两条趋势线同方向,故称为"收敛上升楔形",简称"上升楔形",本形态又属于上升旗形的变化形态。

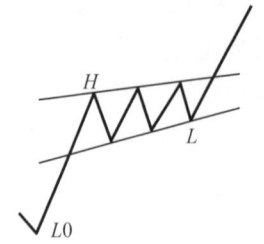

图 4-124　涨升过程中的收敛上升楔形　　图 4-125　下跌过程中的收敛上升楔形

上升楔形的走势可以出现在多头与空头过程中,除了可以属于中继形态外,在多头涨升过程中也可以作为多转空的转折形态,此部分的说明将在反转楔形中再探讨。

(十)收敛反转楔形

走势的特点:如图 4-126 和图 4-127 所示,当行情经过一段长时间上涨或是下跌后,股价走势可能进入最终阶段,并呈现多空双方的拉锯战。在多头走势的末端,以多方较强的盘坚模式逐渐攻坚,形成收敛上升楔形的形态,最后跌破上升趋势线,走势出现反转;或是在空头走势的末端,以空方较强的盘跌模式不断创低,形成收敛下降楔形的形态,最后突破下降趋势线,走势出现反转,此时可称此形态为"收敛反转楔形",简称"反转楔形",本形态又属于反转旗形的变化形态。

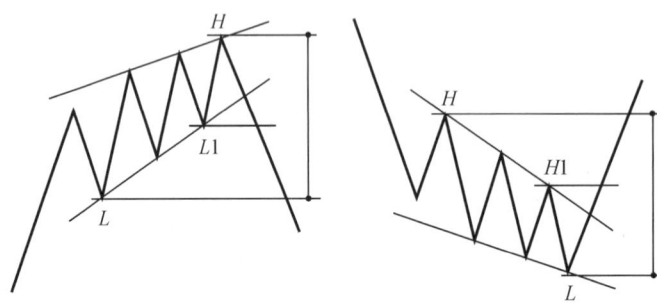

图 4-126　多头走势中的收敛反转楔形　　图 4-127　空头走势中的收敛反转楔形

(十一)扩张反转楔形

走势的特点:如图 4-128 和图 4-129 所示,当行情经过一段长时间的上涨或是下跌之后,股价走势可能进入最终阶段,呈现多空双方的剧烈震荡,且幅度越来越大。在多头走势的末端,以多方较强的盘坚模式逐渐攻坚,形成扩张上升楔形的形态,最后跌破上升趋势线,走势出现反转;或是在空头走势的末端,以空方较强的盘跌模式不断创低,形成扩张下降楔形的形态,最后突破下降趋势线,走势出现反转,此时就可以称此形态为"扩张反转楔形",本形态又属于反转旗形的变化形态。

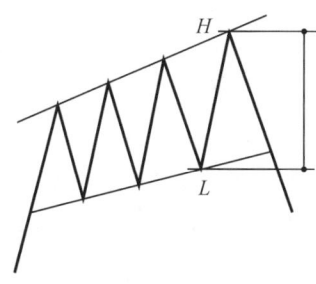 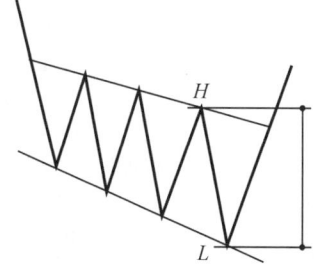

图 4-128　多头走势中的扩张反转楔形　　图 4-129　空头走势中的扩张反转楔形

扩张楔形与收敛楔形的形态一样,也会出现中继的整理形态,可以分别在多头上涨过程与空头下跌过程中出现,其名称为"扩张上升楔形"与"扩张下降楔形",分析的重点、出现的位置等,与收敛楔形的描述相差无几,请投资人直接参阅收敛楔形的说明。

(十二)菱形

走势的特点:如图 4-130 和图 4-131 所示,当出现菱形的形态时,坊间技术分析书籍通常会将本形态定位为中级头部或是底部的反转形态,然而在实际运用的过程中发现,类似菱形走势的头部形态都可以利用复合式头部进行定位,在低档出现时亦然。但是在进行中段整理走势的过程中,出现类似菱形的形状却不见探讨,偏偏在实际运用时其重要性超过头部或底部,因此本单元不将菱形视为反转形态,反而将其归类在整理形态之中。

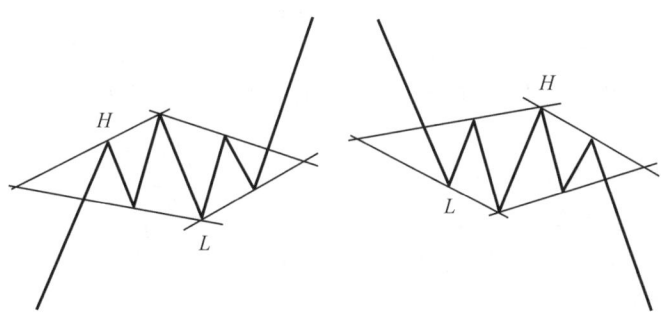

图 4-130　涨升过程中的菱形　　图 4-131　下跌过程中的菱形

当股价走势暂告一个段落后进入整理,图形出现类似扩张的形态,却又没有跌破或是突破当时的趋势线,反而形成一个收敛的走势。这种左边扩张、右边收敛的复合形态,根据其高低点画切线,便形成一个类似平行四边形的走势图,这就是菱形走势,又称为"钻石形态"。

请特别注意,在多头时,菱形走势的最高点不是当时多头走势的止涨点,而是在开始进入修正时的那个高点,也就是图 4-130 所标示的 H 位置;在空头时,菱形走势的最低点不是当时空头走势的止跌点,而是在开始进入修正时的那个低点,也就是图 4-131 所标示的 L 位置。

第六节 量价理论

所谓量价关系，就是指成交量和价格的同步或背离的关系。成交量与价格之间的关系，市场上主要有3种观点：一是，价格是第一位的，成交量是次要的；二是，成交量领先于价格运动；三是，成交量验证价格形态。首先，成交量在某些时候会出现明显增加（或减少），而此时价格仍未出现突破性的变动，这时候成交量的异动，应该引起我们的注意，因为价格的变化很可能随后就来。其次，价格的突破（特别是向上突破），一般需要成交量的配合，也就是需要在后期对成交量进行考量，看其是否符合验证价格形态的特征，进而判定价格突破变化的有效性。

然而，上述3种特征及判断方法，仅是一些原则性的东西以及具有可用于后期辅助判定的功能，仍不能相对明确地根据当前市场量价关系特征进行多空判定，而且对期货市场而言，另外一个量——持仓量，也非常重要，并且持仓量必须和成交量以及价格"融合"在一起，综合判断才会更有效。

成交量和持仓量的变化会对期货价格产生影响，期货价格变化也会引起成交量和持仓量的变化。他们之间的特定关系可以用下面6种关系进行描述。

(1) 成交量、持仓量增加，价格上升，表明做多者买盘意愿的积极性超过做空者，那么短期内价格仍可能继续上涨。

(2) 成交量、持仓量减少，价格上升，表示做空者积极平仓（止损），但多数做多者仍坚持守仓，价格短期内向上，但不久后可能回落。

(3) 成交量增加，价格上升，但持仓量减少，说明做空者和做多者都在大量平仓，价格随时可能会下跌。

(4) 成交量、持仓量增加，价格下跌，表明做空者抛空意愿的积极性超过做多者，短期内价格还可能下跌，但若抛售过度，则价格反而可能转跌为升。

(5) 成交量、持仓量减少，价格下跌，表明做多者急于平仓，同时多数做空者仍坚持守仓，短期内价格将继续下跌。

(6) 成交量增加，持仓量和价格下跌，表明大量做多者积极平仓（止损），而做空者也同时大量获利了结，当成交量明显放大时则价格可能转为回升。

另外，若当前（近期）的量价关系特征均不在上述6种关系中，则宜将量价关系"往历史更前的时间段"里去寻找特征，并以最近出现过的明显关系特征为判定标准，继续看多（或看空）。

第七节　主要技术分析指标

一、趋势型指标

（一）移动平均线

移动平均线常用线有 5 天、10 天、30 天、60 天、120 天和 240 天的指标。其中,5 天和 10 天的短期移动平均线,是短线操作的参照指标,称作日均线指标;30 天和 60 天的是中期均线指标,称作季均线指标;120 天和 240 天的是长期均线指标,称作年均线指标。

1.移动平均线的优势

(1)移动平均线可以帮助投资者判断卖出和买入的信号,当股价有效跌破移动平均线之际,为卖出信号;当股价有效突破移动平均线,为买进信号。

(2)移动平均线可以简单快捷地呈现出股价波动的大体趋向。

2.移动平均线的劣势

(1)单单依靠移动平均线的买入信号和卖出信号,投资者不容易准确地做出卖出或者买入的操作。通常情况下,移动平均线需要和其他的技术指标相结合使用。

(2)当市场行情正处于盘整的局势时,移动平均线所反映的卖出买入信号会频繁出现,而这时也是投资者最容易"上当受骗"的时候。

(3)移动平均线的变动较为缓慢,投资者很难简单方便地把握价格的低谷或者高峰,尤其对长期移动平均线而言,这劣势更为显眼。

3.移动平均线的应用

(1)上升行情初期,短期移动平均线从下向上突破中长期移动平均线,形成的交叉叫"黄金交叉",简称"金叉",预示股价将上涨:黄色的 5 日均线上穿紫色的 10 日均线形成的交叉;10 日均线上穿绿色的 30 日均线形成的交叉均为黄金交叉,如图 4-132 所示。

(2)当短期移动平均线向下跌破中长期移动平均线,形成的交叉叫作"死亡交叉",预示股价将下跌:黄色的 5 日均线下穿紫色的 10 日均线形成的交叉;10 日均线下穿绿色的 30 日均线形成的交叉均为死亡交叉。

但是,不是所有的黄金交叉和死亡交叉都是进货点和出货点。原因是庄家有时会进行骗钱。尤其是在上升途中或者下跌途中,庄家可能会进行震荡洗盘或震荡出货。此时,黄金交叉和死亡交叉所指示的买卖点是非常不可靠的,这种情况下,投资者应该小心。

(3)在上升行情进入稳定期,5 日、10 日、30 日移动平均线按照从上而下顺序排列,向右上方移动,称为多头排列,预示股价将大幅上涨。

(4)在下跌行情中,5 日、10 日、30 日移动平均线按照自下而上顺序排列,向右下方移动,称为空头排列,预示股价将大幅下跌。

(5)在上升行情中股价位于移动平均线之上,走多头排列的均线可视为多方的防线;当股价回档至移动平均线附近时,各条移动平均线依次产生支撑力量,此时买盘入场,可推动

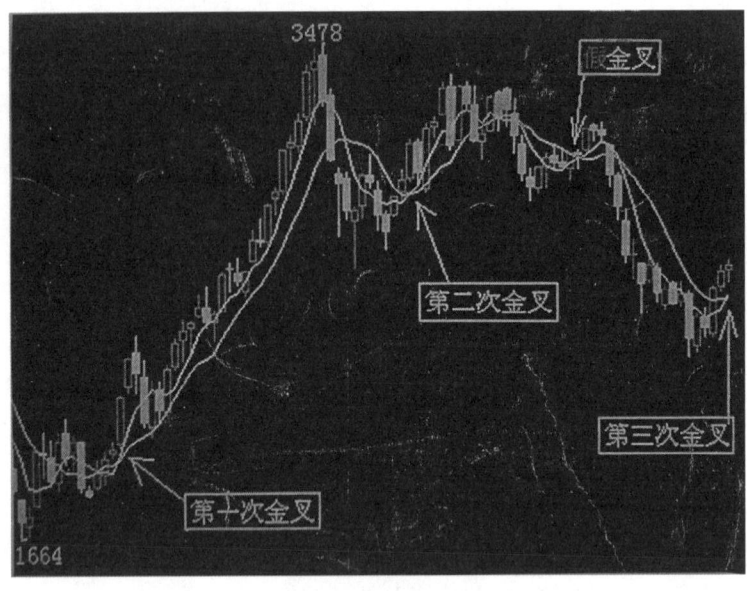

图 4-132 黄金交叉

股价再度上升,这就是移动平均线的助涨作用。

(6)在下跌行情中,股价在移动平均线的下方,呈空头排列的移动平均线可以视为空方的防线,当股价反弹到移动平均线附近时,便会遇到阻力,此时卖盘涌出,可促使股价进一步下跌,这就是移动平均线的助跌作用。

(7)移动平均线由上升转为下降从而出现的最高点,和由下降转为上升从而出现的最低点,是移动平均线的转折点,预示股价走势将发生反转。

(8)移动平均线在底部出现双底形态或三重底形态的时候,就是最佳买入时机;而移动平均线在顶部出现双顶形态或三重顶形态的时候,就是最佳卖出时机。

(9)移动平均线运行一段时间后,会出现波峰和波谷,这就是转点。移动平均线的转点非常重要,它通常预示着趋势的转变。当一种移动平均线向上运行,无法再创新高,并显示波峰状,即股价无力创新高并可能转变趋势下行的征兆,这种转点通常又称为卖点。在下跌过程中,移动平均线向下运行,曲线转平并调头时,波谷就出现了,即人们所说的买点。投资者应紧跟移动平均线,及时发现转点(波峰和波谷)来寻找买卖点。

(10)移动平均线简单实用、易于掌握,很受投资人的喜爱。但同时,它也有缺点,主要是在股指、股价窄幅整理或庄家进行震荡洗盘时,短期移动平均线会过多,出现买卖信号,这类信号不易辨别,容易造成误导。另外,投资者的持仓成本对了解移动平均线也很重要。

(二)平滑异同移动平均线

平滑异同移动平均线(moving average convergence and divergence,MACD),是一种利用短期均线与长期均线之间的聚合与分离状况,对买进卖出时机进行研判的技术指标。运用两条不同速度(短期与长期)的平滑移动平均线,可计算两者的正负差(又称差离值,即 differential value,DIF),再由 DIF 的多日平均计算出 MACD 值(也称为异同平均数、离差平均值)。经过双重平滑运算,便可较好地"过滤"出买卖信号。

把差离值和差离平均值画在以时间为横轴、以 MACD 为纵轴的坐标上,通过观察差离值和差离平均值的方向、绝对位置和相对位置关系,把它们的同向、异向和交叉作为买卖信号的提示。为使买卖信号更直观,还可以将差离值减离差平均值之差向时间轴引垂直线,得到柱状线。

根据移动平均线原理发展出来的 MACD,既去除了移动平均线频繁发出假信号的缺陷,又保留了移动平均线的趋势性、稳重性、安定性。在国内外证券、期货市场上,MACD 也被证明是一种较为有效的研判股票买卖时机、跟踪股价运行趋势的技术分析工具。

1. DIF 和 MACD 的交叉分析

(1)当 DIF 和 MACD 都在零线以下,而 DIF 向上突破 MACD 时,表明空头市场的反弹行情已经开始,可以开始买进股票或持股,这是 MACD 指标"黄金交叉"的一种形式。

(2)当 DIF 与 MACD 都在零线以上,而 DIF 向上突破 MACD 时,表明股市处于强势之中,股价将再次上涨,可以加码买进股票或持股待涨,这就是 MACD 指标"黄金交叉"的另一种形式。

(3)当 DIF 与 MACD 都在零线以上,而 DIF 却向下突破 MACD 时,表明股市即将由强势转为弱势,股价将下跌,这时应卖出大部分股票而不能买入股票,这就是 MACD 指标"死亡交叉"的一种形式。

(4)当 DIF 和 MACD 都在零线以上,而 DIF 向下突破 MACD 时,表明股市将再次进入极度弱市中,股价还将下跌,可以再卖出股票或观望,这是 MACD 指标"死亡交叉"的另一种形式。

2. MACD 指标中的柱状图分析

(1)红柱持续放大,表明股市处于牛市行情中,股价将继续上涨,这时应持股待涨或短线买入股票,直到红柱无法再放大时才考虑卖出。

(2)蓝(绿)柱持续放大,表明股市处于熊市行情之中,股价将继续下跌,这时应持币观望或卖出股票,直到蓝(绿)柱开始缩小时才可以考虑少量买入股票。

(3)红柱开始缩小,表明股市牛市即将结束(或要进入调整期),股价将大幅下跌,这时应卖出大部分股票而不能买入股票。

(4)蓝(绿)柱开始收缩,表明股市的大跌行情即将结束,股价将止跌向上(或进入盘整),这时可以进行少量长期战略建仓而不要轻易卖出股票。

(5)红柱开始消失、蓝(绿)柱开始放出,是股市转市信号之一,表明股市的上涨行情(或高位盘整行情)即将结束,股价将开始加速下跌,这时应开始卖出大部分股票而不能买入股票。

(6)绿柱开始消失、红柱开始放出,也是股市转市信号之一,表明股市的下跌行情(或低位盘整)已经结束,股价将开始加速上升,这时应开始加码买入股票或持股待涨。

3. MACD 图形的形态分析

(1)顶背离:当股价 K 线图上的股票走势一峰比一峰高,股价一直在向上涨,而 MACD 指标图形的走势是一峰比一峰低,即当股价的高点比前一次的高点高,而 MACD 指标的高点比前一次高点低,这叫顶背离现象。顶背离现象一般是股价在高位即将反转转势的信号,表明股价短期内即将下跌,是卖出股票的信号。

(2)底背离:底背离一般出现在股价的低位区。当股价 K 线图上的股票走势还在下跌,而MACD指标图形的走势是一底比一底高,即当股价的低点比前一次低点低,而指标的低点却比前一次的低点高,这叫底背离现象(图4-133)。底背离现象一般是预示股价在低位可能反转向上的信号,表明股价短期内可能反弹向上,是短期买入股票的信号。

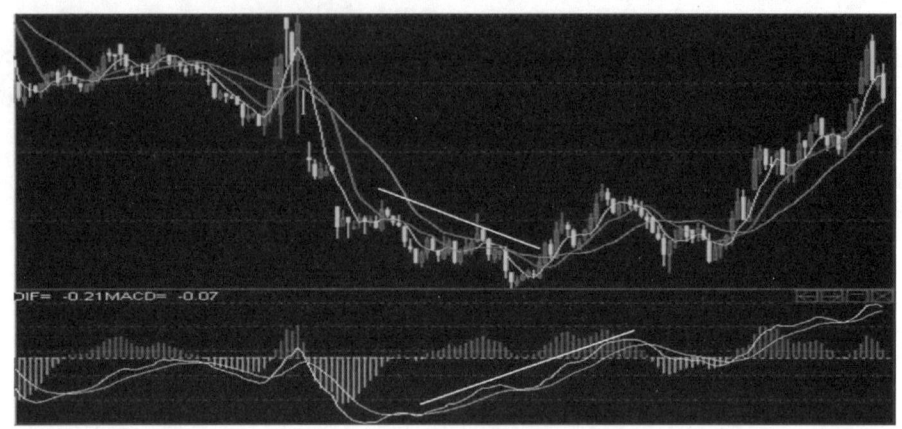

图4-133　MACD图形分析之底背离

在实践应用中,MACD指标的背离一般出现在强势行情中比较可靠。股价在高价位时,通常只要出现一次背离的形态即可确认为股价即将反转;而股价在低位时,一般要反复出现几次背离后才能确认。因此,MACD指标的顶背离研判的准确性要高于底背离,这点投资者要加以留意。

(三)布林线

布林线(bollinger bands,BOLL)指标属于比较特殊的一类指标。绝大多数技术分析指标是通过数量的方法构造出来的,它们本身不依赖趋势分析和形态分析,而BOLL指标却与股价的形态和趋势有着密不可分的联系。BOLL指标中的"股价信道"概念正是股价趋势理论的直观表现形式。BOLL是利用"股价信道"来显示股价的各种价位,当股价波动很小,处于盘整时,股价信道就会变窄,这可能预示着股价的波动处于暂时的平静期;当股价波动超出狭窄的股价信道的上轨时,预示着异常激烈的股价向上波动即将开始;当股价波动超出狭窄的股价信道的下轨时,同样也预示着异常激烈的股价向下波动即将开始。

如图4-134所示,布林线由3条轨道线组成,其中上下两条线分别可以看成股价的压力线(即上轨)和支撑线(即下轨),在两条线之间是一条股价平均线(即中轨)。一般情况下,价格线在由上下轨道组成的带状区间内游走,而且随价格的变化自动调整轨道的位置。当波带变窄时,激烈的价格波动有可能随即发生,表示变盘在即;若高低点穿越压力线或支撑线时,很快又回到波带内,则会有回档或反弹发生。

1.BOLL指标中的上、中、下轨线之间的关系

(1)布林线的上、中、下轨线同时向上运行,表明股价强势特征非常明显,股价短期内将继续上涨,投资者应坚决持股待涨或逢低买入。

(2)布林线的上、中、下轨线同时向下运行,表明股价的弱势特征非常明显,股价短期内将继续下跌,投资者应坚决持币观望或逢高卖出。

(3)当布林线的上轨线向下运行,而中轨线和下轨线却还在向上运行时,表明股价处于整理态势之中。如果股价处于长期上升趋势,则此时的股价是上涨途中的强势整理,投资者可以持股观望或逢低短线买入;如果股价处于长期下跌趋势,则此时的股价是下跌途中的弱势整理,投资者应以持币观望或逢高减仓为主。

(4)布林线的上轨线向上运行,而中轨线和下轨线同时向下运行,表明股价将经历一轮下跌,下跌的幅度将由开口的大小决定;反之,布林线的下轨线向下运行,而中轨线和上轨线同时向上运行,表明股价将经历一轮上涨,上涨的幅度将由开口的大小决定。这里不做展开讨论。

(5)当布林线的上、中、下轨线几乎同时处于水平方向横向运行时,则要看股价目前的走势处于什么样的情况再进行判断。

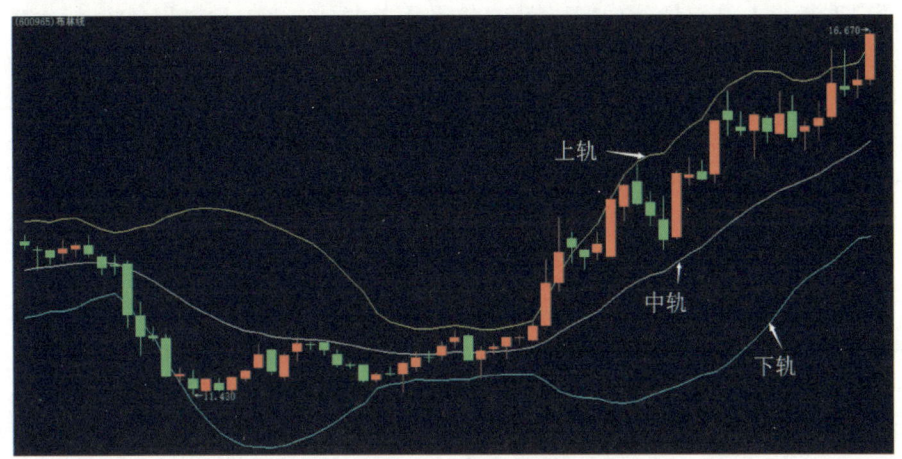

图 4-134　布林线的 3 条轨道

2.布林线技术分析应用

(1)股价由下向上穿越下轨线时,可视其为买进信号。
(2)股价由下向上穿越中轨时,将加速上扬,这是加仓买进的信号。
(3)股价在中轨与上轨之间波动运行时为多头市场,可持股观望。
(4)股价长时间在中轨与上轨间运行后,由上向下跌破中轨时为卖出信号。
(5)股价在中轨与下轨之间向下波动运行时为空头市场,此时投资者应持币观望。
(6)布林线中轨经长期大幅下跌后转平,出现向上的拐点,且股价在 2～3 日内均在中轨之上。此时,若股价回调,其回档低点往往是适量低吸中短线的切入点。
(7)对于在布林线中轨与上轨之间运作的强势股,不妨以回抽中轨作为低吸买点,并以中轨作为其重要的止盈、止损线。
(8)飙升的股价往往会短期冲出布林线上轨运行,一旦冲出上轨过多,而成交量又无法持续放出,注意短线高抛了结,如果由上轨外回落跌破上轨,此时也是一个卖点。

3.布林线"喇叭口"的研判

布林线"喇叭口"的研判是 BOLL 指标所独有的研判手段。所谓布林线"喇叭口",是指在股价运行的过程中,布林线的上轨线和下轨线分别从两个相反的方向与中轨线大幅远离或靠拢而形成的类似于喇叭口的特殊形状。根据布林线上轨线和下轨线运行方向和所处的位置的不同,我们又可以将"喇叭口"分为开口型喇叭口、收口型喇叭口和紧口型喇叭口 3 种类型。开口型喇叭口形态常出现在股票短期内暴涨行情的初期,收口型喇叭口形态常出现在股票暴跌行情的初期,紧口型喇叭口形态则常出现在股价大幅下跌的末期。

(1)开口型喇叭口:当股价经过长时间的底部整理后,布林线的上轨线和下轨线逐渐收缩,上下轨线之间的距离越来越小。随着成交量的逐渐放大,股价突然出现向上急速飙升的行情,此时布林线上轨线也同时急速向上扬升,而下轨线却加速向下运动,这样布林线上下轨之间的形状就形成了一个类似于大喇叭的特殊形态,我们把布林线的这种喇叭口称为开口型喇叭口。

开口型喇叭口是一种显示股价短线大幅向上突破的形态。它是于股价经过长时间的低位横盘筑底后,面临着向上变盘时所出现的一种走势。布林线的上、下轨线出现这种方向截然相反而力度却很大的走势,预示着多头力量逐渐强大而空头力量逐步衰竭,股价将处于短期大幅拉升行情之中。

开口型喇叭口形态的形成必须具备两个条件。其一,股价要经过长时间的中低位横盘整理,整理时间越长、上下轨之间的距离越小则未来涨升的幅度越大;其二,布林线开始开口时要有明显的大的成交量出现。

开口型喇叭口形态的确立是以K线向上突破上轨线、股价带量向上突破中长期均线为准。对于开口型喇叭口形态的出现,投资者如能及时短线买进定会获利丰厚。

(2)收口型喇叭口:当股价经过短时间的大幅拉升后,布林线的上轨线和下轨线逐渐扩张,上下轨线之间的距离越来越大,随着成交量的逐步减少,股价在高位出现了急速下跌的行情,此时布林线的上轨线开始急速掉头向下,而下轨线还在加速上升,这样布林线上下轨之间的形状就变成一个类似于倒的大喇叭的特殊形态,我们把布林线的这种喇叭口称为收口型喇叭口。

收口型喇叭口是一种显示股价短线大幅向下突破的形态。它是于股价经过短时期的大幅拉升后,面临着向下变盘时所出现的一种走势。布林线的上、下轨线出现这种方向截然相反而力度很大的走势,预示着空头力量逐渐强大而多头力量开始衰竭,股价将处于短期大幅下跌的行情之中。

收口型喇叭口形态的形成虽然对成交量没有要求,但它也必须具备一个条件,即股价经过前期大幅的短线拉升,拉升的幅度越大、上下轨之间的距离越大则未来下跌幅度越大。

收口型喇叭口形态的确立是以股价的上轨线开始掉头向下、股价向下跌破短期均线为准。对于收口型喇叭口形态的出现,投资者如能及时卖出则能保住收益,减少较大的下跌损失。

(3)紧口型喇叭口:当股价经过长时间的下跌后,布林线的上下轨向中轨逐渐靠拢,上下轨之间的距离越来越小。随着成交量的越来越小,股价在低位反复震荡,此时布林线的上轨还在向下运动,而下轨却在缓慢上升。这样布林线上下轨之间的形状就变成一个类似于倒的小喇叭的特殊形态,我们把布林线的这种喇叭口称为紧口型喇叭口。

紧口型喇叭口是一种显示股价将长期小幅盘整筑底的形态。它是于股价经过长期大幅下跌后,面临着长期调整而出现的一种走势。布林线的上下轨线的逐步小幅靠拢,预示着多空双方的力量逐步处于平衡,股价将处于长期横盘整理的行情中。

紧口型喇叭口形态的形成条件和确认标准比较宽松,只要股价经过较长时间的大幅下跌后,成交极度萎缩,上下轨之间的距离越来越小就可认定紧口型喇叭口形态初步形成。当紧口型喇叭口出现后,投资者既可以观望等待,也可以少量建仓。

（四）抛物线指标或停损转向指标

抛物线（stop and reverse，SAR）指标也称为停损点转向指标，这种指标与移动平均线的原理颇为相似，属于价格与时间并重的分析工具。由于组成 SAR 的点以弧形的方式移动，故称"抛物转向"（图 4-135）。

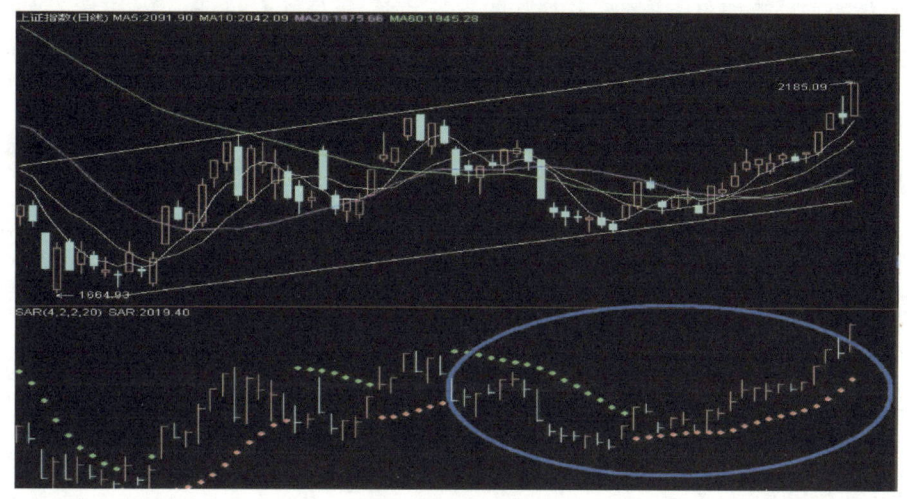

图 4-135　抛物线指标

1. SAR 指标的优点

（1）操作简单，买卖点明确，出现买卖信号即可进行操作，特别适合那些入市时间不长、投资经验不丰富、缺乏买卖技巧的中小投资者使用。

（2）适用于连续拉升的"牛股"，不会轻易被主力震仓和洗盘。

（3）适用于连续阴跌的"熊股"，不会被下跌途中的反弹诱多所蒙骗。

（4）适用于中短线的波段操作。

（5）长期使用 SAR 指标虽不能买进最低价，也不能卖出最高价，但可以避免长期套牢的危险，同时又能避免错失牛股行情。

2. SAR 指标分析应用

由于 SAR 指标具有简单易懂、操作方便、稳重可靠等优势，因此 SAR 指标又称为"傻瓜"指标，被广大投资者特别是中小散户普遍运用。

（1）股票股价从 SAR 曲线下方开始向上突破 SAR 曲线，为买入信号，预示着股价一轮上升行情可能展开，投资者应迅速及时地买进股票。

（2）股票股价向上突破 SAR 曲线后继续向上运动而 SAR 曲线也同时向上运动，表明股价的上涨趋势已经形成，SAR 曲线对股价构成强劲的支撑，投资者应坚决持股待涨或逢低加码买进股票。

（3）股票股价从 SAR 曲线上方开始向下突破 SAR 曲线，为卖出信号，预示着股价一轮下跌行情可能展开，投资者应迅速及时地卖出股票。

（4）股票股价向下突破 SAR 曲线后继续向下运动而 SAR 曲线也同时向下运动，表明股价的下跌趋势已经形成，SAR 曲线对股价构成巨大的压力，投资者应坚决持币观望或逢高减磅。

(5) SAR 曲线向下运行的角度大于 45 度,说明空方力量比较强大,股价的跌势比较迅猛,股价还将继续下跌。此时,投资者应坚决持币观望,不宜轻易抢反弹。

(6) SAR 曲线向上运行的角度大于 45 度,而且 SAR 曲线刚刚向上运行,说明多方力量开始积聚,股价将继续向上攀升。此时,投资者应坚决持股待涨。

(7) SAR 曲线向上运行的角度大于 45 度,而且 SAR 曲线已经向上运行了很长一段时间并且股价短期内涨幅过大,说明多方力量消耗过大,股价随时可能反转向下。此时,投资者应密切关注 SAR 曲线的走势,一旦 SAR 指标发出明显的卖出信号就应坚决清仓离场。

(8) SAR 曲线向下运行的角度小于 45 度,并且 SAR 曲线向下持续运行了很长一段时间以后(最少 3 个月),一旦股价向上突破 SAR 曲线,则股价的中长期下跌趋势可能结束,投资者可以开始逢低买入股票。

(9) SAR 曲线向上运行的角度小于 45 度,并且 SAR 曲线已经向上运行了很长一段时间的低位盘整(最少 3 个月),说明空方的力量已经衰竭,多方的力量开始加强,股价新的一轮涨升行情已经展开,股价将继续上涨。此时,投资者应坚决持股待涨。

二、摆动型指标

(一)随机指标

KDJ 指标又称随机指标(K 值、D 值、J 值,KDJ),是一种相当新颖、实用的技术分析指标,它起先用于期货市场的分析,后被广泛用于股市的中短期趋势分析,是期货和股票市场上最常用的技术分析工具。

随机指标 KDJ 一般用于股票分析的统计体系:根据统计学原理,利用一个特定周期(常为 9 日、9 周等)内出现过的最高价、最低价和最后一个计算周期的收盘价,以及这三者之间的比例关系,来计算最后一个计算周期的未成熟随机值(row stochastic value,RSV),然后根据平滑移动平均线的方法来计算 K 值、D 值与 J 值,并绘制曲线图来研判股票走势。

1. KDJ 指标分析

(1) KD 指标的背离:在 KD 处在高位或低位时出现的与股价走向的背离,是采取行动的信号。

(2) J 指标取值超过 100 和低于 0,都属于价格的非正常区域,大于 100 为超买,小于 0 为超卖。

(3) KD 的取值:KD 的统一取值范围是 0~100,我们可以将其划分为 3 个区域,80 以上为超买区,20 以下为超卖区,其余为徘徊区。但是股票投资者需要注意的是,这种划分只是一个信号提示,不能完全按这种分析方法进行操作。

(4) KD 指标的交叉:K 与 D 的关系就如同股价与移动平均线的关系一样,也有死亡交叉和黄金交叉的问题。

(5) KD 指标曲线的形态:KD 指标在较高或较低的位置形成了头肩形和多重顶(底),是采取行动的信号。

这里股票投资者同样需要注意的是,这些形态一定要在较高位置或较低位置出现,位置越高或越低,结论越可靠。

2.KDJ 技术分析应用

(1)K 线是快速确认线——数值在 90 以上为超买,数值在 10 以下为超卖;D 线是慢速主干线——数值在 80 以上为超买,数值在 20 以下为超卖;J 线为方向敏感线,当 J 值大于 90,特别是连续 5 天以上,股价至少会形成短期头部,反之 J 值小于 10 时,特别是连续数天以上,股价至少会形成短期底部。

(2)当 K 值由较小逐渐增大直至大于 D 值,在图形上显示 K 线从下方上穿 D 线,俗称金叉,即为买进的讯号(图 4-136)。

实战时当 K、D 线在 20 以下交叉向上,此时的短期买入信号较为准确;如果 K 值在 50 以下,由下往上接连两次上穿 D 值,形成右底比左底高的"W 底"形态,则后市股价可能会有相当大的涨幅。

(3)当 K 值由较大逐渐减小直至小于 D 值,在图形上显示 K 线从上方下穿 D 线,显示趋势是向下的,俗称死叉,即为卖出的讯号。

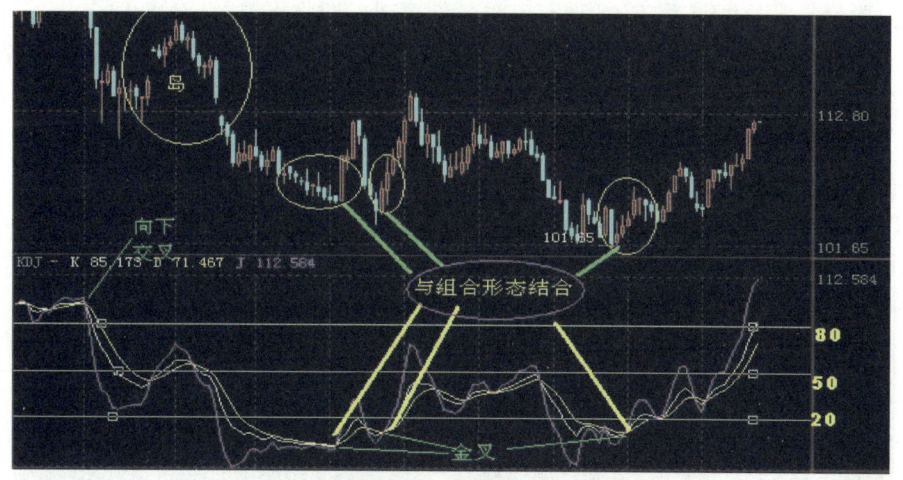

图 4-136　KDJ 技术分析

实战时当 K、D 线在 80 以上交叉向下,此时的短期卖出信号较为准确;如果 K 值在 50 以上,由上往下接连两次下穿 D 值,形成右头比左头低的"M 头"形态时,后市股价可能会有相当大的跌幅。

(4)通过 KDJ 与股价背离的走势来判断股价顶底也是颇为实用的方法:股价创新高,而 KD 值没有创新高,为顶背离,应卖出;股价创新低,而 KD 值没有创新低,为底背离,应买入。

需要注意的是,KDJ 顶底背离判定的方法只能和前一波高低点时 KD 值相比,不能跳过去相比较。

(二)相对强弱指数

相对强弱指数(relative strength index,RSI)是根据一定时期内上涨点数和涨跌点数之和的比率制作出的一种技术曲线,能够反映出市场在一定时期内的景气程度。由于 RSI 指标实用性很强,因而被多数投资者所喜爱。所以在讲到 RSI 技术分析指标的时候,首先要告诉投资者,这个技术指标非常适合做短线差价操作。该分析指标的设计是以 3 条线来反映价格走势的强弱,这种图形可以为投资者提供操作依据。

1. RSI 指标分析

(1)顶点 70、底点 30 通常分别为超买讯号、超卖讯号。

(2)分歧(或背离):市况创下新高(低)但 RSI 并不处于新高(低),这通常表明市场将出现反转。

(3)支撑及阻力:RSI 能显示支持及阻力位,有时比价格图更能清晰反应支持及阻力。

(4)价格趋势形态与价格图相比,价格趋势形态如双顶及头肩在 RSI 上表现更清晰。

(5)RSI 突破(超过前高或低点)可能表示价格将有突变。与其他指标相同,RSI 需与其他指标配合使用,不能单独产生讯号,价格的确认是决定入市价位的关键。

2. RSI 技术分析应用

(1)顶背离:RSI 处于高位,但在创出近期新高后,反而形成一峰比一峰低的走势,而此时 K 线图上的股价却再次创出新高,形成一峰比一峰高的走势,这就是顶背离。顶背离现象一般是股价在高位即将反转的信号,表明股价短期内即将下跌,是卖出信号。

在实际走势中,RSI 指标出现顶背离,是指股价在进入拉升过程中,先创出一个高点,RSI 指标也相应在 80 以上创出新的高点,之后,股价出现一定幅度的回落调整,RSI 也随着股价回落走势出现调整。但是,如果股价再度向上并超越前期创出的新高点时,而 RSI 随着股价上扬也反身向上但没有冲过前期高点就开始回落,这就形成 RSI 指标的顶背离。RSI 出现顶背离后,股价见顶回落的可能性较大,是比较强烈的卖出信号。

(2)底背离:RSI 的底背离一般出现在 20 以下的低位区。K 线图上的股价一路下跌,形成一波比一波低的走势,而 RSI 线在低位却率先止跌企稳,并形成一底比一底高的走势,这就是底背离,如图 4-137 所示。底背离现象一般预示着股价短期内可能将反弹,是短期买入的信号。

图 4-137 RSI 底背离

与研判 MACD、KDJ 等指标的背离现象一样,RSI 的背离中,顶背离的研判准确性要高于底背离。当股价在高位,RSI 在 80 以上出现顶背离时,可以认为股价即将反转向下,投资者可以及时卖出股票;而股价在低位,RSI 也在低位出现底背离时,一般要反复出现几次底背离才能确认,并且投资者只能做战略建仓或短期投资。

(3)RSI 曲线在高位(50 以上)形成 M 头或三重顶等高位反转形态,意味着股价的上升动能已经衰竭,股价有可能出现长期反转行情,投资者应及时地卖出股票。如果股价走势曲线也先后出现同样形态则更可确认,股价下跌的幅度和过程可参照 M 头或三重顶等顶部反转形态的研判。

(4)RSI 曲线在低位(50 以下)形成 W 底或三重底等低位反转形态,意味着股价的下跌动能已经减弱,股价有可能构筑中长期底部,投资者可逢低分批建仓。如果股价走势曲线也先后出现同样形态则更可确认,股价的上涨幅度及过程可参照 W 底或三重底等底部反转形态的研判。

第五章
期货投资策略与风控

第一节 套期保值交易

一、套期保值概念

期货市场基本的经济功能之一就是为现货企业提供价格风险管理的机制。为了避免价格风险,最常用的手段便是套期保值。期货交易的主要目的是将生产者和用户的价格风险转移给投机者。现货企业利用期货市场来抵消现货市场中价格的反向运动,这个过程就叫套期保值。

（一）套期保值及其特点

套期保值就是在期货市场买进或卖出与现货数量相等但交易方向相反的商品期货合约,以期在未来某一时间通过卖出或买进相同的期货合约对冲平仓,结清期货交易带来的盈利或亏损,以此来补偿或抵消现货市场价格变动所带来的实际价格风险或利益,使交易者的经济收益稳定在一定的水平。也就是说,套期保值是以规避现货价格风险为目的的期货交易行为。

自期货市场创立以来,形成了3种有代表性的套期保值学说。一是凯恩斯和希克斯的正常交割延期理论,也是最原始的含义,认为套期保值是指在期货市场上买进或卖出与现货数量相当而交易方向相反的商品期货合约,以期在未来某一时间通过卖出或买进同等数量的期货合约补偿因现货价格波动所造成的实际价格风险的交易。二是沃金的套利学说,认为期货市场的套期保值者实际上是避免了现货价格变动时的较大风险,而接受了基差变动这一较小的风险。其实质是把套期保值看作现货和期货间的套利行为,是从可预测的现货和期货价格关系的变化来获利,而不是降低风险,套期保值被看作是基差投机。三是约翰逊和斯特恩的风险资产管理学说,认为套期保值者进入期货市场的原因与任何一位投资者进入其他市场一样,是为了取得在一定风险水平下的最高收益或一定收益下的最低风险。一般而言,基差风险小于现价风险,这样套期保值者在期市上进行反方向的某种操作,则期市资产与现市资产呈一定的负相关关系,从而该资产组合能获得令他满意的风险与收益组合。因此,套期保值者除了可以进行选择性的套期保值外,买卖期货合约的数量也不一定要与现货交易的数量一致,他们可以针对市场变化随时调整和改变期货交易的数量。他们引入无风险资产概念,以无风险资产为标准衡量风险补偿率,并提出风险补偿最大化套期保值比率概念,这就可以在达到单位风险补偿最大的同时使风险处于较低水平。

(二)期货转现货及其特点

期货转现货是指持有同一交割月份合约的多空双方,就期货平仓价格及现货交货价格达成协议,将期货持仓按协议价格由交易所代为平仓,按协议现货价进行现货买卖,变期货部位持仓为现货部位的交易。很多期货交易所都允许采取期转现的交易方式,如郑州商品交易所于2001年9月1日正式推出了期货转现货业务;上海期货交易所于2000年6月推出了适用于标准仓单的"期货转现货"交割办法,2001年4月又经过修改完善,将其适用范围扩展到非标准仓单。

期货转现货业务有以下特点:

(1)它允许交易者进行非合约条款交易,满足投资者的不同偏好和需求,如可以在非指定交割地点进行交割,在正常交易时间之外进行交割,还允许在交易厅外商谈交易。

(2)锁定成本和利润。它的最大特点就是利用协议基差来操作,买卖双方经过讨价还价,协定好期货平仓价格和现货交货价格的基差,从而对双方的成本和利润进行了锁定。

(3)交割地点、交割品种的灵活性。进行期货转现货交易,不仅可以选择交易所的标准仓单,而且可以利用非标准仓单,在非交割地点进行交割,这就大大增强了期货交割规则的灵活性,降低了交易成本,使套期保值者最大限度地实现保值目的。

(4)时间上的优越性。只要双方有期货转现货的意向,在任何时间都可协商谈判,申请办理,而不仅限于合约到期才能交割。

(5)价格上的灵活性。在确定好期货平仓价格和现货交货价格的基差的基础上,达成双方认可的期货平仓价格和现货交割价格。双方协商的价格没有必要与当时的期货价格相同,只要在当日允许的期货价格波动幅度内即可,避开了有竞争的公开报价制度。

(6)期转现交易比远期合同交易和期货交易更有利。远期合同交易可以回避价格风险,但面临违约问题和流动性问题;期货交易虽没有上述问题,但在交割品级、交割时间和地点的选择上没有灵活性,而且成本较高。

(三)套期保值与期转现的关系

(1)套期保值是期货转现货的基础和保证。

期货市场套期保值的参与者是期货市场存在和发展的基础,也是现货市场的主要现货供给者,只有套期保值者的存在和参与,期货转现货才有实现的可能。采取期货转现货这种措施,可以使期货市场更加贴近现货市场。一般来说,期货交易品种的实物交割对加强该品种期现两市的联系有重要作用,没有实物交割,期货市场如同无源之水,虽然一般期货交易品种的实物交割量仅占其成交量的3%左右,但这3%的实物交割量却是套期保值的一种特殊方法,也成为连接期现两市的纽带和桥梁。而期货转现货的措施将交割时间从期货合约交割月拓展至任何时间,由此使多空双方具有更充分的时间完成实物的交割,缓解了期货交易价格大幅上涨或下跌而导致的市场风险,促使期现两市的影响因素相互渗透、相互交织,并且引导期货投资者关注现货交易。同时,套期保值需要平仓或实物交割,而期货转现货与在交易厅平仓后买卖现货或到期实物交割既有密切联系，又有本质不同。与在交易厅平仓后买卖现货不同，期转现是以买卖双方商定的价格平仓，而在交易厅平仓后买卖现货的平仓价格只能竞价。期转现与实物交割也不同，买卖双方可以提前交货，也可以到交割月交货，交货时间、地点和品级由双方商定，而实物交割只能到期在指定地点付款提货。由此可见，期转现的一个重要条件是期货价格与现货价格保持在合理的价区内，当期价严重偏离现价时，即使包含成本因素，对于买卖中的一方，期转现得到的收益仍小于在交易厅平仓后买卖现货或实物交割得到的收益，这时期转现是无法进行的。另外，期货市场参与者的结构、套期保值者和现货贸易伙伴是否足够多，期转现规则是否便利，都将影响期转现的数量。

(2) 期货转现货是套期保值理论的发展和延伸。

期货转现货是套期保值的一种新方法，是套期保值理论的创新。利用协议基差进行期货转现货交易，协议基差的大小是最重要的影响因素，而套期保值的方法之一就是基差交易，因此，期货转现货是套期保值理论的发展和延伸。不论是套期保值还是期货转现货，在操作时都应考虑以下因素：交割的有关费用、储仓费、利息费、资金和货物提前利用所得到的机会收益、现货价格和期货价格、期货转现货交收货物和交割标准品级的现货差价等。由于期货价格中已经包含交割、仓储、利息等费用，所以期价一般高于现价，从而，期价和现价之差是确定协议基差的重要依据。一般来说，期货转现货双方按照结算价格平仓，用结算价格减去协议基差确定交收货物价格时，卖方应将节约费用的大部分以协议基差的形式给予买方。在期现价格差和上述费用基本一致的情况下，协议基差应该低于期货市场和现货市场的价格差。因为在该情况下，与交割方式相比，卖方基本没有获得期货转现货收益，买方获得所有期货转现货收益，买卖双方进行期货转现货的可能性很小。在小于期现价格差的情况下，少于部分即为卖方进行期货转现货获得的收益，协议基差为买方获得的期货转现货收益。

(3) 套期保值和期货转现货在一定条件下可以相互转化。

如果买卖双方是长期贸易伙伴，都希望未来交收货物并将现货价格风险转移出去，则买卖双方可以先拟定交货地点和交货品级，然后在期货市场各自建立自己的持仓。这样，买卖双方虽然没有直接签订远期合同，实际上却是通过期货市场间接签订了一个远期合同，在期货合约到期或到期前进行期货转现货，把期货合约变成一个现货合同。在期货转现货过程中，通过期货市场间接签约，既给价格变动不利的一方平仓免除责任的机会，又使价格变动有利一方不会因对方不愿履约而无法转移价格风险。如果在期货合约到期前，买卖双方都没有平仓，他们就可以将期货合约转换为现货合同。如果期货合约到期前，一方已经平仓，另一方可以选择新的伙伴进行期货转现货、平仓后买卖现货、到期交割等方式交收现货，并达到保值目的。期货转现货提供了期货市场与现货市场新的衔接方式。与期货合约交易及远期合约交易一样，期货转现货使买卖双方转移了价格风险，同时，期货转现货还吸收了期货交易平仓免责的优点和远期合同交易中货物交收灵活性、便利性、低成本等优点，有效避免了远期合同交易中违约给对方造成的价格风险问题，节约了期货交割带来的成本和其他费用。

如果买卖双方不是现货上的贸易伙伴，只是在交割或交割前偶然达成期货转现货协议，则协议中常协商现货交收价格和期货平仓价格，当然也可以协议基差，进行期货转现货。在协商不成时，可以将现有的期货仓位转为套期保值的头寸；在协商一致的情况下，可以将原套期保值头寸转为期货转现货。根据国外期货转现货资料介绍,大多数期货转现货的双方都是现货上的贸易伙伴,他们利用期货转现货进行套期保值,同时还以某日的期货价格为基础,商定一个差额,以此来确定现货交收价格。由此可见,套期保值和期货转现货可以说是你中有我,我中有你,共同为期货市场的繁荣和发展奠定了基础。

二、套期保值原理及种类

(一)套期保值的逻辑原理

套期保值之所以能有助于规避价格风险,是因为期货市场上存在两个基本经济原理:

(1)期货交易过程中期货价格与现货价格尽管变动幅度不会完全一致,但变动的趋势基本一致,即当特定商品的现货价格趋于上涨时,其期货价格也趋于上涨,反之亦然。这是因为期货市场与现货市场虽然是两个各自分开的不同市场,但对特定的商品来说,其期货价格与现货价格主要的影响因素是相同的。这样,引起现货市场价格涨跌的因素,也同样会影响到期货市场价格同向的涨跌。套期保值者就可以通过在期货市场上做与现货市场相反的交易来达到保值的目的,使价格稳定在一个目标水平上。

(2)现货价格与期货价格不仅变动的趋势相同,而且,到合约期满时,两者将大致相等或合二为一。这是因为,期货价格包含储藏该商品至交割日为止的一切费用,这样,远期期货价格要比近期期货价格高。当期货合约接近交割日时,储存费用会逐渐减少乃至完全消失,这时,两个价格的决定因素实际上已经几乎相同了,交割月份的期货价格与现货价格趋于一致。这就是期货市场与现货市场的市场走势趋同性的原理。

当然,期货市场并不等同于现货市场,它还会受一些其他因素的影响,因而,期货价格的波动时间与波动幅度不一定与现货价格完全一致,加之期货市场上使用规定的交易单位,两个市场操作的数量往往不尽相等,这些就意味着套期保值者在冲销盈亏时,有可能获得额外的利润,也可能产生小额亏损。因此,我们在从事套期保值交易时,也要关注可能会影响套期保值效果的因素,如基差、质量标准差异、交易数量差异等,使套期保值交易能达到满意的效果,能为企业的生产经营提供有效的服务。

(二)套期保值的种类

套期保值有两种基本类型,即买入套期保值和卖出套期保值。两者是以套期保值者在期货市场上的买卖方向来区分的。

1. 买入套期保值

这是一种交易者先在期货市场买入期货合约,以便将来在现货市场买进现货时不致因价格上涨而给自己造成经济损失的套期保值方式。这种用期货市场的盈利对冲现货市场亏损的做法,可以将远期价格固定在预计的水平上。买入套期保值旨在避免价格上涨的风险,通常为加工商、制造业者和经营者所采用。

如果一位现货商现在缺少商品,将来要购买这一商品,那么他可以在期货市场中进行买入套期保值。买入套期保值为那些想在未来某时期购买某种商品而又想避开可能的价格上涨的现货商所采用。如果价格上涨,他将在现货市场支付更多资金来购买该商品,但同时能在期货市场中赚钱,从而抵消了其在现货市场中的损失。例如,饲料企业在未来一段时期将购买饲料原料——豆粕,就可以预先买入豆粕期货,进行买入套期保值。以在期货市场的买入头寸替代未来在现货市场的购买。

假设你是豆子加工企业,你判断未来豆子价格可能会上涨,这就会影响到你的成本,所以,你在期货市场买进未来几个月到期的豆子期货合约,因为你判断豆子可能会涨价,所以现在买就是比较低的价格,如果涨价了,那你的期货豆子合约赚钱了,可以用来弥补你买豆子现货提高的那部分成本;相反,如果豆子掉价,那你在期货市场上买进的豆子合约就赔钱了,但是你现货市场买进豆子,豆子掉价了,你的成本降低了,降低的这个成本,可以抵消你期货豆子合约的损失。

2. 卖出套期保值

这是一种交易者先在期货市场卖出期货合约,当现货价格下跌时以期货市场的盈利来弥补现货市场的损失,从而达到保值目的的套期保值方式。卖出套期保值旨在避免价格下跌的风险,通常为农场主、矿业主等生产者和经营者所采用。

如果一位现货商在现货市场中拥有或将要拥有一种商品,他可以通过在期货市场中卖出等量的商品合约来套期保值。卖出套期保值能使现货商锁定利润。在商品持有期,如果商品价格下跌,商品持有者将在现货市场中亏钱。此时,他在期货市场卖出该商品的期货合约,那么,他就可以从期货价格下跌中获利,从而弥补了现货市场的损失。盈利和损失相互抵消,使该现货商所持有的商品的净价格与商品原有价值非常接近。例如,农民在大豆收获前,预先卖出大豆期货,进行卖出套期保值交易。

(三)基差与套期保值

套期保值可以大体抵消现货市场中价格波动的风险,但不能使风险完全消失,主要原因是存在"基差"这个因素。要深刻理解并运用套期保值,避免价格风险,就必须掌握基差及其基本原理。

1. 基差的含义

基差是指某一特定商品在某一特定时间和地点的现货价格与该商品近期合约的期货价格之差,即:基差=现货价格-期货价格。例如,2016年5月30日,大连的大豆现货价格为2700元/吨,当日,2016年7月黄大豆1号期货合约价格是2620元/吨,则基差是80元/吨。基差可以是正数也可以是负数,这主要取决于现货价格是高于还是低于期货价格。现货价格高于期货价格,则基差为正数,又称为远期贴水或现货升水;现货价格低于期货价格,则基差为负数,又称为远期升水或现货贴水。

基差包含着两个成分,即分隔现货与期货市场间的"时"与"空"两个因素。因此,基差包含着两个市场之间的运输成本和持有成本。前者反映现货与期货市场间的空间因素,这也正是在同一时间里,两个不同地点的基差不同的基本原因;后者反映两个市场间的时间因素,即两个不同交割月份的持有成本,它又包括储藏费、利息、保险费、损耗费等,其中利率变动对持有成本有很大的影响。

2. 基差变化与套期保值

在商品实际价格运动过程中,基差总是在不断变动,而基差的变动形态对一个套期保值者而言至关重要。由于期货合约到期时,现货价格与期货价格会趋于一致,而且基差呈现季节性变动,因此套期保值者能够运用期货市场降低价格波动的风险。基差变化是判断能否完全实现套期保值的依据。套期保值者利用基差的有利变动,不仅可以取得较好的保值效果,而且还可以通过套期保值交易获得额外的盈余。一旦基差出现不利变动,套期保值的效果就会受到影响,蒙受一部分损失。

对买入套期保值者来讲,他愿意看到的是基差缩小。

(1)现货价格和期货价格均上升,但现货价格的上升幅度大于期货价格的下降幅度,基差扩大,从而使得加工商在现货市场上因价格上升买入现货蒙受的损失大于在期货市场上因价格上升卖出期货合约的获利。如果现货市场和期货市场的价格不是上升而是下降,加工商在现货市场获利,在期货市场损失。但是只要基差扩大,现货市场的盈利不但不能弥补期货市场的损失,而且会出现净亏损。

(2)现货价格和期货价格均上升,但现货价格的上升幅度小于期货价格的下降幅度,基差缩小,从而使得加工商在现货市场上因价格上升买入现货蒙受的损失小于在期货市场上因价格上升卖出期货合约的获利。

如果现货市场和期货市场的价格不是上升而是下降,加工商在现货市场获利,在期货市场损失。但是只要基差缩小,现货市场的盈利不仅能弥补期货市场的全部损失,而且会有净盈利。

对卖出套期保值者来讲,他愿意看到的是基差扩大。现货价格和期货价格均下降,但现货价格的下降幅度大于期货价格的下降幅度,基差扩大,从而使得经销商在现货市场上因价格下跌卖出现货蒙受的损失大于在期货市场上因价格下跌买入期货合约的获利。

三、套期保值交易策略及运用

(一)套期保值交易的主要策略

1. 平仓式套期保值

这种方式是标准意义上的套期保值,也是套期保值的最高级形式,套期的目的是保值,用一个市场的盈利去弥补另一市场的亏损。

2. 实物交割式套期保值

这种方式是目前我国比较盛行的套期保值,实现保值目的的主要手段是交割,不管价格涨跌,只考虑成本与利润。从本质意义上讲,它是一种期现套利,操作能否成功,关键是能否把握好介入时的期现基差。如果进行实物交割套期保值,只有以下公式成立时才能保证收益。

①卖期保值:建仓价格—成本(交易手续费+交割手续费+运输成本+入库费用+资金占用利息+仓储费+检验费+税收)+等级升贴水+仓库升贴水>收购价格

②买期保值:建仓价格+成本(交易手续费+交割手续费+运输成本+出库费用+资金占用利息+仓储费)+等级升贴水+仓库升贴水<送厂价格

3. 交割+平仓式套期保值

这种方式近似于投机,目的是赚钱,与单纯投机的区别是参与者有现货背景和现货购销渠道,他们对风险应变能力较强,因此常可以获得稳定的风险利润。具体操作是(以螺纹钢为例):预测螺纹钢的价格变动趋势,在期货市场上建立相应的期货头寸,如果将来交易形势不利就交割,如果形势有利就平仓。此操作的关键是要能比较正确地预测螺纹钢价格波动的趋势。相关企业有充分的从事螺纹钢贸易的经验,掌握了螺纹钢价格的变化规律,有仓容,有购销渠道,因此企业在从事螺纹钢中远期投资时,应充分合理地利用这些条件。例如,在压库促销周转轮库时,应提前关注螺纹钢中远期价格的变化,及早在较高价位抛售,并及时注册仓单,防止因时间仓促而无法完成仓单注册,这样既可以赚取现货与中远期合约之间目前较大的价差,也可以开辟新的销售渠道。

(二)套期保值交易策略运用

1. 卖出套期保值示例

例如,7月份,大豆的现货价格为每吨2010元,某农场对该价格比较满意,但是大豆9月份才能出售,因此该单位担心到时现货价格可能下跌,从而减少收益。为了避免将来价格下跌带来的风险,该农场决定在大连商品交易所进行大豆期货交易。交易情况如表5-1所示:

表5-1 大豆卖出套期保值交易情况

	现货市场	期货市场
7月份	大豆价格2010元/吨	卖出10手9月份大豆合约:价格为2050元/吨
9月份	卖出100吨大豆:价格为1980元/吨	买入10手9月份大豆合约:价格为2020元/吨
套利结果	亏损30元/吨	盈利30元/吨
最终结果	净获利100×30－100×30＝0元(理想数据,且只是情况之一)	

注:1手＝10吨。

从该例可以得出:第一,完整的卖出套期保值实际上涉及两笔期货交易,第一笔为卖出期货合约,第二笔为在现货市场卖出现货的同时,在期货市场买进原先持有的部分;第二,因为在期货市场上的交易顺序是先卖后买,所以该例是一个卖出套期保值;第三,通过这一套期保值交易,虽然现货市场价格出现了对该农场不利的变动,价格下跌了30元/吨,因而少收入了3000元,但是在期货市场上的交易盈利了3000元,从而消除了价格不利变动的影响。

2. 买入套期保值示例

例如,某饲料企业在7月1日发现,当时的玉米价格为1280元/吨,市场有短缺的迹象,预计到9月1日该企业的库存已经降至低点,需要补库。企业担心到9月份价格会出现上涨,因此,该饲料企业7月1日在大连商品交易所以1300元/吨的价格买入100手9月玉米合约,由此产生了以下几个结果。

(1)结果一:9月1日玉米期货、现货市场价格均出现了上扬,并且期货市场的涨幅大于现货市场,该饲料企业在现货市场买入了1000吨玉米,采购价格为1350元/吨;同时在期货市场以1380元/吨的价格卖出100手9月合约平仓。盈亏变化情况如表5-2所示。

表 5-2　玉米买入套期保值交易情况一

	现货市场	期货市场
7月1日	玉米价格 1280 元/吨	买入 100 手 9 月玉米合约:价格为 1300 元/吨
9月1日	买入 1000 吨玉米:价格为 1350 元/吨	卖出 100 手 9 月玉米合约:价格为 1380 元/吨
盈亏变化情况	(1280－1350)×1000＝－7万元	(1380－1300)×100×10＝8万元
盈亏变化状况	期货盈亏变化＋现货盈亏变化＝8万+(－7)万＝1万元	

通过以上案例我们可以看出:第一,该企业在期货市场进行的是先买入套期保值操作;第二,在正向市场中,基差走弱,从－20元转为－30元,作为企业的买入套期保值操作,由于期货盈利大于现货亏损,保值者得到了完全的保护;第三,饲料企业通过在期货市场上买入套期保值,用期货市场的 8 万元盈利弥补了现货市场 7 万元的亏损,如果该企业不在期货市场做套期保值,当现货价格下跌时,虽然可以使饲料企业采购价格降低,但是一旦价格上涨,该企业将蒙受较大的损失,采购成本提高。因此,饲料企业的买入套期保值稳妥地规避了现货市场价格波动的巨大风险,无论这种波动是有利还是不利,采购成本的锁定和未来利润的锁定是企业获得正常利润的真谛所在。

(2)结果二:如果上例中,现货市场价格的涨幅超过了期货市场,那么所得到的成本则与上例结果不同。9月1日玉米现货市场由于供需失衡,价格飞涨,报价已经达到1380元/吨,而同期期货价格涨幅较小,因此,饲料企业于9月1日在现货市场以 1380 元/吨买入 1000 吨玉米,同时在期货市场上卖出 100 手价格为 1380 元/吨的 9 月玉米合约。盈亏变化状况如表 5-3 所示。

表 5-3　玉米买入套期保值交易情况二

	现货市场	期货市场
7月1日	玉米价格 1280 元/吨	买入 100 手 9 月玉米合约:价格为 1300 元/吨
9月1日	买入 1000 吨玉米:价格为 1380 元/吨	卖出 100 手 9 月玉米合约:价格 1380 元/吨
盈亏变化情况	(1280－1380)×1000＝－10万元	(1380－1300)×100×10＝8万元
盈亏变化状况	期货盈亏变化＋现货盈亏变化＝8万+(－10)万＝－2万	

通过以上案例我们可以看出:第一,基差出现从负转为正的强势特征,从－20元转为0元,作为企业的买入套期保值操作,由于亏损大于盈利,保值者只得到了部分的保护;第二,由于现货市场的大幅上涨使得该企业采购成本提高,出现了相对的亏损,但如果该企业不在期货市场做套期保值,其损失将更大,比如这个例子中,如果没做套期保值,该企业将亏损 10 万元;相反,他做了买入套期保值,企业的损失缩小到 2 万。因此,套期保值可以将企业的损失缩小到低点,甚至在基差变动把握比较好的情况下,这种保值的效果将更加理想。

(3)结果三:由于现货市场出现短缺,价格上涨,国家为此出台了一些宏观政策,抑制玉米价格上涨过速,受此影响,玉米价格出现了下降的趋势。到9月1日,该饲料企业在现货市场上购买了价格为1200元/吨的1000吨玉米,同时在期货市场上卖出了100手9月玉米合约平仓,价格为1210元/吨,其盈亏变化情况如表5-4所示。

表5-4 玉米买入套期保值交易情况三

	现货市场	期货市场
7月1日	玉米价格1280元/吨	买入100手9月玉米合约:价格为1300元/吨
9月1日	买入1000吨玉米;价格为1200/吨	卖出100手9月玉米合约:价格为1210元/吨
盈亏变化情况	(1280－1200)×1000＝8万元	(1380－1210)×100×10＝－9万元
盈亏变化状况	期货盈亏变化＋现货盈亏变化＝(－9)万＋8万＝－1万元	

通过结果三我们可以看出:第一,在正向市场中,基差走强,从－20元转为－10元,基差缩小对买入套期保值不利,亏损大于盈利,保值者得到了部分保护;第二,玉米现货市场价格受国家宏观调控的影响而下降,使得饲料企业在现货市场上购买玉米有较大的盈利。虽然饲料企业在期货市场上的头寸使得企业出现了小额的亏损,但是这种防御性的保护操作还是有助于企业防范风险,尤其是消除现货价格变动产生的不利风险,最终将采购成本锁定。

第二节 套利交易

一、套利交易概述

我国的期货市场经过10余年的快速发展,从无到有,已经逐渐规范化,品种也逐步实现多样化。在此背景下,期货市场的套利交易也逐渐开始兴起,本文试图以期货市场的跨商品套利交易为对象,以市场有效性理论、均值回归理论等为基础建立一套量化的跨商品套利模型,用于实际指导跨商品套利交易活动。以大豆和豆粕价差的历史数据,进行了相关性检验、单位根检验、游程检验,以确定是否符合套利模型的要求条件,并且以历史数据为模拟,对套利模型的可行性、操作性和盈利性进行了检验。最后对该模型的不足之处进行了分析,阐述了套利交易可能面临的风险以及风险的应对策略。

不管是基于现货机制的套利还是基于价差预期的套利,在表现形式上,套利交易可以分为不同交割地点、不同交割时间和不同交割商品3种模式,与此相对应,形成了跨市套利、期现套利、跨期套利和跨品种套利4种基本的套利类型。

(一)跨市套利

跨市套利是在不同市场之间进行的套利交易行为。当同一期货商品合约在两个或多个市场进行交易时,由于区域间的地理差别等因素,各商品合约间存在一定的固有价差关系。但由于两个市场的供求影响因素、市场环境、交易规则等方面不完全一致,有时也包括一些偶然性、突发性事件的发生,导致价格的传导存在滞后甚至是失真的情况,因此固有价差水平会出现偏离。

跨市套利正是一种利用市场短暂的失衡时机,在某个市场买入(或卖出)某一交割月份某种商品合约的同时,在另一个市场卖出(或买入)同一份交割月份的同种商品合约,以对冲或交割的方式结束交易的操作方式。这种套利通常在异地交易所之间进行,包括国内和国外交易所之间。目前,国内比较盛行的跨市套利主要有:LME 金属(铜、铝、锌)期货与上海期货交易所金属期货跨市套利,上海黄金交易所黄金(T+0)与上海期货交易所黄金期货跨市套利、CBOT 大豆期货与大连商品交易所大豆期货跨市套利,等等。

由于涉及两个或多个市场,跨市场套利一般对资金的要求比较高。市场上从事跨市场套利的交易方主要为生产商、消费商、贸易商以及一些实力雄厚的民间大资本。在价差合适的时候这些企业或机构可以利用自身在采购分销渠道及资金面上的优势,通过跨市套利来降低生产成本或获取价差变动收益。值得注意的是,随着市场深度和广度的增加,大量跨市套利资金的活跃对国内外商品价格的影响力也在增强。

(二)期现套利

期现套利是指期货市场上的参与者利用期货与现货价格的不合理差价,同时买入现货和卖出对等数量的期货合约以从中获取风险利润的交易行为。其操作要点是寻找出现不合理价差的交易时机,然后等待价差回归理性范围。期现套利交易具有收益稳定、风险低的特点,套利机会一般出现在期货品种上市初期或者市场环境出现比较重大或者突发的情况时,此时期现价格出现较为明显的基差。

理论上,期货价格是商品未来的价格,现货价格是商品目前的价格,按照经济学上的一价理论,两者间的差距,应该等于该商品的持有成本。一旦价差与持有成本偏离较大,就出现了期现套利的机会。其中,期货价格要高出现货价格,并且超过用于交割的各项成本,如运输成本、质检成本、仓储成本、开具发票所增加的成本等。

(三)跨期套利

跨期套利是围绕同种标的资产的不同交割月份的期货合约的价差而展开的,是指同时买入或者卖出同种标的不同交割月份的期货合约,以期在价差有利的情况下将两个合约对冲平仓从而获利的投资方式,如图 5-1 所示。一般来说,相同标的指数的股指期货在市场上会有不同交割月的若干合约同时交易,目前我国沪深 300 指数期货同时上市的就有 4 个合约:当月、下月及下两个季月,这为跨期套利提供了基础。由于同时交易的不同交割月合约均是基于同一标的指数,所以,在市场预期相对稳定的情况下,不同交割日期合约间的价差应该是稳定的,一旦价差发生了变化,就会产生跨期套利机会。

(四)跨商品套利

跨商品套利是一种利用两种不同的,但相互关联的商品之间的期货合约价格差异进行套利的投资方式,它通过买入某种商品某一交割月份的期货合约,同时卖出另一相互关联商品相

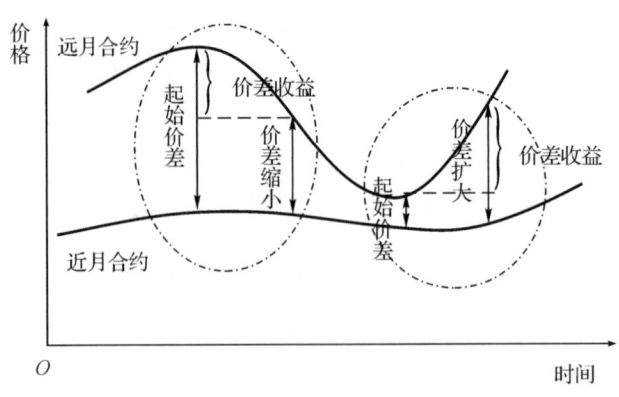

图 5-1 跨期套利原理

同交割月份的期货合约,然后在有利时机将这两个合约进行对冲平仓而获利。由于其获利不是基于单个商品合约价格的上涨或下跌的绝对值,而是基于不同品种合约之间价差的扩大或缩小的相对值,因此,相对其他投资方式,跨品种套利具有同等收益下风险较低的特征。

跨品种套利可以为由没有预料到的,或剧烈的价格波动引起的损失提供一定程度的保护,起到降低风险的作用。在国外发达的期货市场,对跨品种套利交易保证金的要求也比单一的买多和卖空少,使得套利交易者在融资方面更加灵活。跨品种套利交易者所关注的是两个商品合约价格之间的关系,而不是期货价格绝对的上升或下降的变动幅度。因此,当发生某种变化,如政府突然发表某种声明或实施某政策,可能直接影响在期货市场上从事单一买卖的交易者。但对跨品种套利交易者,则要视两合约价格相对变动的趋势及大小方向而定,不论期货合约价格上涨或下跌都有可能获利,当然也可能发生损失。

二、套利理论及模型构建思路

本节选取商品期货中的跨商品套利来进行详细分析。

(一)跨商品套利理论

1. 跨商品套利的定义

期货市场中的跨商品套利是指选择不同的几种商品(这几种商品在用途上存在着替代关系,或者这几种商品受到同一种供求因素的影响,它们在期货市场上表现为合约价格的变动方向相同或相反),利用它们之间的价格差异来获利的期货交易活动。跨商品套利不仅继承了套利交易的共性,其自身也极具独立性。跨商品套利指在具有一定相关性的两种或者多种商品之间,商品价格由于各种原因而脱离正常区域的时候,所采取的以促使商品价格重新回到正常区域内为目的的相关操作。基本的理论支持与套利交易相同,即通过发现市场价格在运行过程中因某些偶发性因素而导致同一或是不同商品价格之间出现的非正常状况,瞬间进入一个或多个商品合约进行等量的反向操作,锁定一个风险相对较低的组合以获得相对较高的收益。同时跨商品套利又有着鲜明的个性,由于跨商品套利不仅仅是一种商品的操作而是两种或者是两种以上商品的套利,因此对投资商品的相关性验证是实施具体操作前必不可少的步骤，同时价格影响因素的增多，一定程度上也增加了收益的风险性和扩大了操作的复杂性。

跨商品套利可以说是套利交易类型中除了混合套利之外最为复杂的类型，对其个性特征进行更深层次的分析对实际操作的指导意义明显大于共性特征，跨商品套利交易的个性特征主要有以下两点：一是出现机会的概率较大。由于跨商品套利是在不同商品之间进行的，尽管商品之间存在一定的相关性，但是，相对于跨期和跨市套利来说，导致国内期货市场跨商品套利模型及实证研究不同商品价格之间出现套利机会的因素更多，获利空间维持更为长久。从这个角度出发，跨商品套利应该是期现、跨期、跨市、跨商品4种基础套利当中最具生命力的类型，跨期和跨市套利的利润空间随着参与者的增多和市场融合程度的增强而逐渐缩小，如跨市套利目前的年投资回报率已经从前几年的300%大幅下降到目前的30%～40%，跨期套利的次数随着价格运行幅度的趋缓也逐渐减少。事物都具有辩证的双面性，正是跨商品套利出现的机会多，其操作的复杂性和相对的风险程度也高于其他两种套利形式，这也是目前国内跨市套利已经相当成熟的时候才开始对跨商品套利交易进行前期研究的主要原因。二是行情判断直接关系到方向的选择。虽然跨商品套利主导思想是促使价格从非正常区域回到正常区域内，以追逐商品价格之间的差价利润，但是存在可获利空间并不一定等于一定要采取相应的跨商品套利的操作，建立在客观和理性的行情分析基础上的结论对跨商品套利来说，也许会得到意想不到的好处。例如，带有投机兼跨商品色彩的套利操作——买铜抛铝，不仅可以稳获商品差价所带来的利润，同时还能将投机利润转换到跨商品套利利润的实现过程中，使跨商品套利的利润得到合理的放大，所以，在实施以上放大性的跨商品套利交易之前，对整个行情发展判断的准确性将对收益造成直接的影响，由于存在一定的投机成分，蒙受一定风险的可能性也是存在的。通过跨商品套利能够使扭曲的商品价格回到正常的轨道上来，从而促进了相关市场的繁荣和发展。

2. 模型构建理论基础

最早提出有效市场层次划分理论的是美国经济学家Roberts，他把不同的信息组区分为3个层次，并以此为基础提出了有效市场的三层次理论：弱型有效市场假设、半强型有效市场假设和强型有效市场假设。

从其理论定义出发，如果期货市场达到弱型有效市场的定义，即现行的价格完全反映了该证券的历史价格序列，投资者不可能依靠分析历史价格序列并根据以此设计的投资策略来获得超额利润。那么意味着所有套利模型都不能获利，市场不存在套利机会。因此，期货市场是否达到弱有效市场是期货市场能否存在套利机会的基础。对此，唐衍伟在其博士论文《商品期货价差套利投资决策理论与应用研究》中运用单位根检验（augmented Dickey-Fuller test，ADF检验）、序相关检验和游程检验对我国期货市场的多个品种的有效性进行了检验，检验结果一致表明我国期货市场远未达到弱型有效市场，也即存在套利机会。因此，本文选择均值回归理论来构建模型。

证券投资理论经过近百年的发展，分析手段和分析方法的争论与创新不断，其中比较一致的看法是：长期范围内的收益比短期范围内的收益更容易预测。均值回归，就是长期趋势可预测理论与方法的主要代表。所谓均值回归，是指股票价格无论高于或低于价值中枢或均值，都会以很高的概率向价值中枢回归的趋势。均值回归理论是股票价格可预测理论的一个突破性进展，也是对传统随机漫步理论的一个最大的挑战。

3.均值回归理论的特点

(1)均值回归从理论上讲应具有必然性:证券市场的走势不会总是上升或是下降,在证券市场上不会有任何一趋势能永远持续下去,不管其持续的时间有多长。在一个较长的时间范围内,股票价格呈持续上涨或下跌的趋势,我们称之为"均值回避";当出现相反趋势时我们就称之为"均值回归"。

(2)均值回归必然具有不对称性:由于在利好消息冲击下投资者主要表现为反应不足,而在利空消息冲击下,投资者主要表现为反应过度,使得利好消息或利空消息对股票价格的影响也不同,所以如果股票收益率序列具有均值回归特性,则均值回归应呈现明显的非对称性,负收益率的均值回归速度和幅度应明显不同于正收益率的均值回归速度和幅度。

(3)均值回归理论与政府行为:股票收益率均值回归证明市场不会偏离价值中枢时间太久,市场的内在力量会促使其向内在价值回归。从这一点上讲,市场在没有政府利多或利空政策的作用下也会实现有效的目标,即股票价格会在市场机制的作用下自然地向均值回归。但这并不否定政府行为对促进市场有效性的作用,因为市场偏离内在价值后并不等于立即就会向内在价值回归,很可能会出现持续地均值回避。政府行为会起到抑制市场无效和促进市场有效的作用,在促进市场有效方面政府行为是必不可少的因素之一,市场失灵是政府参与调控的直接理由。

传统意义上的均值回归的研究一般是基于证券市场,特别是股票市场的研究,并且揭示的是单一证券价格运行规律。但按照均值回归的定义,如果将两种具有强相关性的证券的价格差作为一种新的证券,则这种新的证券也符合均值回归理论,即两种商品的价差也符合均值回归理论。

(二)跨商品套利模型的构建

1.总体思路

如前所述,均值回归理论指出:在长期范围内,证券价格无论高于或低于均值,都会以很高的概率向价值中枢回归,即证券价格是围绕其均值波动,无论价格偏离均值程度有多大,从长期看来,总会向均值回归。由前面简单的介绍以及套利品种的具体情况可知,两种具有强相关性的商品价格差同样符合均值回归理论:当价差扩大或缩小偏离常态时,市场有内在动力促使其回归。因此,可以得出以下结论:两种强相关性商品之间的价差会长时间围绕它的均值波动,当价差大幅度偏离了均值时,将会向均值回归。偏离的程度越大则立即回归的概率越大。

由此我们可以建立这样一套模型:当价差偏离均值一定程度时,向均值方向建立套利头寸,当价差回归均值时获利平仓。以上就是本文建立跨商品套利模型的基本思路。接下来将制定实践可行的量化入场规则、出场规则、止损规则和配套的资金管理策略。

2.具体量化策略

(1)场点的设置:入场点即在什么样的情况下建立套利头寸。依据模型的基本要求,首先应该界定一个价差波动的均值,模型按照技术分析移动平均思路,根据历史价差数据,以价差30日平均作为短期内均值。选择理由主要基于以下两点考虑:一是,跨商品套利不同于单一商品跨期套利,两种商品虽然具有强相关等特征,但由于经济发展等诸多原因,它们之间的价差不会像跨期套利一样在一个固定的范围内保持稳定,而只是在一段时间内保持相对稳定。所以如果用所有历史数据来求均值,则套利交易的次数过少,每次套利交易所需时间太长,并且因相关商品价差的波动性太大,套利模型的可靠性将得不到保障。二是,如果均线设置过短,则均值受到短期波动的影响过大,对模型的稳定产生重要影响。

虽然均值确定了,但并不表示一旦价差偏离均值就能进行套利。一是因为交易存在手续费,过小价差不足以弥足手续费成本;二是如前面分析章节所述,价差序列并不是一个随机序列,而存在一定的趋势性,形成趋势将会持续下去,此时并不是一个较好的买点;三是跨商品套利并不是完全无风险的交易,价差偏离过小时介入,组合交易盈利不一定能抵消出现小概率事件时所产生的亏损。所以,最好的入场点是当原有价差扩大或者缩小的趋势结束之时。考虑到套利交易机会的易失性以及对风险的控制,本模型采用以下方法判断原趋势结束,价差开始反转的时机:

①在价差偏离30日均线继续扩大的情况下,当日收盘价价差低于交易日的收盘价价差,判断其为反转。

②在价差偏离30日均线继续缩小的情况下,当日收盘价价差高于前交易日收盘价价差,判断其为反转。但是并不是每次出现反转信号都有机会入场。例如,当出现反转时,已经回到均值,或者离均值较近,此时已失去套利机会。因此必须再制定一个交易规则过滤无效的入场信号。本模型采取的方法是规定临界值,当出现反转信号且价差偏离均值20%以上时,可入场建立相应的套利头寸。

(2)止盈点设置:即在什么位置获利出场。一般来说,在价差回归均值后就止盈出场,但按照趋势理论,价差缩小或者扩大的趋势也将继续持续下去。因此,本模型止盈点采用价差是否出现反转信号来确定,即使价差回归均值,但没有出现反转信号也应继续持有,出现反转信号则止盈出场。

(3)止损点设置:任何一个交易系统或交易模型,都不能完全准确地预测某次价格走势,而只能依靠长期的概率取胜,所以在长期运行中必然会出现小概率事件,即预测错误的时候。对于期货市场套利交易,虽然价差最终都会回归合理区间,但由于套利交易为了获取较高的收益率必然会动用杠杆,其可承受的价差波动率将缩小,如果不采取止损措施,模型可能在价差回归均值之前就面临失败。为了在交易前确定每笔套利交易最大可能的损失额度以及为便于用历史数据对模型进行实证,本模型倾向于用绝对止损的方式,即限制每笔交易的最大损失额度,一旦价差与套利头寸反向扩大到账面损失达到或超过总资本的10%,则无条件止损出场。

(4)其他需要补充的技术规则:在以上规则实施的过程中,可能会出现第一笔交易还未完成,第二笔交易就开始的情况。这一般出现在震荡走势,如果允许第二笔交易开仓,则相当于加重了仓位或者说动用了更高的杠杆,这将对模型长期的稳定性构成很大威胁,因此本模型附加一条规则:该模型运行过程中,不允许两笔交易同时存在,即当第一笔交易还没有出场时,即使系统发出新的进场信号,也必须忽略它。另外,为了避免价差持续扩大或者缩小造成连续亏损的情况出现,当出现第一次止损后,价差没有重新回到均值位置前,停止任何交易。

(5)资金管理:即在风险市场,通过限制单次投入资金的比例,来控制总体风险的一种管理方法。所以一个好的模型必须配合一个与其相适应的资金管理措施。对跨商品套利交易来说,其相对风险较小,因此可以适当地放大杠杆,假设国内期货市场最高杠杆率为10倍,本模型采用5倍杠杆率,初始本金10万元,每次投入初始总本金的50%,滑点设置为10个点。

3. 数据处理方式

首先要检查数据的完整性,应当视交易模型的用途进行。除数据库的长度标准以外,还应注意下列价格成分是否完整:开盘价、最高价、最低价、收盘价、成交量。在检验数据库中,应当尽全力做到无间断、无遗漏。检验数据库是否包括所列全部价格成分,应视交易系统的要求而定。例如,如果交易系统只使用收盘价,则检验数据库可以只包括收盘价。但是一般来说,虽然系统操作信号的检验可以只使用某一种价格成分,但是系统风险管理规则的检验则必须使用全部价格成分。因此,检验数据库应尽量做到完整。

其次应当考虑数据的连接方式。大多数期货合约约定寿命在两年以下,实际交易活跃的寿命则在3个月以下。期货合约数据的短期性不利于技术分析方法以及系统交易方法的使用。一般在合约到期4个月(每月合约)或8个月(隔月合约)时,交易最为活跃,习惯称之为"主力合约"。因此,如果用非主力合约进行交易,必将面临流动性不足带来的风险、接近交割日期时进行套利交易所产生的交割风险等诸多风险。为规避这类风险,达到模型长期稳定的要求,本模型决定只采用主力合约月份的数据进行实证。另一方面,本模型是一个连续的模型,合约的数据却是分散的。因此,如何对数据进行对接,如何将分散的数据合理地连接起来是个非常重要的问题。对数据整合连接的方法通常有以下几种:

(1)依特别指定日期加以连接,对接近交割日期的合约,指定交割日前的某一日作为停止旧合约,开始新合约的日期。

(2)依合约交割期日加以连接。每一合约到期,即开始最近的下一合约。

(3)依合约交割期日,逐年更替。以交割期日为准,连接各年度同意交割月份的合约。

根据本模型的要求,决定用第一种方法进行数据的整合,当合约成为主力合约后开始采用其价格,当主力合约更换成下一合约时,停止采用当前合约价格,开始以下一合约价格为标准。

此外,还要考虑永久数据的使用。永久数据是指将最近进交割期前后的两个期货合约以加权平均方法处理后形成的期货数据。永久数据由于包含了对连接点前后的期货合约进行加工整理后的数据,因此通常能有效地消除连接点上的价格跳空现象。永久数据具有良好的平滑性,非常适用于技术分析及系统研究。因此,本文后面的检验数据采用的都是对大豆和豆粕进行持仓量加权平均后的价格。

(三)模型的实证检验

该模型要求的套利品种首先应具有强相关性以及价差序列存在趋势特征。其次,两种品种都需要有一定的历史数据以便做分析实证。根据以上的这些要求和市场各类品种的具体情况,本文将选取大豆和豆粕进行模型适用性检验、模型模拟和实证分析。

1. 市场有效性检验

按照"弱式有效市场"的定义,在一个证券市场上,如果价格历史序列中包含的全部信息都能被价格充分反映出来,即所有历史信息都能在目前市场价格中被充分地反映出来,不存在任何的套利机会,则称这样的市场为弱式有效市场。因此,一个达到弱式有效的期货市场应当符合"随机游走"过程。而套利机会大多出现在没有达到弱式有效的市场中。本文以时间跨度为2008年7月到2011年9月的大连商品交易所黄大豆一号和豆粕期货1月到期的合约为例,将合约每日收盘价进行对数一阶差分并放大100倍构筑收益率时间序列,通过运用单位根检验和游程检验来分析大豆和豆粕市场是否达到弱式有效:

$$R_t = (\ln P_t - \ln P_{t-1}) \times 100 \tag{5-1}$$

(1)单位根检验:利用 Eviews 7 软件对大连期货交易所黄大豆一号和豆粕的日收益率进行单位根检验(采用 ADF 检验)。检验的原假设 $H_0: p=1$,收益率序列有一个单位根,即收益率是一个非平稳序列,大豆和豆粕的收益率符合随机游走过程;备择假设 $H_p: p \neq 1$,即收盘价不是一个非平稳序列,收益率不符合随机游走过程。各年的单位根检验结果见表 5-5。

表 5-5 黄大豆一号和豆粕收益率各年的单位根检验结果

年份	样本数	ADF 值	1%	5%	10%
2008	245	−9.29217	−3.996271	−3.42843	−3.137649
2009	153	−14.1681	−4.019975	−3.43986	−3.144346
2010	241	−18.2717	−3.996754	−3.42866	−3.137757
2011	243	−16.6845	−3.996431	−3.4285	−3.137665

通过单位根检验可以发现,黄大豆一号和豆粕的 ADF 绝对值都大于置信度在 1% 水平上的临界值,因此拒绝原假设 $H_0: p=1$,未通过 ADF 检验,表明黄大豆一号和豆粕的收益率都不符合随机游走过程,黄大豆一号和豆粕期货市场还未达到弱式有效。

(2)游程检验:所谓游程,是指若干个具有相同特征的价格变动连在一起的观察值序列。这里所指的价格变动有 3 种情况:正的(价格上涨)、负的(价格下跌)和零(价格不变)。一个 n 个观察值的序列中,游程的数目将随着样本的变化而变化,如果观察值序列表现出随机过程的特征,那么其游程的个数就有一个期望值。游程检验即通过序列的实际游程数同随机序列游程数的期望值做比较,来判断观察序列是否是随机的。序列自相关系数值容易受一些异常值或极端值的影响,因此研究各期股价变化是否相关时,通常要消除异常值的影响。游程检验的最大好处是不考虑观察值的数值大小,而仅对观察值的正负号趋势进行检验。游程检验是一种常用的研究一个序列中非随机趋势的统计工具。

游程检验的原假设 H_0 为:期货价格涨跌的时间序列不存在明显的趋势,也就是说,期货价格的涨跌是随机的;备择假设 H_1 为:期货价格涨跌的时间序列不是随机的。本文采用 SPSS 软件对大连交易所黄大豆一号和豆粕价格进行分析,以每年价格的众数作截点,检验结果如表 5-6 和表 5-7 所示。

表 5-6 黄大豆一号游程检验

	VAR2008	VAR2009	VAR2010	VAR2011
检验值[a]	5495.00	3639.00	3846.00	4453.00
案例<检验值	199	45	44	124
案例>=检验值	47	108	198	120
案例总数	246	153	242	244
Runs 数	13	12	21	26
Z	−13.270	−10.275	−11.291	−12.444
渐近显著性(双侧)	.000	.000	.000	.000

注:a 即众数。

表 5-7 豆粕游程检验

	VAR2008	VAR2009	VAR2010	VAR2011
检验值[a]	3449.00[b]	3070.00[b]	2870.00	3344.00
案例＜检验值	133	103	90	131
案例＞＝检验值	113	50	152	113
案例总数	246	153	242	244
Runs 数	25	18	13	22
Z	−12.630	−9.285	−13.938	−12.444
渐近显著性（双侧）	.000	.000	.000	.000

由表 5-6 和表 5-7 我们可以发现，大豆和豆粕价格游程检验的 Z 值绝对值都大于置信度在 5% 水平下的临界值 1.96，因此我们有理由拒绝原假设，认为大豆和豆粕的价格序列存在明显的趋势，价格波动并不符合随机游走过程，市场还没有达到弱式有效。通过单位根检验和游程检验，我们可以发现黄大豆一号和豆粕这两个品种的期货市场都还没有达到弱式有效，因此存在跨品种套利交易的机会。

（3）大豆和豆粕的相关性。跨品种套利策略中的资产间必须具备一定程度的相关关系，不同商品之间价格的相关性就是能否进行跨品种套利的重要条件。跨品种套利正是利用这种相关性对不同品种的期货合约分别做多和做空，在有利时机分别对冲手头上的合约以获取利润。跨期套利和跨市场套利组合内的各种资产间都具有相对确定的因果关系，因为他们套利的对象实际上是同一种商品，而跨品种套利组合的资产之间不具有确定的因果关系，只具备一定程度的相关关系。这种相关关系实际上是来源于组合内品种间所具有的相互替代性或者说他们都处于同一产业链。本文要研究的黄大豆一号和豆粕就是处于同一产业链的两个期货品种。从图 5-2 可以看出，黄大豆一号和豆粕的价格基本同涨同跌，这在一定程度上能说明它们的相关关系。

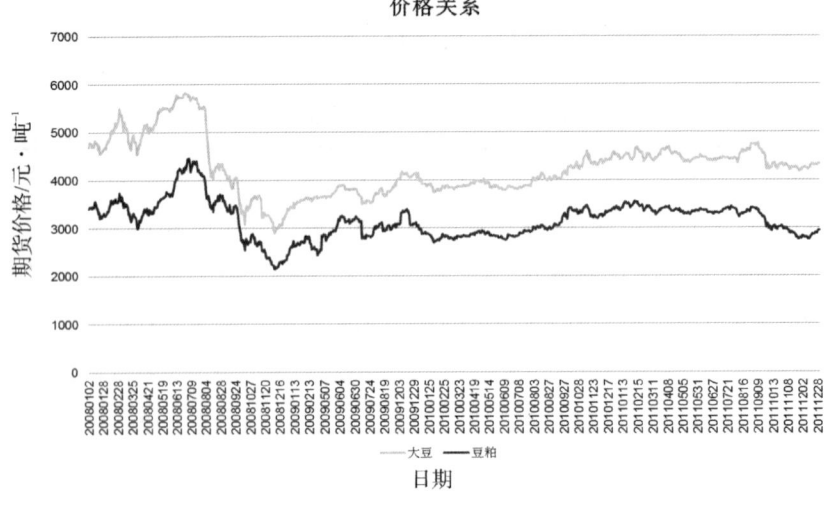

图 5-2 黄大豆一号和豆粕的期货价格关系

另外,套利合约之间的相关性也可以量化,并有一定的标准。相关系数是两个变量之间相互依赖性的度量,它等于两个变量间的协方差除以各自方差之积的正平方根。对参与跨品种套利的合约来说,它们价格之间的相关性,不论是正相关还是负相关,只要达到了强相关的程度,就是符合套利条件的。由计算可以发现,黄大豆一号和豆粕相关系数达到了0.89,在置信度为1%的水平上,P值接近0,达到了强相关,因此,可以对黄大豆一号和豆粕进行价差套利。

2.模型检验

(1)模型的检验内容:

①利润率,是指模型在检测期间扣除交易成本和交易亏损之后获得的投资报酬率。它是一个绝对额度概念。研究者应注意对净利润来源进行分析,观察盈利交易与亏损交易的分布是否均匀。一般来说,研究者应对净利润来源集中于个别巨大获利交易的现象引起注意,因为这说明模型可能不是一个稳定模型。

②最大盈利交易和最大亏损交易,是指已完成交易样本中最大一次的盈利额和最大一次的亏损额。最大盈利与最大亏损给系统研究者和使用者提供了重要的系统质量信息。如果最大盈利额与平均盈利额差距过大,则应视最大盈利额为偶然事件。如果最大盈利额占总盈利额的比重过大,则应怀疑系统的实际盈利能力和稳定性。如果最大亏损额与平均亏损额之间差别过大,则应进一步检查系统的风险控制能力,以确保系统有足够的能力抵抗巨大的突发事件的影响。

③最大连续盈利次数与最大连续亏损次数,有经验的投资人都有这样的体验,即盈利与亏损有时有集中现象,有时投资人连盈不亏,有时投资人连亏不盈。最大连续盈利次数与最大连续亏损次数对有经验的系统操作者来说是极重要的信息资源,它为系统操作者进行风险控制提供了极重要的依据。

④总交易次数,指交易系统评价期内盈亏交易次数的总和。

⑤盈利次数比率与亏损次数比率。盈利次数比率是指盈利交易(扣除交易成本之后)次数与总交易次数的比率;亏损次数比率是指亏损交易(扣除交易成本之后)次数与总交易次数的比率。该比率是反映交易系统所依据的投资理念的主要指标。盈利次数比率应能大于60%。

(2)实际操作:

①手续费的计算。假设初始资金为10万元,每次交易投入5万元,按照10倍的杠杆进行交易。每次交易的手续费率均为交易总额的万分之五(按照通常的交易手续费率),因此每做一次套利交易来回需要付出的手续费为:

$$50000 \times 10 \times 0.05\% \times 2 = 500 \text{元}$$

每次交易手数,按照大豆和豆粕每手平均价格为3163元和2590元计算,每次投入5万元,杠杆为10倍,则每次套利交易的下单量为:

$$50000 \times 10 / (3163 + 2590) = 87 \text{手}$$

因此每次获利应为交易价差的87倍。

②每次止损的亏损额度和可以承受的价差点数。如前所述,每次交易亏损达到总资本的10%则无条件止损出场。我们假设每次止损都刚好在总资本亏损10%时,则每次止损损失为$100000 \times 10\% = 10000$元,每次交易87手,则每次交易时当价差背离套利方向$10000/87 = 115$点时止损。

图 5-3 为黄大豆一号与豆粕期货价差和价差均值分布图,图 5-4 为模型实际模拟操作结果。

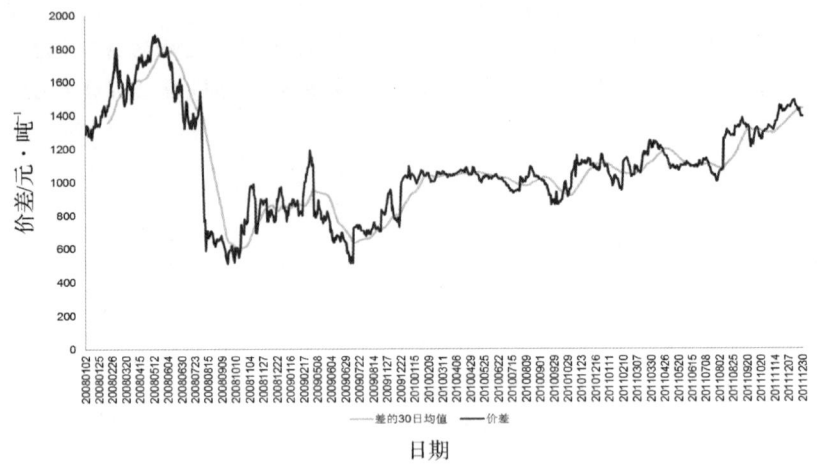

图 5-3 价差和价差均值分布图

交易序号	入场时间	入场价差	出场时间	出场价差	总收益	交易费用	净收益	盈亏判断
1	20080304	1810	20080320	1487	17480	500	16980	盈利
2	20080703	1367	20080804	1441	3649	500	3149	盈利
3	20080811	775	20080812	588	-12191	500	-12691	亏损
4	20081022	703	20081031	832	-10687	500	-11187	亏损
5	20081226	952	20090106	850	9058	500	8558	盈利
6	20090219	862	20090505	953	14304	500	13804	盈利
7	20090507	943	20090605	868	-11492	500	-11992	亏损
8	20091201	757	20091217	806	9657	500	9157	盈利
9	20091225	846	20100222	1036	1259	500	759	盈利
10	20101116	1118	20101215	1095	1472	500	972	盈利
				总收益			17509	
				总收益率			17.51%	

图 5-4 实际模拟操作结果

根据图 5-4 可得,符合模型规则的交易次数 10 次,结果 7 次盈利,3 次亏损,盈利次数占总交易次数的比率为 70%,最大盈利为 16980 元,最大亏损为 12691 元,最长连续盈利次数为 3,最长连续亏损次数为 2,10 万元最终利润为 17509 元,利润率为 17.51%。

3. 有待进一步检验的问题

(1)数据检验表明,适用于本套利模型的很多次交易都是跨月交易,而在进行数据整理时,品种的价格都是按照主力合约价格进行对接,因此如果完全还原成真实交易,则必然涉及合约的转移问题,如合约是否能够按照原价转移、手续费用会增加多少等,因为牵涉的因素太多,本文并没有做相关讨论,有待进一步研究。

（2）由于国内期货市场正处于快速发展的阶段，许多套利品种已经出现，但缺乏足够长的历史数据对套利模型进行检验，所以本文只选取了两个套利品种。因此此模型的盈利性和可靠性还需进一步验证。

（3）本模型只是通过了历史数据的验证，并没有经过实战检验。虽然在进行模拟时已尽量做到还原为真实交易，但模拟毕竟是模拟，模拟过程中必然忽略掉了一些可能对模型造成关键影响的因素，所以该套利模型还有待市场实战的检验。

（4）本文是以价差为基础建立套利模型，选取的套利品种之间的价格也较为接近。如果两种相关商品之间的价格差距过大，则用这样的方法有失偏颇。

三、套利的风险分析

（一）跨品种套利的风险种类

跨品种套利交易的风险更大，多数金融交易的风险有相同点也有不同点。由于跨品种套利交易是在同一个市场上进行的，交易所既是买方的卖方又是卖方的买方，而交易所违约的概率小之又小，因此跨品种套利交易基本不存在信用风险，这是它与一般金融交易风险不一样的地方。除了信用风险以外，一般的金融交易和跨品种套利交易都具有市场风险、信用风险、流动性风险、模型风险、经营操作风险、交割风险、政策性风险和法律风险。

1. 市场风险

期货价差套利投资的市场风险主要是指在特定的市场环境下或时间范围内，套利合约价格发生非预期波动带来损失的一种风险。因为每种合约的交易都是以对其基础产品的价格变化的预测为基础的，当实际价格的变化方向或波动幅度与交易者的预测出现背离时，就会导致交易者遭受损失。应当承认，在国内的期货市场经历中，过去主力逼仓现象时有发生，近几年来，相关管理部门和市场组织者重点加强了市场的法制建设，加强了监管和投资者教育，但意外的行情发展导致的强行限仓和连续跌板过后的强行平仓现象依然存在。处在这种市场情形之下的套利交易者如果不能及时采取应对措施，在交易所落实化解市场风险的措施过程中，被冲掉获利的方向持仓，留下亏损的单向头寸，导致整个套利交易发生重大损失的可能性也是真实存在的。此外，在交易所化解市场风险的过程中或过程后，市场交易环境和条件也会发生变化，有时候由于资金的流出和交易热点合约的改变，套利交易还可能遭遇开平仓时的流通性障碍，这也是商品期货价差套利投资可能要面对的市场风险。

2. 流动性风险

期货价差套利的流动性风险是因合约持有者无法在市场上找到出货或平仓机会所带来的风险。对场内交易的标准化合约来说，因为标准化程度高，市场规模大，交易者可随时根据市场环境变化决定头寸的抛补，流动性风险较小。有些期货合约，因为参与交易者少，市场交易广度和深度不够，一遇市场剧烈波动，就难以寻找到交易对手，从而发生了损失，也不能够及时止损，只能眼见损失不断扩大。主要包括：①市场流动性风险，即当某些品种市场深度不够，一遇市场剧烈波动，参与者无法交易的风险，典型的如市场涨跌停板时套利者无法开仓、平仓；②资金流动风险，即交易者由于流动性资金的缺乏而无法追加保证金从而被迫平仓或合约到期时无法履行合约支付义务所面临的风险。

3. 模型风险

期货价差套利的前提是套利组合中套利合约价格失偏，这就要求套利者对期货合约准确定价，他不仅要有一个正确的定价模型，而且需要不断对模型进行检验，否则就会面临模型风险。期货价差套利投资交易中有相当一部分是通过在短时间内完成头寸的改变与对冲来实现的。这就要求前台交易人员与后台结算管理人员紧密配合，都要跟踪头寸价值变动，保证信息数据的准确和及时，并通过先进完备的管理模型进行监控。然而，许多管理模型只能在正常市场波动条件下起作用，当市场异常变化时，则会失效，从而产生模型风险。据英格兰银行对场外金融衍生品定价模型调查发现，不同机构使用不同模型计算出的合约价值的偏差最大可达38%。风险参数不准，交易策略就必然会产生失误，因此会出现不可预见的损失。

4. 经营操作风险

期货价差套利投资的经营操作风险是指由公司或企业内部管理不善、人为错误等原因而带来的损失。期货价差套利投资交易具有较高的技术性和复杂性，它客观上要求从事期货交易的投资机构，要有充足的、富有经验的专业人员，完备的管理模型及内部监管系统，以保证能够对交易的进行和头寸的变动实行有效的监控。此外，它还对从事这类交易的人员的素质有较高的要求，如严格遵守交易规则、持仓限额和止损点的规定，切忌越权操作，以赌博的心态进行交易等。通过许多风险事件可以看出，内部监管不严密、会计处理偏差或管理失误、交易员操作不当等，都会引发经营操作风险。从交易操作方面看，交易员越权动用资金或隐瞒交易损失的现象会加重风险损失的程度。在很多情况下，当市场变动与交易员的预测相左时，交易员不仅不停止交易，反而追加资金以图市场改变方向，以至于越陷越深而不能自拔，这时的交易员容易产生赌博心理，孤注一掷，最终导致巨大的经营风险。

5. 交割风险

套利交易策略如果需要注册仓单或实物交割则存在交割风险。期现套利者经过采购、加工的现货存在无法达到期货交割标准品质量等级，从而承担品质贴水，甚至无法顺利交割的风险。

(1) 具体而言，卖出交割或注册仓单的风险源于：
①运力紧张、运输瓶颈、进出口贸易原因等造成货物无法按时到库；
②实物交割后无法及时得到货款；
③实物质量不符，无法注册仓单；
④实物为质量较差的替代品，引起意外的质量贴水损失。

(2) 而买入交割风险源于：
①资金准备不足，货款无法及时缴付；
②付款后不能顺利提货或仓单未能及时抵押而增加资金占用。

6. 政策性风险

政策性风险指国家对有关商品进出口政策的调整、关税及其他税收政策的大幅变动等。最典型的例子是2003年以来，我国政府有关部门对农产品转基因政策的多次改变，每一次变化，对从事大连大豆远近合约间跨月套利操作的整体性影响都是非常明显的；其次，国家的进出口关税优惠和退税率变化，对天然橡胶、铜、铝等的交割套利和跨市（内外盘）套利能不能做或者成功率有多大的影响也是决定性的；政策风险还体现在交易所的层次上，如交易交割规定的变化,如郑州商品交易所去年11月宣布硬麦仓库自2004年7月后放开交割,对当时已经在交易的WT409、WT411合约的持有者的影响就是直接的,如果有人当时进行远期套利操作,这就是意外的风险;按上海期货交易所的规定,要是有人做上海天然橡胶近期合约的跨月套利,就不可回避接到过期仓单的风险,套利者要是接到这些强制退出期货市场的仓单,只好自认倒霉,套利交易的结果自然要走样了。

7. 法律风险

期货价差套利投资的法律风险是由于法律条文不明确或交易没有法律保障,交易双方可能因找不到相应的法律保护自己而招致的风险。期货市场的创新速度很快,法律条文难以及时跟上。法规制定者对期货的了解与熟悉程度不够或监管认识不尽相同等原因,使得时常出现无法可依和无先例可循的情况。例如,与法律规定不具备签署合约能力的当事人签署合约,导致合约无效的风险;合约中的具体条款与有关法规相抵触而无效的风险;因征税而在经济上蒙受损失的风险;尽管合约有效,但因制作失误和解释失误而蒙受意外损失的风险;对顾客解释合约内容时,因违反有关解释义务而被顾客起诉要求赔偿的风险。

(二) 套利交易风险的控制

1. 保持交易的计划性

在进行投资之前,必须制定好自己的交易计划,避免盲目操作。交易计划应包括当前的趋势及其后市演变分析;入市基点、交易方向、交易量及盈利目标;市场突变或判断失误时,能承受的风险值及止损目标。应注意的问题是:首先,分析市场趋势要跟着大势走,避免逆势而为;其次,制定了具体交易计划后就要坚决执行,优柔寡断会导致交易失败;最后,也是最关键的,就是市场突变或判断失误时,要根据风险承受能力坚决止损。

2. 建立有效组织结构

对于机构投资者而言,重要的是通过建立有效的组织结构,在制度上保证风险管理的有效性。从著名的巴林银行破产事件,可以看出建立有效的组织结构,在风险控制中起着举足轻重的作用。1995年10月17日,新加坡财政部发表的对巴林银行破产事件的调查报告显示,内部管理中的严重缺陷是导致巴林银行破产的主要原因。巴林集团内部的组织结构和报告制度存在严重缺陷,公司高级执行人员,包括直接负责期货业务的经理,都对期货交易缺乏了解。报告认为,在问题发展到不可收拾之前,早已有一些先兆出现,但巴林集团的内部监控似乎失灵。1992年初,尼克里森被派到新加坡时,他的任务只是负责巴林银行新加坡期货公司的结算工作。然而,从巴林银行新加坡期货公司的交易业务一放开,里森就在新加坡国际金融交易所作为巴林银行的场内交易员进行交易。巴林集团让里森既负责交易,又掌管结算,这种安排从根本上违反了正常内部监控的基本原则。它提醒人们,无论技术多么高明、资本多么雄厚的金融机构,如果忽视了安全保障和风险防范,都难免遭受市场的惩罚。风险的存在是永恒的,只有加强内部风险控制,建立有效的组织结构,才能将失误所导致的损失控制在较小程度内。巴林银行破产事件后,欧美各主要投资银行和基金纷纷采取措施,加强机构投资者的内部风险监控。建立由董事会、高层管理部门和风险管理部门组成的风险管理系统。随着风险管理的发展,高级风险管理人员在风险管理中逐渐成为风险管理决策的核心。董事会和高级管理人员必须了解并掌握期货交易的基本运作、期货风险产生的原因以及风险的特性,并且针对这些特性采取适当的方法加以控制。风险管理部是期货风险管理中的一个极为重要的部门,几乎所有期货市场都设有这样的部门。风险管理部在机构设置中具有完全的独立性,其业务与具体操作部门是完全分开的。它的主要职责是对期货交易实施监督,对风险进行识别、估测并提出控制策略以供高层管理部门决策参考。

第三节 对冲交易

一、对冲交易概论

主流观点认为,期货交易行为主要分为投机、套期保值和套利,但在期货投资理论与实务中,对冲交易、对冲套利等字眼不但被频繁使用,而且往往与套期保值或套利混为一谈。其实,对冲交易有着更为广阔的应用前景和发展空间。

期货市场中的对冲交易是指一种基于对同品种或不同品种之间强弱关系的判断,采取买强抛弱从而规避风险、赚取差价的交易行为。

(一)对冲交易的特点

对冲交易与投机、套期保值和套利的主要区别见表5-8。

表5-8 对冲交易与期货交易的区别

	目的	风险	收益	备注
对冲交易	规避风险、获取价差收益	小	稳定	参与品种广泛;便于分析;易于操作
投机(单边)	纯粹为了获利	高	高	需要大量的分析工作和完善的操作策略
套期保值	规避风险	小	小	一般只限于现货与期货品种之间;涉及交割,操作冗杂
套利	获取价差收益	较小	较高	参与品种较为广泛,但不同品种之间必须具有相关性

对冲交易与传统套利交易既有交叉又有差异,一个非常显著的区别就是对冲交易不受品种之间必须具有相关性的限制。在对冲交易中,只要判断出两个或多个品种之间存在强弱关系,就可以依照买强抛弱的方式进行对冲交易,也就是说,对冲交易可以选择任意不同品种构建组合,这无疑极大地丰富了期货投资的选择范围和空间。

比如说,PTA(精对苯二甲酸)和棉花、MEG(一乙二醇)可以实施套利操作,而PTA和沪铜之间由于不满足套利交易的条件就不能进行套利操作,但PTA和沪铜之间却可以采取对冲交易。

（二）对冲交易的类型

对冲交易由于不受品种之间是否存在相关关系的限制,所以其交易类型也更加多元化。其中主要包括以下几种类型:同品种之间的对冲交易;相关品种之间的对冲交易;非相关品种之间的对冲交易。

1. 同品种之间的对冲交易

这里包括3个方面的对冲交易,分别是同品种内外盘之间、同品种现货与期货之间、同品种不同合约之间,如PTA华东市场人民币现货与美金现货、PTA现货与TA1201合约、TA1201与TA1205。同品种之间的对冲交易与传统的套利交易模式基本相同,通过判断两者之间价格强弱(价差)来决定采取何种操作策略。

2. 相关品种之间的对冲交易

这种交易方式与套利交易类似,但又不完全相同。传统套利是通过计算品种之间的合理价差或比值等指标来判断是否存在投资机会。例如,PTA和棉花之间存在一定的替代性,通过计算棉花与PTA的比值并与历史均值或者合理比值区域进行比较,来判断是否存在套利机会。进行对冲交易不一定需要判断两者之间的合理价差或比值,只要判断出两品种之间的强弱即可。

3. 非相关品种之间的对冲交易

这种对冲交易方式由于品种之间缺乏内在的、逻辑上的联系,所以分析起来难度会有所增加,既要分析品种之间的相同影响因素,也要分析各自不同的影响条件。但正是由于品种之间不具有相关性,这才极大地丰富了对冲交易的可选择范围。例如,PTA可以和大豆、有色金属进行对冲,而不仅限于棉花、MEG等。

二、对冲与投机的区别

（一）对冲和投机的含义

对冲,从字面看,包括两个字,对和冲:对即相对、针对的意思,既然是相对和针对,就要有具体对象,那么对冲就至少有两个投资交易;冲是指冲销、冲抵,其对象是价格变动带来的风险,即冲销、冲抵风险。

对和冲合起来便是对冲,是指针对已有的投资(基础交易)做出一个新的投资安排,以冲销、冲抵已有投资的风险敞口。对冲交易显然属于组合投资,但对冲交易中,不同的投资安排一般没有时间先后顺序的限制。举例来说,投资者前期在期货市场做空PTA,3个月后,买入塑料进行组合投资,这可以称为对冲交易。另外一种情况是,买入塑料和抛售PTA同时进行,不论谁先谁后,抑或是同时,也属于对冲交易的范畴。

投机,从字面看也包括两个字,投和机:投即投奔、选择的意思,投奔什么,选择什么,从经济学的角度讲,当然是收益,也就是第二个字"机",获得收益的机会和可能性。

其实投机是一个中性的词,但往往被很多投资者冠以贬义,也经常和赌博联系到一起。事实上,投机和赌博有着本质的区别,首先,两者目的不同,投机的目的是获得收益,而赌博还包含着消遣和娱乐的成分;其次,两者的操作方式也大不相同,投机更多是依靠科学的统计分析,对投资目标做出综合研判,包含了更多的理性因素,而赌博则更多地依靠运气,体现了其非理性的一面;最后,两者的结局也不一样,投机一般盈亏都有,而赌博多以亏损告终。

(二)对冲和投机的区别和联系

1. 对冲和投机的区别

投机和对冲是市场经济中最基本的两种风险交易行为,然而两者却具有本质差异。从交易目的看,投机交易的目的主要是获得收益,是交易者基于对某种商品的价格做出的预测,采取低买高卖策略,当价格朝着预期的方向变动时,交易者就获得收益,而对冲的目的除了获取收益外,更多的是降低甚至消除风险;两者面临的风险也不同,投机一般是单向交易,一旦商品价格朝着不利于甚至是与预期相反的方向运动,就会造成损失,风险比较大,对冲交易属于组合投资,即使某一种商品价格发生了不利的变动,从而带来了损失,与其对应的商品价格带来的收益往往能够弥补全部或部分损失,所以风险相对较小;两者的要求也不同,由于投机交易可以只关注一种商品,所以研究分析难度和操作要求相对较低,而对冲交易要考虑不同品种的价格运行规律,操作也相对复杂,整体要求相对较高。

2. 对冲和双边投机的区别

多数投资者能够很清晰地辨认出对冲和单边投机的不同,但是往往将对冲和双边投机相混淆,因为两者形式一致,一般都是一买一卖。事实上,两者有着很显著的区别:一是双边投机只关注每个品种的表现,而对冲更侧重于两个品种的综合收益状况,双边投机的动机是希望两个品种都盈利,而对冲交易追求的是两个品种的总体盈利;二是双边投机往往只侧重于对单个品种的研究,并不涉及两个品种之间的关联,而对冲交易显然立足于对两个品种之间强弱关系的判断;双边投机的两个品种之间没有风险对冲机制,显然风险更大,而相对来说,对冲交易风险就比较小。

3. 对冲和投机的联系

尽管对冲和投机有着本质的区别,但在实践过程中,往往只有一步之遥。对冲显然是几笔交易的组合,是对冲交易与基础交易风险的冲抵。一笔衍生产品交易之所以可以降低风险暴露,是因为该衍生产品交易实际上就是以承担风险获取收益为目的的投机交易甚至赌博交易。因此,一笔交易是否属于对冲交易并不能由其本身决定,而是要看其基础交易是否有套期保值的需求。对冲交易的真实规模应该取决于基础交易的规模,任何超过基础交易规模的名义上的对冲交易实际上都是投机交易。

三、对冲交易的核心内容

对冲交易主要有两个核心内容,即品种强弱关系的判断和对冲比例的测算,正是这两方面的内容,对冲交易才显示出其独特的优越性。

(一)品种之间强弱关系的判断

强弱的界定:若两品种同处于牛市中,某品种的上涨动力更足且空间更大,我们就认为该品种是强势品种,另外一个则为弱势品种;若两者同处于熊市中,某品种具有更强的抗跌性,则称该品种为强势品种,另外一个则为弱势品种;若一品种处于牛市中,另外一个处于熊市中,则强弱关系显而易见。

1. 宏观面决定商品市场格局

影响期货价格的因素多种多样,但无论何种因素都是在特定的宏观经济背景下对期货市场和价格产生影响,并且很多因素自身也受宏观经济的影响。所以,宏观经济运行状况决定着商品市场的总体格局,即主要趋势。通过对宏观经济运行情况进行分析,可以把握对冲品种的总体趋势,若某品种处于上升通道中,另外一品种处于下跌通道中,则直接就可以判断品种的强弱,进行对冲交易。

2. 基本面决定商品强弱程度

宏观经济环境短期内往往是稳定的,若两品种一个处于上升阶段,另一个处于下滑阶段,则易于开展对冲交易,但若两个品种处于相同趋势中,则难以通过宏观面来研判强弱。这个时候必须借助对冲品种的基本面来分析。

供求关系是影响商品价格的根本原因,基本面分析主要是对影响商品供求的因素进行分析,进而判断出商品的后期走势,所以基本面决定了商品的强弱程度。通过平衡表分析法、季节性分析法、分类排序法等对商品的基本面进行分析,可以判断出两种商品的强弱程度,以便进行对冲交易。

3. 资金面决定商品波段

在期货市场中进行对冲交易,一般选择交投较为活跃的品种,因为交投活跃的品种具有充足的流动性,可以降低转手困难等风险。而判断交易品种是否活跃的一个重要指标,就是看有多少资金参与该品种的交易。

另外,期货交易具有一个特点,就是期货价格受资金的影响很明显,若短期内大量资金涌向某品种、合约,该品种价格立刻会被推高,偏离正常运行区域,同样,当大量资金瞬间离场时,价格也可能跌得惨不忍睹。所以,在对冲交易过程中,应密切关注资金的动向。

(二)品种对冲比例的测算

对冲交易作为套利交易的更高级形式,其在计算对冲比例时,既可以使用传统对冲比例方式,也可以使用更精确的最优对冲比例方式。

1. 传统对冲比例方式

这种方式与传统的套利交易基本是相同的,在传统的套利交易中,通常通过计算两种品种的价格比值来确定套利比例。比如说,棉花价格是PTA的两倍,那么就选择一手棉花与两手PTA进行套利操作。

这种方式的优点很明显,即可以很直观地判断出对冲品种之间的对冲比例。但也存在一个很大缺陷,即这种方式忽略了两种品种价格之间的波动比例,从而暴露风险敞口,加大了对冲交易的风险。

2. 最优对冲比例方式

最优对冲比例方式是通过计算对冲品种之间的价格波动幅度的比值来确定对冲头寸。在具体计算过程中,借鉴证券市场中贝塔系数的计算方法,这里给出详细的计算步骤:

$$\beta_a = \rho_{am} \cdot \frac{\sigma_a}{\sigma_m} \tag{5-2}$$

①a——品种规模较小的期货品种或者现货。
②m——品种规模较大的期货品种或者现货。
③ρ_{am}——期货与现货、大小期货品种之间的相关系数。
④σ_a——品种规模较小的期货品种或者现货的标准差。
⑤σ_m——品种规模较大的期货品种或者现货的标准差。
⑥β_a——现货对期货、期货小品种对大品种的波动率之比。

通过计算对冲品种之间的贝塔系数,便可以进一步提高对冲交易的精确度和有效地消除风险敞口。因为对冲交易不要求对冲品种之间必然具有相关性,所以若仅仅据价格比值来确定对冲比例,风险性可能加大。最优对冲比例方式借鉴贝塔系数则给对冲交易提供了一个很好的规避风险、提高收益的方法,运用最优对冲比例进行对冲交易也是未来对冲交易的发展方向。

(三) 对冲交易步骤

对冲交易与投机、套期保值和套利一样,在具体操作过程中,也要注意入场时机的选择、风险的控制、离场时机的把握等。

1. 入场时机

与其他几种交易方式一样,入场时机的选择也是很重要的,若时机选择不当,不但可能赚取不到价差收益,还可能蒙受损失。在确定何时进场时,往往借助技术分析,借助 K 线图的形态来决定最佳的入场时机。

2. 风险控制

对冲交易的风险虽然比单边投机交易小,但若不采取适当的止损等风险控制措施,其损失也可能是惨重的。所以,在具体的风险管理过程中,一定要控制好资金分配比例,设置好止损点位,当损失超过限度时果断平仓。

3. 离场时机

离场一般有两种情况,一种是对冲品种的强弱关系发生了变化从而引起损失,当这种损失超过了设置的最大亏损目标时,选择割肉离场;另外一种是前期强弱关系判断正确,收益已经达到目标而进行的止盈平仓离场。无论哪种情况发生,当触及目标时,都应果断、干脆地对冲平仓,结束交易。

(四) 注意事项

1. 时间跨度

在对冲交易过程中,一定要注意时间跨度风险。因为随着时间的推延,不但是基本面可能发生改变,宏观经济环境也可能出现变化,进而改变对冲品种之间的强弱格局。品种之间的强弱关系改变了,若对冲交易策略不随之而变,风险亦伴随而至。

2. 突发事件

战争、自然灾害等突发事件对期货价格的影响越来越明显。利比亚局势动荡、日本 3.11 大地震、大连福佳大化 PX 事件等一系列的突发事件对 PTA 价格的影响仍历历在目。这些突发事件往往通过改变短期的供求格局影响商品的价格,再加上炒作因素的渲染,极易引起商品价格的短期剧烈波动,若持仓过重,很可能半途而废。

四、对冲交易的理论基础

（一）基于贝塔系数的对冲

1. 贝塔系数的具体含义

β 系数来源于资本资产定价模型(capital asset pricing model，CAPM)。CAPM 模型是由 Sharpe、Linter 和 Mossin 在 Markowitz 现代证券组合理论的基础上提出的，其核心思想是当证券市场处于均衡状态时，资产的预期收益率等于无风险利率加上风险溢价，即：

$$E(R_i) = R_f + \beta_i (E(R_m)) - R_f \tag{5-3}$$

式(5-3)中，$E(R_i)$ 表示第 i 种资产或资产组合的预期收益，R_f 表示市场无风险收益率，$E(R_m)$ 表示市场组合收益率，β_i 表示第 i 种资产的 β 系数。

在证券市场上，β 系数反映的是特定证券（或者证券组合）价格变动与市场上证券平均价格（即市场组合收益）变动之间的相关关系，更确切地说，β 系数是一种风险指数，用来衡量个别证券或一个投资证券组合对整个股市的价格波动的反应情况。

例如，某股票组合相对于沪深 300 指数的 β 值是 1.2，就意味着沪深 300 指数每上涨 1%，该股票组合的平均涨幅为 1.2%，β 值一般可根据历史价格变化统计得到。

在将贝塔系数作为衡量系统性风险的指标时要充分注意以下几点：β 系数是一个常态指标，取自历史数据，使用经验参数；β 系数是个序列变量，时间跨度的选取是个重要的参数；β 系数是用历史数据来计算的，而历史数据计算出来的贝塔系数是否适用于未来，将直接影响应用效果；另外，从长期来看，贝塔系数围绕一个均值上下波动，这说明其有可能遵循一个均值回归过程，这有待以后做更深入的研究。

2. 贝塔策略

所谓的贝塔策略，是指在期现两个市场分别持有相反的头寸，从而建立一种对冲机制，无论价格如何变动，对冲交易都能取得期货和现货两个市场盈亏相抵的效果，从而将系统性风险转移出去。

该策略的原理是把股指期货引入投资组合管理中，运用股指期货来调整资产组合收益与风险关系，使其达到最佳。根据不同机构投资者的不同风险偏好和需求，通过调整 β 值来调节对冲风险的程度。如果预期未来市场价格将阶段性下跌，则可以通过在股指期货市场上适当做空，将投资组合 β 值调低，从而降低投资组合的风险；如果预期未来市场价格将上涨的可能性较大，则可以通过做多股指期货，将投资组合的 β 值调高，从而提高投资组合的收益，跑赢市场。在本节中，试图将贝塔策略置于商品期货市场，从更广阔的视角运用贝塔系数来分析商品投资组合。以石化产业链为例，原油是源头，PTA 则是石化下面的一个分支产品。若将原油看作影响石化产业链产品价格的主要因素，则原油现货、期货就类似于代表股票市场大盘的"上证指数"，而 PTA 现货与期货就相当于个别股票。以原油期货作为参考系，PTA 期货作为一个特定的期货商品，由此，可借鉴证券市场的例子，计算出 PTA 期货价格波动与原油期货价格波动之间的关系。

由上述计算结果发现，若上涨趋势确立，原油期货比 PTA 期货涨得更多；若下跌趋势确立，则 PTA 期货比原油期货更为抗跌。因此，采用贝塔策略构造投资组合，可以得出如下操作策略:在商品整体上涨过程中,可以通过做多原油期货和做空 PTA 期货获利;在商品整体下跌的过程中,则做空原油期货和做多 PTA 期货。

(二)贝塔系数的计算

由上节阐述可知,贝塔系数是反映单品种或股票组合相对于系统风险变动程度的一个重要指标,贝塔系数有助于建立起股票组合和股指期货之间关联的定量化纽带,可将其视为股指期货期现套保的最优比率。将贝塔策略复制到期货市场,即买入强势品种而卖出弱势品种,构建对冲头寸,因为价差风险的存在,应试图寻求使对冲效果达到最佳的对冲比例。

下面以对冲交易中最典型的期限保值为例,运用数学原理推导演算出最佳的对冲比例。假设条件:对冲交易为静态,即建立对冲头寸后一直保持套期保值头寸不变,直到套期保值期结束。则整个套期保值组合收益率可以表示为:

$$R_Y = R_S - \beta R_F \tag{5-4}$$

R_S——套期保值期限内现货收益率;R_F——套期保值期限内期货收益率;R_Y——整个套期保值组合的收益率;β——对冲比率。

方差为:

$$\sigma_{R_Y}^2 = \beta^2 \sigma_{R_F}^2 - 2\beta \mathrm{cov}(R_S, R_F) + \sigma_{R_S}^2 \tag{5-5}$$

对 β 求导数,得到:

$$\frac{\partial \sigma_{R_Y}^2}{\partial \beta} = 2\beta \sigma_{R_Y}^2 - 2\mathrm{cov}(R_S, R_F) \tag{5-6}$$

$$\beta_0 = \rho_{R_S R_F} \frac{\sigma_{R_S}}{\sigma_{R_F}} \tag{5-7}$$

由此推导出方差最小时的对冲比率,可将 β_0 视为最优对冲比率。在此需要强调的是,对冲比率指的是两者操作的资金量的比例。计算得到最优的套期保值比率后,需要将其转换为具体的期货合约数,如果计算出的 N 不是整数值,则取距 N 最近的整数值替代。据此可得出套期保值所需期货合约的数量 N:

$$N = \frac{\text{现货总价值}}{\text{每张期货合约价值}} \times \beta \tag{5-8}$$

将此公式衍生,可得:

$$N^* = \frac{\beta^* Q_A}{F_S} \tag{5-9}$$

式(5-9)中,Q_A 为需要对冲的资产头寸所需的投资金额;F_S 为每一单位对冲工具的价值;β^* 为对冲比例;N^* 为对冲工具的数量。

第六章
期权与期权投资策略

第一节 期权合约与期权估值

一、期权合约

(一)期权定义

期权是指赋予购买方在规定期限按买卖双方约定的价格(简称协议价格或执行价格)购买或出售一定数量某种金融资产(称为标的资产)的权利的合约。期权购买方为了获得这个权利,必须支付给期权出售方一定的费用,称为权利金或期权价格。

买方即权利的受让人,而卖方则是必须履行买方行使权利的义务人。当期权买方选择行使权利时,卖方必须根据合约内容与买方进行交易。

(二)期权分类

1. 按购买者权利划分

看涨期权是指期权买方有权根据合约内容,在规定期限(如到期日),向期权卖方以协议价格(行权价)买入指定数量的标的资产[股票或交易所交易基金(exchange traded funds,ETF)]。

看跌期权是指期权买方有权根据合约内容,在规定期限,向期权卖方以协议价格(行权价)卖出指定数量的标的资产(股票或ETF)。

2. 按被执行时限划分

期权依照履约日期可分为欧式期权及美式期权,欧式期权需在到期日或特定日期才可执行权利,美式期权则允许权利人在到期日前的任意一天行权。

(三)期权与期货、权证等金融工具的区别

1. 期权与期货的区别

期货合约的买方,如果将合约持有到期,那么他有义务买入期货合约对应的标的物;而期货合约的卖方,如果将合约持有到期,那么他有义务卖出期货合约对应的标的物。

期权是其卖方将一定的权利赋予买方而自己承担相应义务的一种交易,作为给期权出售方承担义务的报酬,期权买方必须支付给期权卖方一定的费用,称为期权费或期权价格。期权交易事实上是这种权利的交易。与期货不同,买方不负有必须买进或卖出的义务。

期权费的存在是和期权交易的单向保险性质相联系的,对期权和期货(远期)交易进行比较,将有助于理解期权费的基本性质。同样作为避险的金融工具,市场主体在运用期货(远期)进行保值的时候,直接根据需要进入合约的多头方或是空头方,在他们把亏损的可能即风险的不利部分转移出去的同时,也把盈利的可能即风险的有利部分转移出去了,其最大的优点在于获得了确定的市场价格,因而是一种双向保值。而期权则完全不同,一般而言,通过期权保值的市场主体都会选择进入期权的多头方,进一步根据自己买卖的需要选择看涨或看跌期权,在期权交易中,多头方享有执行与否的主动权,因而只把风险的不利部分转嫁出去而保留了风险的有利部分,所以是一种单向保值。很显然,期权是相对更有利的保值工具。然而,市场是公平有效的,避险者进入期货(远期)合约是几乎无须支付任何初始成本的,而进入期权多头方则需要支付相应的成本,即期权费。再进一步拓展思考,市场主体买入期权,就如同向期权卖方投了一个规避市场价格不利变化的保险,因而其支付的期权费与投保人向保险公司支付的保险费在本质上是一致的,都是为了单向规避风险而付出的代价,而这也正是在英文中,期权费和保险费为同一单词(premium)的根本原因。

2. 期权与权证的区别

其区别主要体现在以下5个方面:

(1)有效期。认股权证的有效期(即发行日至到期日之间的期间长度)通常比股票期权的有效期长。认股权证的有效期一般在一年以上,而股票期权的有效期一般在一年以内。股票期权的有效期偏短,并不是因为不能设计成长有效期,而是交易者自然选择的结果。就像期货合约一样,期货合约的交易量一般聚集在近月合约上,远月合约的交易量一般很少,不如不挂。

(2)标准化。认股权证通常是非标准化的,在发行量、执行价、发行日和有效期等方面,发行人通常可以自行设定,而交易所交易的股票期权绝大多数是高度标准化的合约。当然,当前随着IT技术的发展,柜台市场与交易所场内市场出现融合的趋势,柜台市场上的非标准化的股票期权也开始进入交易所场内市场。

(3)卖空。认股权证的交易通常不允许卖空,即使允许卖空,卖空也必须建立在先借入权证实物的基础上。如果没有新发行和到期,则流通中的权证的数量是固定的。而股票期权在交易中,投资者可以自由地卖空,并且可以自由选择开平仓,股票期权的净持仓数量随着投资者的开平仓行为不断变化。

(4)第三方结算。认股权证的结算是在发行人和持有人之间进行,而股票期权的结算,是由独立于买卖双方的专业结算机构进行。因此,交易股票期权的信用风险要低于交易认股权证的信用风险。

(5)做市商。认股权证的做市义务通常由发行人自动承担,即使是没有得到交易所的正式指定,发行人也通常需要主动为其所发行的认股权证的交易提供流动性。而股票期权的做市商必须经由交易所正式授权。

显然,在可交易性、信用风险等方面,股票期权要优于认股权证。大致上可以这么说,交易所交易的股票期权就好比现在工业化大生产下的高度标准化、正规化的产品,而认股权证则像是手工作坊阶段量身定制的产品。

(四)影响期权价值的因素

到期日当天的期权价值由内涵价值(履约价格和标的物价格的差)来决定,但在到期日以前影响期权价格的因素却很多,如标的物价格、期权履约价格、距到期日的剩余时间、无风险利率等。

1. 标的物的市场价格

标的物价格和履约价格是影响期权价值的重要因素。我们知道看涨期权是以某一特定价格买入一定数量标的物的权力,因为履约价格是一定的,如果标的物价格上升,标的物价格和履约价格的差——看涨期权的内涵价值就会增加,看涨期权的价值也就随着增加;同理,因为看跌期权是以某一特定价格卖出一定数量标的物的权力,履约价不会变,所以标的物价格越低,履约价格和标的物价格的差——看跌期权的内涵价值就会越高,看跌期权的价值也会增加。

2. 履约价

如果是看涨期权,履约价越高对买方越不利,所以履约价高的看涨期权会相对便宜,相反履约价越低看涨期权会越贵。

与看涨期权相反,看跌期权的履约价越低对买方越不利,所以履约价低的看跌期权会相对便宜,履约价高则会比较贵。

3. 距离到期日的剩余时间

与前面提到的时间价值概念是相同的,在其他条件相同的情况下,剩余时间多的期权会比剩余时间少的期权价格高。这是因为距离到期日的剩余时间越多,标的物就越有充分的时间向买家有利的方向变动,随着到期日的临近,发生变动的概率也会减小,时间价值也就会逐渐减少。但时间价值的减少速度与剩余时间的减少程度并不成比例,在距离到期日还有很多天时,时间价值的减少是相当缓慢的,而当距到期日没有几天的时候时间价值的减少速度会变得非常快。

4. 波动率

不管是看涨期权还是看跌期权,当标的物的价格波动率增大时,期权的价值会随之增加。我们知道期权的损益是不对称的,波动率越大意味着买方可能获利的概率越大。当然买方面临损失的概率也相应增大,但是因为买方面临的最大损失就是期权的权利金,风险已经被锁定,而如果标的物价格向买方有利的方向波动,获利却是不断增加的,所以波动率对期权的价值产生正的影响。

5. 无风险利率

无风险利率是指期权交易中的机会成本(opportunity cost)。

我们来看一下买入看涨期权和买入标的资产的区别。如果买入了看涨期权,只要先付定金(权力金),以后再付款就可以,而买入现货要马上付款。也就是相对于买入现货来说,买入看涨期权具有延迟付款的效果,那么利率越高对看涨期权的买方来说也就越有利,即随着利率的增加,看涨期权的价格随之增加。而买入看跌期权要比买入现货晚收到货款,所以看跌期权的价格随利率增加而减少。

二、期权估值

（一）期权损益图

1. 买进看涨期权损益

买进一定履约价格的看涨期权,在支付一笔权利金后,便可享有买入或不买入相关标的物的权利。一旦价格果真上涨,便履行看涨期权,以低价获得标的物资产,然后按上涨的价格水平高价卖出标的资产,获得差价利润,在弥补支付的权利金后还有盈余;或者在权利金价格上涨时卖出期权平仓,从而获得权利金收入。在这里存在一个损益平衡点(图6-1):

$$损益平衡点＝履约价格＋权利金$$

在损益平衡点以上,标的物价格上涨多少,期权便盈利多少。如果价格不但没有上涨反而下跌,则可放弃或低价转让看涨期权,其最大损失为权利金。

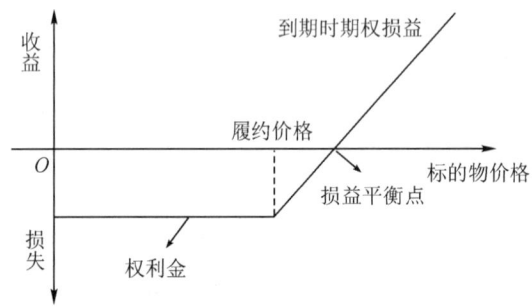

图 6-1　买进看涨期权损益图

该损益图有如下性质：
①市场观点:购买者从相关标的物价格上升中寻求收益或避免损失。
②波动性观点:购买者预期标的物价格波动率上升。
③风险:限制在权利金范围内。
④收益:在上升市场中,到期时有无限的收益潜力。
⑤损益平衡点:履约价格＋权利金。
⑥使用者:市场的牛市预期越强,看涨期权买入时的虚值程度就越高。换句话说,看涨期权购买者得到的履约价格越高。

例　某石油提炼商担心石油的价格会上涨,但他又不想通过购买一张期货合约而将其锁定在固定的价格,因此,该提炼商买入一份每桶1美元权利金的履约价格为16美元的国际石油交易所布伦特原油的看涨期权。在到期时,该多头看涨期权的收益损失如图6-2和表6-1所示。

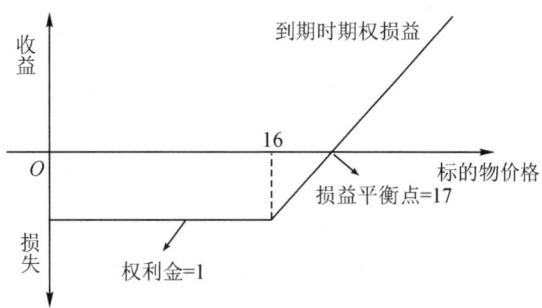

图 6-2　买入布伦特原油收益损失图

表 6-1　买入布伦特原油收益损失表

市场价格	结果
大于 17 美元	收益＝市场价格－17 美元
17 美元	损益平衡点
16～17 美元	损失＝17 美元－市场价格
小于 16 美元	损失＝全部权利金（1 美元）

2. 卖出看涨期权损益

以一定履约价格卖出看涨期权可以得到权利金收入。如果标的物价格低于履约价格，则买方不会履约，卖方可获得全部权利金；如果标的物价格在履约价格与损益价格之间，卖方由此获取一部分权利金收入；如果标的物价格大于损益平衡点，则卖方将面临标的物价格上涨的风险，如图 6-3 所示。

损益平衡点＝履约价格＋权利金。

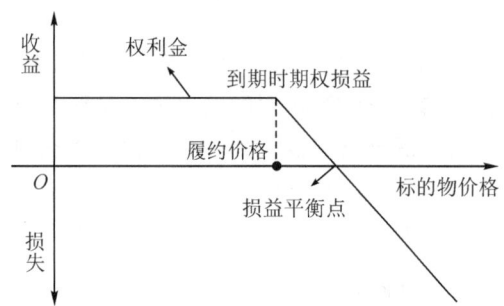

图 6-3　卖出看涨期权损益图

该损益图有如下性质：

① 市场观点：卖出者从相关标的物价格下跌中寻求收益或避免损失。
② 波动性观点是：购买者预期标的物价格波动率下降。
③ 风险：在上升市场中，到期时有无限的潜在损失。
④ 收益：限制在权利金范围内。
⑤ 损益平衡点：履约价格＋期权金。

⑥使用者：市场的熊市预期越强，看涨期权卖出时的实值程度就越高，以获取最大的权利金，换句话说，看涨期权卖方的履约价格应越低。

例 某投资了长期国库券的基金经理希望增加其投资组合的收益。他认为未来几个月内市场价格将保持稳定或略有下降。当前的长期国库券的价格为100美元，因此该经理卖出100美元履约价格的看涨期权，并收取4美元的权利金。如果该期权被执行，该经理将从他的投资组合中交付长期国库券，收到的权利金将增加他的收益。在到期时，该空头看涨期权的收益损失如图6-4和表6-2所示。

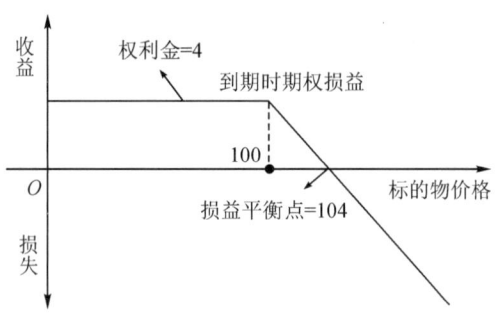

图 6-4 卖出长期国库券的收益损失图

表 6-2 卖出长期国库券期权的收益损失表

市场价格	结　果
大于 104 美元	损失＝市场价格－104 美元
104 美元	损益平衡点
100～104 美元	收益＝104 美元－市场价格

3. 买进看跌期权损益

以一定履约价格并支付一笔权利金获得看跌期权多头部位后，买方就锁定了自己的风险，即如果价格高于履约价格，就放弃期权，它的最大风险是权利金；如果标的物价格在履约价格和损益平衡点之间，会损失部分权利金。如果标的物价格在损益平衡点以下，则买方仍可以较高的履约价格卖出，只要价格一直下跌，就一直获利，如图6-5所示。因此，看跌期权买方的损失有限，但盈利可能巨大。

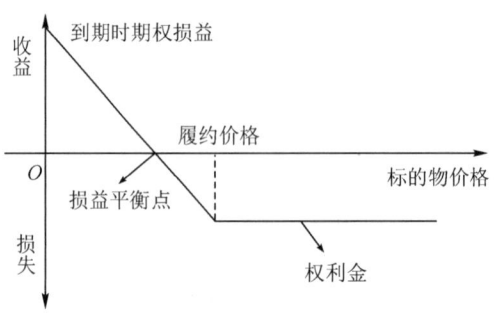

图 6-5 买进看跌期权损益图

损益平衡点＝履约价格－权利金。

该损益图有如下性质：
①市场观点：购买者从相关标的物价格下跌中寻求收益或避免损失。
②波动性观点：购买者预期标的物价格波动率上升。
③风险：限制在权利金范围内。
④收益：在下降的市场中，到期时有无限的收益潜力。
⑤损益平衡点：履约价格－权利金。
⑥使用者：市场的熊市预期越强，该看跌期权买入时的虚值程度就越高，换句话说，该看跌期权购买者得到的履约价格越低。

例 美国某机械公司与一英国公司达成了一笔生意，向其供应机器零部件，但是零部件的款项将在3个月后以英镑交付，在当前汇率为1.6000时，该笔交易对美国公司是有利可图的。但是，该美国公司担心在3个月的时间里汇率将下跌。因此，该公司买入一份1.6000的看跌期权，并支付了2分/英镑的期权费。在到期时，该多头看跌期权的收益损失如图6-6和表6-3所示。

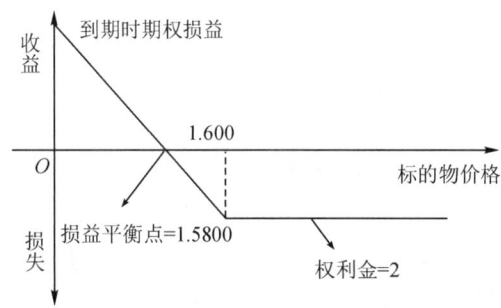

图 6-6　买进汇率期权收益损失图

表 6-3　买进汇率期权收益损失表

市场价格	结　果
大于1.6000	损失＝全部权利金（2分/英镑）
1.6000～1.5800	损失＝市场价格－1.5800
1.5800	损益平衡点
小于1.5800	收益＝1.5800－市场价格

4.卖出看跌期权损益

看跌期权卖方的损益与买方正好相反，买方的盈利即卖方的亏损，买方的亏损即卖方的盈利，如图6-7所示。

损益平衡点＝履约价格－权利金。

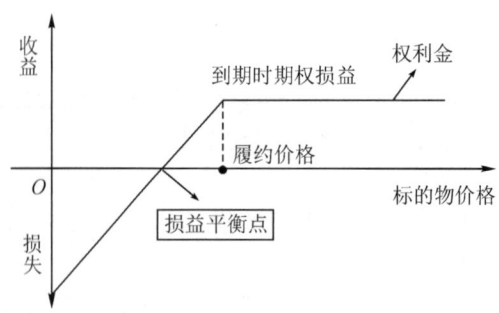

图 6-7 卖出看跌期权损益图

该损益图有如下性质:
①市场观点:卖方从相关标的物价格上升中寻求收益或避免损失。
②波动性观点:卖方预期标的物价格波动率下降。
③风险:在下降市场中,到期时有无限的损失潜力。
④收益:限制在权利金范围内。
⑤损益平衡点:履约价格－权利金。
⑥使用者:市场的牛市预期越强,看跌期权卖出时的实值程度就越高,换句话说,看跌期权卖方的履约价格就越高。

例 某投机者发现 XYZ 公司的股票价格在近期的下跌中从 600 点降至 550 点,尽管市场中仍存在忧虑,但该投机者认为价格不会降至 500 点以下,且可能会很快回升,为了从该观点中牟利,该投机者卖出 XYZ 履约价格为 500 点的看跌期权,并收取 50 点的权利金。在到期时,该多头看涨期权的收益损失如图 6-8 和表 6-4 所示。

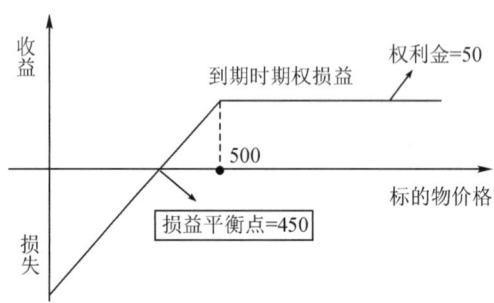

图 6-8 卖出 XYZ 期权收益损失图

表 6-4 卖出 XYZ 期权收益损失表

市场价格	结　果
大于 500	收益＝全部权利金(50 点)
450～500	收益＝市场价格－450
450	损益平衡点
小于 450	损失＝450－市场价格

(二)期权的平价关系

欧式期权平价关系是指在完备的无套利金融市场条件下,没有红利支付且其他条件相同时,欧式看涨期权和看跌期权之间存在的确定性关系。

假设某股票现在价格为 S_0,以该股票作为标的资产的看涨期权(Call)和看跌期权(Put)都是在 T 时刻到期,执行价格都是 K。设看涨期权当期理论价格为 C,看跌期权当前理论价格为 P,该股票在 T 时刻价格为 S_T,1年期无风险利率为 r。考虑下面两种组合。

组合 A:一份欧式看涨期权(Call)加上在 T 时刻的一笔价值为 K 的现金资产。

组合 B:一份该欧式看跌期权(Put)加上一只股票。

在 T 时刻,组合 A 的价值:若在 T 时刻股票价格 $S_T \geqslant K$,则在 T 时刻组合 A 的价值为看涨期权的价值$(S_T - K)$加上现金资产 K,即 $S_T - K + K = S_T$;若在 T 时刻股票价格 $S_T < K$,则在 T 时刻组合 A 的价值为看涨期权的价值 0 加上现金资产 K,即 $0 + K = K$(表6-5)。

在 T 时刻,组合 B 的价值:若在 T 时刻股票价格 $S_T \geqslant K$,则在 T 时刻组合 B 的价值为看跌期权的价值 0 加上股票价值 S_T,即 $0 + S_T = S_T$;若在 T 时刻股票价格 $S_T < K$,则在 T 时刻组合 B 的价值为看跌期权的价值$(K - S_T)$加上股票价值 S_T,即 $K - S_T + S_T = K$(表6-5)。

表6-5 A、B两个组合价值

		$S_T \geqslant K$	$S_T < K$
组合 A	Call 在 T 时刻的价值	$S_T - K$	0
	现金在 T 时刻的价值	K	K
	组合 A 在 T 时刻总价值	S_T	K
组合 B	Put 在 T 时刻的价值	0	$K - S_T$
	股票在 T 时刻的价值	S_T	S_T
	组合 B 在 T 时刻总价值	S_T	K

综上所述,可知无论该股票价格在 T 时刻是多少,组合 A 和组合 B 在到期时的价值总是相同的,该值为 S_T 和 K 中的较大值,即 $\max(S_T, K)$。由此可知,组合 A 和组合 B 在当前时刻的理论价格也应相同,否则将产生无风险套利的机会。T 时刻价值为 K 的现金复利贴现回当前的价值为 Ke^{-rT}。因此,组合 A 的当前理论价格 $C + Ke^{-rT}$ 等价于组合 B 的当前理论价格 $P + S_0$,即

$$C + Ke^{-rT} = P + S_0 \tag{6-1}$$

式(6-1)即欧式期权的平价关系,该公式说明了具有同样执行价格和到期日的欧式看涨期权和看跌期权当前理论价格之间的关系。

此外,1991年,Tucker 根据股指期货及股指期权之间的价格关系阐述了期货与期权的平价关系,并运用这一均衡关系来发现市场的套利机会并验证市场效率。该理论假设:

(1)期权为欧式期权,期货与期权均持有到期货合约的到期日。

(2)税收、手续费等交易成本不计。

(3)借贷利率相等。

在 t 时刻,期权—期货平价关系可表示为:

$$Fe^{-r(T-t)}=C-P+Ke^{-r(T-t)} \tag{6-2}$$

式(6-2)中,F 为 t 时刻股指期货价格,T 为期权到期日,C、P 分别是 t 时刻实行价格为 K 的看涨期权和看跌期权的价格,r 为持有期间的无风险报酬率。

式(6-2)两边同乘以 $e^{r(T-t)}$ 可得:

$$F=(C-P)\times e^{r(T-t)}+K \tag{6-3}$$

r 为无风险利率,目前市场低利时代 r 都在 3‰ 上下。贴现因子 $e^{r(T-t)}$ 以年化无风险利率计算,通常考虑一个月(1/12)内,其实际数值接近于 1,进而上述平价关系公式可以简化为实际计算中的判别关系,即:

$$F=C-P+K \tag{6-4}$$

换一种思路理解:$C-P=S-Ke^{(-rT)}$,则认购期权(看涨期权)价格 C 与认沽期权(看跌期权)价格 P 的差等于证券现价与行权价 K 现值的差(图 6-9 和图 6-10)。

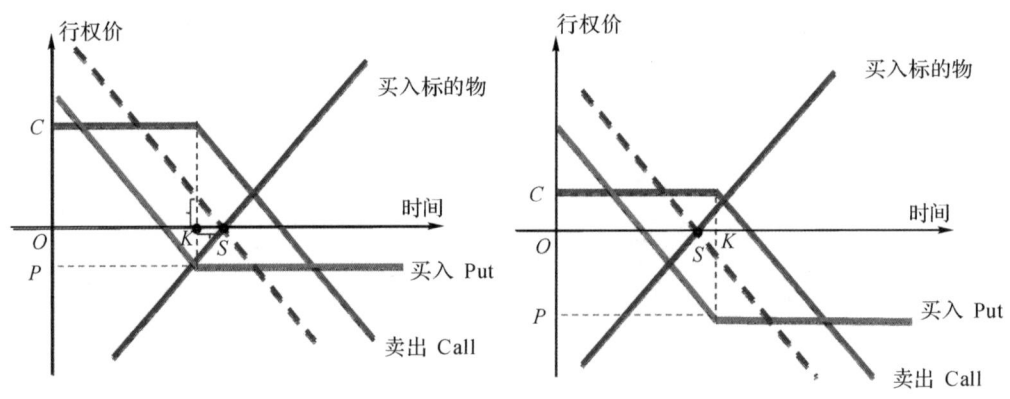

图 6-9　K 低于现货价格 S　　　图 6-10　K 高于现货价格 S

第二节　期权投资策略

期权投资以获得资本增益为主要目的,主要通过期权策略完成。在期权标的物的资产市场中,可供投资者选择的投资策略只有两个,要么买入,要么卖出。投资者能否获得投资利润,关键在于对市场未来走势方向的预测是否正确。但是,对期权市场的投资者而言,其面对的情况要复杂得多。具体地讲,期权的价值包括内在价值和时间价值,前者由标的物的资产市场价格未来走势的方向所决定,而后者由波动率、时间等因素决定。因此,期权市场的投资者除了可以通过对标的资产市场价格变化方向的正确预测获得收益,还可以通过准确预测波动率的变化规律胜人一筹。这就是说,期权投资不仅要把握标的资产市场价格未来走势的方向,还要考虑该市场未来波动率的可能变化。在具体设计投资策略时,投资者对这两大因素可能各有侧重。有的把市场方向性因素放在首位,有的则更多地考虑波动率因素。因此,期权策略相应地可以分成两大类,即方向性投资策略和波动率投资策略。

所谓方向性投资策略,是在进行期权投资决策时,以对标的物的资产市场价格未来走势方向的预测为主,同时兼顾市场波动率的可能变化。根据标的物的资产市场价格未来走势方向的不同,这类策略又可分为牛市看涨策略和熊市看跌策略。

与方向性投资策略相对应,波动率投资策略主要根据对波动率变化的预测做出相应的投资决策。由于买入期权相当于买入了波动率,而卖出期权相当于卖出波动率。因此,如果预测未来波动率会增加,应买入期权;如果预期未来波动率会下降,则应卖出期权。不过上述方法只是最简单的波动率投资策略。进一步说,投资者可以利用买入期权和卖出期权构造不同的期权组合并以其作为波动率投资的工具。

期权能给投资者带来很多投资的灵活性,理论上讲,期权策略有无穷多个,这些期权策略可以从不同的角度对其进行分类。上面提到的方向性投资策略和波动率投资策略就是按照市场情况进行的划分。除此之外,按照投资者交易的熟练程度,可将期权策略分为初级期权交易策略、中级期权交易策略、高级期权交易策略以及专家级期权交易策略,在一些情况中,有的策略并不复杂,但对初级和中级投资者而言却具有难以接受的高风险性,因此这类策略也被归到高级和专家级交易策略。按照策略的风险和收益水平,可将期权策略分为有限风险/收益策略和无限风险/收益策略,具有无限风险的策略不一定都是不好的,具有无限潜在收益的策略也不一定是好的,但通过这种划分至少可以让投资者意识到可能的风险和收益。

一、期权单一投资策略

(一)做多看涨期权

投资者预计标的证券将要上涨,但是又不希望承担下跌带来的损失;或者投资者希望通过期权的杠杆效应放大上涨所带来的收益(图 6-11)。

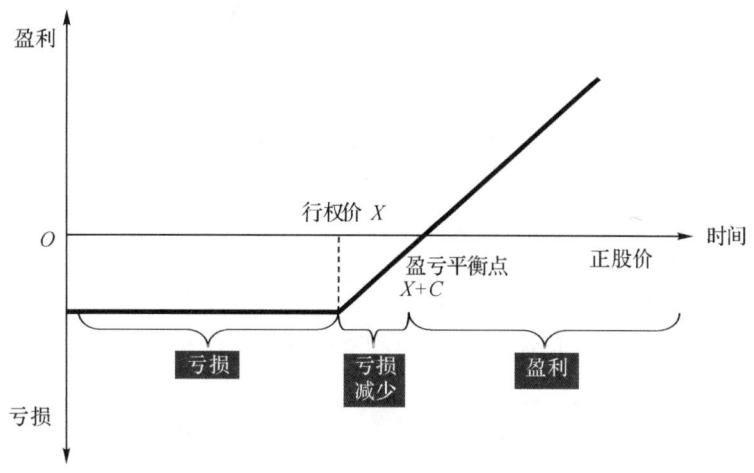

图 6-11 做多看涨期权损益图

(1)盈亏平衡点:执行价+期权费。

(2)最大收益:无限。

(3)最大损失:期权费。

(4)到期损益:MAX(0,到期标的证券价格-执行价)-期权费。

> **举例** 假设投资者买入50ETF看涨期权,当前最新价为2.842元,执行价为2.842元,期限为1个月,期权成交价为0.15元。
>
> 情形1:期权到期后,50ETF价格为3.5元,则投资者的收益为3.5-2.842-0.15=0.508元(不考虑交易费用),投资收益率为0.508/0.15=338.6%,而投资正股的收益率仅为23.15%。
>
> 情形2:期权到期后,50ETF的最新价格为2.5元,则投资者选择不行权,亏损全部期权费,亏损率为100%,而投资正股的亏损率为12.03%。

(二)做空看涨期权

投资者预计标的证券价格可能要略微下降,也可能在近期维持现在价格水平(图6-12)。

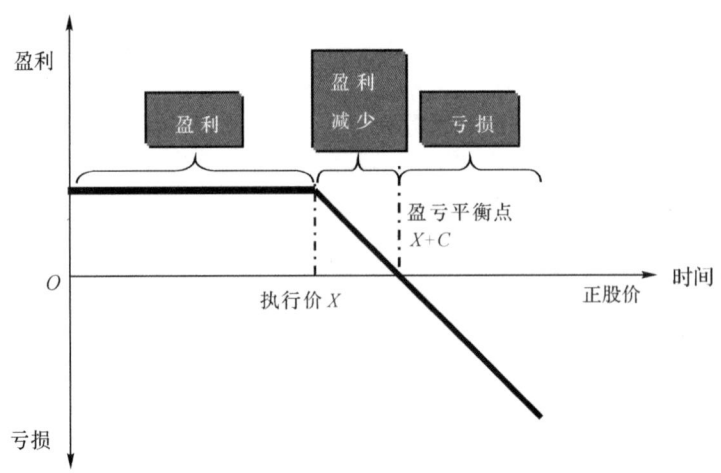

图6-12 做空看涨期权损益图

(1)盈亏平衡点:执行价+期权费。

(2)最大收益:期权费。

(3)最大损失:无限。

(4)到期损益:期权费-MAX(到期标的股票价格-执行价,0)。

> **举例** 假设投资者卖出50ETF看涨期权,当前最新价为2.842元,执行价为2.782元,期限为一个月,期权成交价为0.13元。
>
> 情形1:期权到期时,50ETF价格为3.5元,期权将被购买者执行,因此投资者必须以2.782元的执行价格进行股票交割,并承受潜在的损失。损益为0.13－(3.5－2.782)＝－0.588,即投资者损失0.588元。
>
> 情形2:期权到期时50ETF的价格为2.5元,则期权购买者将不会执行期权,投资者收益为0.13元,收益全部期权费。

(三)做多看跌期权

投资者预计标的证券价格下跌幅度可能会比较大。如果标的证券价格上涨,投资者也不愿意承担过高的风险(图6-13)。

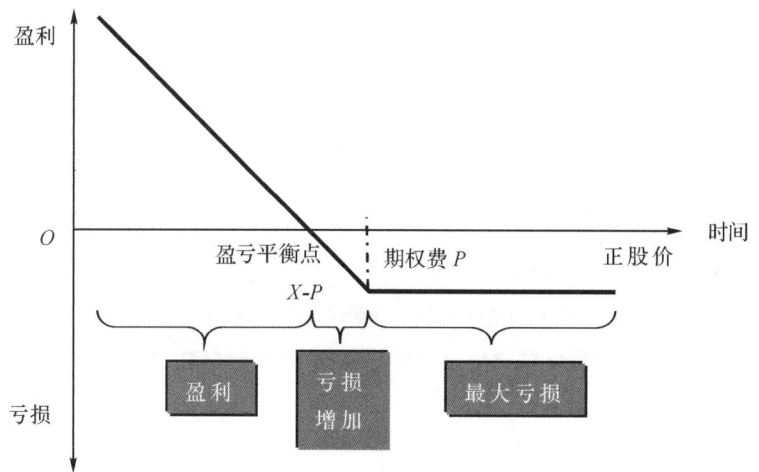

图6-13 做多看跌期权损益图

(1)盈亏平衡点:执行价－期权费。
(2)最大收益:执行价－期权费。
(3)最大损失:期权费。
(4)到期损益:MAX(执行价－到期时标的股票价格,0)－期权费。

> **举例** 假设投资者买入股票看跌期权,当前最新价为5.425元,执行价为5.425元,期限为两个月,期权成交价为0.26元。
>
> 情形1:期权到期时,股票价格为6.2元,投资者不会行权,因此亏损全部期权费0.26元,亏损率为100%。
>
> 情形2:期权到期时,股票价格为4.6元,投资者应该执行期权。获利(5.425－4.6)－0.26＝0.565元,收益率为217.31%。

(四)做空看跌期权

投资者预计标的证券短期内会小幅上涨或者维持现有水平。另外,投资者不希望降低现有投资组合的流动性,希望通过做空期权增厚收益(图6-14)。

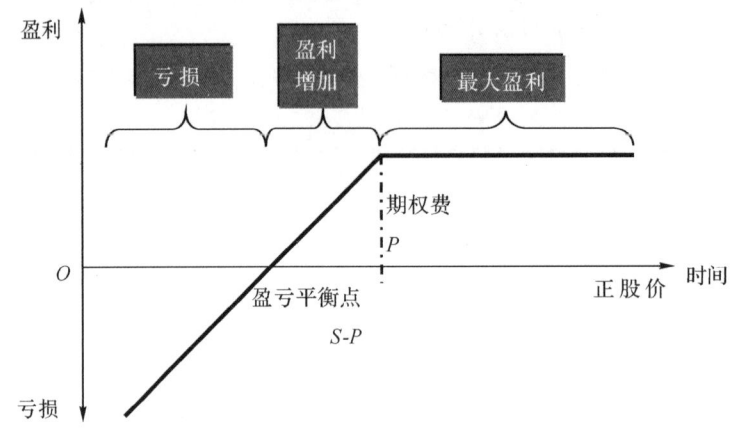

图6-14 做空看跌期权损益图

(1)盈亏平衡点:执行价－期权费。
(2)最大收益:期权费。
(3)最大损失:执行价－期权费。
(4)到期损益:期权费－MAX(执行价－到期标的股票价格,0)。

> **举例** 假设投资者卖出股票看跌期权,当前最新价为5.425元,执行价为5.425元,期限为两个月,期权成交价为0.26元。
> 情形1:期权到期时,股票价格为6.2元,投资者卖出的期权不会被执行,投资者获利全部期权费0.26元。
> 情形2:期权到期时,股票价格为4.6元,投资者卖出的期权会被买家执行,投资者损益为0.26－(5.425－4.6)＝－0.565,即亏损0.565元。而投资正股亏损为0.825元。

(五)选择不同的期权合约

决定期权价格的因素有标的股票价格的波动率、期权的剩余合约有效期、股票分红、短期利率以及执行价5个因素。当投资者不能影响短期利率或者股票价格的波动率时,他可以通过选择期权合约的剩余有效期和期权执行价来配合他对股票价格变动的预期。

1.执行价格的选择

当基础证券的价格发生变化时,不同执行价格的期权会有不同的反应。当其他条件相同时,从绝对值来看,价内期权的价格随基础证券价格变化更大,但是期权价格也更贵,杠杆更低;相反,价外期权随基础证券价格变化幅度小,期权价格便宜,杠杆率高,因此价外期权的投机性很强,越是深度价外的期权,其到期行权的可能性越小。

2.合约期限的选择

当其他条件相同时,剩余期限长的期权所含的时间价值高,价格也更贵。而剩余期限短的期权时间价值低,价格便宜,但是对时间的衰减更为敏感。对一个即将到期的期权而言,假设股价等其他因素都没有发生变化,随着时间的流逝期权价值会加速下跌,相比之下,剩余期限长的期权在相同的时间间隔内价值衰减要更慢一些。

3.期权的杠杆率

衍生产品的一个典型特征就是实际的资本支出小于相应的现货市场的资金投入。也就是说,通过投入或抵押少量的资金就可以控制较大数量的资金,这就是所谓的杠杆效应。一般来说,价外期权的杠杆率更高,投机性也更强。

二、牛市看涨的期权策略

（一）牛市看涨价差期权组合

如图 6-15 所示,这是一种垂直价差策略。你购买一份接近其真实价值的长期(距离到期日 6 个月以上的)看涨期权并出售一份具有相同到期日而行权价较高(通常是虚值)的看涨期权。

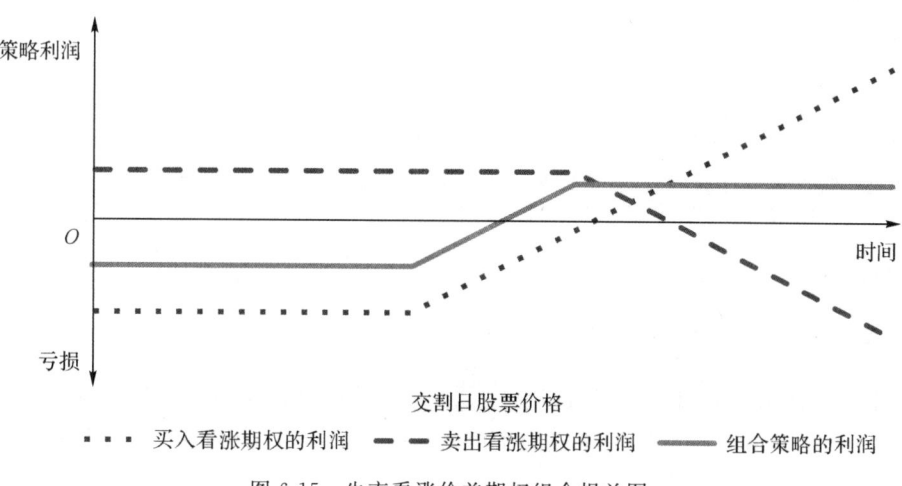

图 6-15　牛市看涨价差期权组合损益图

1.风险收益

(1)最大风险:支付的净债务。

(2)最大收益:两个行权价的差额－净债务。

(3)盈亏平衡点:较低行权价＋净债务。

2.优点和缺点

(1)优点:

①与只是购买看涨期权策略相比较,对于中期到长期的牛市交易,该策略能够减少风险并使成本和盈亏平衡点降低。

②向下风险具有上限(尽管仍有 100% 的费用)。

③越远离到期日,针对股票价格迅速下跌的情况,该头寸所提供的向下风险保护措施就越好。

(2)缺点:

①只有当你选择足够高的较高行权价且标的股票价格升至两个行权价中高行权价水平时,才能获得较大的收益。

②如果股票价格上涨,向上收益具有上限。

③离到期日越远,你获得最大收益的速度就会越慢,这就是你为向下风险提供保护所付出的代价。

3. 应用市况

牛市看涨的行情时运用此策略,此时需要股价上涨。

> **举例** 2011年12月19日,中国石油股票的开盘价格为9.57元。当日,以0.88元的价格买入2012年1月到期,行权价为9元的看涨期权;以0.08元价格卖出2012年1月到期,行权价为10元的看涨期权,此期权组合损益见表6-6。

表6-6 中国石油股票价差期权组合损益表

净债务	购买期权的权利金－售出期权的权利金:0.88－0.08＝0.8元
最大风险	净债务:0.8元
最大收益	两种行权价的差额－净债务:1－0.8＝0.2元
盈利平衡点	较低的行权价格＋净债务:9＋0.8＝9.8元
最大投资收益率	最大收益/净债务:0.2/0.8＝25%

交割日,中国石油的股票价格涨至10.26元,该期权组合的收益达到0.2元。

(二)牛市看跌价差期权组合

如图6-16所示,购买具有较低行权价的看跌期权,同时出售同样数量具有相同到期日、较高行权价的看跌期权。将该策略应用于价格在一定范围内变动的股票或者价格上涨的股票能够获利。

1. 风险收益

(1)最大风险:两种行权价的差额－净债权。

(2)最大收益:获得的净债权。

(3)盈亏平衡点:较高行权价－净债权。

2. 优点和缺点

(1)优点:

①这是短期收入策略,并不一定要求股票价格发生变动。

②与卖出看跌期权相比,能够为面临的向下风险提供保护,使其具有上限。

(2)缺点:

①尽管向下风险具有上限,该策略面临的最大损失通常大于能获得的最大收益。

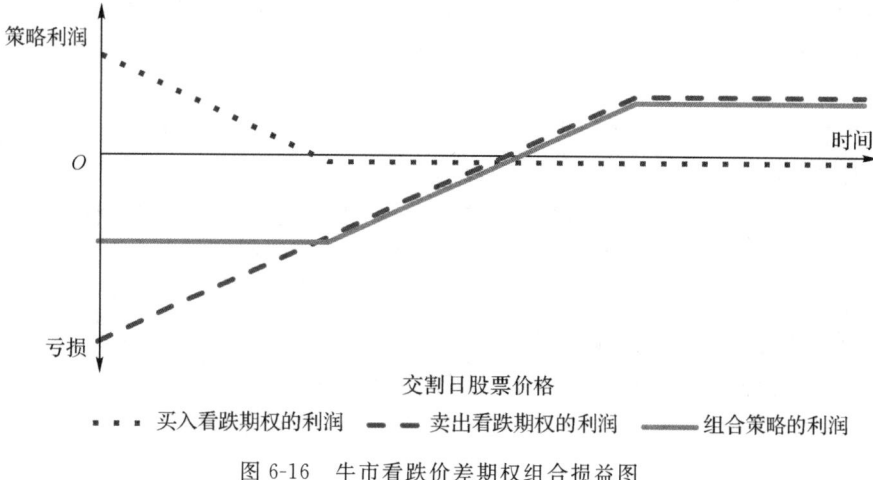

图 6-16 牛市看跌价差期权组合损益图

②高收益交易通常意味着更少的保护性股本作垫,也因此具有更大的风险。

③如果股票价格上涨,则能获得的向上收益有限。

3.应用市况

当持有牛市看跌期权组合时,你对行情的展望是牛市看涨或是对股票价格变化方向的预测是中性或者牛市看涨的。

(三)日历看涨期权组合

如图 6-17 所示,这是一种水平价差策略,为备兑看涨期权的一种变形形式。用近价行权价购买一份到期日是长期的看涨期权,以相同的行权价售出一份到期日是短期(月度)的看涨期权。

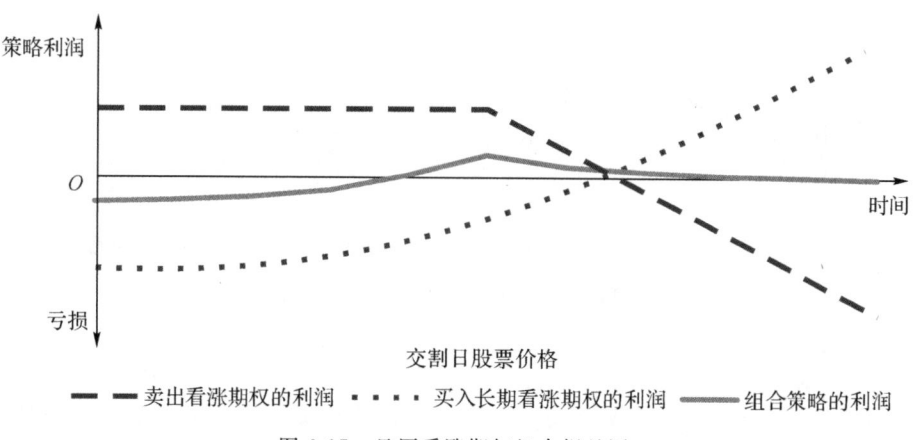

图 6-17 日历看涨期权组合损益图

1.风险收益

(1)最大风险:限制在所支付的净债务上。

(2)最大收益:在卖空看涨期权的到期日,当股票价格等于行权价时买入看涨期权的价值减去净债务。

(3)向下盈亏平衡点是由在卖空看涨期权的到期日时买入看涨期权的价值决定;向上盈亏平衡点是由在卖空看涨期权的到期日时买入看涨期权的价值决定。

2.优点和缺点

(1)优点:

①每月获得收入。

②能够从在一定范围内变化的股票价格中获利,而且能比备兑看涨期权策略获得更大的收益。

(2)缺点:

①如果股票价格上涨,上升趋势有上限。

②如果股票价格显著上涨,可能会因上升趋势而受损。

③高收益并不一定意味着这是有利可图或者有较高获利能力的交易。

3.应用市况

对基本行情看涨,且波动率不会很大,上涨趋势比较平稳。

(四)日历看跌期权组合

如图 6-18 所示,日历看跌期权组合是日历看涨期权组合的一种变形形式,只是用看跌期权代替看涨期权,即以近价行权价购买一份到期期限为长期的看跌期权,同时以相同的行权价售出一份到期期限为短期(月度)的看跌期权。

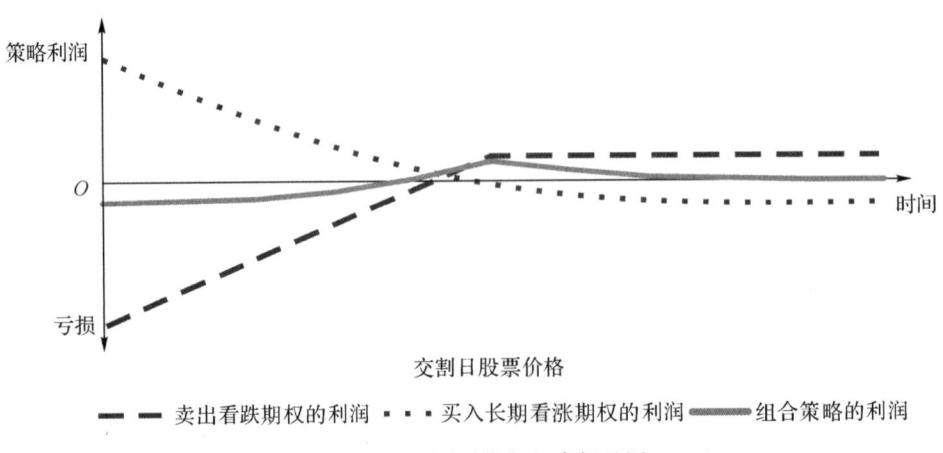

图 6-18 日历看跌期权组合损益图

1.风险收益

(1)最大风险:看跌期权行权价减去在第一个到期日买入看跌期权的最大价值加上净债务。

(2)最大收益:在第一个到期日行权时看跌期权多头的价值减去净债务。

(3)向下盈亏平衡点由在卖空看跌期权的到期日时买入看跌期权的价值决定;向上盈亏平衡点由在卖空看跌期权的到期日时买入看跌期权的价值决定。

2.优点和缺点

(1)优点：

①每月获得收入。

②能够从在一定范围内变化的股票价格中获利，而且能比备兑看涨期权组合或者卖出看跌期权策略获得更大收益。

(2)缺点：

①如果股票价格上涨，向上收益有上限。

②向下风险没有上限，因此遭受的损失可能大于净债务。

③如果股票价格显著上涨，向上收益可能会受损。

④高收益并不一定意味着这是能够获利或者有较高获利可能的交易。

3.应用市况

对行情的预期是股票价格变化方向中性或者牛市看涨，希望价格平稳上涨。

(五)备兑看涨期权组合

如图 6-19 所示，购买股票，以一个或者两个虚值行权价出售看涨期权，即"虚值看涨期权"(也就是说，看涨期权的行权价是一个或者两个高于股票价格的行权价)，指当拥有股票时，以每月为单位售出所拥有标的股票的虚值看涨期权，以此作为从拥有股票中获取租金的方法。

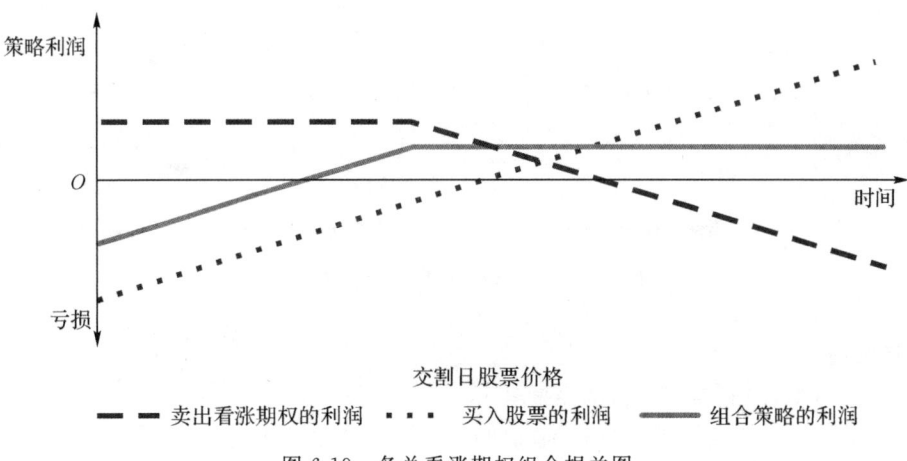

图 6-19 备兑看涨期权组合损益图

1.风险收益

(1)最大风险：支付的股票价格减去看涨期权权利金。

(2)最大收益：看涨期权行权价减去支付的股票价格，再加上看涨期权权利金。

(3)盈亏平衡点为支付的股票价格减去看涨期权权利金。

2.优点和缺点

(1)优点：

①每月获得收入。

②比直接拥有股票具有更低的风险。

③能从在一定范围内变化的股票价格中获益。

(2)缺点：

①有些交易者认为从现金费用上考虑，该策略比较昂贵。对常规股票交易来说，这种观点并不对，但是对那些仅仅操作期权的交易者来说则是对的，却并不是特别相关。

②如果股票价格上涨，向上收益具有上限。

③如果股票价格下跌，向下风险没有上限，股本收益只有当获得看涨期权的权利金时才能实现。

3. 应用市况

当持有一种备兑看涨期权组合时，你对行情的展望是股票价格变化方向中性或者牛市看涨，即你期望股票价格平稳上涨。

(六)对角线看涨期权组合

如图6-20所示，购买一份深度实值(较低行权价)到期日是长期的看涨期权，并以较高行权价售出一份到期日是短期(月度)的看涨期权。

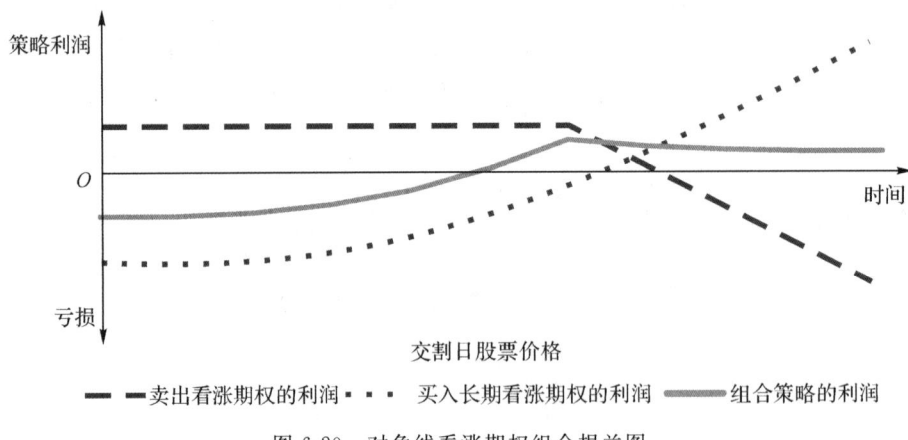

图 6-20　对角线看涨期权组合损益图

1. 风险收益

(1)最大风险：限制在所支付的净债务上。

(2)最大收益：(在卖空看涨期权的到期日，当股票价格等于较高行权价时买入看涨期权的价值)－净债务。

(3)向下盈亏平衡点：由在卖空看涨期权的到期日时买入看涨期权的价值决定。

(4)向上盈亏平衡点：由在卖空看涨期权的到期日时买入看涨期权的价值决定。

2. 优点和缺点

(1)优点：

①每月获得收入。

②能够从在一定范围内变化的股票价格中获利，并能比备兑看涨期权策略获得更大的收益。

(2)缺点：

①如果股票价格上涨，上升趋势有上限。

②如果股票价格显著上涨,可能会因上升趋势而受损。
③高收益并不一定意味着这是有利可图或者有较高获利能力的交易。

3.应用市况

当市场处于牛市中,期望股市上涨。

(七)对角线看跌期权组合

如图 6-21 所示,买入行权价较低的长期看跌期权,以较高行权价售出一份到期期限是短期的看跌期权。

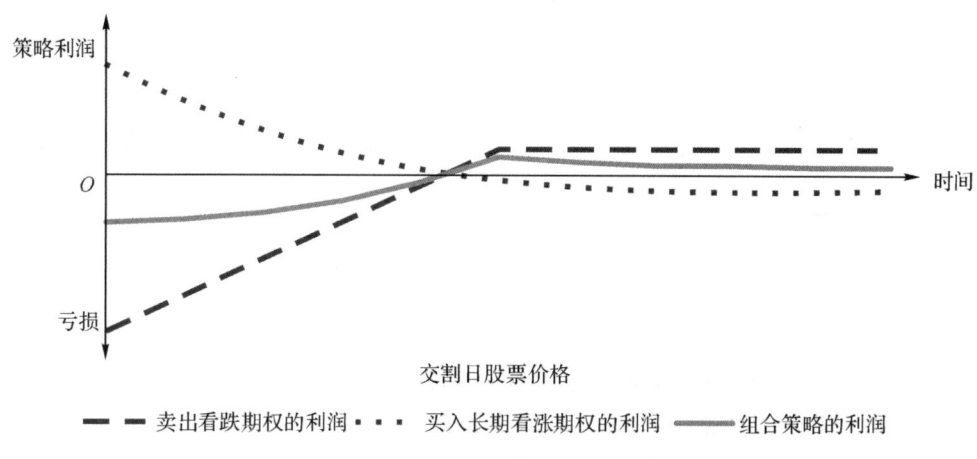

图 6-21　对角线看跌期权组合损益图

1.风险收益

(1)最大风险:较高行权价－在第一个到期日时买入看跌期权的最大价值－净债权。
(2)最大收益:由卖空看跌期权的到期日时买入看跌期权的价值决定。
(3)向下盈亏平衡点:由卖空看跌期权到期日时买入看跌期权的价值决定。
(4)向上盈亏平衡点:由卖空看跌期权到期日时买入看跌期权的价值决定。

2.优点和缺点

(1)优点:

①每月获得收入。

②能够从价格在一定范围内变化的股票中获利,获得的收益比备兑看涨期权组合或者卖出看跌期权策略获得的收益更大。

(2)缺点:

①如果股票价格上涨,向上收益有上限。
②向下风险没有上限——你遭受的损失可能大于你的净债务。
③如果股票价格显著上涨,向上收益可能会受损。
④高收益并不一定意味着这是能够获利或者有较高获利可能性的交易。

3.应用市况

牛市看涨。

(八)合成看涨期权组合

如图 6-22 所示,买入股票,同时买入平价(或者虚值)看跌期权。

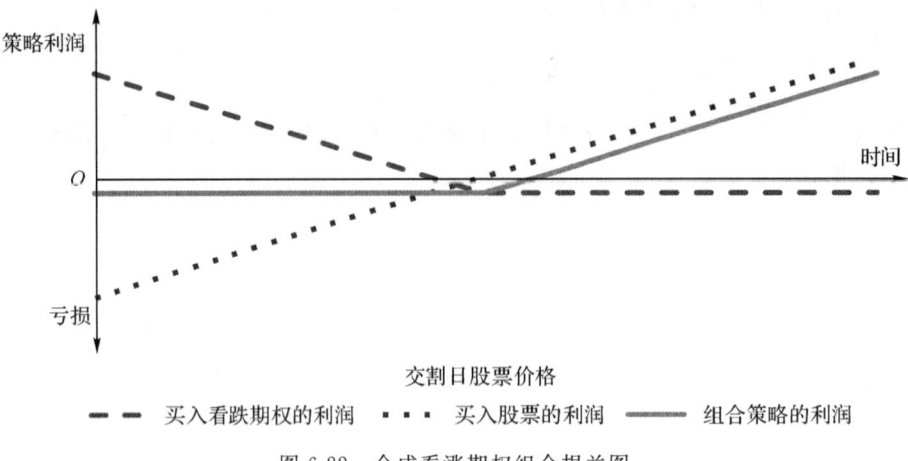

图 6-22 合成看涨期权组合损益图

1.风险收益
(1)最大风险:股票价格+看跌期权权利金-看跌期权行权价。
(2)最大收益:没有上限。
(3)盈亏平衡点:看跌期权权利金+股票价格。

2.优点和缺点
(1)优点:
①买入看跌期权可以在面对灾难性的股票价格下跌时对你的股票头寸提供保护,因此比简单的制定股票止损价位能更有效地控制向下风险的上限,特别是在出现缺口性的股价下跌情况时更是如此。
②向上收益没有上限。
(2)缺点:
①同仅仅买入一份看涨期权相比,该策略的杠杆作用比率要慢很多。
②因为你需要买入股票和看跌期权,该策略被认为成本较高。

3.应用市况
由于这是一种低风险策略,因此用于比较保守的牛市看涨行情。

(九)买入合成期货

如图 6-23 所示,售出一份平价看跌期权,买入一份具有相同到期日的平价看涨期权。

1.风险收益
(1)最大风险:期权行权价+净债务。
(2)最大收益:没有上限。
(3)盈亏平衡点:期权的行权价+净债务。

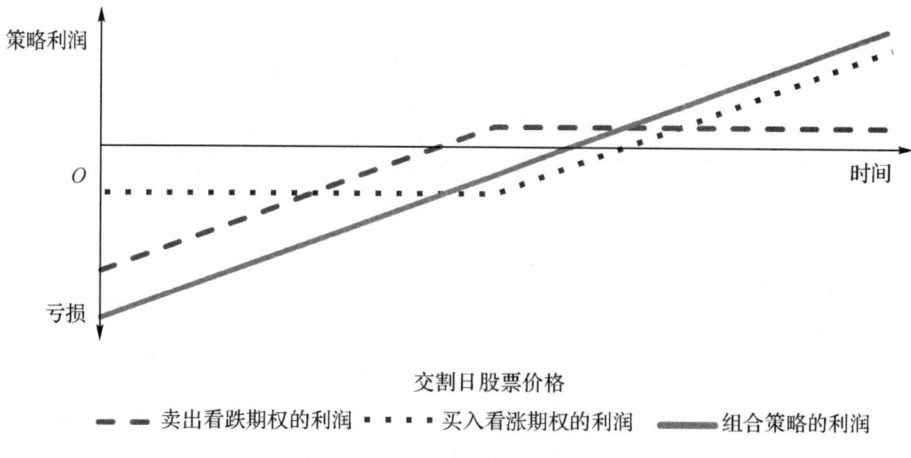

图 6-23 买入合成期货损益图

2.优点和缺点

(1)优点:

①创造出类似于买入股票的头寸,但付出资本费用实际为零。

②随着股票价格跌至零,向下风险具有上限(尽管也有其他说法,即随着股价为零,向下风险没有上限)。

③如果股票升值,潜在收益没有上限。

(2)缺点:

①该策略没有任何杠杆和保护机制。

②没有股利登记。

③竞买/竞卖价差对交易质量会有负面的影响。

3.应用市况

当持有买入合成期货时,对行情的展望是牛市看涨。

三、熊市看跌的期权策略

(一)熊市看涨价差期权组合

如图 6-24 所示,出售具有较低行权价的看涨期权,同时购买同样数量、具有相同到期日、较高行权价的看涨期权。

1.风险收益

(1)最大风险:两种行权价的差额-净债权。

(2)最大收益:获得的净债权。

(3)盈亏平衡点:较低行权价+净债权。

2.优点和缺点

(1)优点:

①这是短期收入策略,并不一定要求股票价格发生变动。

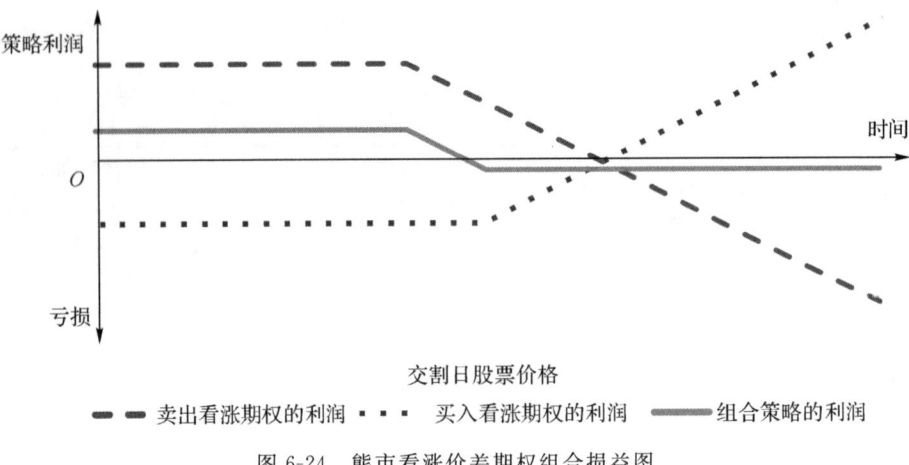

图 6-24 熊市看涨价差期权组合损益图

②与卖出看涨期权相比,能够为面临的向下风险提供保护,使其具有上限。
(2)缺点:
①尽管向下风险具有上限,该策略面临的最大损失通常大于能获得的最大收益。
②高收益交易通常意味着更少的保护性股本作垫,也因此具有更大的风险。
③如果股票价格下跌,则能够获得的向上收益有限。
3.应用市况
熊市看跌或者预期股票价格变化方向为中性。

(二)熊市看跌价差期权组合

如图 6-25 所示,出售具有较低行权价的看跌期权,购买同样数量的、到期日相同、行权价较高的看跌期权。

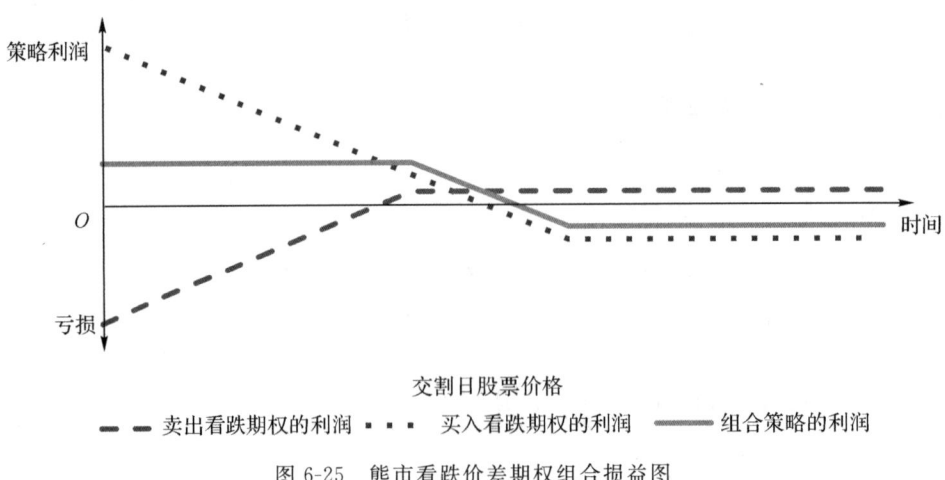

图 6-25 熊市看跌价差期权组合损益图

1.风险收益
(1)最大风险:支付的净债务。

(2)最大收益:两个行权价的差额－净债务。

(3)盈亏平衡点:较高行权价－净债务。

2.优点和缺点

(1)优点:

①与只是购买看跌期权的策略相比较,对于中期到长期的熊市交易,该策略能够减少风险并使成本和盈亏平衡点降低。

②风险具有上限(尽管仍有100%的费用)。

③越远离到期日,针对股票价格迅速上涨的情况,该头寸所提供的向下风险保护措施就越好。

(2)缺点:

①只有当你选择足够低的较低行权价以及标的股票价格跌至两个行权价中较低行权价水平时,才能获得较大的收益。

②如果股票价格下跌,向上收益具有上限。

③越远离到期日,你获得最大收益的速度将会越慢;这就是你为向下风险提供保护所付出的代价。

3.应用市况

熊市看跌,股价下挫的行情。

举例 2011年7月18日,中国石油股票开盘价为10.75元。当日,以0.16元的价格买入2011年8月到期,行权价为11元的看涨期权;以0.82元的价格卖出2011年8月到期,行权价格为10元的看涨期权。

表6-7 中国石油股票价差期权组合损益表

净债权	售出期权的权利金－购买期权的权利金: 0.82－0.16=0.66元
最大风险	两种行权价格的差额－净债权:1－0.66=0.34元
最大收益	净债务:0.66
盈利平衡点	较低的行权价格＋净债权:10＋0.66=10.66元
最大投资收益率	净债权/最大风险:0.66/0.34=194%

交割日,中国石油的股价跌至9.81元,期权组合获利达到0.66元。

(三)备兑看跌期权组合

如图6-26所示,卖空股票,同时以虚值的行权价出售看跌期权(看跌期权的行权价低于股票价格)。

1.风险收益

(1)最大风险:没有上限。

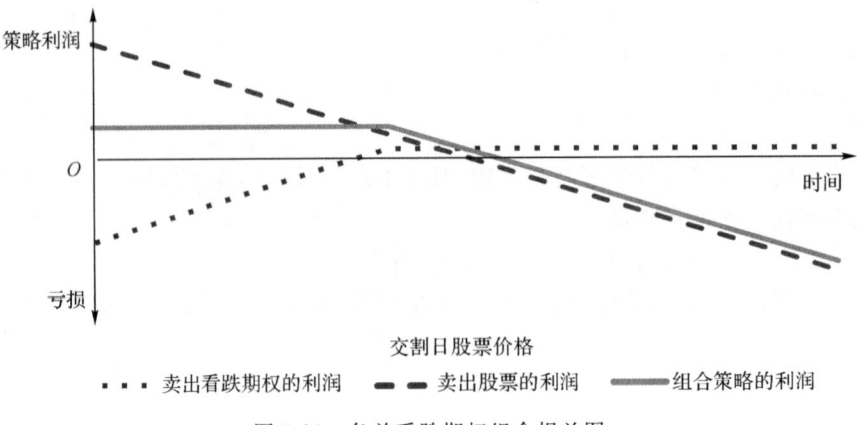

图 6-26 备兑看跌期权组合损益图

(2)最大收益:卖空股票的价格－期权行权价＋看跌期权权利金。
(3)盈亏平衡点:卖空股票的价格＋看跌期权权利金。

2.优点和缺点
(1)优点:
①每月获得收入。
②在没有资本支出的情况下,能够从价格在一定范围内变化的股票或者价格下跌的股票中获利。
(2)缺点:
①如果股票价格下跌,向上收益有上限。
②如果股票价格上涨,向下风险没有上限。

3.应用市况
当持有此策略组合时,预期行情是股票价格变化中性或者熊市看跌的,价格是平稳下跌的。

(四)卖空综合期权组合

如图 6-27 所示,买入一份虚值(具有较低行权价的)看跌期权,售出一份具有相同到期日的虚值(具有较高行权价的)看涨期权。

1.风险收益
(1)最大风险:没有上限。
(2)最大收益:较低行权价＋净债权(或者减去净债务)。
(3)盈亏平衡点:如果是净债务,为较低行权价－净债务;如果是净债权,为较高行权价＋净债权。

2.优点和缺点
(1)优点:
①创造出类似于卖空股票的头寸,但付出的资本费用实际为零,而且可以随意合适地调整看涨期权或者看跌期权头寸。
②随着股票价格跌至零,向下风险具有上限(也有其他的说法,即随着股票价格跌至零,

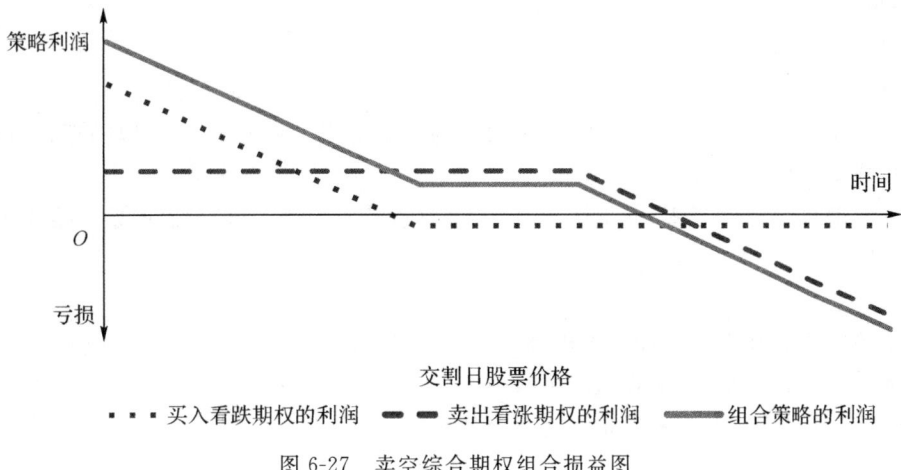

图 6-27 卖空综合期权组合损益图

风险没有上限)。

③如果股票升值,潜在收益没有上限。

(2)缺点:

①该策略没有任何杠杆和保护机制。

②如果股票价格上涨,潜在风险无限。

③竞买/竞卖价差对交易质量会有负面的影响。

3.应用市况

当持有买入综合期权组合时,对行情的展望是熊市看跌。

(五)卖空合成期权

如图 6-28 所示,买入一份平价看跌期权,售出一份具有相同到期日的平价看涨期权。

1.风险收益

(1)最大风险:没有上限。

(2)最大收益:期权行权价+净债权(或者-净债务)。

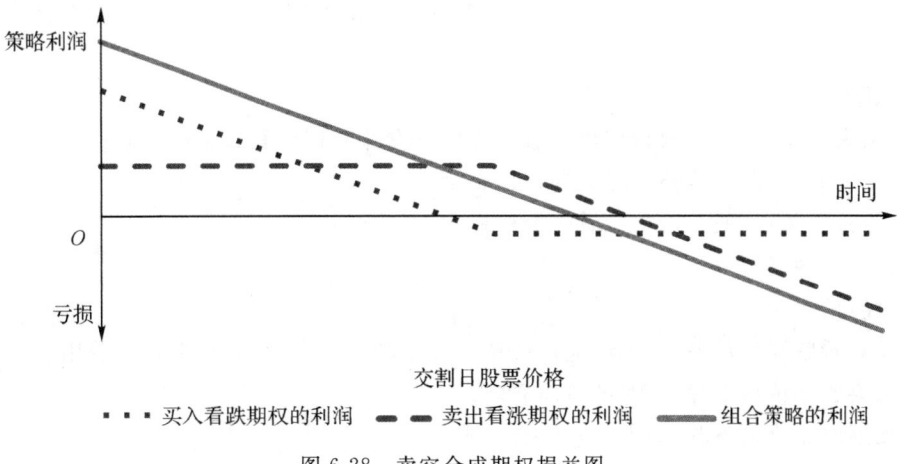

图 6-28 卖空合成期权损益图

(3)盈亏平衡点:期权行权价+净债权(或者-净债务)。
2.优点和缺点
(1)优点:
①创造出类似于卖空股票的头寸,但付出的资本费用实际为零,且可以随意合适地调整看涨期权或者看跌期权头寸。
②随着股票价格跌至零,向下风险具有上限(也有其他说法,即随着股票价格跌至零,风险没有上限)。
(2)缺点:
①该策略没有任何杠杆和保护机制。
②如果股票价格上涨,潜在风险无限。
③竞买/竞卖价差对交易质量会有负面的影响。
3.应用市况
当持有卖空合成期权时,对行情的展望是熊市看跌。

(六)合成看跌期权组合

如图6-29所示,卖出股票,买入平价(或者虚值)看涨期权。

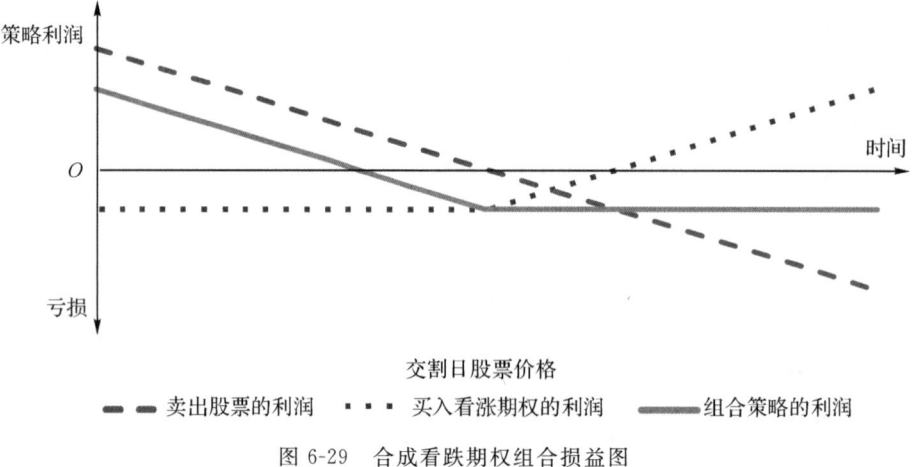

图6-29 合成看跌期权组合损益图

1.风险收益
(1)最大风险:看涨期权行权价-股票价格+看涨期权权利金。
(2)最大收益:股票价格-看涨期权权利金。
(3)盈亏平衡点:股票价格-看涨期权权利金。
2.优点和缺点
(1)优点:
①是对看跌期权策略的复制,能从股票价格下跌中获利,而且没有资本费用。
②如果股票价格上涨,面对的风险有限。
③如果股票价格下跌,向上收益没有上限。

(2)缺点：
①与简单的买入看跌期权相比更加复杂一些。
②时间损耗将会侵蚀你买入看涨期权的价值,而买入长期看涨期权将会对你的风险情况产生不利的影响。将看涨期权视为股票价格上涨时对风险的保护措施。
3.应用市况
当持有合成看跌期权组合时,对行情的展望是熊市看跌。

四、市场中性的期权策略

(一)卖空马鞍式期权组合

如图 6-30 所示,在近期没有发布股票消息的前提下,且保证股票价格在一定范围内变动并确定一个明确的支持价位和阻力价位的范围。具体操作为:售出平价行权价的看跌期权(最好距离到期日 1 个月或者更短时间),售出具有相同到期日的平价行权价的看涨期权。

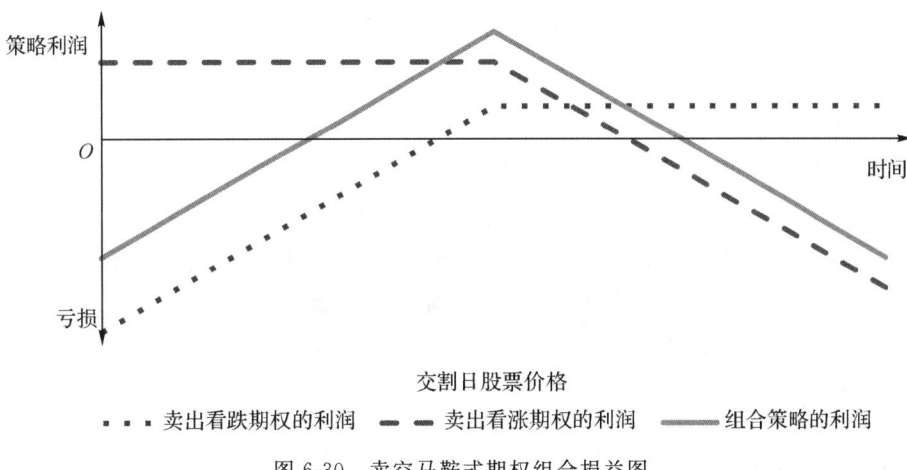

图 6-30 卖空马鞍式期权组合损益图

1.风险收益
(1)最大风险:没有上限。
(2)最大收益:获得的净债权。
(3)向下盈亏平衡点:行权价－净债权。
(4)向上盈亏平衡点:行权价＋净债权。
2.优点和缺点
(1)优点：
①从一定的股票价格变化范围中获益。
②这是一种相对高收益的收入策略。
(2)缺点：
①股票价格往任何方向变化都会带来没有上限的风险。
②获得的收益有上限。

③在到期日时基本上确定一套行权。
④竞买/竞卖价差对交易质量会有负面影响。
⑤这是一种高风险策略,不适合新手和中级程度交易者。

3.应用市况

预期股票的价格变化方向为中性,期望股票价格不会发生大的波动。

(二)卖空勒式期权组合

如图 6-31 所示,卖空勒式策略是对卖空马鞍式期权组合策略的修正。具体操作为:售出虚值(具有较低行权价的)看跌期权(最好距离到期日 1 个月或者更短时间),售出虚值(具有较高行权价)和相同到期日的看涨期权。

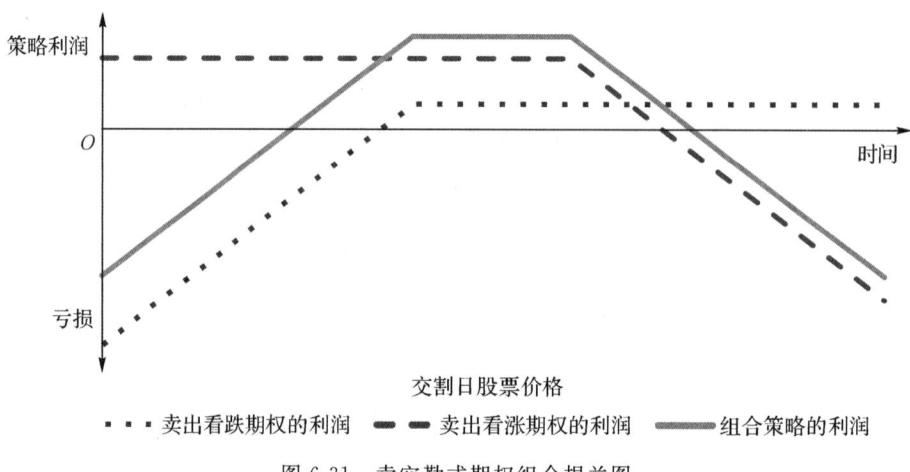

图 6-31 卖空勒式期权组合损益图

1.风险收益

(1)最大风险:没有上限。
(2)最大收益:获得的净债权。
(3)向下盈亏平衡点:较低行权价－净债权。
(4)向上盈亏平衡点:较高行权价＋净债权。

2.优点和缺点

(1)优点:
①从一定的股票价格变化范围中获益。
②这是一种相对高收益的收入策略。

(2)缺点:
①股票价格往任何方向变化都会带来没有上限的风险。
②获得的收益有上限。
③竞买/竞卖价差对交易质量会有负面影响。
④这是一种高风险策略,不适合新手和中级程度交易者。

3.应用市况

预期股票价格变化方向是中性的,同时期望股票价格不会有什么波动。

(三)马鞍式期权组合

如图 6-32 所示,这是一种最常用也最容易理解的波动率策略,我们买入具有相同行权价和到期日的看跌期权和看涨期权,这样当股票价格大幅上涨或下跌时我们都能从中获利。具体操作为:买入行权价是平价的看跌期权(最好是距离到期日 3 个月左右),买入具有相同到期日且行权价是平价的看涨期权。

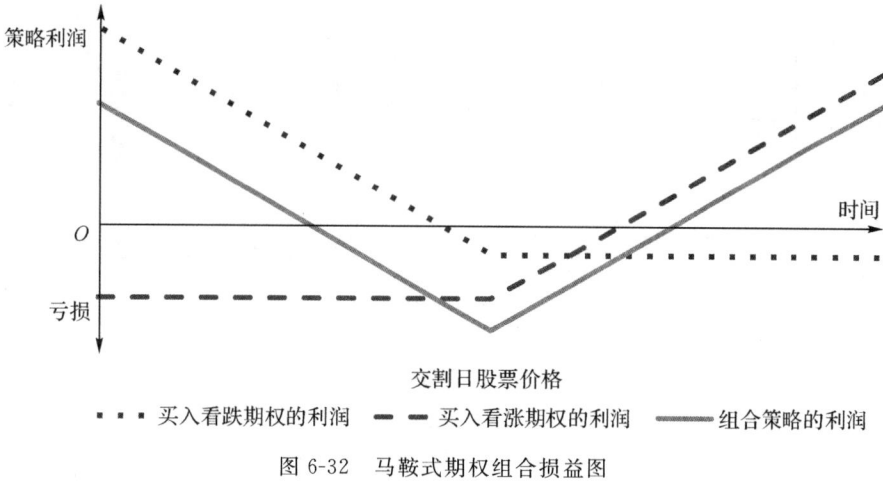

图 6-32 马鞍式期权组合损益图

1. 风险收益
(1)最大风险:支付的净债务。
(2)最大收益:没有上限。
(3)向下盈亏平衡点:期权行权价-净债务。
(4)向上盈亏平衡点:期权行权价+净债务。

2. 优点和缺点:
(1)优点:
①股票价格往任何方向变化,都能从波动的股票价格中获利。
②风险具有上限。
③如果股票价格变动,潜在收益没有上限。
(2)缺点:
①成本较高——你需要买入平价看涨期权和看跌期权。
②为了获利,需要股票价格和期权价格发生显著的变动。
③竞买/竞卖价差对交易质量有负面影响。
④对心理承受能力要求很高。

3. 应用市况
预期股票变化方向是中性的,期望股票价格具有逐步增强的波动性,股价能朝任意方向发生大幅变化。

（四）勒式期权组合

如图 6-33 所示，勒式期权组合是对马鞍式期权组合的简单修改，比后者更便宜一点。我们买入的是虚值看涨期权和看跌期权而不是平价的，这样成本基础较低，因此潜在回报率会更高。具体操作为：买入虚值（行权价较低的）看跌期权（最好是距离到期日 3 个月左右），买入具有相同到期日的虚值（行权价较高的）看涨期权。

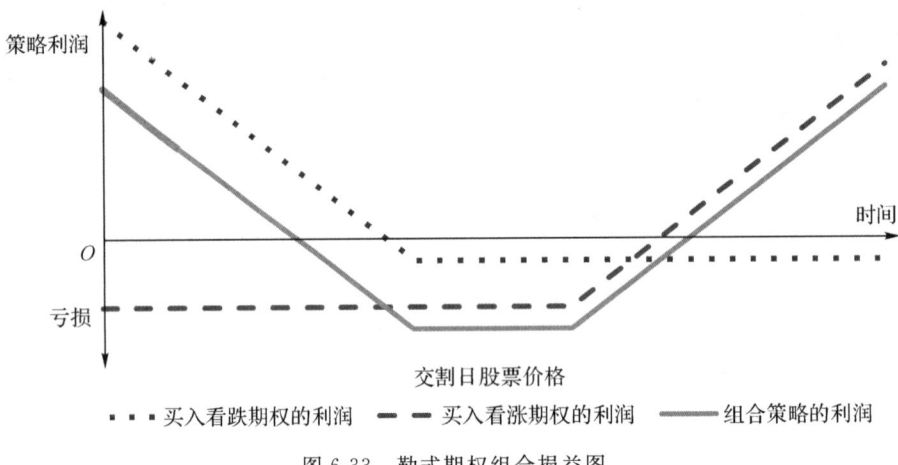

图 6-33　勒式期权组合损益图

1. 风险收益
(1) 最大风险：支付的净债务。
(2) 最大收益：没有上限。
(3) 向下盈亏平衡点：较低行权价－净债务。
(4) 向上盈亏平衡点：较高行权价＋净债务。

2. 优点和缺点
(1) 优点：
①能从股票价格任何方向的波动中获利。
②风险具有上限。
③如果股票价格变动，潜在收益没有上限。
④比马鞍式期权组合成本更低。
(2) 缺点：
①为了获利，需要股票价格和期权价格发生显著的变动。
②竞买/竞卖价差对交易质量有负面影响。
③对心理承受能力要求很高。

3. 应用市况
预期股票的价格变化方向是中性的，但是期望股票价格具有逐步增强的波动性且股价能朝任意方向发生大幅变化。

(五)飞碟式期权组合

如图 6-34 所示,买入实值(较低行权价)看涨期权(最好是距离到期日 3 个月左右),买入具有相同到期日的实值(较高行权价)看跌期权。飞碟式期权组合是对勒式期权组合的简单修正,但这种修正会使其成本基础更高。

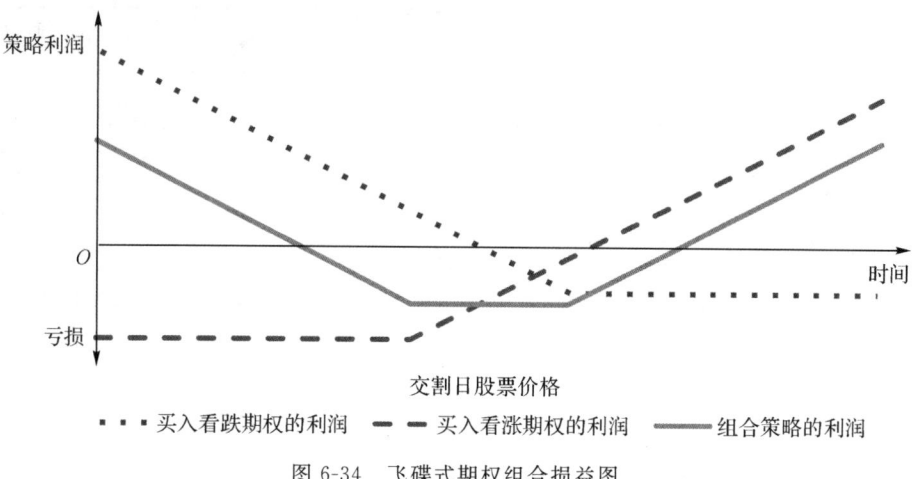

图 6-34　飞碟式期权组合损益图

1.风险收益
(1)最大风险:支付的净债务－行权价的差额。
(2)最大收益:没有上限。
(3)向下盈亏平衡点:较低行权价－净债务＋行权价的差额。
(4)向上盈亏平衡点:较高行权价＋净债务－行权价的差额。
2.优点和缺点
(1)优点:
①能从股票价格任何方向的波动中获利。
②风险具有上限。
③如果股票价格变动,潜在收益没有上限。
(2)缺点:
①为了获利,需要股票价格和期权价格发生显著的变动。
②成本很高,因为所有的期权都是实值期权。
③竞买/竞卖价差对交易质量有负面影响。
④对心理承受能力要求很高。
3.应用市况
当持有飞碟式期权组合时,对行情的展望是股票价格变化方向中性,期望股票价格具有逐步增强的波动性且股价能朝任意方向发生大幅变化。

(六)卖空飞碟式期权组合

如图 6-35 所示,卖空飞碟式期权组合是对卖空勒式期权组合策略的修正,能够增加获得的净债权。售出实值(具有较低行权价)看涨期权(最好距离到期日 1 个月或者更短时间),售出实值(具有较高行权价)和相同到期日的看跌期权。

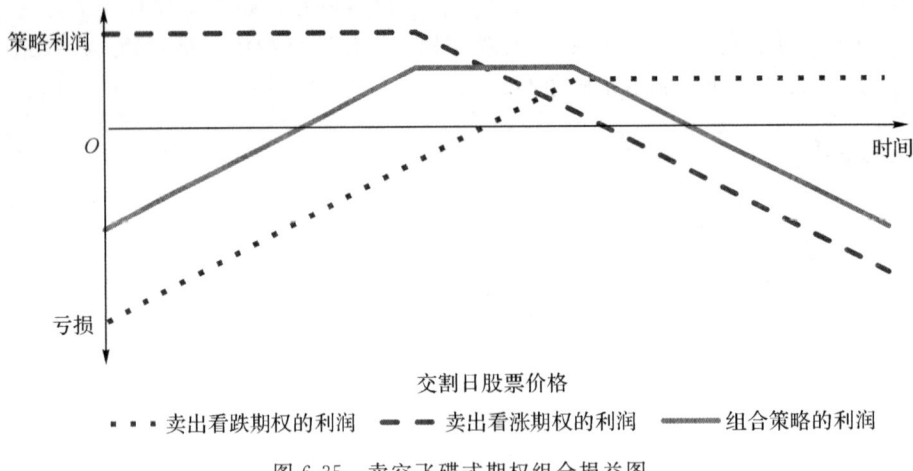

图 6-35 卖空飞碟式期权组合损益图

1. 风险收益
(1)最大风险:没有上限。
(2)最大收益:获得的净债权－行权价之间的差额。
(3)向下盈亏平衡点:较低行权价－净债权＋行权价之间的差额。
(4)向上盈亏平衡点:较高行权价＋净债权－行权价之间的差额。

2. 优点和缺点
(1)优点:
①从一定的股票价格变化范围中获利。
②这是一种相对高收益的收入策略。
③由于两种期权都是实值期权,所以权利金很高。
(2)缺点:
①股票价格往任何方向变化都会带来没有上限的风险。
②获得的收益有上限。
③无论股票价格怎么变化,在到期日时确定要行权。
④竞买/竞卖价差对交易质量会有负面影响。
⑤这是一种高风险策略,不适合新手和中级程度交易者。

3. 应用市况
当持有卖空飞碟式期权组合时,对行情的展望是股票价格变化方向中性,期望股票价格不会发生变化。

(七)买入合成看涨马鞍式期权组合

如图 6-36 所示,马鞍式期权组合可以"合成"的方式形成,换言之,不是同时买入看涨期权和看跌期权,而是通过合并看涨期权或者看跌期权,并与一个买入或者卖空股票头寸形成和马鞍式期权组合相同的风险情况。

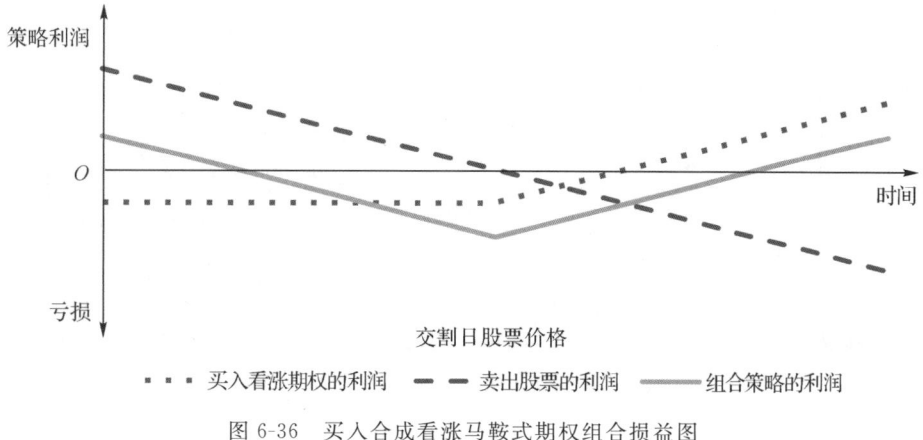

图 6-36 买入合成看涨马鞍式期权组合损益图

1. 风险收益

(1) 最大风险限制在：(合约数量×每点价值)/售出股票数量×所支付的看涨期权权利金＋看涨期权行权价－售出的股票价格。

(2) 最大收益：没有上限。

(3) 向下盈亏平衡点：股票价格－(看涨期权权利金×2)。

(4) 向上盈亏平衡点：[股票价格＋(看涨期权权利金×2)]－[2×(股票价格－行权价)]。

2. 优点和缺点

(1) 优点：

①能从股票价格任意方向的波动中获利。

②风险具有上限。

③如果股票价格波动，潜在收益没有上限。

④没有资本费用。

(2) 缺点：

①为了获利，需要股票价格和期权价格发生显著的变动。

②竞买/竞卖价差对交易质量会有负面影响。

③对心理承受能力要求很高。

3. 应用市况

当持有合成买入马鞍式期权组合时，对行情的展望是股票价格变化方向中性，但期望股票价格具有逐步增强的波动性，股票价格能剧烈地朝任意方向发生大幅变化。

（八）买入合成看跌马鞍式期权组合

如图 6-37 所示，马鞍式期权组合可以以"合成"的方式形成，不是同时买入看涨期权和看跌期权，而是通过合并看涨期权或者看跌期权，并与一个买入或者卖空股票头寸形成和马鞍式期权组合相同的风险情况。

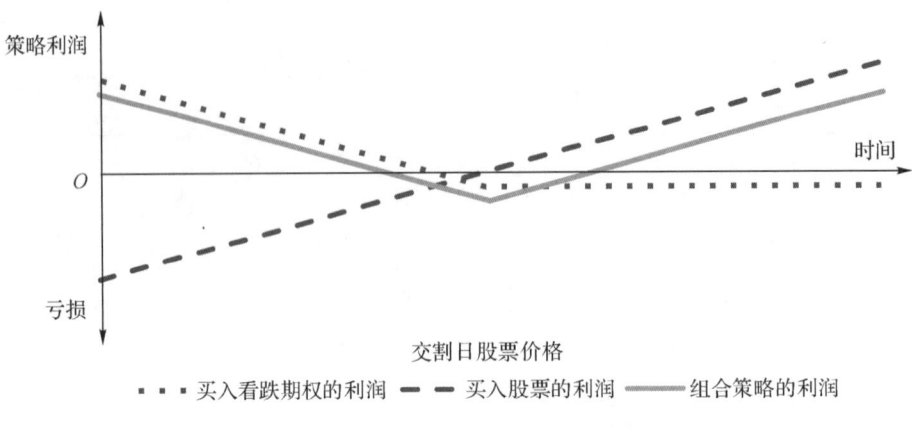

图 6-37　买入合成看跌马鞍式期权组合损益图

1. 风险收益

(1) 最大风险限制在:(合约数量×每点价值)/买入股票数量×所支付的看跌期权权利金+股票价格－看跌期权行权价。

(2) 最大收益:没有上限。

(3) 向下盈亏平衡点:看跌期权行权价+(看跌期权权利金×2)+(看跌期权行权价－股票价格)。

(4) 向上盈亏平衡点:股票价格+(2×看跌期权权利金)。

2. 优点和缺点

(1) 优点:

①能从股票价格任意方向的波动中获利。

②风险具有上限。

③如果股票价格变动,潜在收益没有上限。

(2) 缺点:

①为了获利,需要股票价格和期权价格发生显著的变动。

②竞买/竞卖价差对交易质量会有负面影响。

③对心理承受能力要求很高。

④成本较高。

3. 应用市况

当持有合成买入马鞍式期权组合时,对行情的展望是股票价格变化方向中性,但期望股票价格具有逐步增强的波动性,股票价格能剧烈地朝任意方向发生大幅变化。

(九) 卖空合成看涨马鞍式期权组合

如图 6-38 所示,购买股票(如果交易美国股票,对每份购买的看涨期权合约需要售出 50 股股票),每售出 100 股股票,就售出 2 份平价看涨期权,如果当前股票价格并不靠近最接近的行权价,那最好选择一个虚值行权价(高于当前股票价格)。卖马鞍式期权组合也可以以"合成"的方式构成,尽管我们不推荐没有经验的交易者使用这种策略。

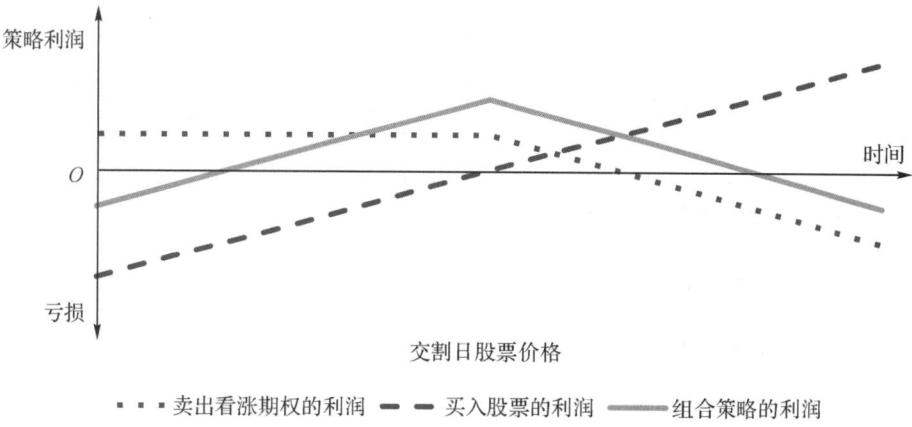

••••卖出看涨期权的利润　━━买入股票的利润　───组合策略的利润

图 6-38　卖空合成看涨马鞍式期权组合损益图

1.风险收益

(1)最大风险:没有上限。

(2)最大收益:(合约数量×每点价值)/买入股票数量×所支付的看涨期权权利金+看涨期权行权价-股票价格。

(3)向下盈亏平衡点:股票价格-(看涨期权权利金×2)。

(4)向上盈亏平衡点:[股票价格+(看涨期权权利金×2)]-[2×(股票价格-看涨期权行权价)]。

2.优点和缺点

(1)优点:

能够从在一定范围内变化的股票价格中获利。

(2)缺点:

①如果股票价格往任意方向发生大幅变化,风险没有上限。

②能够获得的收益有上限。

③因为需要购买股票,所以这是一种成本较高的交易。

④这是一种高风险策略,不适合新手或者中级程度交易者。

3.应用市况

当持有合成卖空马鞍式期权组合时,对行情的展望是股票价格变化方向中性——寻找价格没有波动且波动率不断减小的股票。

举例　2011 年 9 月 19 日,中国石油股票开盘价为 9.68 元。当日,以 0.25 元的价格买入 2011 年 10 月到期,行权价为 9.68 元的看涨期权;以 0.2 元的价格买入 2011 年 10 月到期,行权价为 9.68 元的看跌期权。

表 6-8　卖空中国石油股票合成看涨马鞍式期权组合损益表

净债权	售出期权权利金： 　　0.25＋0.2＝0.45 元
最大风险	没有上限
最大收益	净债权：0.45 元
向下盈亏平衡点	行价权－净债权：9.68－0.45＝9.23 元
向上盈亏平衡点	行价权＋净债权：9.68＋0.45＝10.13 元

交割日,中国石油的股价达到 9.65 元,期权组合获利达到 0.42 元。

（十）卖空合成看跌马鞍式期权组合

如图 6-39 所示,卖空合成看跌马鞍式期权组合,包括售出看跌期权并通过卖空股票头寸来抵消这些期权组合。售出股票（如果交易美国股票,对每份购买的看跌期权合约需要售出 50 股股票）,每购买 100 股股票,就售出 2 份平价看跌期权,如果当前股票价格并不靠近最接近的行权价,那最好选择一个虚值行权价（高于当前股票价格）。

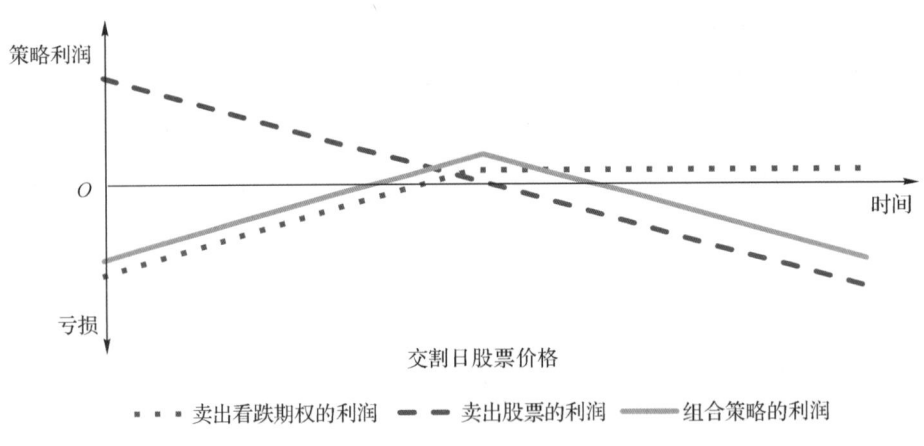

图 6-39　卖空合成看跌马鞍式期权组合损益图

1. 风险收益

(1) 最大风险：没有上限。

(2) 最大收益：(合约数量×每点价值)/售出股票数量×所支付的看跌期权权利金＋股票价格－看跌期权行权价。

(3) 向下盈亏平衡点：股票价格－看跌期权权利金×2。

(4) 向上盈亏平衡点：[股票价格＋(看跌期权权利金×2)]－[2×(股票价格－看跌期权行权价)]。

2. 优点和缺点

(1) 优点：

① 能够从在一定范围内变化的股票价格中获利。

②没有资本费用。

③能够获得较大的净债权。

（2）缺点：

①如果股票价格往任意方向发生大幅变化，风险没有上限。

②能够获得的收益有上限。

③这是一种高风险策略，不适合新手或者中级程度交易者。

3.应用市况

当持有合成卖空马鞍式期权组合时，对行情的展望是股票变化方向中性——寻找价格没有波动且波动率不断减小的股票。

第七章
程序化交易基础

第一节 程序化交易基本内容

很多人以为致富的先决条件是巨大的资金基础和高额的盈利回报,但其实并非如此。寄希望于一两次成功的重仓盈利来赢取大量资金,这是大部分人实际亏损的原因。

在投资市场获得成功的秘诀或秘籍只有一个,那就是确保赢的时候赢得多,输的时候输得少。我们必须从系统的角度来看待投资交易。投资系统的盈亏比=一段时间内所有投资盈利单的盈利之和/相同时间段内所有亏损单的亏损之和。盈亏比反映出投资交易盈利所冒的风险。例如,在冒着一定风险的情况下,投资的收益盈亏比是3,是指平均来讲赚3元钱,要付出1元的止损;或者说一项冒1元钱的风险的投资获利了3元。长期来看,投资盈亏比,才是直接反映投资者综合水平的一个量化指标。

我们可以从两个方面去寻求长期稳定的获利。一是提高成功率,二就是提高盈亏比。没有人能保证自己一直保持"高胜率",在期货交易中,胜率固然是非常重要的一环,如果你能有超高的胜率,那么你赚钱的概率自然就高。但是,我们必须清醒地认识到:市场是复杂多变的,没有一个技术系统能保证永远适用。花太多精力在提高胜率,可能收效甚微。因此,期货交易者若想成长,就必须走出片面"追求胜率"的误区。

交易系统关键就是在胜率和盈亏比中间找到合理性,这是最好的策略。只注意胜率是错;只注意盈亏比也是错。如何在这里找到平衡呢?关键就是大格局。大的格局(大结构、大级别)既能保证一定的胜率,又能在大的格局下,合理分配盈亏比。所以做短看长就是最佳策略!

爱因斯坦曾经说过:"宇宙间最大的能量是复利,世界的第八大奇迹是复利。""滴水成河,聚沙成塔"就是这个道理。说白了,只要懂得运用复利,小钱袋照样能变成大金库。

在初始资本不变的条件下,影响复利的结果只有两个因素:一是投资增长率,二是投资时间。投资增长率越大,投资周期越长,财富的积累越大。复利计算的特点是:把上期末的本利和作为下一期的本金,在计算时每一期本金的数额是不同的。

一、程序化交易概述

程序化交易是指以先进的数学模型替代人为的主观判断,利用计算机技术从庞大的历史数据中海选出能带来超额收益的多种"大概率"事件以制定策略,极大地减少了投资者情绪波动带来的影响,避免在市场极度狂热或悲观的情况下做出非理性的投资决策。

定量投资和传统的定性投资本质上来说是相同的,二者都是基于市场非有效或弱有效的理论基础。两者的区别在于定量投资管理是"定性思想的量化应用",更加强调数据。

(一)程序化交易特点

程序化交易具有以下几个方面的特点:

1. 纪律性

根据模型的运行结果进行决策,而不是凭感觉。纪律性既可以克制人性中贪婪、恐惧、侥幸心理等弱点,也可以克服认知偏差,且可跟踪。

2. 系统性

系统性具体表现为"三多":一是多层次,包括在大类资产配置、行业选择、精选具体资产3个层次上都有模型;二是多角度,定量投资的核心思想包括宏观周期、市场结构、估值、成长、盈利质量、分析师盈利预测、市场情绪等多个角度;三是多数据,即对海量数据的处理。

3. 套利思想

定量投资通过全面、系统性的扫描捕捉错误定价、错误估值带来的机会,从而发现估值洼地,并通过买入低估资产、卖出高估资产而获利。

4. 概率取胜

一是定量投资,不断从历史数据中挖掘有望重复的规律并加以利用;二是依靠组合资产取胜,而不是依靠单个资产取胜。

(二)策略的生命周期

一个策略往往会经历产生想法、实现策略、检验策略、运行策略、策略失效几个阶段。

1. 产生想法

任何人任何时间都可能产生一个策略想法,可以根据自己的投资经验,也可以根据他人的成功经验。

2. 实现策略

产生想法到实现策略是最大的跨越,实现策略前要先了解一个完整的量化策略包含哪些内容。

3. 检验策略

策略实现之后,需要通过历史数据的回测和模拟交易的检验,这也是实盘前的关键环节,有利于筛选优质的策略,淘汰劣质的策略。

4. 实盘交易

投入资金,通过市场检验策略的有效性,承担风险,赚取收益。

5. 策略失效

市场是千变万化的,需要实时监控策略的有效性,一旦策略失效,需要及时停止策略或进一步优化策略。

(三)程序模型编写基本结构

文华财经期货交易系统的"麦语言"源于 2004 年文华推出的国内第一套程序化函数库,是经过 7 年的发展,吸收了几十万用户的意见反馈,一点一点完善起来的,是一套成熟稳定的模型开发平台。

麦语言倡导的是积木式的编程理念,把复杂算法封装到一个个函数里,采用"小语法,大函数"的构建模式。语法虽然简单,但是配合专门的程序化数据结构,配合丰富的金融统计函数库,同样可以支持逻辑复杂的金融应用。

麦语言的函数库是经常更新的,根据客户的新要求随时添加新函数,来支持编程者的交易新思想和新应用。

麦语言,是国内使用人数最多的程序化模型开发平台。在编写前,需要将交易思想清晰量化,然后再通过语言函数完成编写。

程序化交易模型编写基本结构如图 7-1 所示。

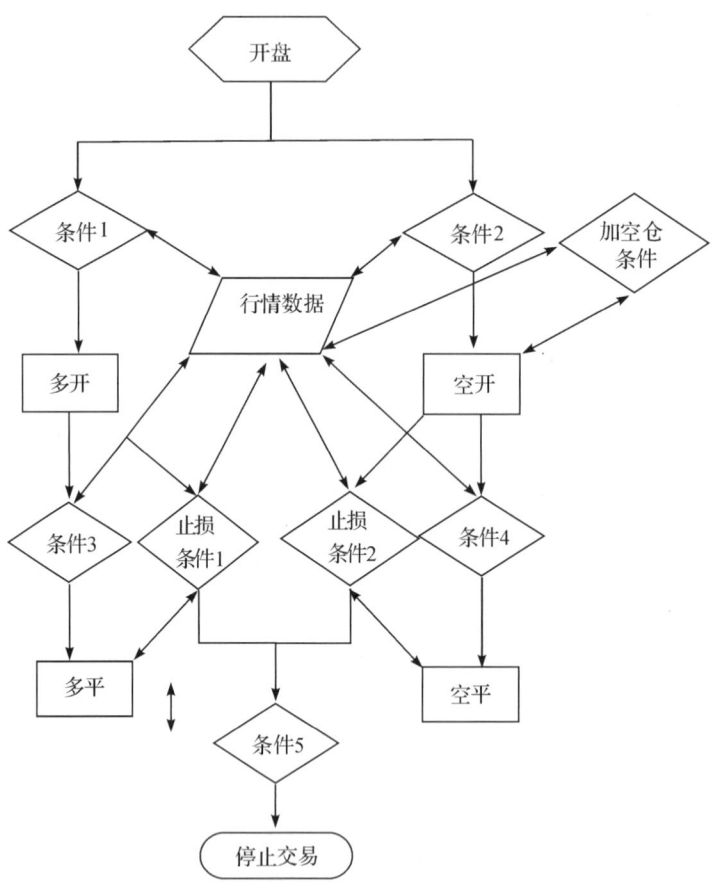

图 7-1 程序化交易模型编写基本结构

二、完整的交易系统

一个完整的交易系统包含如下几个部分：
①确定交易方式。
②确定交易周期。
③确定指标及买入，卖出，止损止盈原则。
④确定仓位控制原则。
⑤多品种、多周期、多策略组合。

(一)确定交易方式

1. 左侧交易和右侧交易

左侧交易，也叫逆向交易，在行情还没明确时反向交易，博取高额收益；右侧交易，也叫顺势交易，在行情方向有一定涨跌幅时顺势交易。

(1)期货市场左、右侧交易的区分：

①在期价上涨时，以期价顶部为界，凡在顶部尚未形成的左侧高抛，属于左侧交易；在顶部回落后的杀跌，属于右侧交易。

②在期价下跌时，以期价底部为界，凡在底部尚未形成的左侧低吸，属于左侧交易；在底部回升后的追涨，属于右侧交易。

(2)股市左侧交易与右侧交易的区别：

①左侧交易认为股价抵达或即将抵达某个所谓的重要支撑点或阻力点时，就直接逆向入市，而不等待股价转势。在下跌中，左侧交易的成本相对较低，距离底部区域较近，安全系数相对高，但也面临越买越套，提前抄底失败的风险，可以采用逐步建仓的方式。如果真的反转，盈亏比较高。左侧交易容易受人情绪的影响。

②右侧交易不会在期价没有形成上攻动力前，由于主观性的因素而随意买入，也不会因害怕涨幅过大而随意卖出。右侧交易的缺点是追高买进介入成本高，买进后，股指往往回落，追涨风险也是很大的。右侧交易的优点是上涨趋势明显，买进获利概率大。右侧交易比左侧交易显得保守，但其判断比较客观。右侧交易更符合市场趋势。

熊市左侧交易，牛市右侧交易。超短线、短线是左侧交易，中线、长线是右侧交易。

2. 选择左侧交易或右侧交易的难点

(1)左侧交易强调行动上的先人一步，力图获得更好的入市价位；右侧交易强调在拐点出现后入市的安全，永远不要试图买到最低点，只要买到次低点就是不错的结果。

(2)左侧交易的操作者根据预期入市，左侧交易者唯心一些；右侧交易的操作者根据期价走势的实际指向入市，右侧交易者客观一些。

(3)好的左侧交易的优势是往往能得到更好的入市价格，在看对的情况下，盈利要大一些；即使看错，止损的损失也相对较小。

(4)实际的走势仍然是不确定的，没有人能够保证拐点之后一定就是真正的反转。有时，右侧交易反而因此买到了下跌中短暂回调的高点。

(5)两种方法其实各有利弊，如何取舍，要看我们是何种交易风格，交易策略需要怎样配合。

(6)中国大多数期民采取右侧交易法则。当他们看到期价创出新高时,才明白行情开始了,才开始去追品种。但往往是追到阶段高点,尤其在面对短期波动时,这也是期市中为什么只有少数人赚到钱的根本原因。

(7)短期趋势必须坚持左侧交易,中长期趋势必须坚持右侧交易。一波大熊市还没有看到明确的底部出现时,应把所有的上涨都看成反弹。一旦牛市确立,应把任何一次回调都看成介入的大好时机。左侧交易中的高抛、低吸,主观预测成分多;右侧交易中的杀跌、追涨,则体现对客观的应变能力。左侧交易法在任何时候,都不适合大资金操作。

(二)确定交易周期

1. 日内交易

日内交易,即不持仓过夜。

(1)日内交易有以下一般步骤与注意事项:

①选品种,在选择的时候,一要有成交量,二要挑波动空间大一点的,最好是在1%以上的,因为波动空间越大,机会越多。

②每次做交易要做有准备之战,要做好开盘前的风险预估,预测行情趋势方向,做好交易计划。做交易的时候,要审清行情的势,通俗地说就是涨或跌,总结为审时度势,先审大趋势,再把握好从起始到主力位中每波小趋势的交易机会,注意顺势而为。这是大方向上要注意的问题,如果大方向判断错误,就是亏大钱,赢小钱。方向上判断正确,即使这张单子开早了,最多是亏点小钱。

③在做交易计划的时候,要注意对一天行情的波动空间做到心中有数,并且要预判日内行情的阻力位、支撑位以及它们之间的争夺位,关注能量变化,也就是增仓还是减仓,多空仓的增持仓情况,这个非常关键。你要预测一天行情的支撑位,首先要对这个品种相当了解,如它一天交易时段的成交量、它的平均波动空间。

④在上涨和下跌途中,切记不要主观臆断,记住沿着行情走的时候,千万不要去猜顶,要知道上涨是没有尽头的,跌是没有底的。很多人无法理解,但是市场就是无情的,一切顺势而为,顺着市场的情绪进行操作。禁止反趋势交易开反向仓,开反向仓上涨只能赢小钱,如果开的位置不好,一根阳线拉上去,亏的就是大钱。所以要注意,反向仓是蒙受巨大损失的根本原因。为了避免大亏损,止损是必须要在开仓时就要设置的。

(2)日内交易切记:

①短期震荡是很难预测的。

②要控制损失的幅度。

③避免频繁交易导致的不断损耗。

2. 趋势交易

趋势交易:持仓较长时间,直到趋势反转。日内交易:根据市场行情盘口的变化,凭直觉尽可能多地捕捉交易机会,闪电交易,博取差价,积少成多,达到总体盈利稳定的目的。

趋势的方向,我们分为3种:上升趋势、下降趋势和横向整理(也叫整理)。

(1)上升趋势:在某一周期内,市场价格不断突破前一浪的高点,创出新高,在回调过程中却不跌破前一浪的低点的过程,就是上升趋势。

(2)下降趋势:在某一周期内,市场价格不断跌破前一浪的低点,创出新低,在反弹过程中却不能升破前一浪的高点的过程,就是下降趋势。

(3)横向整理:在某一周期内,市场价格无力突破前一浪的高点,之后又无力跌破前一浪的低点,这样一直维持的过程就是横向整理。

为什么我们要顺势交易?从理论上说,就是因为价位在趋势运动过程中顺势交易和逆势交易的盈利空间的比例不同。交易是为了获利,而交易又是一种博弈,有亏有赚,我们不可能百战百胜,但我们要努力实现亏小赚大,也就是说,我们希望用较小的空间(亏损)来换取较大的空间(盈利)。

趋势线的基本画法:首先在上升趋势中找到一个相对最低的低点,不同人对行情把握不同会选择不同低点,有可能不是一波上升起始的最低点,而是中段的一个波段低点,因此这里选择相对低点来确定起始点。之后选择最高点的前面低点,将这两点连线可得出一条上升趋势线,如图7-2(a)所示。注意图7-2(b)是错误例子,没有选择最高点前的低点,因此会对趋势结束做出错误判断,后面会有具体说明。

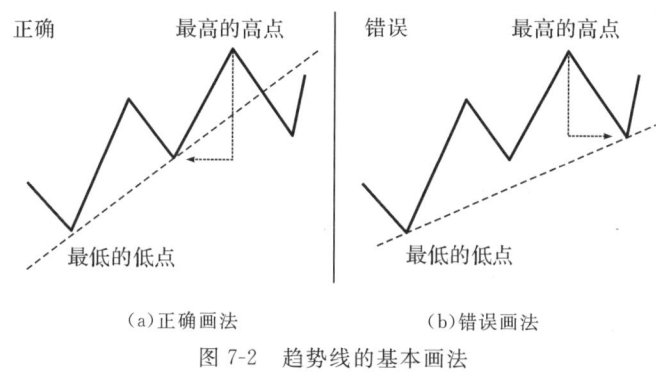

图 7-2　趋势线的基本画法

市场就是上升、下降、震荡3种方式反复交替运行(图7-3),实时把握住市场运行方向并顺势跟随才是盈利的唯一方法。不要总是想着买在最低卖在最高,这根本不现实。国内投资者从来不止损,总是喜欢抄底,结果可想而知。所以要充分理解"顺势做单,逢高空,逢低多"的内涵。

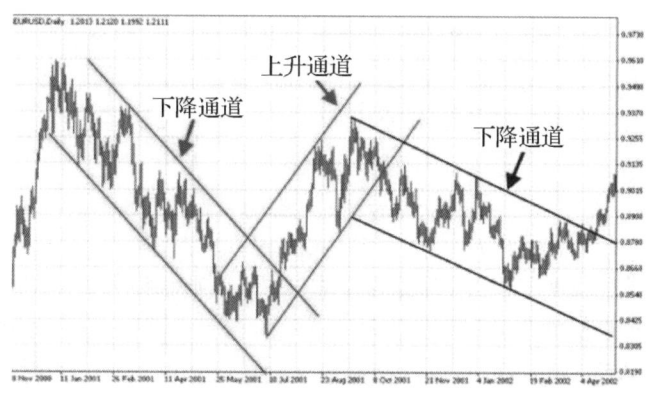

图 7-3　市场形态

(三)确定指标及买入、卖出、止损止盈原则

鳄鱼原则,该法则源于鳄鱼的吞噬方式:猎物越试图挣扎,鳄鱼的收获越多。假定一只鳄鱼咬住你的脚,如果你用手臂帮助脚挣脱,则它的嘴巴会同时咬你的脚与手臂。你越挣扎,便陷得越深。所以,万一鳄鱼咬住你的脚,务必记住:要想获得唯一的生存机会,便只能牺牲一只脚。

交易系统的一个重要组成部分就是如何对待亏损。我们通常认为,所谓的亏损可以根据交易情况分成两个不同的部分,它们的性质也截然不同。

一是在正常交易中的亏损,就是说,在你的市场分析中所允许存在的误差产生的亏损。一般地说,每一次交易,我们不可能找到精确的位置,而是允许有一定的误差,这主要是因为价格本身的运动趋势是以区域的方式体现的。行情与你的止损,就是你的正常交易亏损。这种亏损没有任何办法回避,也无须回避。只要它能够被控制住,就永远不会对你的交易资本产生重大的影响。

另一种情况是市场出现人力的或者非人力的因素,导致市场价格疯狂变化,方向对你不利。从理论上说,这样的风险很难回避。但是,在日常的交易当中,我们可以养成良好的交易习惯来避免,如控制仓位,用多品种、多周期、多策略来减少风险。

常用的止损方法:
①用支撑或压力位止损止盈。
②动态移动止损。
③固定金额止损。
④指标止损。

(四)确定仓位控制原则

在期货交易的过程中,风险控制的方法有很多种,比如止盈、止损、仓位控制等。那么首要的则是仓位的管理。常用止损比例:亏损达到保证金的 5%。止盈比例:盈利达到保证金的 15%。

凯利公式(也称凯利方程式)是一个用于使特定赌局中,拥有正期望值之重复行为长期增长率最大化的公式,可用于计算每次游戏中应投注的资金比例。

凯利公式的最一般性陈述为,由于寻找能最大化结果对数期望值的资本比例 f^*,即可获得长期增长率的最大化。对只有两种结果(输去所有注金,或者获得资金乘以特定赔率的彩金)的简单赌局而言,适用广泛的凯利公式是:

$$f^* = (p^* rW - q^* rL)/rW \tag{7-1}$$

或者写成:

$$f^* = p - (1-p)/(rW/rL) \tag{7-2}$$

其中 f^*、p、q 同上,rW 是获胜后的净盈率,rL 是净损失率,rW/rL 是盈亏比。

比如,用 1 万元买股票,30% 幅度止盈,10% 的幅度止损,最多盈利 3000,最多亏损 1000,这里 $rW=0.3$,$rL=0.1$,此时可以计算最优仓位。

下面介绍几种期货市场上普遍的仓位加仓管理方法:

1. 金字塔形的仓位管理方法

一开始进场的仓位大,如果行情方向相反的话,不加仓,如果方向一致,则可逐步加仓,但加仓的比例逐步减少(图 7-4)。这个就是期货经常使用的金字塔形的仓位管理方法。如果要采用顺势加仓的方法,必须对交易品种的上涨和下跌的空间有个事先的估计。最起码应当在估计空间能容纳 3 次以上的加仓的时候才能进场。

优点:跟趋势走,趋势越明朗,胜率越高,同时动用的仓位就越高,获利也会越高,对资金的安全有一定的保障。

缺点:在震荡行情中,比较难获取利润,初始的建仓比重大,所以对第一次入场的要求比较高。

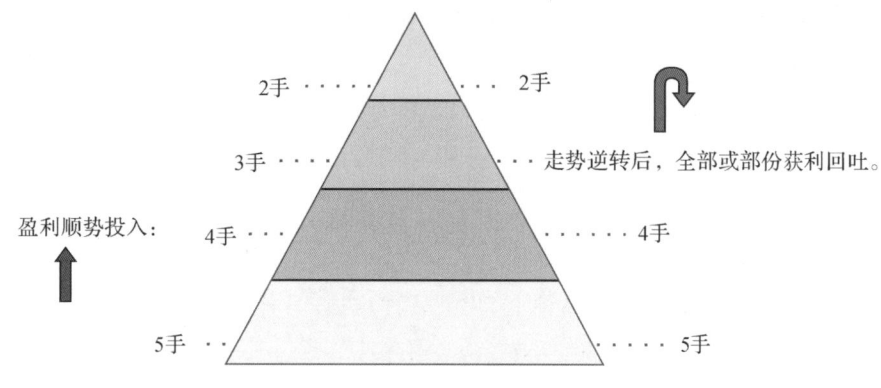

图 7-4 金字塔形的仓位管理方法

2.漏斗形的仓位管理方法

一开始进场的仓位小,如果行情是按相反的方向运行的话,逐步加仓,摊平成本,加仓的比例不断增大。这种方法就是期货里面经常用到的漏斗形的仓位管理方法。

优点:初始风险比较小,在不爆仓的情况下,漏斗越高,盈利越可观。

缺点:这种方法,一般是在对大势判断未来的走势一致的前提下应用,买在大势回调的时候。在这种仓位管理过程中,越是反向走势,持仓量就越大,同时承担的风险会越高。如果后市走势如同之前预判的一样,那将会有不小的获利,如果后市形成单边的相反走势,就会导致爆仓。

3.矩形仓位管理方法

一开始进场的资金量,占总资金的一个固定的比例,如果行情按相反反向发展,逐步加仓,摊平成本,加仓也遵循这个固定比例,这种方法就是期货里面经常用到的矩形仓位管理方法。

优点:每次加仓都是固定的仓位,持仓成本逐步抬高,对风险进行平均分摊,平均化管理。在持仓可以控制,后市方向和判断一致的情况下,会获得丰厚的收益。

缺点:初始阶段,成本升幅比较快,越是反向的趋势,持仓量就越大,如果形成了单边,即有爆仓的可能性。

做趋势,与金字塔加码相比,减仓更适合部分人:如果金字塔加码,如做多加码后,行情继续下跌,则利润大幅回撤,此时会严重影响到心态,难以持有单子。如果逐步减仓,已锁住部分利润,下跌反而不怕,因为可以在更低的仓位接单,心理上更舒服,反而能持有单子。虽然金字塔形方法更科学,但减仓更舒服。

(五)多品种、多周期、多策略组合

多合约交易和多策略交易,都属于组合交易的范畴。合约之间关联性越高,多合约交易平滑资金曲线的效果越差。多策略交易,如趋势策略和震荡策略的组合,当行情不好的时候模型之间盈亏互抵,行情好的时候共同盈利,从而达到平滑资金曲线的效果。

假设一个品种发生黑天鹅的概率是 5%,则两个品种同时发生黑天鹅的概率是 $5\% \times 5\% = 0.25\%$,3 个品种同时发生黑天鹅的概率就是 $5\% \times 5\% \times 5\% = 0.0125\%$。0.0125% 的概率如此低,等于是不会发生的。

所以采用多品种策略,遭遇黑天鹅的概率就会极低极低,达到不可能;现实中,多品种策略,可使账户稳健,不发生大的波动,即一个品种上止损了,另外的一个品种抓住了趋势,实现总体的盈利。

同时持有多个品种,越不相关,就越可避免风险,如农产品、化工、金属之间的相关性就较弱。农产品中,白糖、棉花就没有相关关系。

在资金配比方面,一部分资金投在农产品,一部分在化工,一部分在金属,可以避免系统性的风险。

在技术上,将资金配置在几个品种上,几个品种止损,另外几个品种抓住趋势、盈利,则账户可稳健增长。

第二节 程序化交易编程

一、模型编写语法与规则

目前国内期货程序化交易软件有多种版本,如文华财经、开拓者等。本节基于文华财经软件来全面介绍期货程序化交易编程。

(一)操作方法

在启动软件后,单击【公式】菜单,选择【编写趋势模型】会出现趋势模型编写平台。如图 7-5 所示,按照①至④的步骤进行编写。

(二)设定内容及规则说明

通过图 7-6,我们可以了解利用该公式系统编写模型需设定的内容和相关规则。

图 7-6 中标识内容的相关规则如下所示。

A:每一个模型必须有一个名称,这个名称由字母、数字或汉字组成,模型名称在所有模型中必须是唯一的,如不能同时存在两个 AAA 模型,模型名称最多 31 个字符。

B:模型描述是一段文字,用来简单描述该模型的含义,在模型列表时显示这段文字,这段文字不宜过长。

C:该项选择定义了该模型显示的位置,是在主图上与 K 线叠加还是显示在副图上。一

第七章 程序化交易基础

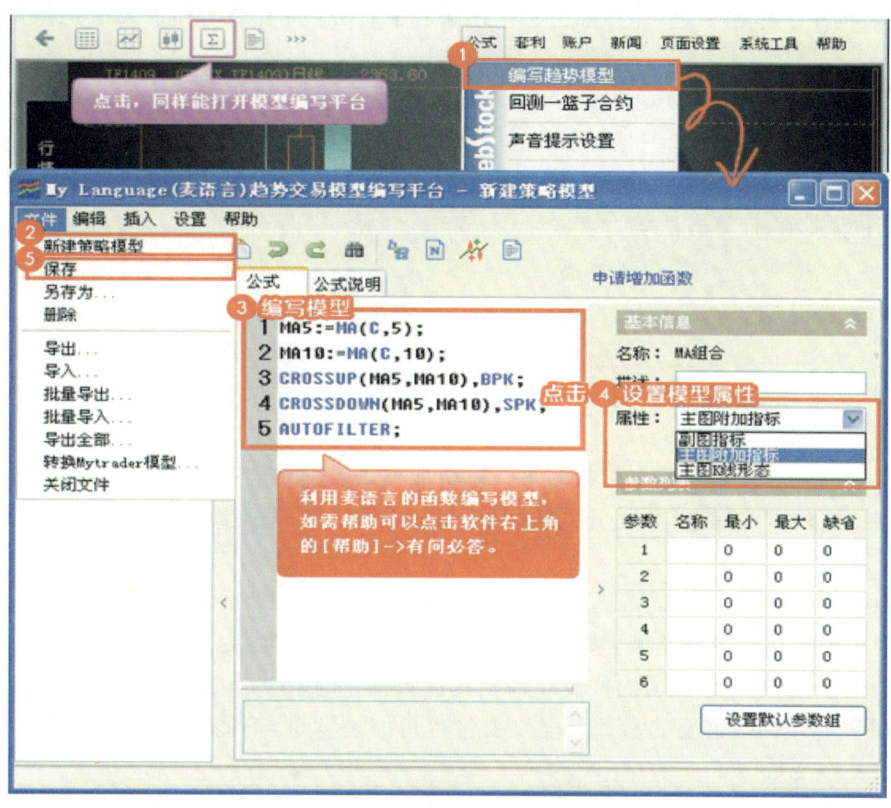

图 7-5　编写趋势模型

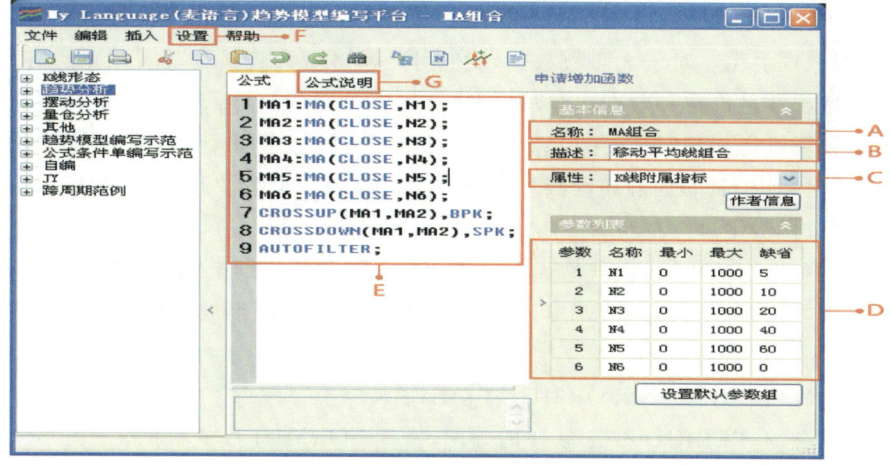

图 7-6　设定内容

一般来讲,只有少数几个主图模型会设定为主图叠加,如 MA 线、BOLL 线等。

D:计算参数用来替代公式中所需要的常数,在使用时可以方便地调节参数,不必修改模型就可以对计算方法进行调节。计算参数包括参数名称、最小值、最大值、缺省值四个部分,参数名称用于标识参数,计算模型时采用缺省值计算,而最小值和最大值是参数的调整范围。

E:公式编辑栏,本栏为模型公式编辑的文本区。

F:设置声音及密码,选中该栏目为模型加密以及定义模型中需要用到的声音文件。

G:公式说明是一段文字,相对于描述而言它可以很长,主要用来描述一个公式模型如何使用、注意事项、计算方法等。

二、数据引用

(一)数据来源

模型中的基本数据来源于接收的每日行情数据,这些数据由历史数据引用函数从数据库中按照一定的方式提取,如高开低收(HIGH、OPEN、LOW、CLOSE)、成交量(VOL)、持仓量(OPI)等。

1. 数据类型

按照模型使用的数据类型,系统可以处理的数据分为两类:变量和常量。

所谓变量,就是一个随着时间变化而变化的数据,如成交量;常量就是一个永远不变的数据,如3。每个函数需要的参数可能是变量也可能是常量,不能随便乱用,函数计算的结果一般是一个变量。

例如,计算收盘价均线 MA(CLOSE,5),MA 函数要求第一个参数为变量,而 CLOSE 函数返回的正是一个变量;MA 函数要求的第二个参数是常量,5 就是一个常量,所以我们就不能这样书写:MA(5,CLOSE),而是要写成 MA(CLOSE,5)。

2. 引用方法

(1)一般数据引用。对于大多数数据,我们可以通过函数直接将其引用,如 OPEN 函数可以帮我们取到开盘价这一数据。编写模型时,我们可以将这些数据组合在一起进行加减乘除的数学计算以得到我们想要的分析数据。例如,我们想求得今日 K 线最高价和最低价的差值,就可以利用 HIGH(最高价)和 LOW(最低价)做一个数学运算,即 HIGH-LOW。

(2)特殊数据引用。

①跨周期引用指标数据:在软件当中允许使用不同分析周期上的模型数据,并且支持与自身长短不同的任意周期引用,IMPORT 函数可以用于获取想要的数据。

基本格式为:

#IMPORT[PERIOD,N,FORMULA]ASVAR

引用当前合约,PERIOD 参数为 N 的周期,指标 FORMULA 的数据。

PERIOD 支持如下周期:SEC(秒周期)、MIN(分钟周期)、HOUR(小时周期)、DAY(日周期)、WEEK(一周)、MONTH(一月)、QUARTER(一季度)、YEAR(一年)。

数据引用时不限制周期,既可以在小周期上引用大周期,也可以在大周期上引用小周期的数据。

例如,我们要在 1 分钟周期上引用 30 分钟周期的 MA5 和 MA10,如图 7-7 所示,首先建立指标:

MA5:MA(C,5);//定义 MA5
MA10:MA(C,10);//定义 MA10
保存指标,命名为 AA。
再建立跨周期模型：
♯IMPORT[MIN,30,AA]ASVAR
MA5Y:VAR.MA5;//跨周期引用 30 分钟周期的 MA5
MA10Y:VAR.MA10;//跨周期引用 30 分钟周期的 MA10

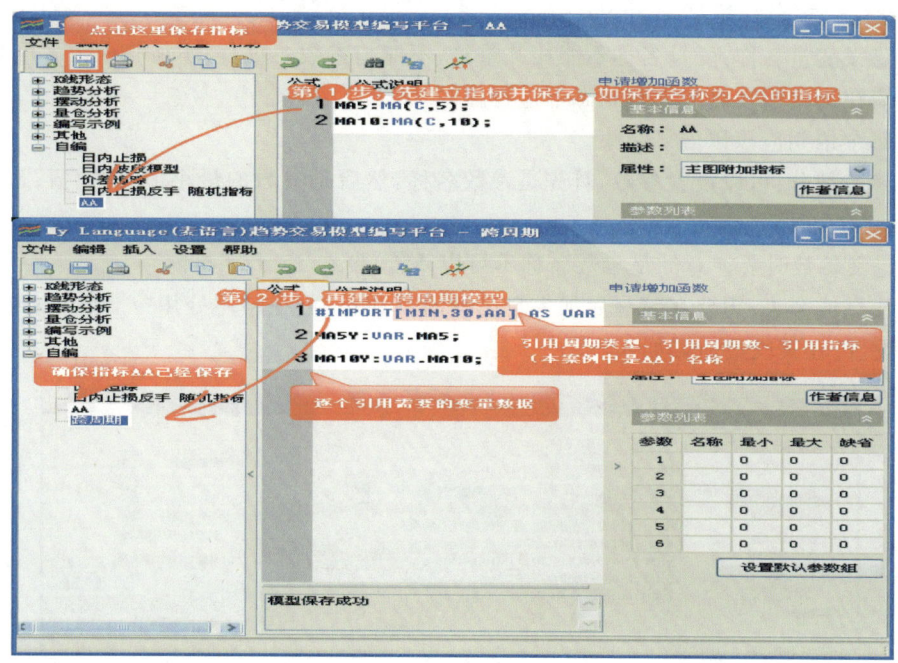

图 7-7　在 1 分钟周期上引用 30 分钟周期的 MA5 和 MA10

②跨合约引用指标数据：在软件当中允许使用不同合约上的指标数据,但我们需要用一个特殊的函数来进行引用。

基本格式为：
♯CALL[CODE,FORMULA]ASVAR
引用 CODE 合约的指标 FORMULA 的数据。
例如,在 IF1410 合约 1 分钟周期上引用 IF 指数合约 1 分钟的 MA5 和 MA10 指标。
首先建立指标：
MA5:MA(C,5);//定义 MA5
MA10:MA(C,10);//定义 MA10
保存指标,命名为 AA。
再建立跨合约模型：
♯CALL[8600,AA]ASVAR//8600 是 IF 合约代码
MA5Y:VAR.MA5;//跨合约引用 1 分钟周期的 MA5
MA10Y:VAR.MA10;//跨合约引用 1 分钟周期的 MA10

(二)模型编写语法

所有的公式系统都是遵守统一的运算法则和统一的格式进行函数之间的计算。在我们编写模型的时候需要遵循以下原则。

1.语法

编写语法应遵循以下几点原则,如图7-8所示。

A.命名部分:支持汉字、字母、数字、下划线格式命名,长度控制在31字符内;命名不能和已存在的公式名称重复。

B.定义变量名称:变量名称不能相互重复;不能与参数名重复;不能与函数名重复。

C.需在半角输入法的大写状态下进行编写。

D.每个语句应该以分号结束。

E.参数部分:可以设置参数,首先是参数名称,然后是参数的最小值、最大值、最后是参数的默认值。

在定义参数时要注意的是参数名称不可以重复,要在12个字符内。

F.注释或舍去:想要在编写后加入自己的语言注释,可在结尾处用"//"表示;或者想要舍去某段,可在某段最前端加入"//"。

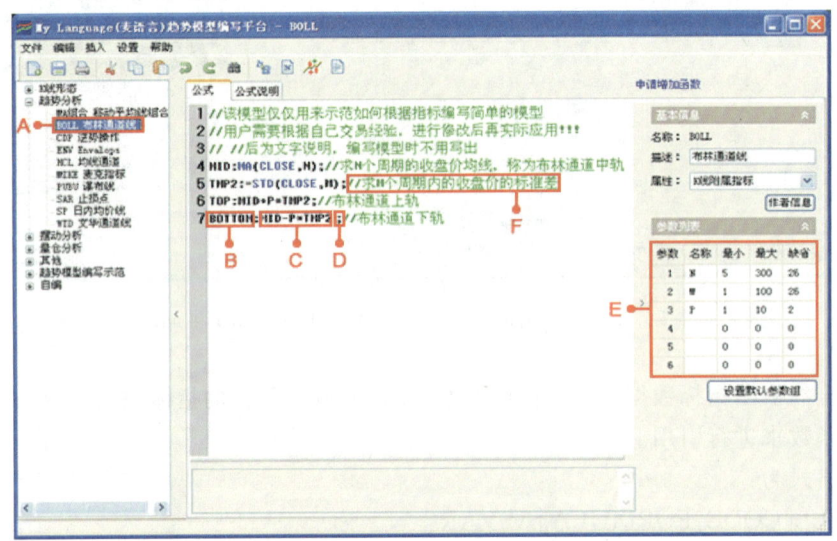

图7-8 编写模型的语法原则

2.操作符

操作符将函数连接成模型,操作符分为数学运算操作符、逻辑判断操作符和定义变量操作符。

(1)数学运算操作符:如表7-1所示,包括"＋""－""＊""/",它们分别对操作符两边的数据进行加减乘除计算,这同一般意义上的算术计算没有差异。

表 7-1　数学运算操作符

＋	加法	CLOSE＋OPEN 返回收盘价与开盘价的和
－	减法	CLOSE－OPEN 返回收盘价与开盘价的差
＊	乘法	CLOSE＊OPEN 返回收盘价与开盘价的积
／	除法	CLOSE/OPEN 返回收盘价与开盘价的商

(2)逻辑判断操作符：如表 7-2 所示,包括"＆＆""||"">""<""<>"">=""<=""="8 种,分别表示并且、或者、大于、小于、不等于、大于等于、小于等于、等于运算。"＆＆"并且操作符表示如果两个条件都成立,计算结果两个就等于 1,否则等于 0。"||"或者操作符表示两个条件只要有一个成立,计算结果就等于 1,都不成立计算结果等于 0。

例如,12>=7 和 4>3 的结果就等于 1,4>3 或者 3>12 的结果就等于 1,用逻辑判断操作符表示为：

4>3＆＆12>=4 的结果等于 1,4>3||3>12 的结果等于 1。

表 7-2　逻辑判断操作符

＆＆	与(并且),也可简写为 AND	CLOSE>OPEN＆＆REF(CLOSE>OPEN,1);当根 K 线与前一根 K 线都收阳返回 1,否则返回 0
||	或(或者),也可简写为 OR	CLOSE>OPEN||REF(CLOSE>OPEN,1);当根 K 线收阳或前一根 K 线收阳返回 1,否则返回 0
>	大于	CLOSE>OPEN;当根 K 线的收盘价大于开盘价(阳线)返回 1,否则返回 0
<	小于	CLOSE<OPEN;当根 K 线的收盘价小于开盘价(阳线)返回 1,否则返回 0
>=	大于等于	CLOSE>=2000;当根 K 线的收盘价大于等于 2000 返回 1,否则返回 0
<=	小于等于	CLOSE<=2000;当根 K 线的收盘价小于等于 2000 返回 1,否则返回 0
<>	不等于	DATE<>REF(DATE,1);当根 K 线的日期与前一根 K 线的日期不等(当根 K 线为当日第一根 K 线)返回 1,否则返回 0
＝	等于操作符	TIME=1459;当根 K 线的时间为 14 点 59 分返回 1,否则返回 0

(3)定义变量操作符：如表 7-3 所示,定义变量操作符一共有 4 个,分别是"：""：＝""^^"和".."，之前讲到的赋值语句和中间语句用到了"："和"：＝"两个定义变量操作符。

另外两个定义变量操作符"^^"和".."分别表示定义以主图附加坐标方式显示和以独立坐标方式显示的指标线。

表 7-3　定义变量操作符

:=	定义变量(模型加载时不显示线)	AA:=(OPEN+CLOSE)/2;定义变量 AA,模型加载时 AA 在图表上不显示线
:	定义变量(模型加载时显示线)	AA:(OPEN+CLOSE)/2;定义变量 AA,模型加载时 AA 在图表上显示线
^^	定义变量 (以主图附加坐标方式显示)	AA^^(OPEN+CLOSE)/2;定义变量 AA,主图加载时,无论指标属性如何,AA 都以主图附加坐标方式在主图显示
..	定义变量(以独立坐标方式显示)	AA..(OPEN+CLOSE)/2;定义变量 AA,主图加载时,无论指标属性如何,AA 以独立坐标方式在主图显示

3.函数

函数分类:根据函数不同的性质,我们将函数分为 18 类,即历史数据引用、金融统计函数、数理统计函数、数学函数、信号记录函数、模组头寸函数、行情报价引用、画线函数、未来函数、时间函数、信号控制函数、公式条件单函数、绘图函数、逻辑判断函数、计算控制函数、TICK 数据函数、信号执行函数和加密输出函数。

例 1　CLOSE 表示取得 K 线图的收盘价。

注:

①当盘中 K 线没有走完的时候,取得最新价。

②可简写为 C。

例 2　CROSS 表示 A 从下方向上穿过 B。

这个函数在今后的编写中我们将经常用到,它表示"穿越",A 从下方向上穿过 B,成立返回 1(Yes),否则返回 0(No)。

注:

满足穿越的条件必须上根 K 线满足 A<=B,当根 K 线满足 A>B 才被认定为穿越。返回 1 或者 0//5 日均线上穿 10 日均线:

MA5:=MA(C,5);

MA10:=MA(C,10);

CROSS(MA5,MA10);

例 3　TIME 表示取 K 线时间。

这是一个重要的时间函数,当我们需要尾盘平仓,显示开仓时间时,都要用到这个函数。

注:

①该函数在盘中实时返回,在 K 线走完后返回 K 线的起始时间。

②该函数返回的是交易所数据接收时间,也就是交易所时间。

③TIME 函数在秒周期使用时返回六位数的形式,即 HHMMSS,在其他周期上显示为四位数的形式,即 HHMM。

④TIME 函数只能加载在日周期以下的周期中,在日周期及日周期以上的周期中该函数返回值始终为 1500。

⑤使用 TIME 函数进行尾盘平仓的操作需要注意:

a.尾盘平仓设置的时间建议设置为 K 线返回值中实际可以取到的时间(例如,螺纹指数 5 分钟周期最后一根 K 线返回时间为 1455,尾盘平仓设置为 TIME>=1458,CLOSEOUT;则效果测试中不能出现尾盘平仓的信号)

b.使用 TIME 函数作为尾盘平仓的条件的,建议开仓条件也要做相应的时间限制(例如,设置尾盘平仓条件为 TIME>=1458,CLOSEOUT;则相应的开仓条件中需要添加条件 TIME<1458,避免平仓后再次开仓的情况)。

//在 14:50 后平仓。
C>O&&TIME<1450,BK;
C<O&&TIME<1450,SK;
TIME>=1450,SP;
TIME>=1450,BP;
AUTOFILTER;

在上面的编写中,由于我们要在 14 点 50 后平仓,那么在开仓条件中我们也要加入相应的时间限制,即开仓条件必须满足在 14 点 50 前才开仓。

例 4 线形描述符

模型可以在语句加上线形描述符,用来表示如何画该语句描述的指标线。

线形描述符号种类及其作用见表 7-4。描述符写在语句后分号前,用逗号将它们与语句分隔开,如在上例当中加入一句线形描述符"C:B*0.618,CIRCLEDOT;"该语句被执行后,会在图中添加小圆点画线。

表 7-4 线形描述符

ALIGN	设置文字对齐方式(左中右)
CIRCLEDOT	小圆点线
COLORSTICK	画柱线
CROSSDOT	画小圆圈线
DOT	画虚线
FONTSIZE	设置字体大小
ICON	显示图标
LINETHICK	线型粗细控制
NODRAW	不画线
POINTDOT	虚线
PRECIS	制定数字的输出精度(小数点位数)
SETSTYLECOLOR	线型的粗细和颜色控制
SOLID	实心显示
SOUND	播放声音
VALIGN	设置文字对齐方式(上中下)
VOLSTICK	画柱线
VOLUMESTICK	画成交量柱线
WORD	显示文字

①"COLOR…"可以设置多种颜色,方法为单击公式编写窗口的插入→插入颜色,选择相应颜色即可。

②LINETHICK 表示可以允许对线型的粗细进行自定义的描述,格式"LINETHICK(1~7)":参数的取值范围在 1~7 之间,"LINETHICK1"表示最细的线,而"LINETHICK7"表示最粗的线。

如果数值相差比较大的指标线在主图中显示,会使 K 线压缩成一条直线,此时一般会结合".."操作符使用,意思是不影响坐标最高最低值。例如,"A..C,LINETHICK1;"输出收盘价,但不影响坐标最高最低值,用于输出到主图或叠加到其他指标上。

4. 模型语句

所有的模型由若干语句按照一定的格式组成,每个语句表示一个计算结果,根据各个语句的功能分为两大类语句,一类是赋值语句,一类是中间表达式。

(1)赋值语句:

"B:A/Z"和"C:B*0.618"是两条指标线,语言间用分号隔开。该语句被称为赋值语句,在模型当中,赋值语句的计算结果将会被计算机执行并形成相应的图形。每个语句可以有一个名称,该名称写在语句的最前面,并用可以显示图形的定义变量操作符将它与语句分隔开,我们称为变量名。

例如,"ST:MA(CLOSE,5);"表示该语句求收盘价的五日均线,语句的名称(变量名)为 ST,在该语句后的语句中可以直接用 ST 来替代 MA(CLOSE,5),如 MA(ST,5)表示对收盘价的五日均线再求五日平均。

(2)中间语句:

一个语句如果不需要显示,可以将它定义为中间语句,如在上例当中的第一句"A:=X+Y;",这样该语句就不会被系统辨认为指标线了,中间语句用":="替代冒号,其他与一般语句完全一样,使用中间语句可以有效降低模型的书写难度,还可以将需要重复使用的语句定义成中间语句以减少计算量。

(三)模型基本结构

1. 信号指令介绍(表 7-5)

表 7-5 信号指令及其意义

图示	指令	意义
↑	BK	买开多单
⇧	BP	买平,平掉空单
↓	SK	卖开空单
⇩	SP	卖平,平掉多单
↑	BPK	买平空单同时买开等量多单
↓	SPK	卖平多单同时卖开等量空单
○	CLOSEOUT	平掉所有方向的仓位

2.模型基本结构

定义变量

条件,指令;

AUTOFILTER;

注:过滤模型下单手数,在软件中设定,无须编写。

模型编写需要这样一个过程:

①勾勒出模型的大概轮廓,量化出必要的条件或者数据,将这些条件或者数据定义成变量。

②在编写模型开平条件的时候,如果发现变量不全,则补充定义变量。

③编写过程中养成语法检测的好习惯,以便及时发现编写错误,进行修改。

④模型编写完整后,加载到主图并查看模型历史回测报告。

3.模型分类

模型分为两类,过滤模型、非过滤模型,现在我们先来认识一下这组概念。

①过滤模型:如图7-9所示,过滤模型不允许连续出开仓信号或者连续出平仓信号,有多个开仓信号都满足条件的时候,取第一个信号作为有效信号,后面K线上的同样信号将被过滤掉。出信号的顺序是开—平—开—平—开……

②非过滤模型:如图7-9所示,允许连续出开仓信号或者连续出平仓信号,可实现加仓、减仓。

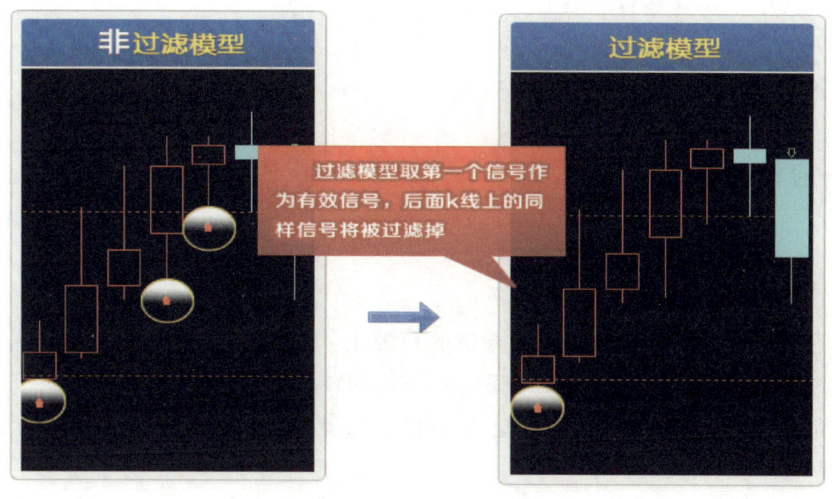

图 7-9 过滤模型与非过滤模型

4.模型编写

在软件的【公式】菜单下,选择【编写趋势模型】,就会出现如图7-10所示的趋势模型编写平台,就可以开始编写模型了。

在编写模型的时候,特别是在刚刚开始学如何编写模型的时候,如果把一个比较复杂的表达式一口气写下来,往往会使整个模型的结构混乱,无法确认,错误难以查找,所以我们经常会利用中间表达式将一些比较复杂的条件分拆成一个个简单的小语句,也即结构模块化!当然如果比较熟悉模型的编写,对有些简单的语句就没有必要再如此做了。

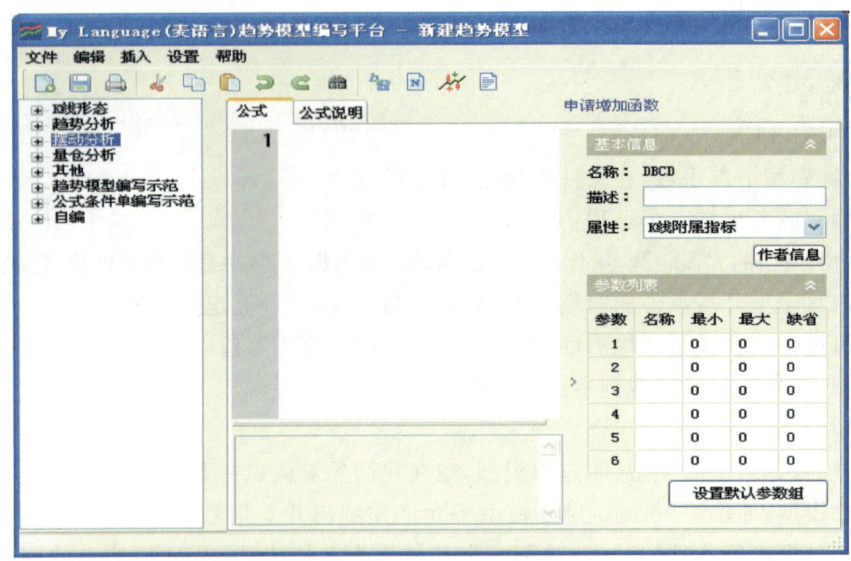

图 7-10　趋势模型编写平台

常见的结构就是：

条件一：AA：=……条件二：BB：=……

…………

汇总：AA&&BB&&……

三、一般模型编写示例

(一)条件描述

(1)阶段涨幅,就是 N 日收盘价的差值的百分比：
(CLOSE－REF(CLOSE,N))/REF(CLOSE,N)*100；

(2)再创新高,就是指今日最高价是 N 日以来的最高价：
HIGH＝HHV(HIGH,N)；

该函数在当日最高价创 N 日新高时为 1,否则为 0。

放量上攻：指价格上扬,成交量剧增。

价格上扬可以描述为"CLOSE/REF(CLOSE,5)＞1.2;"表示 5 日上涨 20％。

成交量剧增可描述为"VOL＞MA(VOL,5)*3;"表示成交量超过 5 日均量的 3 倍。

所以公式可写成"CLOSE/REF(CLOSE,5)＞1.2ANDVOL＞MA(VOL,5)*3"。

(3)窄幅整理就是指近一段时期价格维持在一定幅度之内：
(HHV(CLOSE,20)－LLV(CLOSE,20))/CLOSE＜0.08；

"HHV(CLOSE,20)－LLV(CLOSE,20)"表示 20 日收盘价振幅,即 20 日内价格振幅在 8％以内波动。

(4)均线多头排列：移动平均线(MA)是将一段时间的期票价格用数理统计的方法加以

平均,再将这些平均价标于图上并用线连接起来。它可以用来观察期价的趋势。可以将均线多头排列看作上升趋势行情的表现。

5日、10日、60日均线分别表示为：

MA5:=MA(CLOSE,5);

MA10:=MA(CLOSE,10);

MA60:=MA(CLOSE,60);

均线多头排列可写成:MA10>MA5&&MA60>MA10(注意不要写成连等形式)。

(5)前期高点及其位置：

前期高点价格可以写成"HHV(HIGH,20)",表示20日最高价。

前期高点位置"HHVBARS(HIGH,20)",表示20日内最高价到现在的周期数,若HHVBARS(HIGH,20)等于6,则表示前期高点出现在6日前。

60天前到40天前之间的最高价：用HHV函数只能得到当天以及前若干天的最高价。若对本问题进行分析可以得到,它实际上就是一个20天最高价,只不过是计算40天前的20日最高价,所以公式可以写成"REF(HHV(HIGH,20),40)"。

(6)动态平均：

指数平滑移动平均是一种常用的平均线求法,其宗旨是将当日数据乘以权值a与上一天平均数乘以权值b相加,这两个权值相加等于1,因而指定权值a就可以确定计算方法。如：

EMA(X,N)权值a=2/(N+1);

SMA(X,N,M)权值a=M/N;

而对于DMA动态平均,其权值a不是一个常数,如可用成交量作为权重计算均线：SMA(CLOSE,VOL)。

(7)点到面转化：

有时我们需要判断过去发生的事件,如最近20日内是否发生大涨等,由于该事件仅在当天可计算出来,因此需要用点到面转换将该影响延续一段时间：

"TTTT:=CLOSE/REF(CLOSE,1)>1.02",表示涨幅大于2%。

COUNT(TTTT,20):该函数统计20日内大涨的天数,若发生大涨则会对将来30天产生影响。COUNT、SUM、HHV、LLV等函数均有点到面转化的作用。

图7-11分别显示TTTT、HHV(TTTT,20)、COUNT(TTTT,20)曲线的相对位置关系。我们看到,每当发生大涨时TTTT就为1,否则就为0;HHV(TTTT,20)只要20天以内发生过大涨就为1,否则为0,它利用了发生情况时数值最大这一特点将求最大值转化为求指定值;而COUNT(TTTT,20)则表示了20天之内发生过多少次指定事件,应该说对本问题来说,这个函数用得最适合。

(8)面到点转换：

有时我们需要反过来做面到点转换。例如,当RSI高于80表示期价处于超买阶段,应该卖出。但由于超过80是一个阶段,如果这个阶段中每天都发出卖出信号就不是太好了,需要一个将连续区间转化为一个信号的函数,即面到点的转换。

CROSS(RSI,80),表示RSI向上穿越80,由于对一个阶段来说穿越只会发生一次,进而完成了面到点的转换。

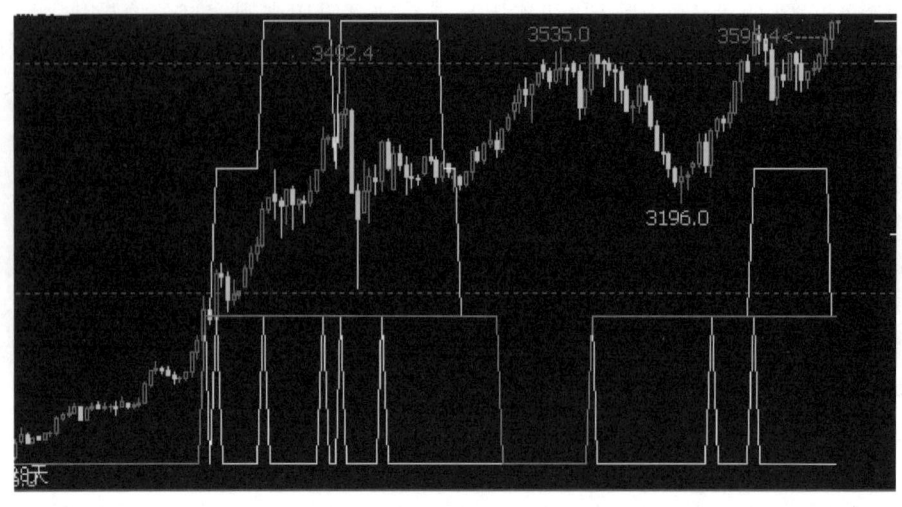

图 7-11 函数曲线的相对位置关系

(9)线性回归:是统计学中最常用的方法之一,它用一条直线来近似描述一条曲线。直线可用起点和斜率来表示,因此可以更为简便地描述当前期价的趋势。线性回归函数有两个:FORCAST 和 SLOPE,分别表示起点和斜率。FORCAST 的作用与均线类似,有对未来趋势的预测作用,指标较均线更为灵敏;SLPOE 表示该线性回归的斜率,即事件每增加 1 天价格的发动情况,它可以表示一段时间内的平均价格变化率,可以用它来描述近期价格的涨跌趋势及强度。

例如,"SLOPE(CLOSE,10)/REF(CLOSE,10)＞0.05"表示近期有每日平均 5% 的升幅趋势。

(10)之字转向:每当期价涨跌幅度超过指定界限并发生趋势方向变化时,将产生一个转折点,将所有转向点用线段连接就成为之字转向,之字转向能够很好地描述期价的大体走势,对于相态分析有一定的作用。

转向点分为波峰和波谷两类,分别表示向下转向和向上转向,与之对应的有 4 个函数用于描述它们的价格和位置:

PEAK 和 TROUGH 表示波峰和波谷的价格;

PEAKBARS 和 TROUGHBARS 表示波峰和波谷距现在的周期数。

这 4 个函数都有一个参数用于描述向前数第几个波峰,用这个特性我们就可以在测试 W 底时比较上一个波谷和前一个波谷的位置和大小,进而规范了对 W 形底的描述。

(二)线形态描述

K 线图又称阴阳线,最初是日本米商用来表示米价涨跌状况的工具,后来引入期市,并逐渐风行于东南亚地区。K 线图以其直观、立体感强的特点而深受投资者欢迎,实践证明,精研 K 线图可以较准确地预测后市走向,也可以较准确地判断多空双方的力量对比,进而为投资决策提供重要的参考。

K 线图的画法与分类:画 K 线图前应先准备一张坐标纸,按一定的比例标明期价(指数)的相应位置。它将市场每天(周、月)的开盘价、最高价、最低价和收市价画在统计图上以反映市场的波动情形。

K线图共由3部分组成：上影线、下影线和实体3部分，上影线为最高价，下影线为最低价，实体由收盘价和开盘价构成。

当收盘价高于开盘价时，用阳线或红线来表示；当开盘价高于收盘价时，用阴线或黑线来表示。

它有12种基本形态：A阳线、B阴线、C光头阳线、D带帽阳线、E带尾阳线、F光头阴线、G带尾阴线、H带帽阴线、I平盘线、J十字星、K丁字线和L倒丁字线，由这些组合形成了所有的K线形态，由于组合具有多样性和不确定性，从而有了许多的不同理解、意见相左的K线分析。

1. 大阳线

首先我们编制一个简单的单根K线公式，一根K线由4个价格组成：开盘价、收盘价、最高价和最低价，所以对它的描述只需要能够做到清楚地描述这4个价位中的相关值即可。

观察其特点：

①开盘即为最低"BB：=LOW=OPEN；"。

②收盘即为最高"AA：=CLOSE=HIGH；"。

③假设量化的结果是阳线长度上涨幅度大于4%，即"CC：CLOSE/OPEN>4%；"。

所以：

BB：=LOW=OPEN；

AA：=CLOSE=HIGH；

CC：=CLOSE/OPEN>1.04；

④综合判断条件：

AA&&BB&&CC；

2. 穿头破脚

穿头破脚由两根K线组成，表示行情将要转向，穿头破脚第二根蜡烛烛身部分长于第一根蜡烛且蜡烛颜色相反；若是上升行情则第二根蜡烛为阳线，若是下跌行情则第二根蜡烛为阴线，并且包含了前一根。

量化：如果只是一般意义上的满足以上条件的K线组合，则信号的含义并不强，所以可以通过强化一些条件或者补充一些条件来加强信号的内涵。例如，在本例中我们规定当前K线的开收至少有4%的差值，如果是向上穿头破脚的类型，那么该K线应该收阳，同时当前K线的最高价和最低价要包住前一根K线。

①K线形体描述，开盘价要高于收盘价的4%以上：

A1：=REF(CLOSE,1)；

A2：=REF(OPEN,1)；

②今日的K线形体：

B1：=OPEN<A1；

B2：=CLOSE>A2；（高于昨天的开盘）

BB：O/C>1.04；

③综合判断条件：

BB AND B1 AND B2

④最终的公式为：
A1:=REF(CLOSE,1);
A2:=REF(OPEN,1);
BB:O/C>1.04;
B1:=OPEN<A1;
B2:=CLOSE>A2;
⑤综合判断条件：
BB&&B1&&B2;

如果是向下的穿头破脚，只需要改动几个数值的方向即可。

3. 吊颈

吊颈与锤头形态相同，只是吊颈出现在上升行情中，表示将见顶回落。吊颈出现在上升行情中，有较长的脚部，蜡烛实体部分很少，并在顶部出现。同样可以有阳线实体的吊颈和阴线实体的吊颈之分，以下将以阴线实体的吊颈为例。

①量化，开盘所得即为当天最高价：
AA:=OPEN=HIGH;

②阴线实体的长度小，量化后我们选择以整个线体进行对比，满足条件其长度小于整个线体的1/3：
B1:=OPEN-CLOSE;
B2:=HIGH-LOW;
BB:=B1/B2<1/3;

③另外对线型的绝对长度作出规定，选择整个线体的长度大于最高价的5%，意义在于加强线体的含义，以免出现极小的，弱市中的信号：
CC:=B2/HIGH>0.05;

④公式组为：
AA:=OPEN=HIGH;
B1:=OPEN-CLOSE;
B2:=HIGH-LOW;
BB:=B1/B2<1/3;;
CC:=B2/HIGH>0.05;

⑤综合判断条件：
AA&&BB&&CC;

4. 低开大阳线

低开大阳线出现在拉升初期或者整理的末期的概率较高，当天的开盘价明显低于昨天的K线，但是整个线体呈现为一根长阳线，气势逼人！

①量化，今日低开，小于上一周期的最低价，并且开盘时的跌幅达到了2%以上：
A1:=REF(CLOSE,1);
A2:=REF(LOW,1);
A3:=OPEN<A2;
A4:=OPEN/A1<0.98;

②收盘长阳,收盘价高出开盘价至少4%:
B1:=CLOSE/OPEN>1.04;
③所以公式组为:
A1:=REF(CLOSE,1);
A2:=REF(LOW,1);
A3:=OPEN<A2;
A4:=OPEN/A1<0.98;
B1:=CLOSE/OPEN>1.04;
④综合判断条件:
A3&&A4&&B1;

5.跳空缺口

就是两条K线的高低价出现不衔接的情况,由两条K线组成,是日后支撑和压力点的参考价位。当一个跳空缺口出现时,可以假设一个沿着原来跳空方向上的趋势的加速已经开始了。

量化:由两条K线组成,两条K线间存在明显的间隔;跳空分为向上和向下两种情况,以下为向上跳空的例子。

①本周期的最低价高于上一周期的最高价:
A1:=REF(HIGH,1);
A2:=LOW>A1;
②跳空缺口越大,则信号越强烈!所以加入辅助条件缺口的长度至少要求有两个点位:
B1:=LOW/A1>1.02;
③所以公式组为:
A1:=REF(HIGH,1);
A2:=LOW>A1;
B1:=LOW/A1>1.02;
④综合判断条件:
A2&&B1;

(三)技术指标范例

1.均线指标

(1)MA(金叉),普通金叉。用CROSS表示MA5日均线向上穿过MA10均线,函数CROSS(X,Y)的含义从函数表中可以得出为指标线X向上穿过指标线Y。

①首先,我们用两个中间表达式表达两条指标线X、Y分别为5日均线和10日均线,最终使用CROSS即得:
MA5:=MA(CLOSE,5);
MA10:=MA(CLOSE,10);
②综合判断条件:
CROSS(MA5,MA10);
③MA5和MA10在30日均线之上运动,并在当日发生了金叉:

"在MA10和MA30之上",可以简略地描述为"大于"即可,其他的条件套用,所以先表达出两个条件,分别用AA和CC表示。

AA是:

MA5：=MA(CLOSE,5);

MA10：=MA(CLOSE,10);

AA：=CROSS(MA5,MA10);

CC是:MA30：=MA(CLOSE,30);

CC：=MA5>MA30ANDMA10>MA30;

④最后将两个综合的条件用逻辑与函数连接成一个表达式,要注意在条件选期的公式中只能存在一个逻辑判断式,所以我们以后经常会使用一些逻辑连接符连接多个条件。

⑤综合判断条件:

AA&&CC;

(2)三条均线多头排列。由于所谓多头排列没有一个具体量化的概念,所以需要根据自己平时的经验来取得一个比较有效的衡量标准。例如,我们在下面的公式中的模型是:MA5>MA10>MA30,维持时间3天。

注意请不要使用连等或者连续的大于号,如上面的"MA5>MA10>MA30"不可以直接出现在公式组当中,用"AND"连等符将两个连接判断式连接起来:

MA5：=MA(CLOSE,5);

MA10：=MA(CLOSE,10);

MA30：=MA(CLOSE,30);

CC：=MA5>MA30ANDMA10>MA30;

综合判断条件:

EVERY(CC,3)=1;

(3)均线死叉。方向刚好相反,用同样的表达方式,但是注意CROSS函数使用时两条均线的位置已经颠倒了,思维方式换一下,CROSS(X,Y)本身的含义为X上穿Y,反过来当要表达X向下穿过Y的时候——其实也就是Y向上穿过了X:

CROSS(MA10,MA5);

(4)当日成交量放大2倍的金叉。成交量放大两倍作为一个辅助条件出现,很多交易者都习惯用成交量来验证均线走势的可靠性;其中需要量化的一点是,选用一个参照系来描述成交量的变化,我们选用了与上一周期的成交量进行对比的方式:

MA5：=MA(CLOSE,5);

MA10：=MA(CLOSE,10);

AA：=CROSS(MA5,MA10);

BB：=VOL/REF(VOL,1)>2;

综合判断条件:

AAANDBB;

2.KDJ指标

回顾公式基本买卖原则:K值由右边向下交叉D值作买,K值由右边向上交叉D值作买;高档连续两次向下交叉确认跌势,低档连续两次向上交叉确认涨势。

D 值 20% 超卖，D 值 80% 超买；J 值 100% 超买，J 值 10% 超卖；KD 值于 50% 左右徘徊或交叉时，无意义，投机性太强的个体不适用。

K 向上交叉 D，并且 D 小于 20。

首先，简单导入 KDJ 的指标数据。我们有两种方法：第一是在条件选期当中单击"引入指标公式"，然后选中 KDJ，好处在于同时也引进了参数，方便在条件选期参数优化的过程当中调整适当的参数，在快速入门中我们已经进行了比较完整的介绍，这里就不再赘述了。

第一种，将原来的 KD 指标转化为中间表达式，然后写出逻辑判断式：

RSV:=(CLOSE−LLV(LOW,N1))/(HHV(HIGH,N1)−LLV(LOW,N1))*100;

K:=SMA(RSV,N2,1);

D:=SMA(K,N3,1);

综合判断条件：

CROSS(K,D)&&D;

3. RSI 指标

回顾公式基本买卖原则：短期 RSI 值在 20 以下，由下向上交叉长期 RSI 值时为买入信号；短期 RSI 在 80 以上，由上向下交叉长期 RSI 时为卖出信号；短期 RSI 值由上向下突破 50，代表期价已经转弱，短期 RSI 值由下向上突破 50，表示转强。

N1[2.0.7]   N2[2.0.14]

LC:=REF(CLOSE,1);

RSI1:SMA(MAX(CLOSE−LC,0),N1,1)/SMA(ABS(CLOSE−LC),N1,1)*100;

RSI2:SMA(MAX(CLOSE−LC,0),N2,1)/SMA(ABS(CLOSE−LC),N2,1)*100;

4. WR 指标

回顾公式基本买卖原则：威廉指标计算公式与强弱指数、随机指数一样，计算出的指数值在 0~100 之间波动。当 WR 线达到 20 时，市场处于超买状况，期价走势随时可能见顶，因此 20 的横线一般称为卖出线，投资者在此时可以伺机卖出；相反，当 WR 线达到 80 时，市场处于超卖状况，走势可能即将见底，80 的横线被称为买入线。

N[2.100.14]

WR:100*(HHV(HIGH,N)−CLOSE)/(HHV(HIGH,N)−LLV(LOW,N));

综合判断条件：

CROSS(WR,80);

CROSS(WR,20);

5. MACD 指标

回顾公式基本买卖原则：DIF、MACD 在 0 以上，大势属于多头市场，可做买，若 DIF 向下跌破 MACD 只可做原单的平仓，不可新开单进场；DIF、MACD 在 0 以下，大势属空头市场，DIF 向下跌破 MACD，可做卖，若 DIF 向上突破 MACD，只可做原单的平仓，不可新买单入场。

L1[1.40.12]   L2[1.100.26]   L3[1.60.9]

DIFF:EMA(CLOSE,L2)−EMA(CLOSE,L3);

DEA:EMA(DIFF,L1);

MACD:2*(DIFF−DEA),COLORSTICK;

6. BOLL 通道

回顾公式基本买卖原则:BOLL 又称布林线指标,其利用统计学原理,先规定一个标准差,再求算出一个上下限波动区间,其波动的上下限轴期价浮动应用原则必须配合其他技术指标共同分析。当布林通道由宽变窄时,期价逐渐向中值回归,期市进入一个整理区间,投资者应以观望为主;而布林通道由窄变宽则意味着行情开始发生变化;期价逼近或穿过上限值,表明超买力量增强,期市可能会短期下跌,此时应卖出期票,反之,期价逼近或穿过下限值表明超卖力量增强,期市可能会反弹向上。

N[5.300.26]　M[1.100.26]　P[1.10.2]
MID:MA(CLOSE,N);//求 N 个周期的收盘价均线,称为布林通道中轨
TMP2:=STD(CLOSE,M);//求 M 个周期内的收盘价的标准差
TOP:MID+P*TMP2;//布林通道上轨
BOTTOM:MID−P*TMP2;//布林通道下轨

7. 多空指数指标

多空指标(bull and bear index,BBI)原理:是一种关于不同日数移动平均线的综合指标,长期以来理论界一直为中短期的移动平均线采用多少天数而争论不休,从而衍生出了 BBI 指标。多空指数就是通过几条不同日数的移动平均线加权平均的方法来解决这一问题。多空指数是将 3 天、6 天、12 天、24 天 4 种平均期价(或指数)相加后除以 4 得出的数值。

计算方法:BBI=(3 日 MA+6 日 MA+12 日 MA+24 日 MA)/4。

中间表达式之一:

MA 的表达方式如下,假设我们需要引用一条均线,但是不需要显示出来,所以在冒号后面加上等号,将它表达为中间表达式。

MA5:=MA(CLOSE,5);

中间表达式之二:

当一条指标线有了名字以后,其后面的指标线就可以将该指标线作为一个函数来使用。请看下例,求收盘价的 5 日移动平均价的 10 日移动平均线,写成:

MA(MA(CLOSE,5),10);

若给收盘价 5 日移动平均线起个名字,我们又能这样写:

MA5:MA(CLOSE,5);

MA(MA5,10);

与前者不同的是,后者用图绘出两条指标线。软件中的计算符号同一般算术符号相通,所以 BBI 计算如下:

MA3:=MA(CLOSE,3);
MA6:=MA(CLOSE,6);
MA12:=MA(CLOSE,12);
MA24:=MA(CLOSE,24);
BBI:(MA3+MA6+MA12+MA24)/4;

8. 乖离率(BIAS)指标

指标原理:BIAS 是运用期价指数与移动平均值的比值关系,观测期价偏离移动平均线

的程度,以此决定投资者的买卖行为。

计算方法:((当日收盘价－当日 MA 均线值)/当日 MA 均线值)*100。

编写要点:在参数表内设定好相应的 3 个参数,从最大值到最小值为参数的变动范围,缺省值为当前指标的取值。

注意:

①在软件中,百分比的表达方式不是"％",而是"/100"。

②以下表达式中的函数嵌套关系的表达方法,不存在大括号、中括号等,全部以小括号相互嵌套而成。

指标内容和使用解析:

BIAS1:((CLOSE－MA(CLOSE,L1))/MA(CLOSE,L1))*100;

BIAS2:((CLOSE－MA(CLOSE,L2))/MA(CLOSE,L2))*100;

BIAS3:((CLOSE－MA(CLOSE,L3))/MA(CLOSE,L3))*100;

应用原则:偏离率与移动平均值一致时,偏离率为 0;偏离率为正值时,偏离率在移动平均线上方,说明期市呈上升趋势;偏离率为负值时,偏离率在移动平均线下方,说明期市有下跌趋势;Y 值偏离移动平均线的界定范围大体在 15％～(－15％),即当 Y 值在 0～(－15％)时,可适当卖出期票,期价有可能反跌,当 Y 值在 0～15％时,可适当买入期票,期价有可能反弹。

9.能量潮指标

能量潮指标(on balance volume,OBV)原理:OBV 中文名称直译是平衡成交量,有些人把每一天的成交量看作海里的潮汐,形象地称 OBV 为能量潮,OBV 由葛兰维于 60 年前发明并广泛流行。我们可以利用 OBV 验证当前期价走势的可靠性,并可以由 OBV 得到趋势可能反转的信号,对准确预测未来是很有用的,比起单独使用成交量,联合使用 OBV 看得更清楚。

计算方法:OBV 的构成是根据潮涨潮落的原理。每一天的成交量可以理解成潮水,但这期潮水是向上还是向下,是保持原来的方向,还是中途回落?这个问题就由当天的收盘价与昨天的收盘价的大小比较而决定。

①如果今天收盘价>=昨天收盘价,则这一潮水属于多方的潮水。

②如果今天收盘价<昨天收盘价,则这一潮水属于空方的潮水。

编写要点:

第一步,如果今天收盘价>昨天收盘价,那么成交量为正:

AA:=IFELSE(CLOSE>REF(CLOSE,1),VOL,0);

第二步,如果今天收盘价<昨天收盘价,那么成交量为负:

BB:=IFELSE(CLOSE<REF(CLOSE,1),－VOL,0);

第三步,将所有的成交量加和:

CC:=AA+BB;

第四步,统计所有周期上的成交量即得 OBV:

OBV:SUM(CC,0);

上面编写的例子使用了 IFELSE 函数,AA 计算了多方力量,同时将空方的成交量忽略为 0。在计算空方成交量的同时我们又忽略了多方的力量,将两者加和就得到了我们所需要的 OBV。

(四) 技术指标范例

价格、成交量被形容为期票运动的基本元素,同时也被技术分析派认为是技术分析的最根本和最小的技术单位。由两者在一段连续的时间内的相互构造可以派生出其他所有的技术分析方法和技术指标。所以也有许多投资者选用了价格和成交量作为研究对象,力求从最简单的分析组合、最基础的分析对象来把握对复杂市场运动的准确描述。

1. 放量创出新高

成交量放大的同时走出一个新的高点,但是同样需要一个具体量化的过程。成交量放大到多少,和哪一天的成交量进行比较——以上问题的解决是建立选期模型的前提。

"5日成交量均量较前一周期放大1倍,同时收盘价创下了30天内的新高":

AA:=MA(VOL,5);
BB:=REF(AA,1);
CC:=HHV(CLOSE,30);

综合判断条件:

AA/BB>2&&CLOSE=CC;

以上是我们测试中的一个例子,它符合我们的选期条件,但是后来的事实又说明它是一个失败的信号,之所以把它选择出来,是因为通常人的心理是报喜不报忧的,这里提出的原因是我们希望期民从多观察,注意防范风险,三思而后行!

2. 阶段涨幅

选出 N 日以来的个期涨幅大于 $M\%$ 的期票。

参数设置见表7-6。

表7-6 阶段涨幅的参数设置

参数名	缺省值	最小值	最大值
N	24	5	100
M	20	5	100

AA:=REF(CLOSE,N);
C/AA>1+M/100;

3. 持续放量走高

连续的成交量放大同时期价攀高。

量化的结果:

连续三天,5日均量依次放大;价格步步攀高;那么,建立的模型就是连续3天 MA(VOL,5)和CLOSE保持上升,当然,我们将5日的均量指标标注的话,效果会更加明显。

AA:=MA(VOL,5)>REF(MA(VOL,5),1);
BB:=COUNT(AA,3)=3;
CC:=CLOSE>REF(CLOSE,1);
DD:=COUNT(CC,3)=3;

判断条件：
BB&&DD；

4. 突破长期整理平台

它描述了期票的价格在一定的范围内上下波动，如果有庄家主力在其中悄悄吸纳……某一天期价会一飞冲天！我们寻找各种特征，建立以下的模型："长期"，150天；"横盘"，设为期价在150日均线上下15%内波动；放量，设为比昨日成交量放大。创下150天以来的历史新高，比昨日成交量放大2倍：

V1:=MA(VOL,5)；
V2:=VOL/REF(V1,1)；

长期盘整，分别取得当天150日均价，150日最高价，150日最低价，设为期价在150日均线上下15%内波动，也即高低落在15%的幅度之内：

PZ1:=MA(CLOSE,M)；
PZ2:=HHV(HIGH,M)；
PZ3:=LLV(LOW,M)；
PZ4:=(PZ2−PZ1)/PZ1；
PZ5:=(PZ1−PZ3)/PZ1；
PZ:=REF(PZ4,1)<0.15 AND REF(PZ5,1)<0.15；

今天成为新的高位：

TP1:=HHV(HIGH,M)；
TP:=HIGH=TP1；

综合判断条件：
V2&&PZ&&TP；

5. 创下历史新低

新高和新低是投资者经常关注的变化，因为它们通常包含着一些重要的信息，尤其是历史的新高或者新低，其意义更加重要。之前在软件的函数介绍当中，屡次提到了如果HHV、LLV、MA等引用类函数的时段为0，那么该函数的计算范围是本地所有的数据，下面的例子以历史低点为计算目标。

量化的结果：

当日期价曾经到了历史的最低价之下，也就是"当天的最低价为上市以来所有交易日的最低价"。

AA:=LLV(LOW,0)；
LOW=AA；

与之相反，历史新高编写如下：

AA:=HHV(HIGH,0)；
HIGH=AA；

6. 跌破30生命线

我们先量化这个概念：收盘价线当日下穿了30日的均价线。

AA:=CLOSE；
BB:=MA(CLOSE,30)；

CROSS(BB,AA);

（五）盘中动态编写范例

技术派的拥护者秉承"盘面反映一切"的观点，相信尽管期票市场变化多端，影响期价波动的因素错综复杂，但是，这些因素对期价的影响都会通过盘面表现出来，如国家政策、经济形式、上市公司的经营状况、市场主力动向、中小散户的心理等，一切都会通过价格的波动和成交量的变化呈现出来。

1. 尾盘大单拉升

在尾盘的时间内经常出现一些出人意料的走势，让人瞠目结舌，也是主力庄家的一种做盘的手法，其具体的含义也因为不同的事件、不同的形态、不同的基本面而有不同的解释。

尾盘拉升：

尾盘是指收盘前10分钟内的成交量达到当天均量的3倍手数以上，并且拉升的幅度大于2%。

AA:=TIME>=1455;
BB:=SUM(VOL,240)/240;//当天均量
CC:=SUM(VOL,10)/10;//10分钟内的成交均量
DD:=REF(CLOSE,10);
AA&&CC/BB>3&&CLOSE/DD>1.02;

这其中的量化模型可以有很多，因人而异，如尾盘2分钟内，即14:58—15:00的时段分析行情。

2. 盘中巨单向上成交

有的时候盘中会突然出现很大很大的成交量，出现了十分明显的异动，如价位拉升了3%，甚至于直接拉涨停板的位置，如何描述这种形态呢？

分析和量化：

首先，选择合适的分析周期，既然描述的是单笔的变化，那么当然是选用分笔成交分析周期合适。

本笔和上笔的价差达到了3%以上，单笔成交量达到了2000手以上。

AA:=REF(CLOSE,10);
CLOSE/AA>1.03*VOL>2000;

3. 买卖五档寻找机会

盘口是反映市场的第一窗口，我们往往能从盘口五档行情中找到许多交易机会，例如，盘口的买方挂单量突然激增，我们就可以抓住这一机会顺势而为。

ASKVOLL:ASK1VOL+ASK2VOL+ASK3VOL+ASK4VOL+ASK5VOL;//盘口买量前五档
BIDVOLL:BID1VOL+BID2VOL+BID3VOL+BID4VOL+BID5VOL;//盘口卖量前五档
ASKVOLL*3>BIDVOLL;

(六)趋势类模型编写范例

1.均线类
(1)均线排列模型。
①关键函数:MA。
②建议使用周期:任意。
③模型说明:MA5、MA10、MA20多头排列时做多,空头排列时做空。编者以一个周期内这三条均线的大小关系为判断标准举例,也可以使用多个周期的比较来判断多/空头排列关系。

//中间变量
MA5:=MA(CLOSE,5);
MA10:=MA(CLOSE,10);
MA20:=MA(CLOSE,20);
//交易系统(条件,指令)
MA5>MA10&&MA10>MA20,BPK;//买平开
MA5<MA10&&MA10<MA20,SPK;//卖平开
//过滤函数
AUTOFILTER;

④容易犯的编写错误:

a.对于3个数的比较,大家往往习惯写成"MA5>MA10>MA20"这样,而在软件的模型编写中,目前只能在两个变量之间进行比较,也就是说,此类3个及3个以上变量连续比较需要像模型中那样拆分来写:

MA5>MA10&&MA10>MA20;

b.缺少计算函数,如求均线时,写成MA5:(CLOSE,5),而缺少了MA。

(2)均线金死叉模型。
①关键函数:MA、EMA、EMA2、CROSS。
②建议使用周期:所有K线周期。
③模型说明:短期均线上穿长期均线(金叉)做多,短期均线下穿长期均线(死叉)做空。
④参数设置见表7-7。

表7-7 均线金死叉参数设置

参数名	缺省值	最小值	最大值
N1	5	0	100
N2	30	0	100

A.简单移动平均线:
//中间变量
P1:=MA(CLOSE,N1);
P2:=MA(CLOSE,N2);

```
//交易条件
TMP1:=CROSS(P1,P2);
TMP2:=CROSS(P2,P1);
```
B.指数加权平均线:
```
//中间变量
P1:=EMA(CLOSE,N1);
P2:=EMA(CLOSE,N2);
//交易条件
TMP1:=CROSS(P1,P2);
TMP2:=CROSS(P2,P1);
```
C.线性加权平均线:
```
//中间变量
P1:=EMA2(CLOSE,N1);
P2:=EMA2(CLOSE,N2);
//交易条件
TMP1:=CROSS(P1,P2);
TMP2:=CROSS(P2,P1);
//交易系统
TMP1,BPK;//平空操作
TMP2,SPK;//平多操作
//过滤函数
AUTOFILTER;
```

注:虽然3个指标交易条件不同,但是交易系统写法相同,故此处分别列了3个指标的中间变量、交易条件,而只写一个交易系统。

(3)均线结合MACD模型。

①关键函数:EMA。

②建议使用周期:日线。

③模型说明:利用DIFF与DEA的比较和收盘价的15日指数加权与最新价的比较作为买卖依据进行交易。

```
//中间变量
DIFF:=EMA(CLOSE,12)-EMA(CLOSE,26);
DEA:=EMA(DIFF,9);
EMA15:=EMA(CLOSE,15);
//交易条件
TMP2:=DIFF>DEA&&CLOSE>EMA15;
TMP1:=DEA>DIFF&&EMA15>CLOSE;
//交易系统
TMP1,BPK;//平空操作
TMP2,SPK;//平多操作
```

//过滤函数
AUTOFILTER；
2.通道类
(1)唐奇安通道模型。
①关键函数：HHV、LLV、REF、CROSS。
②建议使用周期：日线。
③模型说明：突破前20天最高价做多，突破前20天最低价做空。
④参数设置见表7-8。

表7-8 唐奇安通道模型参数设置

参数名	缺省值	最小值	最大值
X	20	1	100

//中间变量
XH：＝REF(HHV(HIGH,X),1)；//X周期高点，X是参数，自行调整
XL：＝REF(LLV(LOW,X),1)；//X周期低点，X是参数，自行调整
//交易条件
TMP1：＝HIGH＞XH&& 开仓时间；//开多平空条件
TMP2：＝HIGH＜XL&& 开仓时间；//开空平多条件
//交易系统
TMP1,BPK；
TMP2,SPK；
//过滤函数
AUTOFILTER；
⑤容易犯的编写错误：
最高价高于前20周期最高价，应写为"HIGH＞REF(HHV(HIGH,20),1)；"，常见错误是直接写为：
HIGH＞HHV(HIGH,20)；
(2)布林通道结合阴阳K线模型。
①关键函数：STD、CROSS、ISUP、ISDOWN。
②建议使用周期：日线。
③模型说明：收盘价向上突破布林通道下轨并且当根K线收阳做多；收盘价向下突破布林通道上轨并且当根K线收阴做空。
④参数设置见表7-9。

表7-9 布林通道结合阴阳K线模型参数设置

参数名	缺省值	最小值	最大值
N	26	1	100
M	26	1	100

//中间变量
MID:=MA(CLOSE,N);
TMP2:=STD(CLOSE,M);
TOP:=MID+2*TMP2;
BOTTOM:=MID-2*TMP2;
//交易条件
TMP1:=CROSS(CLOSE,BOTTOM)&&ISUP;//平空开多条件
TMP2:=CROSS(TOP,CLOSE)&&ISDOWN;//平多开空条件
//交易系统
TMP1,BPK;
TMP2,SPK;
//过滤函数
AUTOFILTER;

（七）震荡类模型编写范例

1. 主动买和主动卖模型

①关键函数：CROSS,VALUEWHEN,TIME。

②模型说明：现价大于当日开盘价并且主动买大于主动卖时买平仓；现价小于开盘价并且主动卖大于主动买时卖平仓。

③建议使用周期：分钟线。

//中间变量
AA:=SCALE*VOL;//主动买
BB:=(1-SCALE)*VOL;//主动卖
//交易条件
TMP1:=CLOSE>OPEN&&CROSS(ZB,ZS)&&AA>BB;
TMP2:=CLOSE<OPEN&&CROSS(ZS,ZB)&&AA<BB;
//交易系统
TMP1,BPK;
TMP2,SPK;
//过滤函数
AUTOFILTER;

2. 变动速率(ROC)与价格趋势变动背离模型

①关键函数：REF,CROSS,MA,HHV。

②建议使用周期：所有K线周期。

③模型说明：价格创新高,ROC未配合上升,显示上涨动力减弱；价格创新低,ROC未配合下降,显示下跌动力减弱。

④参数设置见表7-10。

表 7-10 ROC与价格趋势变动背离模型参数设置

参数名	缺省值	最小值	最大值
N	24	5	100
M	20	5	100

//中间变量
ROC:=(CLOSE-REF(CLOSE,N))/REF(CLOSE,N)*100；
ROCMA:=MA(ROC,M)；
//交易条件
TMP1:=C>REF(HHV(C,N1),1)&&ROC<ROCMA；
TMP2:=C<REF(LLV(C,N1),1)&&ROC>ROCMA；
//交易系统
TMP1,BPK；
TMP2,SPK；
//过滤函数
AUTOFILTER；

3. 三减六日乖离模型

①关键函数：REF，MA，HHV，LLV。
②使用周期：所有 K 线周期。
③模型说明：乖离值为正数且未能突破前期高值时，卖出；反之，买进。
④参数设置见表 7-11。

表 7-11 三减六日乖离模型参数设置

参数名	缺省值	最小值	最大值
N	24	5	100

//中间变量
B36:=MA(CLOSE,3)-MA(CLOSE,6)；
B612:=MA(CLOSE,6)-MA(CLOSE,12)；
//交易条件
TMP1:=REF(B36>REF(HHV(B36,N),1),1)&&B36<REF(B36,1)；
TMP2:REF(B36<REF(LLV(B36,N),1),1)&&B36>REF(B36,1)；
//交易系统
TMP1,BPK；
TMP2,SPK；
//过滤函数
AUTOFILTER；

（八）常见模型公式编写问题

1. 正向思考编写条件

编写时易掉入逻辑思维的陷阱。在考虑模型条件时，不需要考虑什么条件下不进行交易，而应正向去考虑一定要达到何种条件时才会进行交易，这样在编写语句的时候，只需将要求的各个条件逐个罗列出来，然后使用操作符连接即可。

例如，均线与 MACD 结合编写模型时，要求均线金叉时，MACD 数值不得为负值，那么正向考虑，均线金叉时 MACD 的数值应该大于等于 0，直接编写为：

MACD>0ANDCROSS(MA5,MA30);

2. 明确 AND 与 OR 的关系

AND 与 OR 关系书写不完整、不明确，使得语句执行的结果不实际，与想要表达的内容不符。

例如，MACD 数值为正时，5 日线金叉 10 日线或者 10 日线金叉 30 日线时进行交易的条件语句不可直接写作：

MACD>0ANDCROSS(MA5,MA10)ORCROSS(MA10,MA30);

而应该使用括号将后面的均线条件括起来：

MACD>0AND(CROSS(MA5,MA10)ORCROSS(MA10,MA30));

注：不要吝啬使用( )，只有准确书写了语句才能达到想要的结果。

3. 进行日内交易时注意时间函数的使用

不仅平仓条件需要使用时间函数进行控制，开仓条件也需要使用时间函数来进行控制。另外，如果采用了当前 K 线走完后发出交易指令的交易策略，更加要注意时间轴刻度与语句执行时间的关系，如：

MAN:=MA(CLOSE,15);
TMP1:=TIME>=0915&&TIME<1455&&CLOSE>MAN;
BMP1:=TIME>=1455||CLOSE<MAN;
TMP2:=TIME>=0900&&TIME<1455&&CLOSE<MAN;
BMP2:=TIME>=1455||CLOSE>MAN;
BMP1,BP;//交易系统之平空操作
TMP1,BK;//交易系统之开多操作
BMP2,SP;//交易系统之平多操作
TMP2,SK;//交易系统之开空操作

说明：5 分钟周期，09:15 之后进行日内交易，14:55 进行平仓，不仅需要在平仓条件中写入时间"1455"，还需要写入开仓条件，否则可能会在 14:55 平仓后，继续开仓进行交易。另外，如果策略为 K 线走完发出交易指令，该机制是出现指令的下一根 K 线开盘时发委托，由于尾盘平仓是在 14:55，这是最后一根 K 线，所以当天不会发指令，而是在明天第一根 K 线开盘时发委托，一定要注意掌握使用。

4. 编写设置委托价格形式

软件的信号价格设置，通过模型的编写来实现。

（1）未编写委托价格函数，模组默认为对价委托。

(2)委托价格函数:SETSIGPRICETYPE(SIG,PRICE),不同的信号设置不同的委托方式。

SIG 位置为交易指令,包括 BK\SK\BP\SP\BPK\SPK\CLOSEOUT 所有指令。
PRICE 位置为委托方式,包括以下 10 种:
①NEW_ORDER 最新价;
②PASSIVE_ORDER 排队价;
③ACTIVE_ORDER 对价;
④TRACING_ORDER 自动连续追价;
⑤CMPETITV_ORDER 超价;
⑥LIMIT_ORDER 市价;
⑦SIGPRICE_ORDER 指令价;
⑧SIGIMPROVED_ORDER 指令超价;
⑨CANCEL_ORDER 自动撤单(自动撤单参数在交易界面→参数设置→自动撤单中进行设置);
⑩指定价,可以为具体的数值,也可以为表达式,支持如下的写法。

A:HHV(H,3);//定义 A 为 3 个周期内的最高价
SETSIGPRICETYPE(BK,A);//BK 信号按照 3 个周期的最高价委托
例:
C>HV(H,20),BK;//价格大于前 20 周期高点买开仓
C<LV(L,20),SK;//价格小于前 20 周期低点卖开仓
C>HV(H,10),BP;//价格大于前 10 周期高点平空仓
C<LV(L,10),SP;//价格小于前 10 周期低点平多仓
SETSIGPRICETYPE(BK,SIGPRICE_ORDER);//买开的委托以指令价委托
SETSIGPRICETYPE(SK,SIGPRICE_ORDER);//卖开的委托以指令价委托
SETSIGPRICETYPE(BP,TRACING_ORDER);//买平的委托以自动连续追价委托
SETSIGPRICETYPE(SP,TRACING_ORDER);//卖平的委托以自动连续追价委托
AUTOFILTER;

(3)一种指令只能设置一种价格方式,如分组指令 BK("A")、BK("B")都只能统一对 BK 设置一种价格方式。

(4)该函数可以用于模组运行,也可以用于页面盒子运行(仅对全自动下单的页面盒子有效)。

5.编写设置模型运行方式

使用"SETMODRUNTYPE(N);"可以设置模型运行方式。
①N=0,按模型中编写的信号执行方式出信号并下单。
②N=1,按模型中编写的信号执行方式出信号,由算法交易运行池中的模型来控制(相当于以前的设置信号执行方式后绑定组件)。
③N=2,由算法交易运行池中的模型接管所有信号,控制出信号和下单(相当于以前的组件接管所有信号)。

四、复杂模型编写示例

(一)跨指标模型

模型中跨指标,是将多个指标交易思想结合在一起进行看盘断势。

关键操作符"．."(独立坐标方式显示线型):在编写跨指标模型前,我们先来深入了解一个操作符"．."。

当我们需要把多种条件放在一起进行判断时,会遇到这样一个问题:由于每个变量计算结果差异较大,因此当加载到主图时线型会被压缩,如图 7-12 所示。

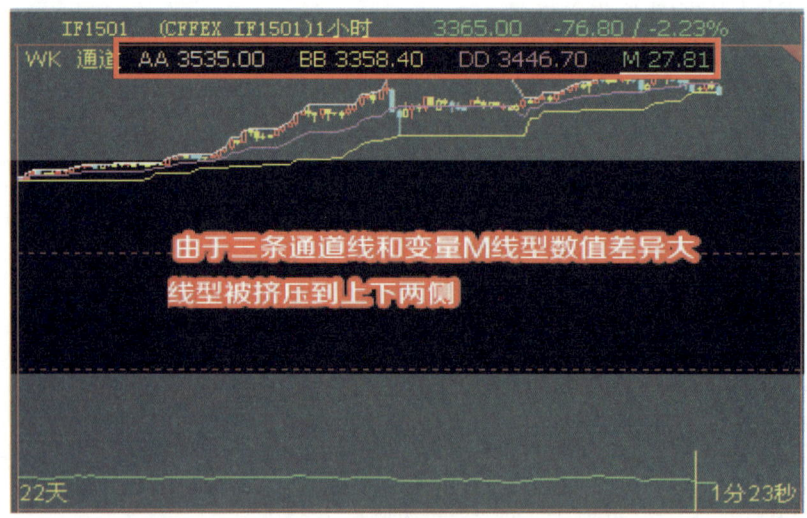

图 7-12　线型被压缩

RSV:=(CLOSE−LLV(LOW,9))/(HHV(HIGH,9)−LLV(LOW,9))*100;
AA:HHV(H,20);
BB:LLV(L,20);
DD:(AA+BB)/2;
M:SMA(RSV,3,1);

这种情况,我们就需要使用"．."操作符来定义变量,用"．."操作符定义的变量,线型会被显示出来,并且各线型之间坐标相互独立,不会发生挤压的情况,如图 7-13 所示。

RSV:=(CLOSE−LLV(LOW,9))/(HHV(HIGH,9)−LLV(LOW,9))*100;
AA:HHV(H,20);
BB:LLV(L,20);
DD:(AA+BB)/2;
M..SMA(RSV,3,1);

趋势判断与精细分析相结合范例:

关键函数——CROSSUP,CROSSDOWN。

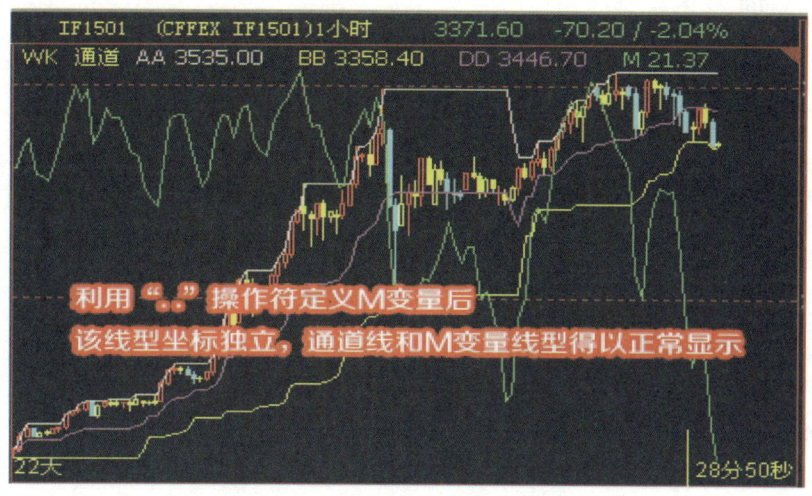

图 7-13 使用操作符".."定义变量

建议使用周期——各周期。

模型说明——利用跨指标模型,可以将趋势判断模型和摆动分析模型结合起来,用趋势模型判断方向,用摆动模型找入场点,从而达到趋势判断与精细分析相结合的目的。

1. 确定要整合的指标

①MA 均线模型:

MA5:MA(C,5);

MA10:MA(C,10);

CROSSUP(MA5,MA10),BK;//MA5 上穿 A10,买入

CROSSDOWN(MA5,MA10),SP;//MA5 下穿 MA10,卖出

②MACD 模型:

DIFF:EMA(CLOSE,SHORT)−EMA(CLOSE,LONG);

DEA:EMA(DIFF,M);

2*(DIFF−DEA),COLORSTICK;

CROSS(DIFF,DEA),BK;//DIFF 上穿 DEA,买入

CROSS(DEA,DIFF),SP;//DIFF 下穿 DEA,卖出

2. 整合两指标变量和交易条件,完成跨指标模型编写

//中间变量

MA5:=MA(C,5);

MA10:=MA(C,10);

DIFF:=EMA(CLOSE,SHORT)−EMA(CLOSE,LONG);

DEA:=EMA(DIFF,M);

//交易条件+交易系统

MA5>MA10&&CROSSUP(DIFF,DEA),BK;//5 日均线大于 10 日均线并且 MACD 金叉买入

MA5<MA10&&CROSSDOWN(DIFF,DEA),SP;//10 日均线大于 5 日均线并且

MACD 死叉卖出

AUTOFILTER；

(二)跨周期模型

关键函数：♯IMPORT。

函数语法：

♯IMPORT[PERIOD,N,FORMULA]ASVAR

A1:VAR.A；

PERIOD 需要被引用的 K 线周期级别；

N 被引用的具体 K 线周期；

FORMULA 被引用的指标(模型)名称；

VAR 给被引用指标起一个新名字；

引用其他周期 FORMULA 指标中的变量 A。

注意，PERIOD 支持如下周期级别：SEC(秒周期)，MIN(分钟周期)，HOUR(小时周期)，DAY(日周期)，WEEK(一周)，MONTH(一月)，QUARTER(一季度)，YEAR(一年)；N 为大于等于 1 的整数，支持自定义周期。

FORMULA 被引用指标名称不能包含汉字和符号；VAR 定义变量名不能与函数名重复，可以和被引用指标名称相同；♯IMPORT 函数是没有分号结尾的。

运行原理：

跨周期函数每笔数据都会运行一次，因此所引用的数据跟随实时行情变动，这种计算方式不存在任何未来函数性质，是真正意义上的跨周期引用，更准确(图 7-14)。

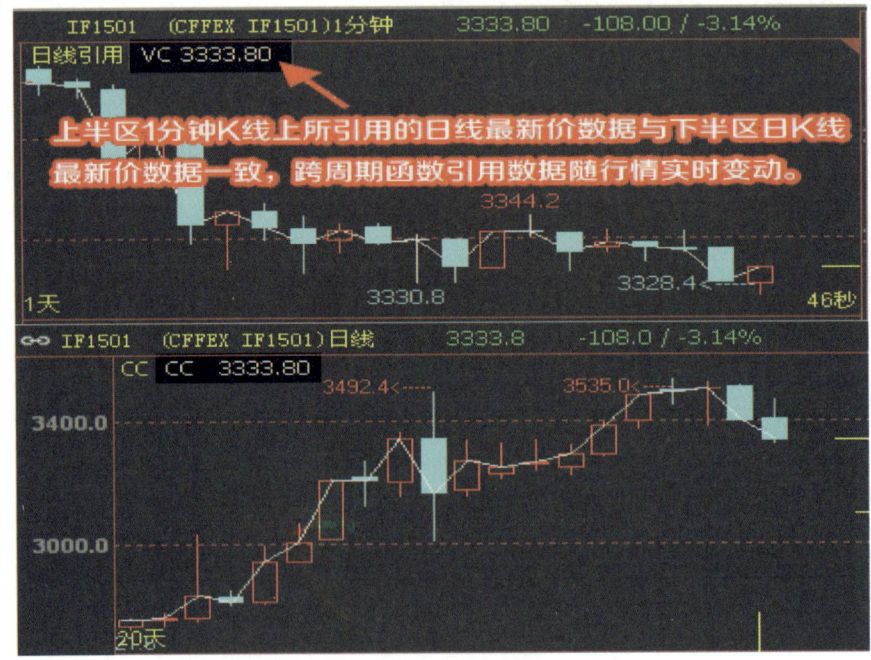

图 7-14　跨周期引用数据

1. 在 5 分钟周期引用昨天日 K 线的收盘价编写范例

模型说明:跨周期模型从编写到加载共需要 3 步,首先要建立要引用的指标,再次要建立跨周期模型,最后要将模型加载到应用的周期上。

//step1:建立指标 A

CC:REF(C,1);

//step2:建立指标 B

♯IMPORT[DAY,1,A]ASA1

C1:A1.CC;

//step3:将指标 B 应用到 5 分钟 K 线图

2. 多周期共振判断行情编写范例

模型说明:1 小时周期均线多头排列,5 分钟 KD 指标金叉,做多;1 小时周期均线空头排列,5 分钟 KD 指标死叉,做空。

//Step1:编写被引用的均线指标 MM

M1:MA(C,5);

M2:MA(C,10);

M3:MA(C,20);

//Step2:新建模型 DKMA

♯IMPORT[HOUR,1,MM]ASMM

MA1:MM.M1;

MA2:MM.M2;

MA3:MM.M3;//调用 1 小时 K 线周期的均线指标

RSV:=(CLOSE−LLV(LOW,9))/(HHV(HIGH,9)−LLV(LOW,9))*100;

K:=SMA(RSV,3,1);

D:=SMA(K,3,1);//增加 5 分钟周期的 KD 指标

MA1>MA2&&MA2>MA3&&CROSS(K,D),BPK;

MA1<MA2&&MA2<MA3&&CROSS(D,K),SPK;

AUTOFILTER;//编写开平仓条件

3. 跨合约引用数据编写范例

①关键函数:♯CALL。

②函数语法:

♯CALL[CODE,FORMULA]ASVAR

A1:VAR.A;

CODE 被引用合约文华码;

FORMULA 被引用指标(模型)名称。

注意,♯CALL 函数也是没有分号结尾的!

③模型说明:当文华 CCI 价格破 20 日新高,主力合约均线金叉,做多;当文华 CCI 价格破 20 日新低,主力合约均线死叉,做空。

//Step1:新建突破指标 HL

HH:C>HV(HIGH,20);

LL:C<LV(LOW,20);
//Step2:新建模型 HLMA
MA5:MA(C,5);
MA10:MA(C,10);
#CALL[7186,HL]ASHL1
H1:=HL1.HH;
L1:=HL1.LL;
H1&&CROSSUP(MA5,MA10),BPK;
L1&&CROSSDOWN(MA5,MA10),SPK;
AUTOFILTER;

（三）分组指令

传统模型编写平仓条件没有对不同的开仓条件加以区分。分组指令可以将开平仓条件分成 n 个组，某个组的条件开的仓位只有具有某个组对应的平仓条件才能平仓，其他组的平仓条件满足不会出信号，也就不会委托。

1.过滤模型分组指令编写

①关键函数：BK('A')，SK('A')，SP('A')，BP('A')。

②建议使用周期：所有 K 线周期。

③模型说明：不同的开仓条件想以不同的平仓条件来平仓，可以使用指令分组来实现，范例如图 7-15 所示。

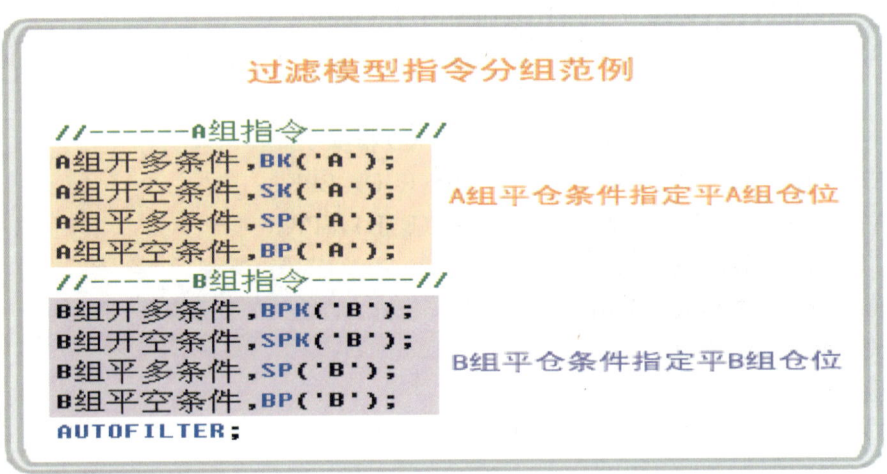

图 7-15　过滤模型指令分组范例

2.非过滤模型分组指令编写

①关键函数：BK('A')，SK('A')，SP('A')，BP('A')。

②建议使用周期：所有 K 线周期。

③模型说明：首次入场策略与加仓策略不同，想以不同的止损平仓策略来平仓，可以使用指令分组来实现，范例如图 7-16 所示。

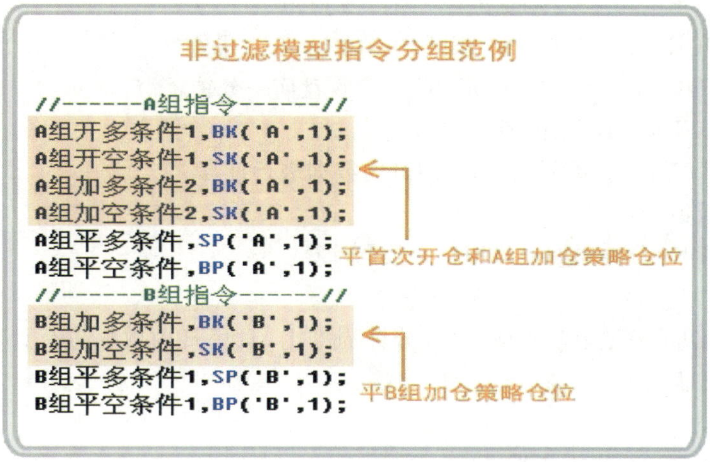

图 7-16 非过滤模型指令分组范例

3.需要注意的地方

(1)过滤模型：

如果上一根 K 线信号是组 A 发出的开仓信号(bkskbpkspk)，则当前 K 线只能是组 A 的平仓信号；如果上一根 K 线信号是组 A 发出的平仓信号(bpsp)，则当前 K 线可以是任意组的开仓信号(以信号出现的顺序取第一个开仓信号)。

注意，不分组的平仓条件只能平不分组的开仓条件。

(2)非过滤模型：

如果上一个信号为组 A 发出的开仓信号，则下一信号必须为组 A 的加仓信号或平仓信号；如果上一个信号为组 A 的平仓信号并且组 A 持仓为 0，则下一信号可以为任意组的开仓信号；如果 A 组持仓大于 0，则下一信号必须为 A 组的开仓信号或平仓信号。

注意，不分组的平仓条件只能平不分组的开仓条件。

(四)日内模型

1.今天信号不受前日影响

①关键函数：DAYTRADE1。

②建议使用周期：分钟周期。

③模型说明：当我们做日内周期，只想以当日数据来运行模型，并且希望昨日的信号和今天的信号间相互独立，这时就需要用到 DAYTRADE1 函数。

④策略举例：5 周期均线上穿 10 周期均线，买开仓，5 周期均线下穿 10 周期均线，卖开仓；亏 10 个点止损，收盘前 1 分钟清仓，只用日内数据进行计算。

//中间变量
MA5~MA(C,5);
MA10~MA(C,10);
//交易条件＋交易系统
CROSSUP(MA5,MA10),BK;//5 周期均线上穿 10 周期均线，买开仓
CROSSDOWN(MA5,MA10),SK;//5 周期均线下穿 10 周期均线，卖开仓

C＜BKPRICE－10＊MINPRICE,SP;//亏损10点平多
C＞SKPRICE＋10＊MINPRICE,BP;//亏损10点平空
CLOSEMINUTE＜＝1,CLOSEOUT;//收盘前一分钟,清仓。
AUTOFILTER;//过滤模型
DAYTRADE1;//分钟周期上,只用日内数据进行计算

⑤关键函数说明:

DAYTRADE1 分钟周期上只用日内数据计算。

⑥用法:

DAYTRADE1 模型中写入该函数,分钟周期上,只用日内数据进行计算,以避免行情跳空导致指标数据失真。

⑦注意事项:

a. 该函数适用日线以下周期。

b. 不同函数对当天数据的引用不同,使用时需注意函数用法,如 MA(X,N)函数 N 的取值:当天如果 K 线小于 N 根,则返回空值。如果 K 线大于等于 N 根,则取 N。HHV(X,N)函数 N 的取值:当天如果 K 线小于 N 根,则返回实际根数,如果 K 线大于等于 N 根,则取 N。

2. 开盘价突破模型

①关键函数:REF,VALUEWHEN,TIME,CROSS,DATE。

②建议使用周期:5 分钟。

③模型说明:以五分钟周期开盘第一根 K 线的收盘价与当日开盘价的比较及最新价和当日开盘价的比较作为买卖依据进行交易,尾盘平仓不留隔夜单。

```
//中间变量
A:=VALUEWHEN(TIME=0905,CLOSE);
B:=VALUEWHEN(DATE<>REF(DATE,1),OPEN);
//交易条件
TMK1:=A<B&&CROSS(CLOSE,B)&&TIME<1450;
TMP1:=(A>B&&CROSS(B,CLOSE))||TIME>=1450;
TMK2:=A>B&&CROSS(B,CLOSE)&&TIME<1450;
TMP2:=(A<B&&CROSS(CLOSE,B))||TIME>=1450;
//交易系统
TMK1,BK;
TMP1,SP;
TMK2,SK;
TMP2,BP;
//过滤函数
AUTOFILTER;
```

④容易犯的编写错误:

a. 所选周期与所用模型时间不统一。如 5 分钟周期最小能取到的时间点就是 5 分钟,如 1455、1450、1445 这样,所以其最后一根 K 线是 1455 这根。而如果使用的是 3 分钟周

期,那么 1455 就不是最后一根 K 线了,因为 3 分钟周期上所能取到的时间点为每 3 分钟,如 1454、1457,那么就需要做出相应修改,如平空条件": =TIME=1455;"就需要修改为平空条件": =TIME=1457;"。

b. 开仓漏写时间控制。进行日内交易时注意时间函数的使用,不仅平仓条件中需要使用时间函数控制,有时开仓条件也需要使用时间函数来进行控制。

例如上面的模型,14:50 进行平仓,不仅需要在平仓条件中写入时间 1450,还需要写入开仓条件,否则可能会在 1450 平仓后,继续开仓进行交易。

c. 使用这种 VALUEWHEN(TIME=AA,DATA)格式的交易模型,一定要注意限制开仓时间在时间 AA 之后,否则在开盘到 AA 之前,对比的是昨日的 DATA 值。

3. 开盘后前 30 分钟最高最低价突破模型

①关键函数:REF,VALUEWHEN,TIME,DATE,HHV,LLV,BARSLAST。

②建议使用周期:5 分钟。

③模型说明:以最新价与开盘 30 分钟内的最高最低价进行比较开仓,在收盘前平仓。

//中间变量

NN:=BARSLAST(DATE<>REF(DATE,1))+1;

B:=VALUEWHEN(TIME<=0930,HHV(HIGH,NN));

D:=VALUEWHEN(TIME<=0930,LLV(LOW,NN));

//交易条件

TMK1:=CLOSE>B&&TIME<1455&&TIME>0930;

TMP1:=TIME=1455;

TMK2:=CLOSE<D&&TIME<1455&&TIME>0930;

TMP2:=TIME=1455;

//交易系统

TMK1,BK;

TMP1,SP;

TMK2,SK;

TMP2,BP;

//过滤函数

AUTOFILTER;

4. 单均线模型

①关键函数:MA,TIME。

②使用周期:1 分钟 K 线。

③模型说明:开盘后 15 分钟再根据均线与收盘价之间的关系进行日内买卖,尾盘平仓。

//中间变量

MA15:=MA(CLOSE,15);

//交易条件

TMK1:=TIME>=0915&&TIME<1455&&CLOSE>MA15&&BARSLAST(CROSS(CLOSE,MA15))>=3;

TMP1:=TIME>=1455||(CLOSE<MA15&&BARSLAST(CROSS(MA15,

CLOSE))>=3);

　　TMK2:=TIME>=0900&&TIME<1455&&CLOSE<MA15&&BARSLAST(CROSS(MA15,CLOSE))>=3;

　　TMP2:=TIME>=1455||(CLOSE>MA15&&BARSLAST(CROSS(CLOSE,MA15))>=3);

//交易系统
TMK1,BK;
TMP1,SP;
TMK2,SK;
TMP2,BP;
//过滤函数
AUTOFILTER;

注:加入BARSLAST函数过滤,避免短时间段内频繁交易。

（五）TICK模型

在学习TICK模型编写之前,我们先了解一些盘口的概念。
(1)主动买:买开、卖平。
(2)主动卖:卖开、买平。
(3)增仓:持仓量的增减。
(4)现手:成交量。
(5)价格和数量反映了目前多空双方达成一致的均衡:
①价格不变化或者变化很小,市场正处于横盘小幅震荡的走势——交易不活跃。
②价格在很大范围内上下变化,市场正处于剧烈震荡中——交易不活跃。
③价格不断升高,上涨行情,反之下跌行情——交易活跃。
④价格变化缓慢,缺乏动力——交易不活跃。
⑤价格不断跳动,有走出趋势行情的动力——交易活跃。
⑥价格迅速跳动,价格均速变大,价位连续——稳健趋势行情的特征,后期可能加速。
⑦价格迅速跳动,变化不连续,呈跳跃性——放量突破的行情。
…………

TICK模型需要使用一类特殊函数来编写,这类函数叫作TICK函数(图7-17)。
(6)TICK趋势模型编写。
①关键函数:BKPRICE,ISLASTBK,MONEYTOT,SKVOL。
②使用周期:TICK周期。
③模型说明:价格一直上行于10周期均线之上并且大于20周期的最高价,做多;反之做空;0.8个点位的限价止损,盈利保持40个周期出场。

//中间变量
M:=30;
J:MA(C,M);
//交易条件

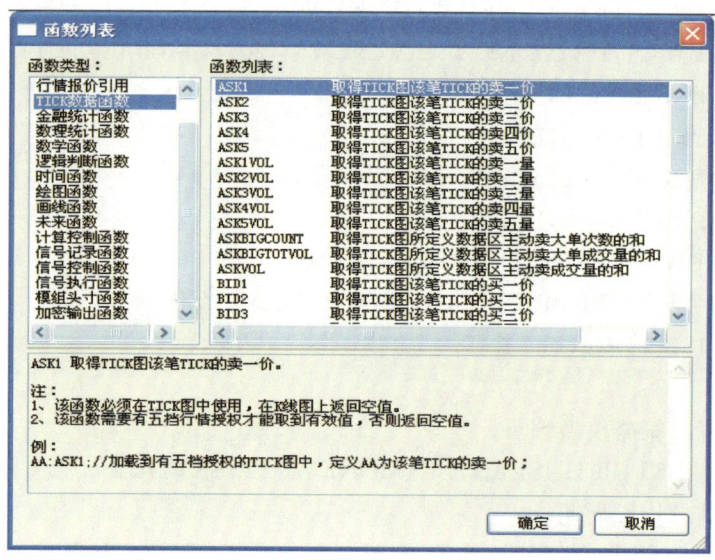

图 7-17　使用 TICK 函数编写 TICK 模型

TMK1:EVERY(NEW>J,10)&&NEW>HV(NEW>,20)&&TIME<151450;
TMK2:EVERY(NEW<J,10)&&NEW>LV(NEW>,20)&&TIME<151450;
TMP1:NEW>BKPRICE+0.8;
TMP2:NEW<SKPRICE-0.8;
TMP3:NEW<BKPRICE-0.8;
TMP4:NEW>SKPRICE+0.8;
TMP5:EVERY(NEW>=SKPRICE,40)&&BARSSK>40;
TMP6:EVERY(NEW<=BKPRICE,40)&&BARSBK>40;
//交易系统
TMK1,BK;
TMK2,SK;
TMP1,SP;
TMP2,BP;
TMP3,SP;
TMP4,BP;
TMP5,BP;
TMP6,SP;
TIME>=151450,CLOSEOUT;
//过滤函数
AUTOFILTER;
当我们编写熟练时,可以将交易条件和交易系统合并,那么模型就可以写成这样:
M:=30;
J:MA(NEW>,M);

```
EVERY(NEW>J,10)&&NEW>HV(NEW>,20)&&TIME<151450,BK;
EVERY(NEW<J,10)&&NEW<LV(NEW>,20)&&TIME<151450,SK;
NEW>BKPRICE+0.8,SP;
NEW<SKPRICE-0.8,BP;
NEW<BKPRICE-0.8,SP;
NEW>SKPRICE+0.8,BP;
EVERY(NEW>=SKPRICE,40)&&BARSSK>40,BP;
EVERY(NEW<=BKPRICE,40)&&BARSBK>40,SP;
TIME>=151450,CLOSEOUT;
AUTOFILTER;
```

(7) TICK 盘口策略模型编写。

① 关键函数:BKPRICE,ISLASTBK,MONEYTOT,SKVOL。

② 使用周期:TICK 周期。

③ 模型说明:调用 10 笔 TICK 数据,通过判断盘口买卖量之间的差异决定交易时机。

```
DEF_TICKDATA(1,10);
SETBIGVOL(50);
SHE:=ASKBIGCOUNT;
BHE:=BIDBIGCOUNT;
SHE>=4&&RISING(10)=1,SK;
BHE>=4&&RISING(10)=0,BK;
NEW>=BKPRICE-4*MINPRICE,SP;
NEW>=SKPRICE+4*MINPRICE,BP;
NEW>=BKPRICE+4*MINPRICE,SP;
NEW<=SKPRICE-4*MINPRICE,BP;
AUTOFILTER;
```

(六)止损模型

在设计策略的时候,我们可能会想到为模型加入止损止盈语句,但是简单的限价止损是不是足够支持我们的交易呢?

下结论之前,先思考一个问题:

如果还没达到穿越平仓条件,趋势已经反转,能否立即止损减少损失?

如果盈利,能否最大化盈利,让平仓位置跟随行情走高而提高?

很显然,当趋势已经反转时,即使穿越平仓条件还没有满足也应该立即止损以减少损失,这是止损的规律。而盈利最大化当然是我们所希望的,是不是有方法实现呢?答案是肯定的,我们可以利用追踪止盈来实现盈利的最大化。

1. 限价止损、限价止盈原理

传统止损止盈方式,以固定价差做止损止盈。

2. 跟踪止损原理

这是一种动态止损方法,止损价位会随着盈利的增加而变化,这种方法可以最大限度实现"让盈利奔跑"。做多开仓,设置跟踪止损后的最高价每上涨一个价位,止损平仓价就跟着上涨一个价位,当价格从最高价回撤至设置的止损价差时,触发止损。图7-18为做多跟踪止损示意图,做空则相反。

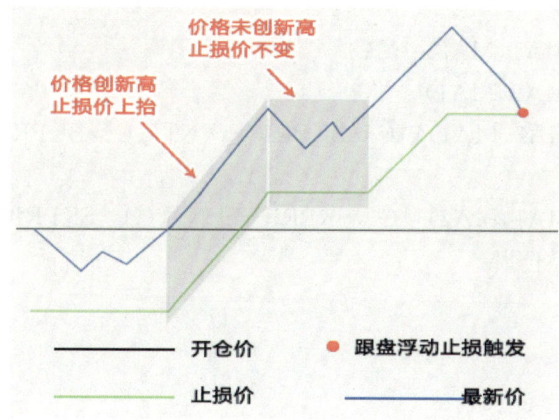

图7-18　做多跟踪止损示意图

最高价:此最高价是从设置止损后开始记录的,不一定是开仓后的最高价。

3. 保本策略原理

做多开仓后,在"开仓均价+设置的保本价差"位置产生了一条保本线,最新价超过设置的保本止损线后,再回落到这个保本止损线时才触发止损。这是一种现代人的止损思想——盈利状态下止损,目的是保住赚到的利润,文华软件中通常称之为"保本"。图7-19为做多保本止损示意图,做空则相反。

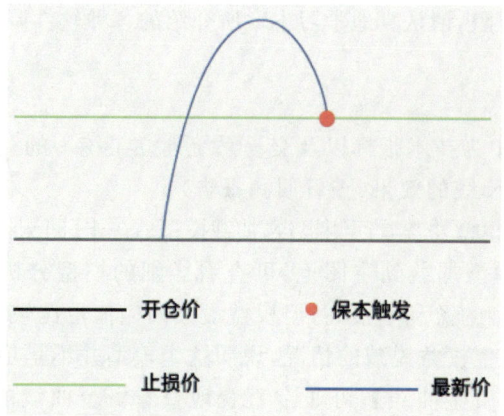

图7-19　做多保本止损示意图

4. 双重均线系统模型编写范例

①关键函数:BKPRICE,BKHIGH。

②建议使用周期:所有K线周期。

③模型说明:当100日均线穿越350日均线的时候买入或卖出,限价止损+追踪止盈。

```
//中间变量
MA1:MA(C,100);
MA2:MA(C,350);//定义双重均线
//交易条件
TMK1:CROSS(MA1,MA2);
TMK2:CROSS(MA2,MA1);
TMP1:CROSS(MA2,MA1)||C<BKPRICE-N||(C>BKPRICE&&C<BKHIGH-M);
TMP2:CROSS(MA1,MA2)||C>SKPRICE+N||(C<SKPRICE&&C>SKLOW+M);//限价止损+回撤止损
//交易系统
TMK1,BK;
TMK2,SK;
TMP1,SP;
TMP2,BP;
//过滤函数
AUTOFILTER;
```

五、模型的回测

作为专业为程序化投资者服务的一款软件,仅仅只提供强大的量化语言支持是不够的,随着用户的经验增长以及对量化的功能要求越来越多,量化的编写难度将变得越来越大。为了使量化之路更加的畅通无阻,请认真地学习本章所介绍的各种软件调试技巧和模型回测方法。

(一)模型回测

在程序化交易软件中为技术指标以及交易系统建立了统一的测试平台。

1.测试模型在历史 K 线的效果(查看回测报告)

如图 7-20 所示,加载模型并查看回测报告,加载模型后单击【回测报告】按钮查看报告。

如图 7-20 所示:将模型加载到主图上,可查看详细的模型分析报告,360 度检验模型。报告中红框位置显示模型的盈利率很高,但权益最大回撤值也比较大,这样的模型虽然收益高,但在实盘中可能会发生权益锐减的情况,说明这个模型并不是稳健型模型。

单击图 7-21③处的【资金曲线】,可非常直观地查看资金曲线的变化情况,从而检查模型的效果是否符合我们的预期要求。

2.了解模型(查看模型交易明细)

资金最大回撤发生在哪一根 K 线?出现资金最大回撤时的几笔交易的盈亏分别是多少?模型测试的每笔交易的时间和价格具体是多少?这一系列问题都可在【交易明细】中找到答案。交易明细以表格的形式给出了模型完整的成交明细,让我们深度了解模型。

如图 7-22 红框位置所示:通过【交易明细】按钮,查看详细的效果测试成交明细。

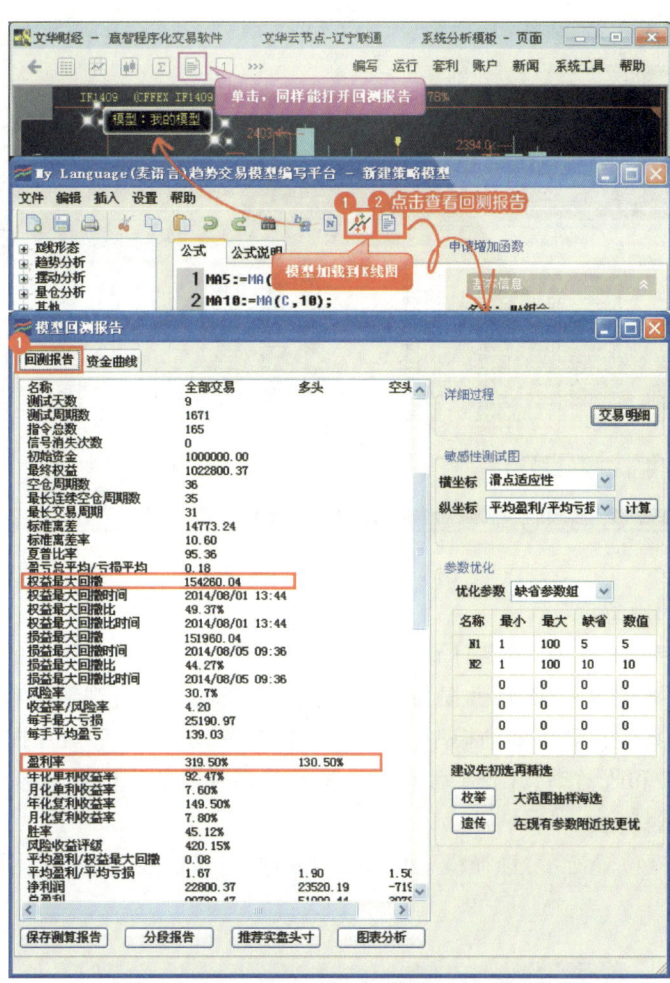

图 7-20 加载模型并查看回测报告

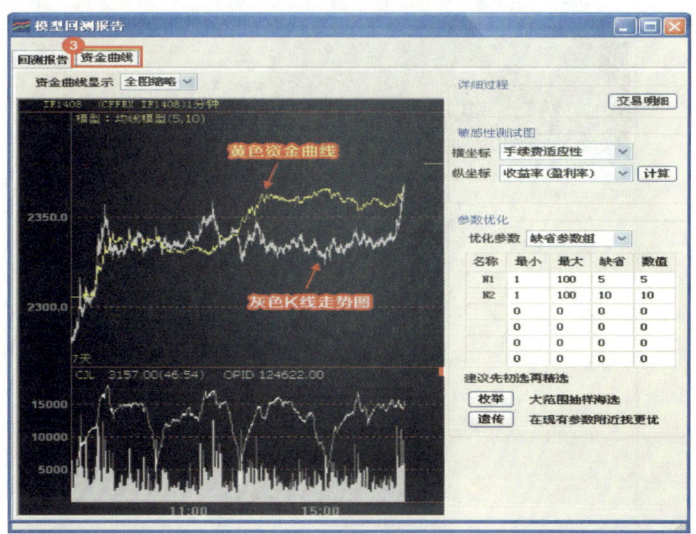

图 7-21 查看资金曲线

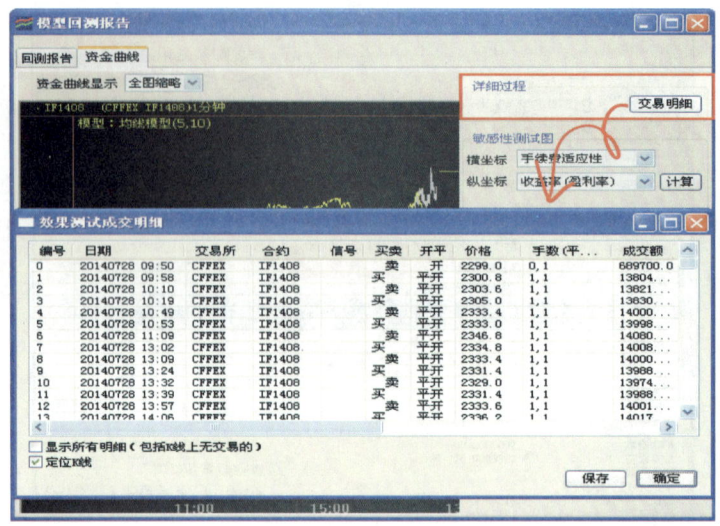

图 7-22　查看交易明细

3. 测试模型的敏感度

两个盈亏比相同的模型,滑点对盈亏比影响小的那一个,显然是更优的模型。而敏感性测试图能以滑点、平均盈利/平均亏损为横、纵坐标,用线的形式直观显示出滑点变化对平均盈亏的影响,帮助我们找到更好的模型。除了以滑点、平均盈利/平均亏损为横、纵坐标外,还可显示以手续费和收益率、开仓手数和平仓盈亏等多种参数为横纵坐标的测试图,从各个方面测试模型的敏感度。

如图 7-23 红框位置所示:选择横坐标和纵坐标要考量的变量后,单击【计算】按钮查看敏感性测试图。

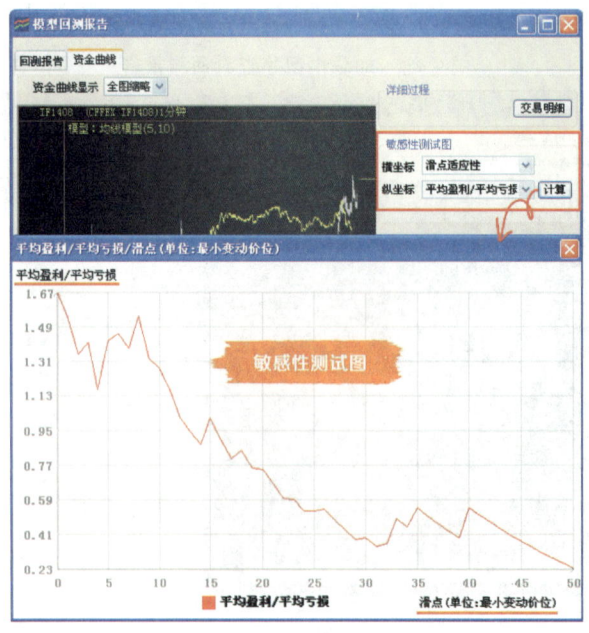

图 7-23　查看敏感性测试图

(二)参数优化

当指标中有多个参数时,可以使用优化功能对指标中的参数进行配对及排列组合,进而帮助选出最佳参数组合并运用到测试和交易中去。

我们会发现,在一段时间内表现很好的模型,过了一段时间就好像失效了一样,这种情况可能是由模型参数不再适应当前市场行情引起的,我们需要统计历史数据,寻找新的最优参数,但单凭人工计算几乎是不可能的。利用"参数优化"功能,可在指定的范围内让计算机筛选出最适合当前行情的参数。

如图7-24所示:通过①【枚举】按钮,进行大范围海选抽样;通过②【遗传】按钮,在已经筛选出的优质参数附近寻找更优的参数。

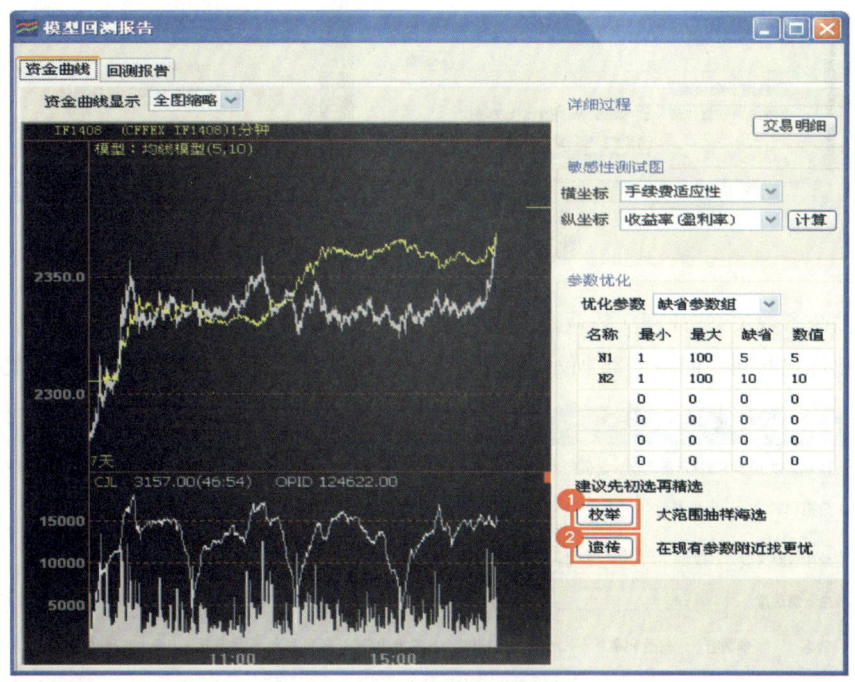

图 7-24 海选抽样和寻找更优

参数优化的操作步骤:

(1)图 7-25 所示是进行枚举的操作步骤。

设置参数关系,减少参数优化时间:有些模型各个参数间有严格的逻辑管理,以下面的模型为例。

MA5:MA(C,N1);
MA10:MA(C,N2);
CROSSUP(MA5,MA10),BPK;
CROSSDOWN(MA5,MA10),SPK;
AUTOFILTER;

模型中的两个变量必然遵循一大一小规则,对这样的模型,我们可以首先为它们设置参数关系,如 N1<N2,这样在优化时,所有比 N2 大的 N1 值都不用参加计算,运算量可以减少 1/2。这

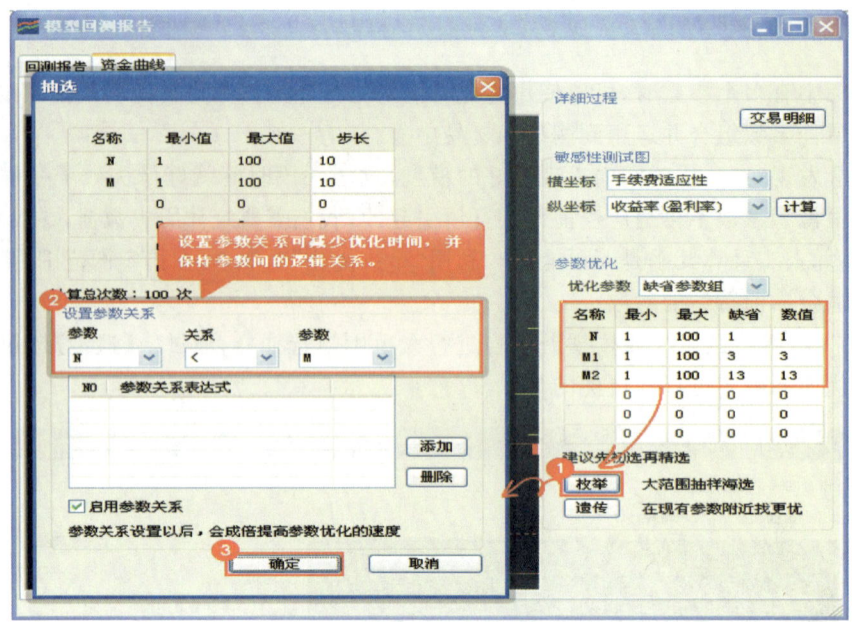

图 7-25 进行枚举的操作步骤

样每配置 1 个参数关系,计算次数就减少一半;配置 4 个,就减少到原来的 1/16。以此类推,有效减少了参数优化时间。如图 7-26 所示,软件正在进行枚举参数优化,筛选最优参数配置。

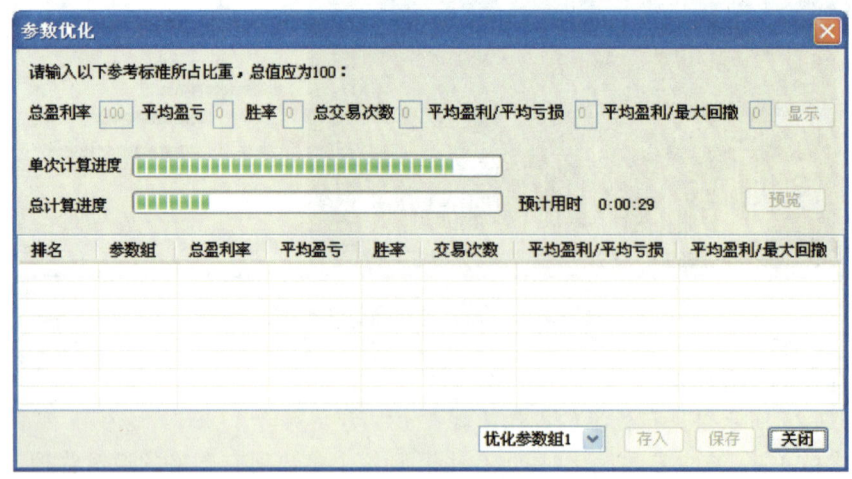

图 7-26 枚举参数优化

(2)参数优化计算完会以排序的方式显示优化出来的参数组,如图 7-27 所示,按照图 7-27 步骤完成参数组的保存后,单击【关闭】按钮即可。

(3)结束枚举后,单击保存好的"优化参数组 1/2/3/4",准备进行遗传,如图 7-28 所示。例如,刚才我们将枚举优化的结果保存到了"优化参数组 1"中,现在,我们就切换到"优化参数组 1",单击【遗传】按钮,对上次枚举的结果进行遗传。

(4)如图 7-29 所示,设置好参考标准的权重后,单击【确定】按钮,开始进行优化。

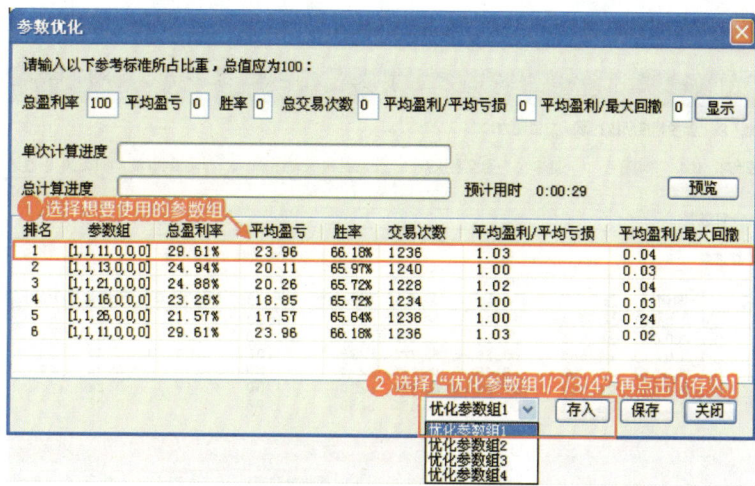

图 7-27 保存优化参数组

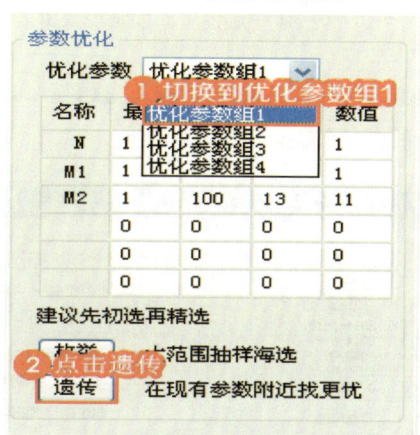

图 7-28 遗传优化参数组

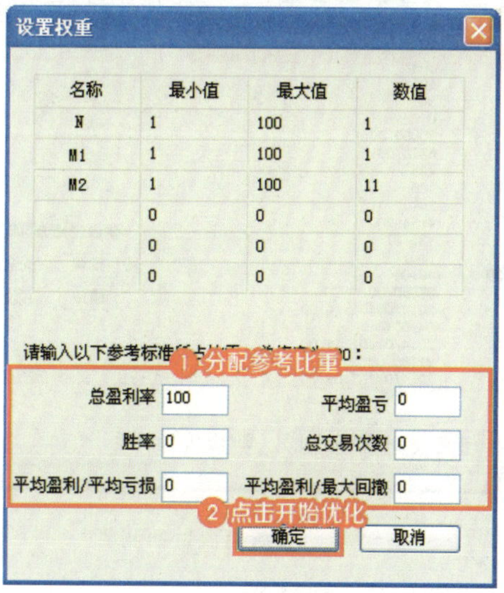

图 7-29 设置权重

(5) 按照和枚举同样的方法来保存遗传后的结果，以便进行回测，如图 7-30 所示。

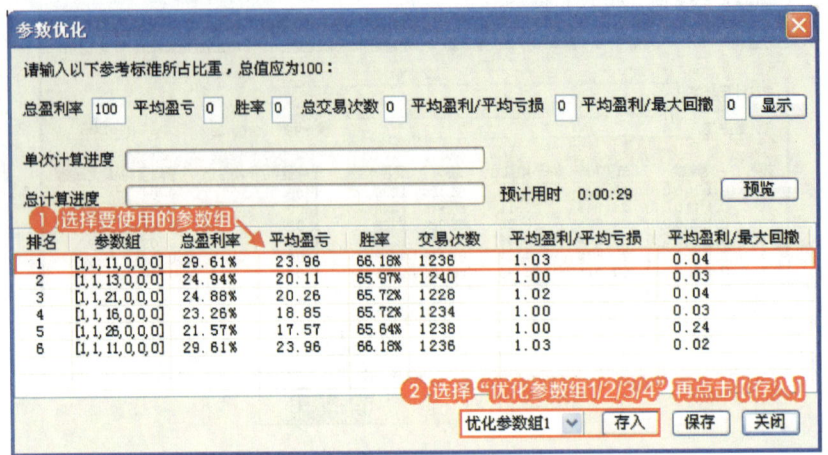

图 7-30　保存遗传后的优化参数组

(6) 如图 7-31 所示，选择保存好的"优化参数组 1/2/3/4"，单击【用新参数重新测算】，新的参数组计算的结果就会显示在"回测报告"中了。

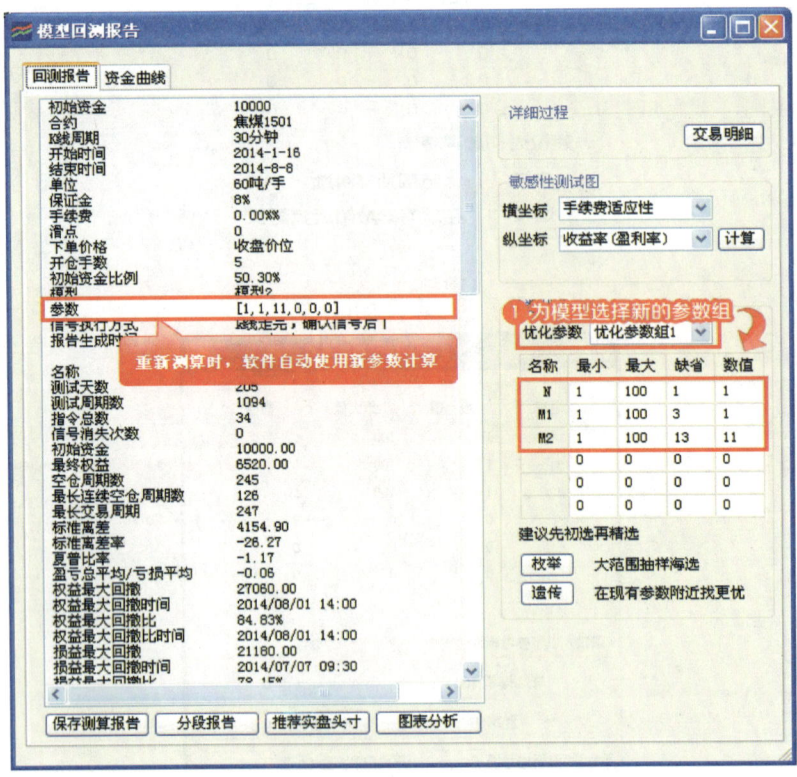

图 7-31　用新参数重新测算

六、后台程序化

程序化交易软件的程序化功能采用后台运行模式,可以在不影响用户前台图形操作的情况下实现自动交易。

(一)后台程序化工作机理

当我们进行程序化交易的时候可能还想做点儿别的事情,如看盘、做些技术分析、看新闻等。那么问题来了,程序化要占用K线图,界面不能动,怎么做其他事情呢?这个时候,后台程序化的优势就体现出来了。

这种后台运行技术相当于在运行程序化交易时单独再开启一个工作台,和主窗口K线图之间相互独立,要看它时把它从后台调出来,不看时放到后台,它会自己运行。类似于我们在手机上使用QQ、《微信》等软件,既可以用手机做别的事情,又不影响它们在后台运行。

能够随时使用随时调取并能够清楚地看到程序化交易运行的信号,交易信息才能算得上是真正的后台运行。

(二)页面盒子

一些基础的策略模型需要在每根K线走完的时候按照出现的信号方向下单,我们把这种模型叫作收盘价模型。页面盒子是运行收盘价策略模型的功能载体,适合需要部分手动辅助或结合图表分析的程序化用户。

1. 多窗口运行程序化交易模型

在盒子中运行程序化交易模型(不可含资金管理函数),当需要同时管理多品种时,可将各盒子平铺显示(图7-32)。

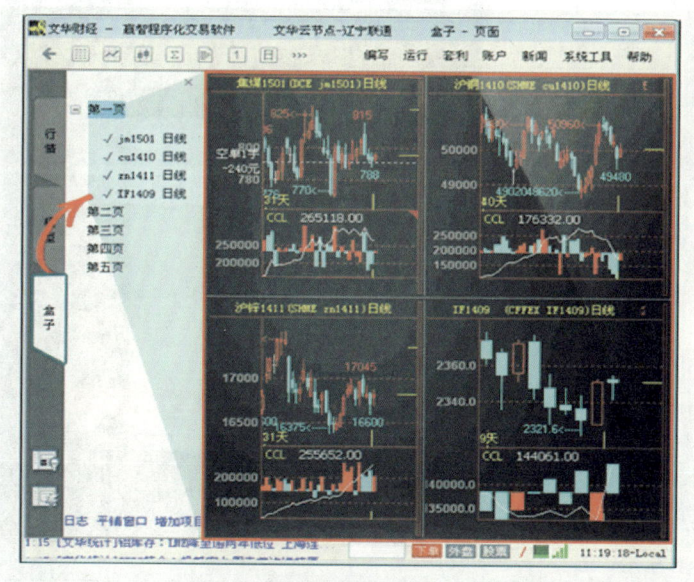

图7-32 多窗口运行程序化交易模型

全自动运行的盒子由电脑独立完成全部交易过程,半自动运行的盒子会在模型满足下单条件时提示下单,交易者手动确认执行。

2. 控制多账号程序化全自动交易

将多个账号与盒子关联后,当模型向盒子发出自动交易指令时,被关联的账号即可下单(图7-33)。提示:关联了盒子的交易账号可设置不同的交易手数。

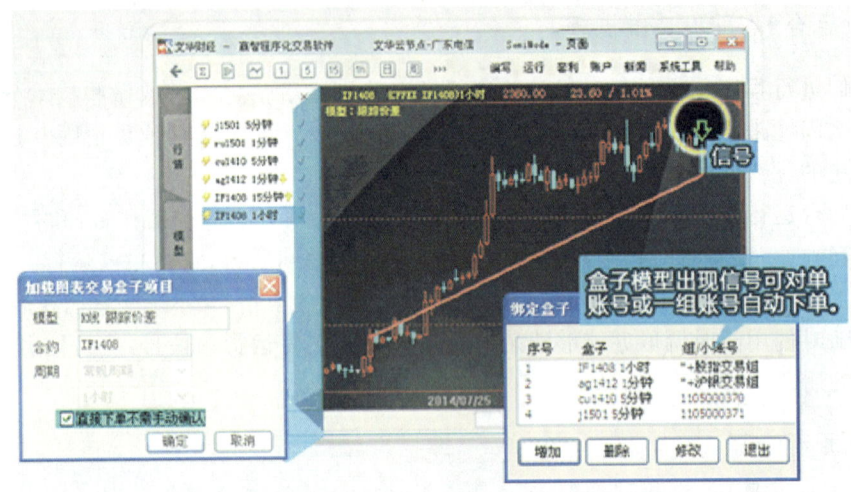

图 7-33　控制多账号程序化全自动交易

3. 加载页面盒子

加载页面盒子的操作方法如图7-34所示。

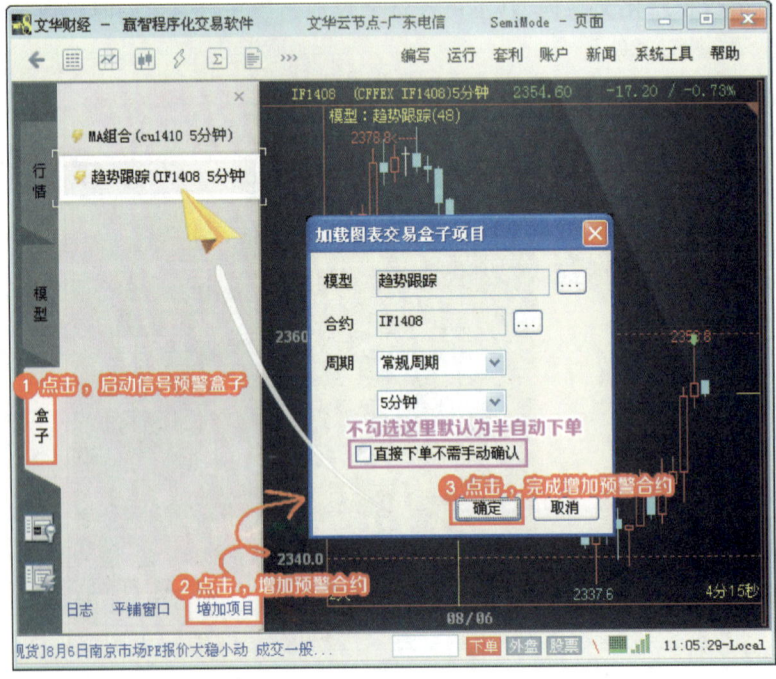

图 7-34　加载页面盒子的操作步骤

4.隐藏程序化交易运行窗口

在程序化交易功能模块中有一个关闭【X】按钮,如图 7-35 所示,单击这个关闭按钮就可以让该模块转到后台运行。页面盒子的后台运行按钮在盒子列表的右上角:

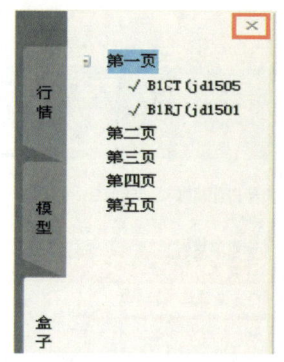

图 7-35　隐藏程序化交易运行窗口

5.调出程序化交易运行窗口

图 7-36 中红框内按钮为页面盒子,单击这个按钮就可以把它们从后台调出。它在软件的最左侧边栏处。

图 7-36　调出程序化交易运行窗口

七、多账号下单

多账号批量下单是指用操作一个账号的过程,达到操作多个账号进行下单交易的目的,也称为"一带多下单"。

（一）登录多账号

一带多下单需要同时登录多个账号,图 7-37 所示是登录多账号的操作步骤。

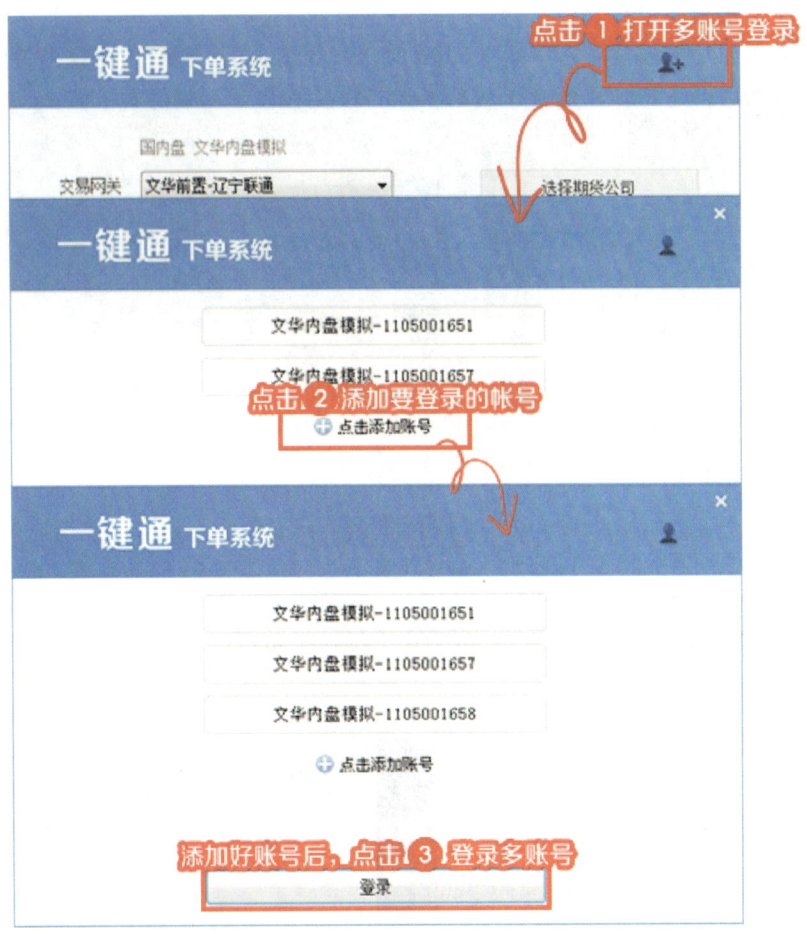

图 7-37 登录多账号

(二)多账号下单

登录多账号后,会在交易界面看到账号,选择要交易的账号后,单击【下单】按钮,如图 7-38 所示。在下单的过程中,只需要像单账号交易那样进行交易即可。

(三)多账号组下单

多个单账号的资金量可能是不同的,下单的手数也是不同的,在软件中可以通过设置多账号组来对每个单账号设置不同下单倍数,如图 7-39 所示。

组内的单账号的下单手数为"下单界面手数×单账号的下单倍数"。

例如,账号×××135(李四)、×××649(张三)的下单倍数分别设置为 1 和 2,当下单界面的手数为 1,那么委托时×××135(李四)、×××649(张三)的委托手数分别为 1×1 倍=1 手、1×2 倍=2 手。

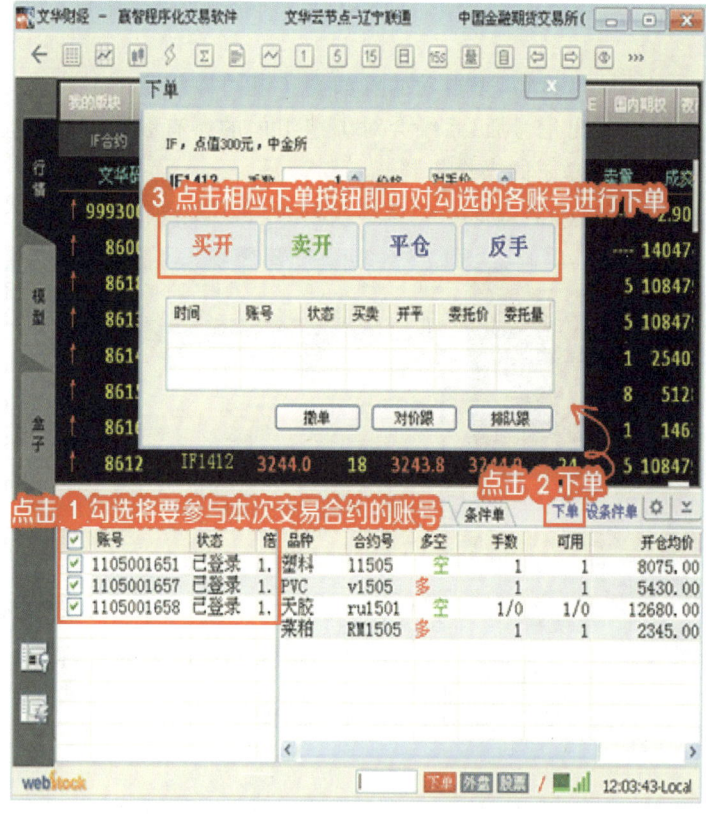

图 7-38 多账号下单的操作步骤

注:①在左侧账号树中勾选哪个账号,右侧持仓栏就显示哪个账号的持仓。

②单击【价格】,会弹出排队价、对手价、市价、最新价、超价、连续追委托方式(详见下面注释),选中其中一个,再单击【下单】按钮就会以选中方式发委托。

③在持仓列表双击鼠标左键会对选中合约以对价发平仓委托;或者在持仓列表单击鼠标右键,在弹出窗口中可以对持仓进行平仓操作。

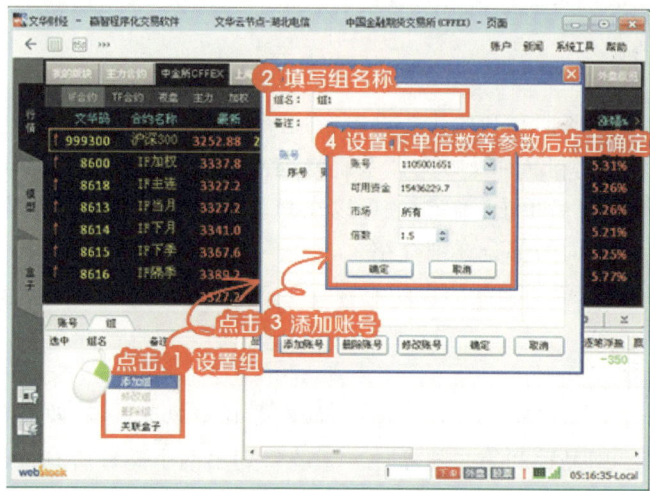

图 7-39 多账号组下单的操作步骤

（四）多账号程序化交易下单

页面盒子可以对多账号运行，全自动的页面盒子既可以绑定账号也可以绑定组。当盒子中的模型满足条件并发出信号后，系统会对绑定组内的所有账号同时进行委托操作。图7-40所示是将多账号关联盒子的操作步骤。

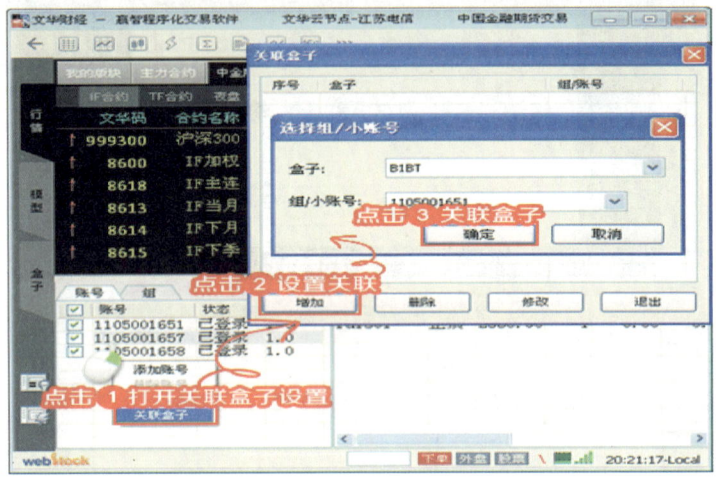

图 7-40　将多账号关联盒子的操作步骤

八、套利交易

套利交易是指在两个不同的市场中，以有利的价格同时买进或卖出同种或本质相同的证券的行为。投资组合中的金融工具可以是同种类的也可以是不同种类的。在市场实践中，套利一词有着与定义不同的含义。实际中，套利意味着有风险的头寸，它是一个也许会带来损失，但是有更大的可能性会带来收益的头寸。

（一）跨期套利

软件提供国内市场跨期套利的快捷设置，在套利菜单下选择【跨期套利】，在弹出的设置框中选择好交易市场、套利品种及方向。系统将列出该市场中所有符合条件的套利对表达式，选择要交易的套利对后单击【确定】。可以在套利下单中找到已经设置好的套利对，套利下单的具体操作会在下面的部分详细介绍。

图 7-41 所示是设置跨期套利的操作步骤。

（二）跨品种套利

软件提供国内市场跨品种套利的快捷设置，在套利菜单下选择【跨品种套利】，在弹出的设置框中选择好第一腿品种和第二腿品种。系统将列出两个品种所有符合条件的套利对表达式，选择要交易的套利对后单击【确定】。可以在套利下单中找到已经设置好的套利对，套利下单的具体操作会在下面的部分详细介绍。

第七章 程序化交易基础

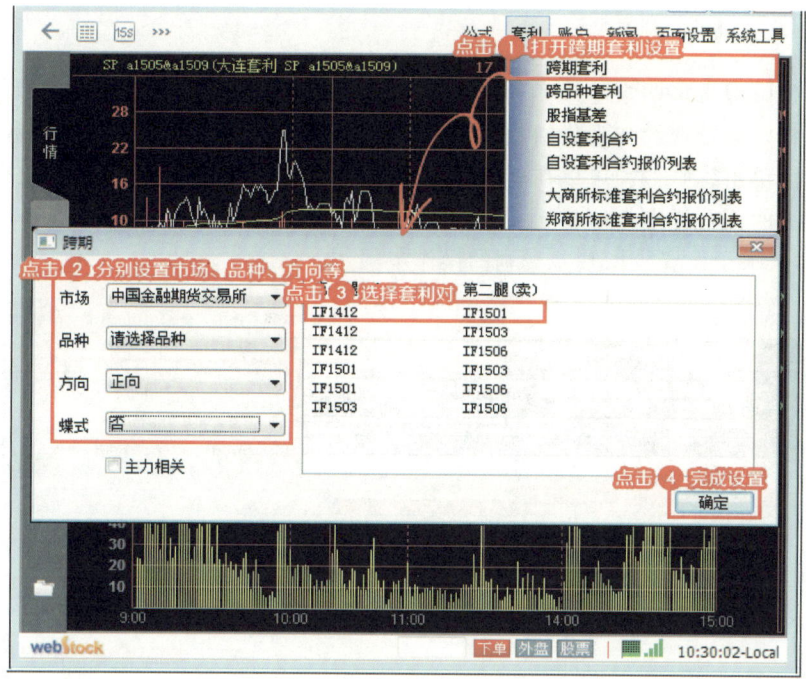

图 7-41 设置跨期套利的操作步骤

注：
①跨期套利：品种相同，交割月份不同。
②方向：系统根据合约的近远月设定。正向：第一腿近月，第二腿远月。反向：第一腿远月，第二腿近月。
③蝶式：在近、中、远 3 个月份不同但品种相同的合约间进行买近卖中买远或卖近买中卖远的套利操作。
④主力相关：只显示与主力合约相关的套利对。

图 7-42 所示是设置跨品种套利的操作步骤。

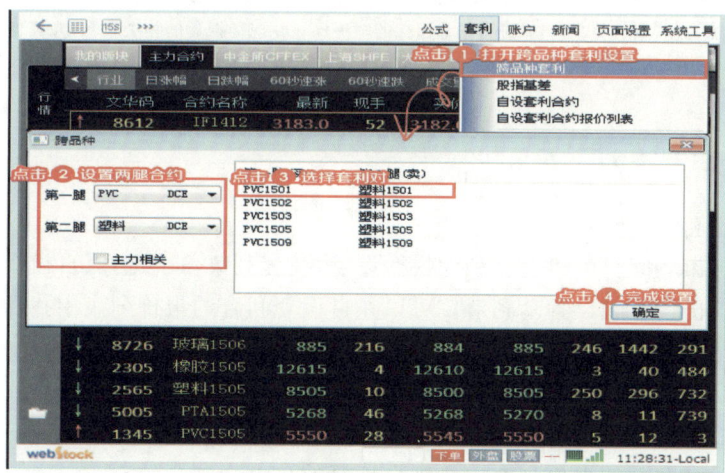

图 7-42 跨品种套利的操作步骤

注：①跨品种套利：交割月份相同，品种不同，通常存在竞争或上下游产业的关系。
②主力相关：只显示与主力合约相关的套利对。

(三)股指基差套利

软件提供国内市场期指基差套利的快捷设置,在套利菜单下选择【股指基差】,在弹出的设置框中选择好期货合约和现货指数以及交易标的,系统将列出符合条件的套利对表达式,选中套利对后单击【确定】。可以在套利下单中找到已经设置好的套利对,套利下单的具体操作会在下面的部分详细介绍。

图7-43所示是设置股指基差套利的操作步骤。

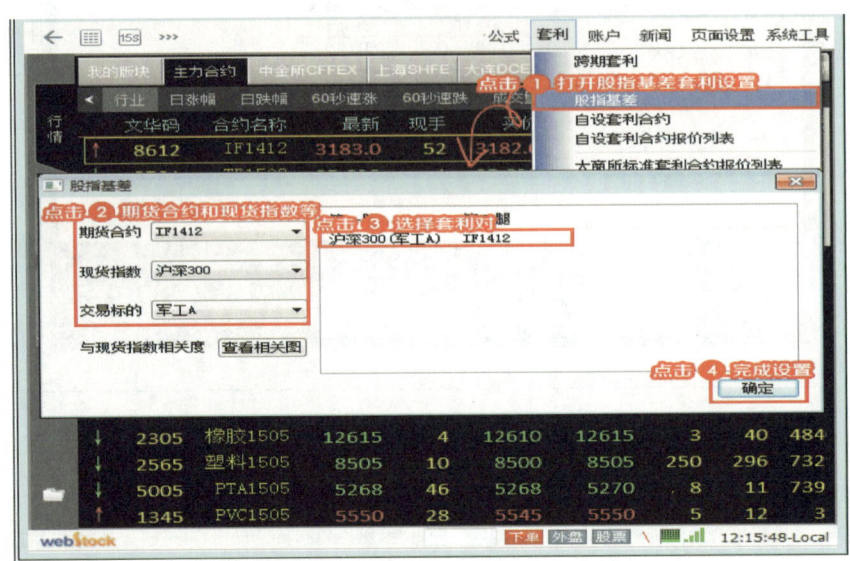

图7-43 股指基差套利的操作步骤

注:
①股指基差期现套利:股指期货,现货指数,期现套利。
②ETF含义:交易型开放式指数基金,拟合现货指数沪深300。
③与现货指数关联度:系统自动算出标的与沪深300现货指数的相关系数,并提供两者相关图,方便选择。

(四)自设套利合约

1.设置自设套利合约

软件提供各市场间自由组合套利的快捷设置,在套利菜单下选择【自设套利合约】,在弹出的设置框中单击【添加】设置套利对。可以在自设套利合约报价列表中找到已经设置好的自设套利对。

图7-44所示是自设套利合约的操作步骤。

2.查看自设套利合约报价列表

可以在自设套利合约报价列表中找到设置好的自设套利合约对,图7-45所示是查看该报价列表的操作步骤。

第七章 程序化交易基础

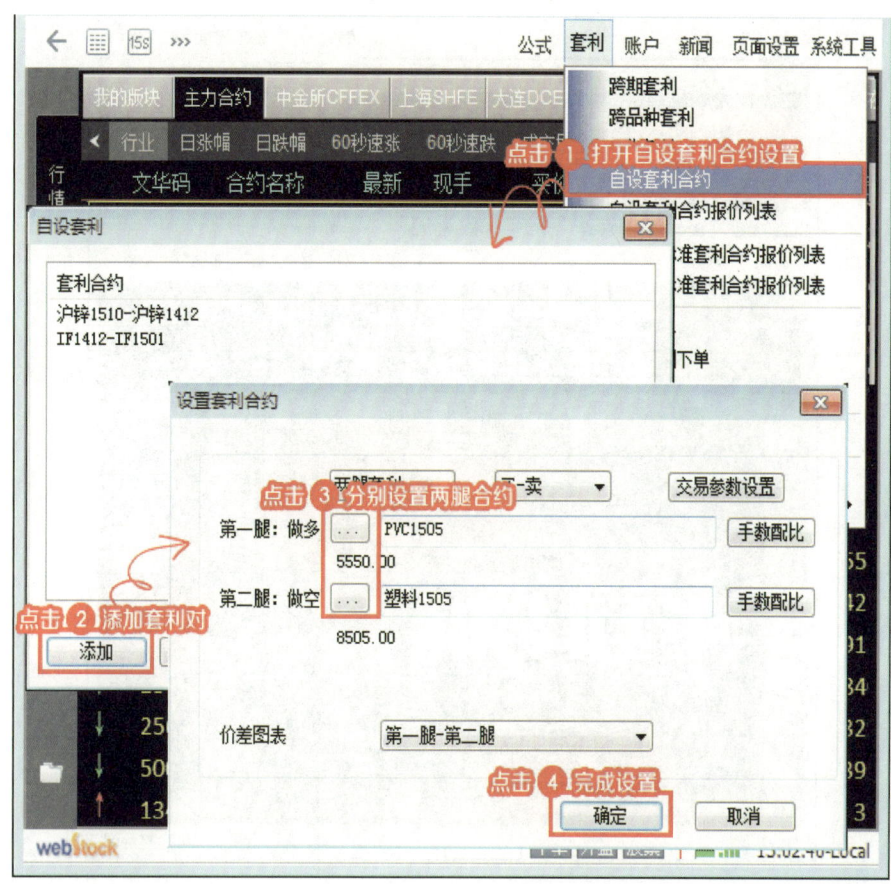

图 7-44　自设套利合约的操作步骤

注：
①交易参数设置里的名次解释：
下单份数——每一次对该套利对下单时的默认下单对数。
算价差手数——每腿用几手该合约来计算价差。单击【手数配比】保证货物价值基本相同,合理计算价差。
货物价值——合约的最新价与配比手数相乘的结果。通过交易配比使买卖合约的货物价值大致相等,实现风险完美对冲。
流动性——设置流动性低的合约优先下单,解决瘸腿问题。
滑点——设置价差滑动范围,分批下单时最新价差超过滑点范围的情况暂停下单,控制交易成本。
滑点原理——分批下单时,每一批次下单之前,系统自动判断最新价差是否偏离交易触发时的价差,当最新价差超过设定的范围时,后面批次自动停止;当最新价差回到设定的范围内时,后面的批次自动继续下单,从而将交易成本控制在一定的范围内。
②手数配比:每份套利对中含有该合约的数量。
③价差图表:两种形成方式——套利价差分时图及套利价差 K 线图。

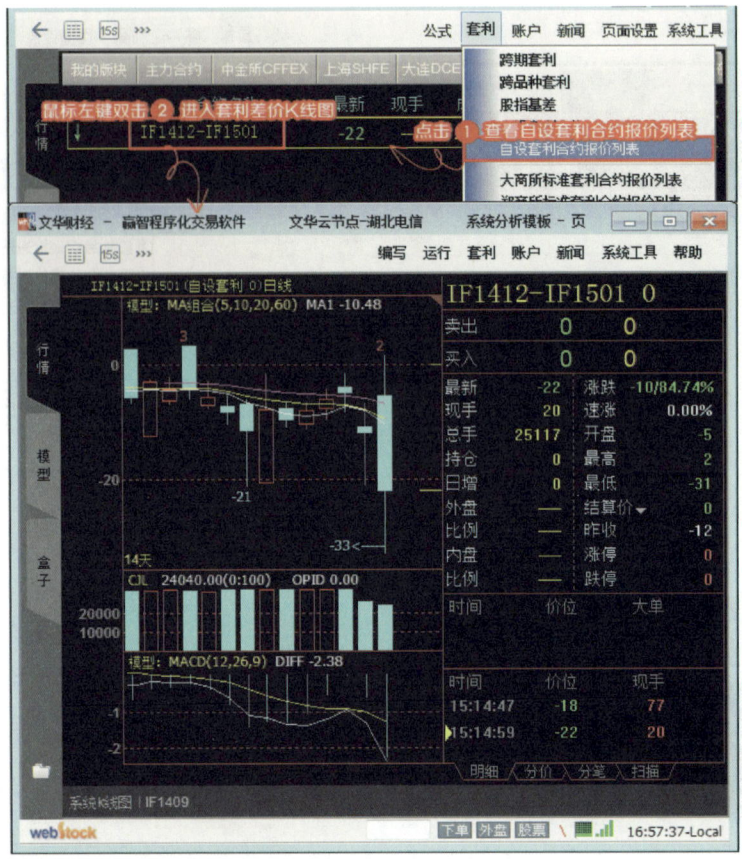

图 7-45　查看自设套利合约报价列表

（五）套利下单

1. 套利开仓

图 7-46 所示是进行套利开仓的操作步骤。

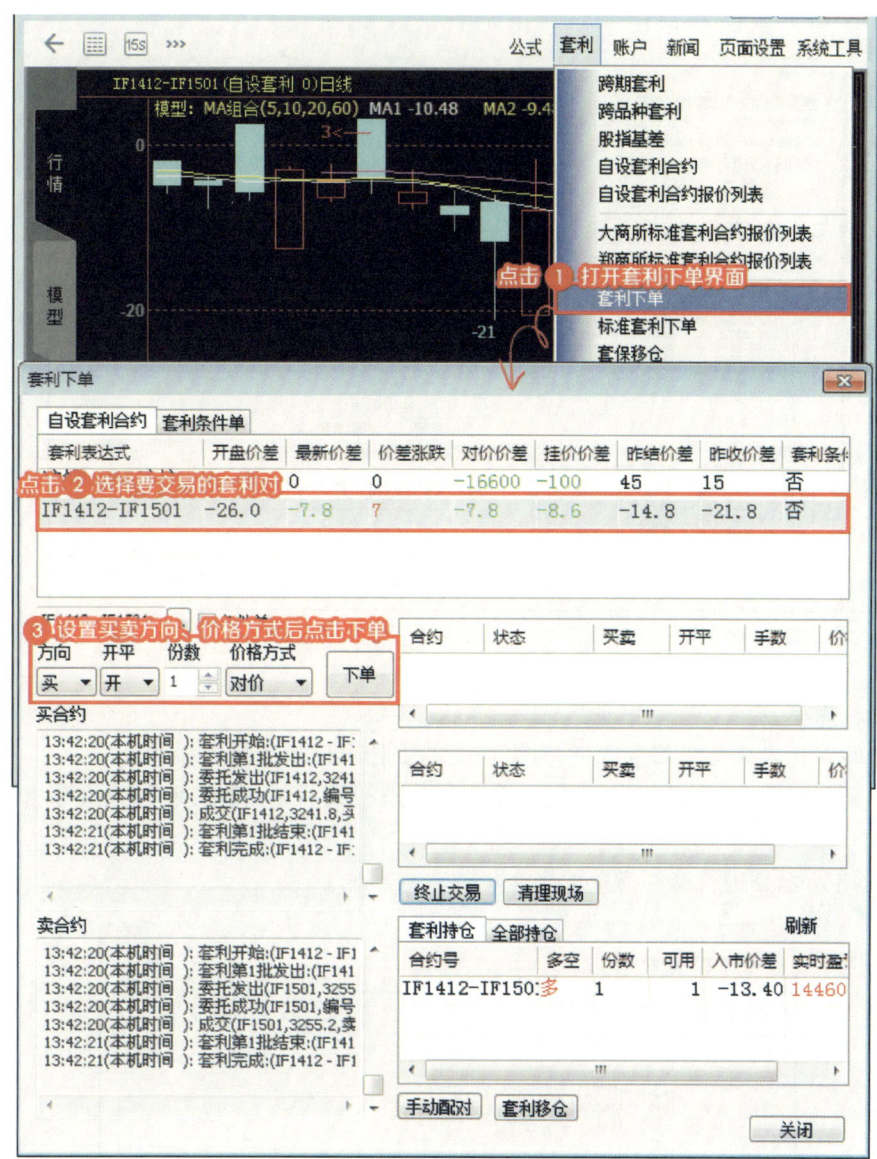

图 7-46 套利开仓的操作步骤

注:
①对价:买入价差时,对价价差为第一腿合约的卖价与第二腿合约的买价之间的价差;卖出价差时,对价价差为第一腿合约的买价与第二腿合约的卖价之间的价差。
②挂价:买入价差时,挂价价差为第一腿合约的买价与第二腿合约的卖价之间的价差;卖出价差时,挂价价差为第一腿合约的卖价与第二腿合约的买价之间的价差。
③最新价:两腿合约均以各自最新价发委托。
④涨跌停价:做多一腿合约以涨停价发委托,做空一腿合约以跌停价发委托。

2. 套利平仓

打开套利菜单→单击【套利下单】→在套利持仓栏中,鼠标左键双击想平仓的套利对即可。

图 7-47 所示是进行套利平仓的操作步骤。

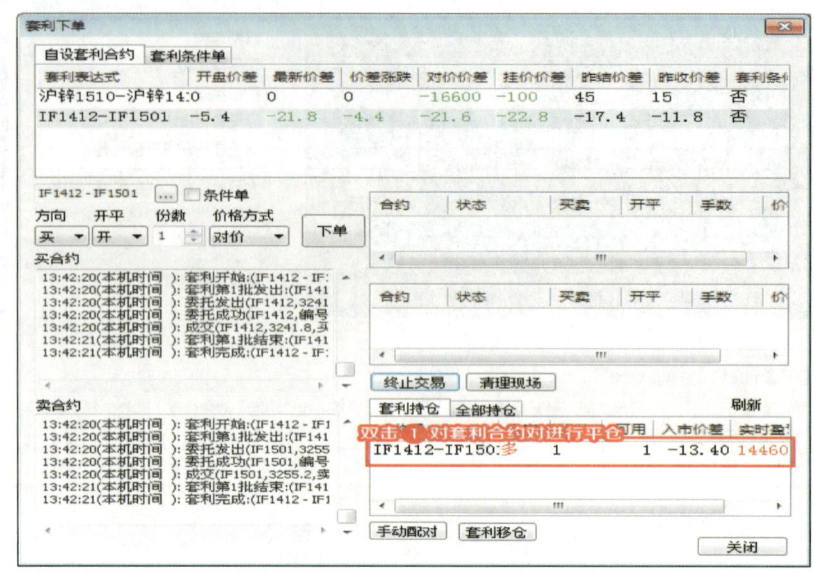

图 7-47　套利平仓的操作步骤

3.套利撤单

发送的委托未成交或部分成交,对未成交的委托可以执行撤单操作。

打开套利菜单→单击【套利下单】→单击【终止交易】后单击【清理现场】执行相应的撤单操作。

图 7-48 所示是进行套利撤单的操作步骤。

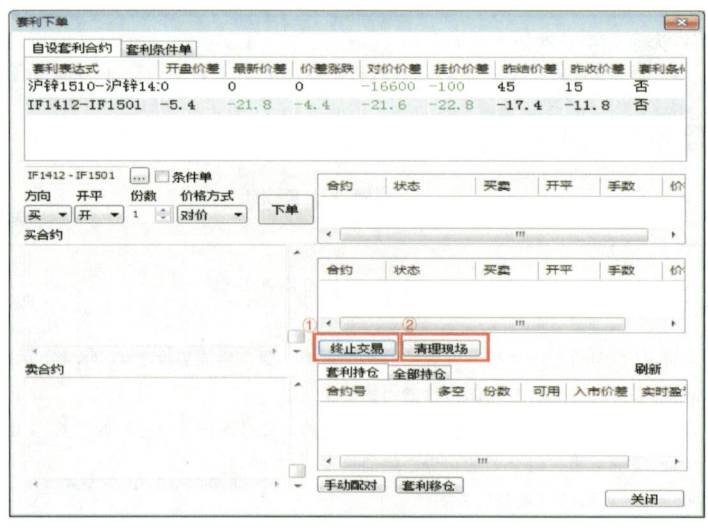

图 7-48　套利撤单的操作步骤

注:①"终止交易"是指立即终止这次套利交易行为,但是在点这个按钮之前的成交合约保留。

②单击【终止交易】再单击【清理现场】,是指立即终止这次套利交易行为,但是在点这个按钮之前已经完成配对的套利对保留,自动撤掉挂单,并平掉没有配对的持仓。

4.套利追价

打开套利菜单→单击【套利参数设置】→勾选【套利组合启用追价】,单击【确定】(图 7-49)。

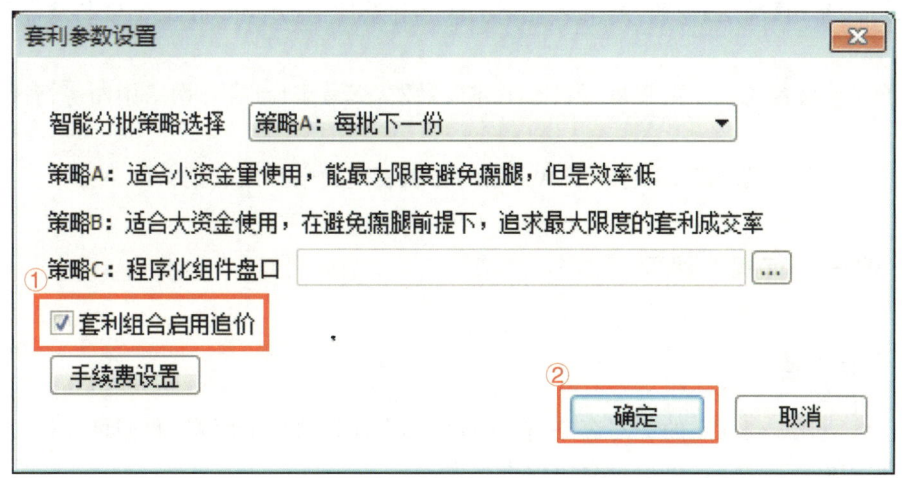

图 7-49　套利追价的操作步骤

注:

追价原理:当单腿合约发出委托,但没有成交,产生挂单以后,在规定时间内没有成交,系统将自动撤掉原有挂单,按照最新的对价方式的价格,重新发送委托。规定时间为下单板追价参数中设置的触发时间。

5.套利分批下单

打开套利菜单→单击【套利参数设置】→在 3 种分批策略中选择一种,单击【确定】(图 7-50)。

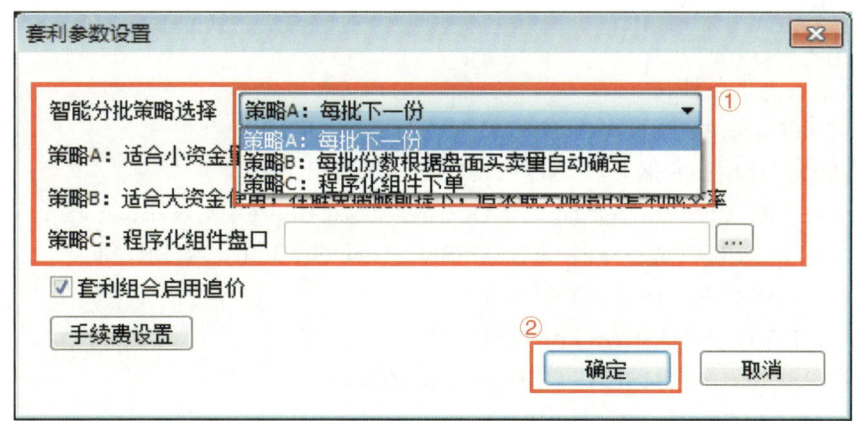

图 7-50　套利分批下单的操作步骤

注:①分批策略 A(每批下一份):当一份套利合约的两腿手数全部成交以后,下一份才开始下单,保证每一批次结束时双边持仓。

②分批策略 B(每批份数根据盘面买卖量自动确定):系统根据两腿合约盘面的买卖量自动调整每一批次,每批次根据较小的买量或者卖量发出委托,保证双边持仓的同时,提高分批下单效率。

③策略 C(程序化组件下单):由程序化下单组件来对下单进行控制。

6. 套利条件单

在套利合约对下单界面，勾选【条件单】，设置好触发价差、买卖方向、开平方向、份数和下单方式后，单击【确定】按钮，系统会自动生成套利条件单，并显示在上方套利条件单栏中。

注：

①条件单只有在软件正常运行状态下才能触发，交易账户退出、网络中断等情况条件单无效。

②条件单设置成功后，在套利下单界面的套利表达式中可以看到条件单标记。

九、编写资金管理模型

（一）加仓模型

加仓模型有一套固定的编写套路，在初接触加仓模型编写的时候，我们可以按照下面的模板来进行编写，熟练后，可以更自由地进行发挥。

1. 加减仓模型编写模板

A：=多头开仓条件；

A1：=多头加仓条件1；

A2：=多头加仓条件2；

B：=空头开仓条件；

B1：=空头加仓条件1；

B2：=空头加仓条件2；

E：=多头减仓条件；

E1：=多头全平条件；

F：=空头减仓条件；

F1：=空头全平条件；

A&&NOT(ISLASTBK)&&NOT(ISLASTSK),BK(2)；

B&&NOT(ISLASTSK)&&NOT(ISLASTBK),SK(2)；

(A1||A2)&&BKVOL>=2&&BARSBK>1&&BKVOL<N,BK(1)；

(B1||B2)&&SKVOL>=2&&BARSSK>1&&SKVOL<N,SK(1)；

E&&(ISLASTBK||ISLASTSP),SP(1)；

F&&(ISLASTSK||ISLASTBP),BP(1)；

E1&&(ISLASTBK||ISLASTSP),SP(BKVOL)；

F1&&(ISLASTSK||ISLASTBP),BP(SKVOL)；

需要注意的是：由于加仓模型必须保证加仓时所开仓位和当前已经持有仓位方向相同，因此，在模型中需要判断当前信号、当前持仓、前一个信号等状态，将其作为过滤信号的条件。

2. 相关几种资金管理编写方法

①SETDEALPERCENT(20);//每次下单使用当时资金的20%

②控制交易资金使用率不超过50%，资金使用率=持仓保证金/权益：

BKVOL>2&&A&&BARSBK>1&&MONEYRATIO<0.5,BK(1);
③设置每次下单手数按照可用资金的20%：
K:=MONEY*0.2/(C*MARGIN*UNIT+FEE);
BKVOL>2&&A&&BARSBK>1&&MONEYRATIO<0.5,BK(K);
3．海龟法则模型编写范例
(1)关键函数：BKPRICE,ISLASTBK,MONEYTOT,SKVOL。
(2)建议使用周期：所有 K 线周期。
(3)模型说明：
①入市——以 20 日突破为基础的短期系统。
②加仓——以上次开仓价格的 0.5 倍 ATR 逐步加仓。
③止损——止损标准是 2 倍的 ATR。
④退出——采用 10 日突破退出法则。
//中间变量
TR:MAX(MAX((HIGH－LOW),ABS(REF(CLOSE,1)－HIGH)),ABS(REF(CLOSE,1)－LOW));
ATR:MA(TR,N);//平均真实波幅 ATR 定义
TC:INTPART((MONEYTOT*0.01/(UNIT*ATR)));//权益的 1% 和平均波动浮动来确定交易头寸
MTC:4*TC;//最大头寸上限计算
//交易条件
TMK1:CROSSUP(C,HV(H,20))&&ISLASTBK=0&&ISLASTSK=0;
TMK2:CROSSDOWN(C,LV(L,20))&&ISLASTBK=0&&ISLASTSK=0;//入市条件
JMK1:C>=BKPRICE+0.5*ATR&&BKVOL<MTC&&ISLASTBK;
JMK2:C<=SKPRICE－0.5*ATR&&SKVOL<MTC&&ISLASTSK;//加仓条件
JMP1:C<=(BKPRICE－2*ATR)&&BKVOL>0;
JMP2:C>=(SKPRICE+2*ATR)&&SKVOL>0;//止损条件
TMP1:CROSSUP(H,HV(H,10))&&SKVOL>0;
TMP2:CROSSDOWN(L,LV(L,10))&&BKVOL>0;//出场条件
//交易系统
TMK1,BK(TC);
TMK2,SK(TC);//入市
JMK1,BK(TC);
JMK2,SK(TC);//加仓
JMP1,SP(BKVOL);
JMP2,BP(SKVOL);//止损
TMP1,BP(SKVOL);
TMP2,SP(BKVOL);//退出
//控制信号连续发出次数(保证了加仓信号可以执行)

(二)回撤控制模型

运作一只基金,回撤的控制至关重要,而程序化交易是如何实现对基金回撤的控制呢？

我们用一个具体的案例来探讨这个问题,假如现在有一只规模为3000万的基金,经理人将其分成30份,以每份100万的金额分配到30个不同的模组中。那么,这只基金的总体表现就由这30个模组的综合表现来决定。我们都知道,每个模组都盈利只是一种理想状态,实际上在基金运作过程中必然会有表现不佳的模组,而我们要做的,就是控制好每一个模组的回撤,这样一来,整个基金的资金曲线才有可能保持稳定上升的状态。

关键函数:INITMONEY——模组初次加载时的起始资金;

MONEYREAL 模组子账户实际权益。

范例 多模组运行,各子账户做回撤控制

策略思路:还是上面的案例,在将3000万资金分成30等份后,我们将用INITMONEY记录每一个子账户的初始资金,模型运行过程中,监控资金相对于初始资金的变化情况,确保每个子账户的回撤不超过20%。例如,子账户初始资金100万,当权益回撤至80万时平掉所有持仓,模型终止出新信号。

模型说明:INITMONEY 函数可以取得模组初次加载时的起始资金,MONEYREAL可以取得模组子账户实际权益。我们可以用(INITMONEY − MONEYREAL)/INITMONEY 计算出各子账户资金回撤幅度,当达到我们设定的上限时,平掉持仓。

//中间变量
HC:=(INITMONEY−MONEYREAL)/INITMONEY;//子账户资金回撤比例
MA1:=MA(C,100);
MA2:=MA(C,350);//定义双重均线
//交易条件
TMK1:=CROSS(MA1,MA2);
TMK2:=CROSS(MA2,MA1);
TMP1:=CROSS(MA2,MA1)||(C>BKPRICE&&C<BKHIGH−M);
TMP2:=CROSS(MA1,MA2)||(C<SKPRICE&&C>SKLOW+M);//回撤止损
//交易系统
TMK1&&HC<0.2,BK;//在可容忍回撤范围内开仓
TMK2&&HC<0.2,SK;//在可容忍回撤范围内开仓
TMP1||TMP3||HC>0.2,SP;//回撤超过可容忍上限,平仓出场
TMP2||TMP3||HC>0.2,BP;//回撤超过可容忍上限,平仓出场
//过滤函数
AUTOFILTER;

(三)资金曲线跟随模型

在软件的运行模组中会绘制两条资金曲线,实际资金曲线和理论资金曲线。实际资金曲线由实际成交价计算产生,理论资金曲线由信号指令价计算产生。提起与资金曲线有关的交易思路我们通常会想到控制实际资金的回撤幅度、控制实际资金的使用率等。那么理

论资金曲线是没有价值了吗？当然不是。

理论资金曲线，根据模组信号绘制，也就是说，它并不包含实盘运行中信号忽闪、滑点成本等因素的干预，可以认为是模型在顺利交易的状态下应该有的表现。恰恰因为它不受前面说到的几个因素干预，所以理论资金曲线更能反映出一个模型对当前行情的根本适应度。如果连理论资金曲线都下滑了，这个模型的实际资金曲线不会更好，当模型表现不好时，我们暂时不交易。

关键函数：MONEYTOT——模组子账户权益。

范例　资金曲线跟随模型

策略思路：我们可以将理论资金曲线作为监控模型好坏的一个变量，计算出理论资金曲线 5 日均值，同时结合当前值进行比较，如果当前模型表现不好（即当前值低于 5 日平均值），即使开仓条件满足，也不进行开仓。

模型说明：利用 MONEYTOT 函数取得理论资金曲线值，计算出近日来 MONEYTOT 的均值。将策略思路中的判断条件作为开仓条件之一。

```
//中间变量
MONMA5：＝MA(MONEYTOT,5);//理论资金曲线5日平均线
MA1：＝MA(C,100);
MA2：＝MA(C,350);//定义双重均线
//交易条件
TMK1：＝CROSS(MA1,MA2);
TMK2：＝CROSS(MA2,MA1);
TMP1：＝CROSS(MA2,MA1)||(C>BKPRICE&&C<BKHIGH－M);
TMP2：＝CROSS(MA1,MA2)||(C<SKPRICE&&C>SKLOW＋M);//回撤止损
//交易系统
TMK1&&MONEYTOT>＝MONMA5,BK;//当前MONEYTOT值大于5日均值才开仓
TMK2&&MONEYTOT>＝MONMA5,SK;//当前MONEYTOT值大于5日均值才开仓
TMP1||TMP3,SP;
TMP2||TMP3,BP;
//过滤函数
AUTOFILTER;
```

参考文献

[1] 托德·洛夫顿. 期货交易入门[M]. 王建民, 译. 北京: 中国青年出版社, 2008
[2] 威廉姆斯. 期货交易终极指南[M]. 太原: 山西人民出版社, 2015
[3] 克莱恩. 期货市场入门[M]. 北京: 机械工业出版社, 2011
[4] 婉洋. 期货交易学习路线[M]. 北京: 地震出版社, 2013
[5] 杨成贤. 手把手教你炒期货[M]. 北京: 经济科学出版社, 2008
[6] 约翰·墨菲. 期货市场技术分析[M]. 北京: 地震出版社, 1994
[7] 永良. K线图入门与技巧[M]. 上海: 立信会计出版社, 2015
[8] 小罗伯特·R.普莱切特, 阿尔弗雷德·J.弗罗斯特. 艾略特波浪理论[M]. 北京: 机械工业出版社, 2010
[9] 黄韦中. 主控战略形态学[M]. 北京: 地震出版社, 2009
[10] 王孝明, 张志玲. 期货、股票、外汇常用指标应用详解[M]. 北京: 经济管理出版社, 2014
[11] 羽根英树. 价差交易入门[M]. 北京: 地震出版社, 2009
[12] 中国期货业协会. 期货投资分析[M]. 北京: 中国财政经济出版社, 2012
[13] 中国期货业协会. 期货市场教程[M]. 第八版. 北京: 中国财政经济出版社, 2013
[14] 麦克米伦. 期权投资策略[M]. 北京: 机械工业出版, 2010
[15] 马文胜. 期货趋势程序化交易方法[M]. 北京: 中国财政经济出版社, 2008
[16] 刘澜飚. 经济学基础[M]. 北京: 中国财政经济出版社, 2010
[17] 哈尔彭. 金融学基础[M]. 北京: 电子工业出版社, 2007
[18] 上海文华财经资讯股份有限公司. 程序化交易初级教程[Z]. 2016